新編諸子集成

論衡校釋

（附劉盼遂集解）

中

黄暉撰

中華書局

論衡校釋卷第十

非韓篇

淮南氾論訓高注：「『非』猶『譏』也。」按：字本作「誹」，說文：「譏，誹也。」

韓子之術，明法尚功。賢無益於國不加賞，不肖無害於治不施罰。責功重賞，任刑用誅。禮記曲禮上鄭注：「誅，罰也。」韓非子主道篇曰：「功當其事，事當其言，則賞；功不當其事，事不當其言，則誅。誠有功，則雖疏賤必賞；誠有過，則雖近愛必誅。」又二柄篇曰：「君以其言授之事，專以其事責其功。功當其事，事當其言，則賞；功不當其事，事不當其言，則罰。」**故其論儒也，謂之不耕而食，**五蠹篇曰：「今修文學，習文談，無耕之勞而富，無戰之危而尊，故世亂也。」**比之於一蠹；**韓非謂邦有五蠹之民，儒其一也。見五蠹篇。**論有益與無益也，比之於鹿馬。馬之似鹿者千金，天下有千金之馬，無千金之鹿，鹿無益，馬有用也。**韓非子外儲說右上曰：「如耳說衛嗣公。衛嗣公說而太息。左右曰：『公何不爲相也？』公曰：『夫馬似鹿者，而題之千金。然有百金之馬，而無千金之鹿者，馬爲人用，而鹿不爲人用也。今如耳，萬乘之相也，外有大國之意，其心不在衛，雖辯智，亦不爲寡人用，吾是以不相也。』」按：此非以鹿喻儒。「馬之似鹿者千金」，又見講瑞篇。淮南說山訓亦云：「馬之似鹿者千金，天下無千金之鹿。」疑仲任所據，今本佚也。儒者猶鹿，有用之吏猶馬也。

夫韓子知以鹿馬喻，不知以冠履譬。使韓子不冠，徒履而朝，吾將聽其言也。加冠於首而立於朝，受無益之服，增無益之仕（行），「仕」字無義，疑爲「行」之壞字。下文「言與服相違，行與術相反」，即承此爲文。言與服相違，行與術相反，吾是以非其言而不用其法也。煩勞人體，無益於人身，莫過跪拜。使韓子逢人不拜，見君父不謁（跪），「謁」當作「跪」，下同。「拜」、「跪」二字，承上「莫過跪拜」爲文。下文「拜跪禮義之效，非益身之實也」，即蒙上「煩勞人體，無益於人身，莫過跪拜」爲文。今本亦誤作「拜謁」。相承之文，不當前言「跪拜」，後言「拜謁」，不相一致。其證一也。說文足部曰：「跪，所以拜也。」（依段校增「所以」二字。）釋名曰：「跪，危也，兩膝隱地，體危隉也。」說文手部曰：「拜，首至手也。」（今本「手」誤作「地」，依段校改。）故曰：「煩勞人體，無益於人身。」故曰：「禮義之效，非益身之實。」說文言部曰：「請，謁也。」又曰：「謁，白也。」是與人身益害無涉。其證二也。「逢人不拜，見君父不謁。」於人之逢見者，著一「拜」字，反於見君父之尊，只著一「謁」字，用字輕重失倫。其證三也。下文「拜謁以尊親」，謁者書刺白事，施於通人，非足以尊親也，則「謁」字於義未妥。其證四也。未必有賊於身體也。然須拜謁（跪）以尊親者，禮義至重，不可失也。故禮義在身，身未必肥；而盼遂案：「而」字下疑應仍有二字，以與下句「化衰」相偶，今脱。禮義去身，身未必瘠而化衰。瘠，説文作「膌」，瘦也。見肉部。以謂有益，廣雅曰：「以，與也。」又曰：「與，如也。」禮義不如飲食。使韓子賜食君父之前，不拜而用，肯爲之乎？夫拜謁（跪），禮義之效，非益身之實也，然而韓子終不失者，「不失」，不失禮義也。言君父賜食，韓子必拜。不廢禮義以苟益也。苟，苟且也。言不苟且益身。夫儒生，禮義也；耕戰，飲食也。貴耕戰而賤儒生，是棄禮義求飲食也。宋、元本「求」作「亡」。朱校同。盼遂案：「求」，宋本作「亡」，非。使禮義廢，綱紀敗，上下亂而陰陽繆，繆亦亂也。水旱失時，五穀不登，登，成也。萬民饑死，農不得耕，士不得戰也。

子貢去告朔之餼羊，孔子曰：「賜也！爾愛其羊，我愛其禮。」論語八佾篇集注考證曰：「餼，猶今言生料也。本作『氣』，俗加『食』。」集解引鄭玄曰：「牲生曰餼。禮：人君每月告朔於廟，有祭，謂之朝享也。魯自文公始不視朔，子貢見其禮廢，故欲去其羊也。」子貢惡費羊，孔子重廢禮也。故以舊防爲無益而去之，周禮稻人曰：「以防止水。」注曰：「防者，豬旁隄也。」必有水災；以舊禮爲無補而去之，必有亂患。大戴記禮察篇文。儒者之在世，禮義之舊防也，有之無益，無之有損。庠序之設，自古有之，孟子滕文公篇曰：「庠者，養也。序者，射也。殷曰序，周曰庠。」史記儒林傳蔡邕獨斷同。漢書儒林傳、説文則曰：「殷曰庠，周曰序。」重本尊始，故立官置吏。白虎通辟雍篇曰：「鄉曰庠，里曰序。庠者，庠禮義也。序者，序長幼也。禮五帝記曰：帝庠序之學，則父子有親，長幼有序。未見於仁，故立庠序以導之也。古之教民者，里皆有師。里中之老有道德者，爲里右師，其次爲左師，教里中之子弟以道藝孝悌仁義。」**官不可廢，道不可棄。儒生，道官之吏也，以爲無益而廢之，是棄道也。夫道無成效於人，成效者須道而成。然足蹈路而行，**公羊定八年傳注：「然猶如。」**所蹈之路，須不蹈者；**須有足不蹈踐之土，以成其路。盼遂案：「然」字疑當在「人」字下。「所蹈」上亦疑脱一「然」字。蓋此文本是：「夫道無成效於人，然成效者須道而成。足蹈路而行，然所蹈之路，須不蹈者。」莊子外物篇：「夫地非不廣且大也，人之所用容足耳。廁足而墊之致黄泉，人尚有用乎？然則無用之爲用也，亦明矣。」仲任此語殆本莊旨。**身須手足而動，待不動者。**百骸、九竅、六藏，賅而存焉，方成形而更相御用也。盼遂案：上「動」字下，疑脱「然動者」三字。此文爲「身須手足而動，然動者待不動者」，與上文一律。**故事或無益，而益者須之；無效，而效者待之。儒生，耕戰所須待也，棄而不存，如何也？**「也」字衍。公羊昭十二年傳注曰：「如猶奈也。」「如何」猶言「奈何」也，本書常語。下：「謂之非法度之功，如何？」文同。

韓子非儒，謂之無益有損，蓋謂俗儒無行操，荀子儒效篇曰：「逢衣淺帶，解果其冠，略法先王而足亂世；術繆學雜，舉不知法後王而一制度，不知隆禮義而殺詩、書；其衣冠行僞，已同於世俗矣，然而不知惡者；其言議談説，已無以異於墨子矣，然而明不能別；呼先王以欺愚者，而求衣食焉，得委積足以揜其口，則揚揚如也；隨其長子，事其便辟，舉其上客，偲然若終身之虜，而不敢有他志，是俗儒也。」公羊傳何休序曰：「治古學，貴文章者，謂之俗儒。」義不通乎此。舉措不重禮，以儒名而俗行，以實學而僞説，貪官尊榮，故不足貴。夫志潔行顯，禮記祭法注曰：「顯，明也。」不徇爵禄，「徇」，程、錢、黄、王本作「循」。去卿相之位若脱躧者，漢書雋不疑傳注曰：「履不著跟曰躧。」居位治職，功雖不立，此禮義爲業者也。易文言傳宋衷注：「業，事也。」國之所以存者，禮義也。民無禮義，傾國危主。今儒者之操，重禮愛義，率無禮之士，激無義之人，人民爲善，愛其主上，此亦有益也。聞伯夷風者，貪夫廉，懦夫有立志；聞柳下惠風者，薄夫敦，鄙夫寬。孟子萬章篇、盡心篇文。注率性篇。此上化也，非人所見。説文匕部：「化，教行也。」徒聞風名，猶或變節，此教化之上者，故人不見其效。

段干木闔門不出，「段」舊誤「叚」，今正。下並同。魏文敬之，表式其閭，秦軍聞之，卒不攻魏。呂氏春秋期賢篇：「魏文侯過段干木之閭而軾之。居無幾何，秦興兵欲攻魏，司馬唐諫曰：『段干木，賢者也，而魏禮之，不可加兵。』秦君乃按兵，輟，不敢攻之。」高注：「閭，里也。周禮：『二十五家爲閭。』軾，伏軾也。」淮南修務訓作「魏文侯過其閭而軾之」。高注同。新序雜事五亦作「軾」。此作「表式」，與「軾」義異。「式」亦「表」也，蓋仲任讀「軾」作「式」。漢書張良傳：「表商容閭，式箕子門。」師古注曰：「式亦表也。里門曰閭，表謂顯異之。」使魏無干木，俞曰：史記老子傳云：「老子之子名宗，宗爲魏將，封於段干。」集解曰：「此云『封於段干』，段干應是魏邑名也。而魏世家有段干木、段干子。田完世家有段干明。疑此三人是姓段干也。『木』蓋因邑爲姓。風俗通氏姓注云：『姓段，名干木。』恐或失之矣。」今據此文云「使魏無干木」，則亦以爲段姓，干木名。漢人舊説，固如此也。暉按：姓苑、通志氏族略五、路史國名記乙、程大中四書逸箋，並謂「段干」姓，「木」名。魏都賦云：「干木之德。」楚辭九辨王逸注云：「干木闔門而辭相。」是並誤「段」爲姓矣。秦兵入境，境土危亡。秦，彊國也，兵無不勝。兵加於魏，魏國必破，三軍兵頓，流血千里。今魏文式闔門之士，卻彊秦之兵，全魏國之境，濟三軍之衆，功莫大焉，賞莫先焉。

齊有高節之士，曰狂譎、華士。「譎」，韓非子作「矞」。淮南人間訓、孔子家語始誅篇同此。二人，昆弟也，義不降志，不仕非其主。不降志，言其直己之心，不入庸君之朝也。太公封於齊，以此二子解沮齊衆，開不爲上用之路，同時誅之。淮南人間訓注曰：「狂譎，東海之上人也，耕田而食，讓不受禄，太公以爲飾虚亂民而誅。」家語始誅篇注曰：「士爲人虚謟，亦聚黨也。」韓子善之，以爲二子無益而有損也。據韓非子外儲説右上。

夫狂譎、華士，段干木之類也，太公誅之，無所卻到；魏文侯式之，盼遂案：「侯」

字疑衍，本篇例稱魏文。卻彊秦而全魏，功孰大者？使韓子善干木闔門〔之〕高節，〔高〕魏文〔之〕式，之是也「是也」二字，後人妄加。此文乃據韓子責功，必善干木，高魏文，以證其善太公誅狂譎爲非。非以韓子善干木，而證魏文之是。文乃刺韓，無庸及魏文之是非也。原文當作：「使韓子善干木闔門之節，高魏文之式。」下文「使韓子非干木之行，下魏文之式」，與此文正反相承。「善」與「非」，「高」與「下」，相對成義。是其證。蓋「門」下脱「之」字，「節」、「高」二字，「之」、「式」二字，並誤倒，校者則妄增「是也」二字，以與下文「非也」相承，遂失其義矣。狂譎、華士之操，干木之節也，善太公誅之，非也。使韓子非干木之行，下魏文之式，則干木以此行而有益，魏文用式之道爲有功，是韓子不賞功尊有益也。

論者或曰：「魏文式段干木之閭，秦兵爲之不至，非法度之功。一功特然，不可常行，雖全國有益，非所貴也。」夫法度之功者，謂何等也？養三軍之士，明賞罰之命，嚴刑峻法，韓非子有度篇曰：「峻法所以遏滅外私也，嚴刑所以遂令懲下也。」（今本〔一〕「峻」誤作「浚」，錯入「所以」下。「遏」誤作「過遊」。此依王先愼校。）富國彊兵，此法度也。案秦之彊，肯爲此乎？言秦不因有法度而不伐。六國之亡，皆滅於秦兵。六國之兵非不鋭，

〔一〕「本」下原本誤衍一「本」字，今刪。

士衆之力非不勁也，然而不勝，至於破亡者，彊弱不敵，衆寡不同，雖明法度，其何益哉？使童子變孟賁之意，呂氏春秋孟春紀注：「變，猶戾也。」孟賁，古勇士。注累害篇。孟賁怒之，童子操刃，與孟賁戰，童子必不勝，力不如也。孟賁怒，而童子脩禮盡敬，孟賁不忍犯也。秦之與魏，孟賁之與童子也。魏有法度，秦必不畏，猶童子操刃，孟賁不避也。其尊士式賢者之閭，非徒童子脩禮盡敬也。夫力少則脩德，兵彊則奮威。奮，振也。秦以兵彊，威無不勝。卻軍還衆，不犯魏境者，賢干木之操，高魏文之禮也。夫敬賢，弱國之法度，力少之彊助也。謂之非法度之功，如何？

高皇帝議欲廢太子，呂后患之，即召張子房而取策。子房教以敬迎四皓而厚禮之。四皓者，四人皆八十餘歲，鬚眉皓白，故謂之四皓。漢書王貢兩龔鮑傳序曰：「漢興，有園公、綺里季、（田汝成、齊召南並謂「季」當屬下讀，非。說詳朱氏羣書札記卷二。）夏黄公、甪（音鹿。）里先生，此四人者，當秦之世，避而入商雒深山，以待天下之定也。自高祖聞而召之，不至。其後呂后用留侯計，使皇太子卑辭束帛，致禮安車，迎而致之。四人既至，從太子見高祖，客而敬焉。太子得以爲重，遂用自安。」皇甫謐高士傳曰：「四皓者，皆河内軹人也。或在汲。一曰東園公，二曰甪里先生，三曰綺里季，四曰夏黄公。」通志氏族略三曰：「四皓皆以地爲氏。」朱亦棟曰：「東園、甪里、綺里、夏潛，疑並是地名，四皓不以姓名傳也。」陶潛聖賢羣輔録曰：「園公姓圈，名秉，字宣明，陳留襄邑人，常居園中，故號園公，見陳留志。夏黃公姓崔，名廓，字少通，齊人，隱居修道，號夏黃公。見崔氏譜。」路史發揮四、方以智通雅、姚範援鶉堂筆記二四、左暄三餘偶筆十一、朱亦棟羣書札記十六，並辯四皓姓字，甚詳。顏師古曰：「四皓無姓字可稱，蓋隱居之人，祕其姓字，故史傳無得而詳。後代爲四人施安姓字，皆臆説也。」此論甚塙。高祖見之，心消意沮，毛詩巧言傳：「沮，止也。」太子遂安。事見史記留侯世家。使韓子爲呂后議，廣雅釋詁：「議，謀也。」進不過彊諫，退不過勁力，以此自安，取誅之道也，豈徒易哉？易，謂更易其議，不立戚夫人子也。夫太子敬厚四皓，以消高帝之議，猶魏文式段干木之閭，卻彊秦之兵也。舊本段。

治國之道，所養有二：一曰養德，二曰養力。養德者，養名高之人，以示能敬賢；文選齊竟陵文宣王行狀注引「高」下有「尚」字。「示」作「亦」。並誤。當據此正。養力者，養氣力之士，以明能用兵。此所謂文武張設，德力具足者也。「具」舊作「且」，宋、元本並作「具」。朱校同。今據正。事或可以德懷，或可以力摧。外以德自立，内以力自備，慕德者不戰而服，犯德者畏兵而卻。徐偃王脩行仁義，陸地朝者三十二國，韓非子五蠹篇、後漢書東夷傳、博物志、水經濟水注並作「三十六國」。淮南説山訓同此。彊楚聞之，舉兵而滅之。楚文王時也。餘注幸偶篇。此有德守，無力備者也。夫德不可獨任以治國，力不可直任以御敵也。「御」、「禦」字同。韓子之術不養德，偃王之操不任力，二者偏駮，各有不足。偃王有無力之禍，知韓子必有無德之患。

凡人禀性也，清濁貪廉，各有操行，猶草木異質，不可復變易也。狂譎、華士不仕於齊，猶段干木不仕於魏矣。性行清廉，不貪富貴，非時疾世，義不苟仕，苟，苟且也。雖不誅此人，此人行不可隨也。言人性行不能盡同狂譎。太公誅之，韓子是之，是謂人無性行，草木無質也。太公誅二子，使齊有二子之類，必不爲二子見誅之故，不清其身；使無二子之類，雖養之，終無其化。堯不誅許由，唐民不皆樔處；文選陸士衡演連珠注引古史考曰：「許由，堯時人也，隱箕山，恬淡養性，無欲於此。堯禮待之，由不肯就。時人高其無欲，遂崇大之，曰堯將天下讓許由，由恥聞之，乃洗其耳。或曰：又有巢父，與許由同志。或曰：許由夏常居巢，故一號巢父。不可知也。」又應休璉與從弟君苗、君胄書曰：「山父不貪天下之樂。」注曰：「山父，即巢父也。」孔稚珪北山移文注引皇甫謐高士傳曰：「巢父聞許由爲堯所讓也，乃臨池而洗耳。」按：許由、巢父，或以爲一人，或以爲二人。古今人表分許由、巢父爲二。此云許由居樔，是以許由爲巢父也。說文木部：「樔，澤中守艸樓。從木，巢聲。」此文作「樔」，是也。書傳作「巢父」者，借「巢」爲之。武王不誅伯夷，周民不皆隱餓；魏文侯式段干木之閭，盼遂案：「侯」字衍。魏國不皆闔門。由此言之，太公不誅二子，齊國亦不皆不仕。何則？清廉之行，人所不能爲也。夫人所不能爲，養使爲之，不能使勸；人所能爲，誅以禁之，不能使止。然則太公誅二子，無益於化，空殺無辜之民。賞無功，殺無辜，韓子所非也。太公殺無辜，韓子是之，以(是)韓子之術殺無辜也。「以」當作「是」。下「韓子善之，是韓子之術亦危仁也」文例同。

夫執不仕者，執，執一也。未必有正罪也，太公誅之。如出仕未有功，太公肯賞之乎？賞須功而加，罰待罪而施。使太公不賞出仕未有功之人，則其誅不仕未有罪之民，非也，而韓子是之，失誤之言也。且不仕之民，性廉寡欲；好仕之民，性貪多利。利欲不存於心，則視爵禄猶糞土矣。廉則約省無極，貪則奢泰不止。奢泰不止，則其所欲，不避其主。案古簒畔之臣，希清白廉潔之人。希，鮮也。貪，故能立功；憍，故能輕生。憍謂驕恣。字本作「驕」。積功以取大賞，奢泰以貪主位。太公遺此法而去，故齊有陳氏劫殺之患。田成子常殺簡公。「殺」當作「弒」，下同。實知篇述此事正作「劫弒」。韓詩外傳十、淮南齊俗篇作「劫殺」，誤同。太公之術，致劫殺之法也。韓子善之，是韓子之術亦危亡也。

周公聞太公誅二子，非而不是，韓非子外儲説右上：「狂矞、華士，太公望至於營丘，使執而殺之，以爲首誅。周公旦從魯聞之，發急傳而問之曰：『夫二子賢者，今日饗國而殺賢者，何也？』」然而身執贄以下白屋之士。身猶親也。餘注語增篇。白屋之士，二子之類也。周公禮之，太公誅之，二子之操，孰爲是者？周公、太公孰爲是。宋人有御馬者，不進，拔劍剄而棄之於溝中。又駕一馬，馬又不進，又剄而棄之於溝。若是者三。以此威馬，至矣，吕氏春秋用民篇：「宋人有取道者，其馬不進，倒而投之鸂水。又復取道，其馬不進，又倒而投鸂水。如此者三。雖造父之所以威馬，不過此矣。」「倒」當從此文作「剄」。高誘注：「倒，殺也。」古無此訓。説文：「剄，刑也。」漢書賈誼傳注：「剄，割頭也。」故「剄」可訓「殺」。然非王良之法也。王良注命義篇。王良登車，馬無罷駑；堯、舜治世，民無狂悖。亦見率性篇。未知何出。王良馴馬之心，堯、舜順民之意。人同性，馬殊類也。王良能調殊類之馬，太公不能率同性之士。然則周公之所下白屋，王良之馴馬也；太公之誅二子，宋人之剄馬也。舉王良之法與宋人之操，使韓子平之，「平」讀「評」。韓子必是王良而非宋人矣。王良全馬，宋人賊馬也。馬之賊，則不若其全；然則，民之死，不若其生。使韓子非王良，自同於宋人，賊善人矣。如非宋人，宋人之術與太公同，非宋人，是太公，韓子好惡無定矣。

治國猶治身也。治一身，省恩德之行，多傷害之操，則交黨疏絶，耻辱至身。推治身以況治國，治國之道，當任德也。韓子任刑，獨以治世，是則治身之人，任傷害也。

韓子豈不知任德之爲善哉？以爲世衰事變，民心靡薄，漢書董仲舒傳注：「靡，散也。薄，輕也。」**故作法術，專意於刑也。**韓非子五蠹篇曰：「上古競於道德，中古逐於智謀，當今爭於氣力。夫古今異俗，新故異備，如欲以寬緩之政治急世之民，猶無轡策而御馯馬，此不知之患也。」又心度篇：「民樸而禁之以名，則治；世智維之以刑，則從。」**夫世不乏於德，猶歲不絶於春也。謂世衰難以德治，可謂歲亂不可以春生乎？人君治一國，猶天地生萬物。天地不爲亂歲去春，人君不以衰世屏德。孔子曰：「斯民也，三代所以直道而行也。」**言今之民，即三代所以德化馭者。論語衛靈公篇集解引馬融注與此義違。説詳率性篇。各本段，今不從。**周穆王之世，可謂衰矣，任刑治政，亂而無功。**尚書呂刑曰：「惟呂命王：『享國百年耄荒，度作刑，以詰四方。』」爲此文所本。訓「耄荒」爲「衰亂」，故云：「穆王之世衰。」史記周本紀曰：「穆王將征犬戎以歸，自是荒服者不至，諸侯有不相睦者，甫侯言于王，作修刑辟。」匈奴傳曰：「周道衰，荒服不至，於是周遂作甫刑之辟。」漢書刑法志曰：「周道既衰，穆王眊荒，命甫侯度作刑，以詰四方。」皆以「耄荒」爲國勢之衰，政刑之亂，與仲任義同。蓋漢儒相承舊説。僞孔傳訓「耄荒」爲「耄亂荒忽」，正得其義。魏、晉去漢未遠，故得承舊聞。孫星衍訓「耄」爲「老」，「荒」爲「治」，則漢人所云「穆王衰亂」，不知所據矣。帝王世紀以「耄荒」爲「老耄」，亦不足信。甫

侯諫之，書序曰：「呂命穆王，訓夏贖刑，作呂刑。」呂刑曰：「惟呂命王，享國百年耄荒，度時作刑，以詰四方。」命，告也。見廣雅。（此從吴汝綸説。）「度時作刑」，謂相度時宜以作刑。（從皮錫瑞説。）呂侯言于王，政刑衰亂，當改重刑從輕，故云「甫侯諫之」也。僞孔讀「惟呂命」句絶，謂「呂侯見命爲卿」，非也。史記周本紀云：「甫侯言于王。」以「命」爲「言」，讀「王」字上屬。此云「甫侯諫之」，下文又云「用甫侯之言」，知仲任讀與史同。仲任今文家，則此爲今文説也。皮錫瑞曰：「據論衡此文，則今文家當以『惟甫命王』爲句。命王者，甫侯言於王，諫王任刑也。史記周本紀集解鄭玄曰：『書説：周穆王以甫侯爲相。』鄭引書説，出書緯刑德放文。（據孔疏。）鄭云：『甫侯爲相。』又云：『呂侯受王命，入爲三公。』（見孔疏。）甫侯於六卿當爲司寇，於三公爲司空公。司寇掌刑典，故得諫王任刑也。」**穆王存德，**謂改重刑從輕，與周禮大司寇鄭注説同。刑法志以呂刑爲重典，則與仲任説異。後漢紀崔寔論世事曰：「昔盤庚遷都，以易殷民之弊；周穆改刑，以正天下之失。」**享國久長，**呂刑曰：「饗國百年。」注氣壽篇。**功傳於世。夫穆王之治，初亂終治，非知昏於前，才妙於後也，前任蚩尤之刑，後用甫侯之言也。**呂刑曰：「蚩尤唯始作亂。」又曰：「苗民弗用靈，制以刑，惟作五虐之刑，曰法。」是蚩尤作亂，苗民制刑，絶然兩事。此文云：「穆王用蚩尤之刑。」寒温篇云：「蚩尤之民，湎湎紛紛。」變動篇云：「甫刑曰：『庶僇旁告無辜于天帝。』此言蚩尤之民被冤，旁告無罪于上天。」是以湎亂作刑，爲蚩尤之事矣。「湎湎紛紛」，「旁告無辜」，經亦繫之苗民，并與仲任説異。考鄭注：（孔疏引。）「蚩尤霸天下，黄帝所伐者。學蚩尤爲此者，九黎之君，在少昊之代。」又曰：「苗民，謂九黎之君也。九黎之君，于少昊氏衰，而棄善道，上效蚩尤重刑。苗民，有苗，九黎之後。」馬融曰：（釋文引。）「蚩尤，少昊之末，九黎君名。」孔傳曰：「九黎之君，號曰蚩尤。」據三家注，於蚩尤、苗民有二説：一以蚩尤爲九黎之君，馬與僞孔是也。一以苗民爲九黎之後，鄭氏是也。是則鄭雖以三苗爲九黎之後，然九黎非蚩尤子孫；緇衣疏，鄭以九黎爲苗民先祖，非蚩尤子孫。馬、孔雖以蚩尤爲九黎之君，然九黎與三苗，惟異代同惡，不言同種。然則苗民與蚩尤，不可並爲一也。但如是，則呂刑之文，蚩尤、苗民，各自爲節，而蚩尤於文更爲贅矣。（此本戴鈞衡書傳補商。）仲任謂「蚩尤之民，湎湎紛紛」，又謂蚩尤作刑，則呂刑之文，一氣貫注。蓋仲任經説，自有與鄭、馬異者。譴告篇謂穆王用刑，報虐用威，亦與注家相違。揚雄廷尉箴曰：「昔在蚩尤，爰作淫刑，延於苗民，夏氏不寧。」緇衣鄭注：「三苗作五虐蚩尤之刑。」三國魏志鍾繇傳上疏引呂刑：「皇帝清問下民，鰥寡有辭於苗。」釋云：「堯當除蚩尤、有苗之刑，先審問於下民之有辭者。」揚雄、鄭玄、鍾繇雖並言蚩尤之刑，但似謂三苗承用蚩尤之刑。而仲任則以蚩尤、有苗爲一。**夫治人不能捨恩，治國不能廢德，治物不能去春，韓子欲獨任刑用誅，如何？** 黃震曰：「太公安有殺隱士之理，太公始亦隱士耳。謂其殺隱士，必欲人皆效命於國者，韓非等妄言，以售私説耳。此不待辯。」舊本段。

魯繆公問於子思曰：「吾聞龐㒝是子不孝。 孫曰：韓非子難三作「龐糲氏」，孔叢子公儀篇作「龐欄氏」，顧廣圻韓非子識誤云「是」與「氏」同，史記酷吏傳云「濟南瞷氏」，漢書音義云

「音小兒癇」，即此姓，「龐」當是其里也。暉按：路史後紀十三上云：「羿以龐門是子爲受教之臣。」注云：「羿傳逢蒙，論衡作『龐門是子』，即逢門也。」蓋所據本「撊」訛作「門」，故誤以龐撊是子與逢門爲一人。陳士元孟子雜記辨名篇云：「逢蒙，論衡作龐門。」蓋未檢論衡原書，而沿襲羅苹妄説也。不孝，其行奚如？」「不孝」二字，韓非子不重。朱曰：此疑衍。子思對曰：「君子尊賢以崇德，舉善以勸民。今本韓子誤作「觀民」。論語爲政篇：「舉善而教不能則勸。」顧廣圻謂以「觀」爲是，恐非。若夫過行，是細人之所識也，臣不知也。」子思出，子服厲伯見。子服姓，厲伯字。論語憲問篇有「子服景伯」。廣韻六止子字注：「魯大夫子服氏。」君問龐撊是子。子服厲伯對以其過，對以其過三。皆君子(之)所未曾聞。孫曰：「君子」當從韓非子作「君之」。「君」對魯繆公而言，無取於「君子」也。蓋涉上文諸「子」字而誤。顧廣圻謂韓非子「君之」當作「君子」，非也。自是之後，君貴子思而賤子服厲伯。韓子聞之，以非繆公，以爲明君求姦而誅之，子思不以姦聞，而厲伯以姦對，厲伯宜貴，子思宜賤。今繆公貴子思，賤厲伯，失貴賤之宜，故非之也。以上據韓非子難三。

夫韓子所尚者，法度也。人爲善，法度賞之；惡，法度罰之。雖不聞善惡於外，善惡有所制矣。夫聞惡不可以行罰，猶聞善不可以行賞也。非人不舉姦者，非韓子之術也。盼遂案：下「非」字衍。上文子思之不以姦聞，韓非言繆公宜賤之，此其結論也。使韓子聞善，必將試之，試之有功，乃肯賞之。夫聞善不輒加賞，虛言未必可信也。若此，聞善與不聞，無以異也。夫聞善不輒賞，則聞惡不輒罰矣。聞善必試之，聞惡必考之，試有功乃加賞，考有驗乃加罰。虛聞空見，實試未立，賞罰未加。賞罰未加，善惡未定。未定之事，須術乃立，則欲耳聞之，非也。

鄭子產晨出，過東匠之宮，韓非子難三「宮」作「閭」。聞婦人之哭也，撫其僕之手而聽之。有間，使吏執而問之，手殺其夫者也。「殺」，韓子作「絞」。翼日，韓子作「異日」。其僕問曰：「夫子何以知之？」子產曰：「其聲不慟。韓子作「其聲懼」。盼遂案：「不」字衍文。「慟」依下文當改爲「懼」。韓非子難三篇正作「其聲懼」。又案：段成式酉陽雜俎云：「韓晉公滉在潤州，夜與從事登萬歲樓。方酣，置杯不樂。語左右曰：『汝聽婦人哭乎？當近何所？』對在某街。詰朝，命吏捕哭者訊之。信宿，獄不具。忽有大蠅集於首，因發髻驗之，果婦私於鄰，醉其夫而釘殺之。吏以爲神，問晉公。晉公曰：『吾察其哭聲疾而不悼，若強而懼者。王充論衡云：鄭子產晨出，聞婦人之哭，拊僕手而聽。有間，使吏執而問之，即手殺其夫。異日，其僕問曰：夫子何以知之？子產曰：凡人於其所親愛，知病而憂，臨死而懼，已死而哀。今哭已死而懼，知其姦也。』」凡人於其所親愛也，知病而憂，「知」，韓子作「始」。臨死而懼，已死而哀。今哭夫已死，不哀而懼，是以知其有姦也。」韓子聞而非之曰：「子產不亦多事乎？姦必待耳目之所及而後知之，則鄭國之得姦寡矣。不任典城之吏，韓子作「典成」。舊注：「典，主也。謂因事而責成之。」按：前命祿篇曰：「下愚而千金，頑魯而典城。」後漢書章帝紀：「舉孝廉郎中寬博有謀，任典城者，以補長相。」注：「任，堪使也。典，主也。長謂縣長。相謂侯相。」則典城謂主宰邑城。訓「成」爲責成，於義迂矣。察參伍之正，韓子「察」上有「不」字，此蒙上文省。「正」讀作「政」。韓子八經篇：「參伍之道，行參以謀多，揆伍以責失。」史記蒙恬傳引周書曰：「必參而伍之。」又云：「察於參伍，上聖之法。」索隱謂：「參謂三卿，伍謂五大夫，欲參伍更議。」其說非也。韓非子內儲說上云：「觀聽不參，則誠不聞。」（誠，實也。）荀子成相篇云：「參伍明謹施賞刑。」楊注：「參伍猶錯雜，謂或往參之，或往伍之。」盼遂案：「參」上宜依韓非子難三篇補「不」字，方與上文「不任典城之吏」一律。不明度量，待盡聰明、勞知慮而以知姦，盼遂案：「待」當爲「徒」之誤。又按：韓子作「恃盡聰明」，亦與上文不接。或乃「特」字之譌歟？不亦無術乎？」待，須也。韓子作「恃」。王先慎曰：「作『待』誤。」恐非。文見韓非子難三。

韓子之非子產，是也；其非繆公，非也。夫婦人之不哀，猶龐捫子不孝也。當作「龐撊是子」，「捫」字誤，又脱「是」字。盼遂案：「捫」當是「撊」。「撊」下依上文當有「是」字。非子產持（待）耳目以知姦，「持」爲「待」形誤。此據上「姦必待耳目之所及而後知之」爲義。「待」

與下句「須」字互文。待亦須也。前文「事或無益而益者須之，無效而效者待之」，亦以「須」、「待」互文。並其證。獨欲繆公須問以定邪。子產不任典城之吏，而以耳〔聞〕定實；繆公亦不任吏，而以口問立誠。孫曰：「耳」下脱「聞」字。「而以耳聞定實」，與「而以口問立誠」相對成文。下云：「夫耳聞口問，一實也。」尤其切證。吴説同。夫耳聞口問，一實也，俱不任吏，皆不參伍。厲伯之對不可以立實，猶婦人之哭不可以定誠矣。不可〔以〕定誠，使吏執而問之；孫曰：「可」下脱「以」字。上下文例可證。不可以立實，不使吏考，獨信厲伯口，以罪不考之姦，如何？

韓子曰：「子思不以過聞，繆公貴之；子服厲伯以姦聞，繆公賤之，人情皆喜貴而惡賤，故季氏之亂成而不上聞，魯之公室，三世劫於季氏。此魯君之所以劫也。」見難三。夫魯君所以劫者，以不明法度邪？以不早聞姦也？夫法度明，雖不聞姦，姦無由生；法度不明，雖日求姦，決其源，鄣之以掌也。御者無衜，疑「術」字形誤。見馬且犇，無以制也。使王良持轡，馬無欲犇之心，御之有數也。廣雅釋言：「數，術也。」今不言魯君無術，而曰不聞姦；不言審法度，而曰不通下情，「審」上疑脱「不」字。上文：「魯君所以劫者，以不明法度邪？以不早聞姦也？」仲任意，原於不明法度，故此謂韓子之非繆公，不言不審法度。今脱「不」字，則失其義矣。盼遂案：「審」上脱一「不」字。上文「不言魯君無術，而曰不聞姦」，此作「不審法度」，方與相應。韓子之非繆公也，與術意而相違矣。

龐攔是子不孝，子思不言，「攔」當作「撊」，崇文本已校改。下同。繆公貴之。韓子非之，以爲「明君求善而賞之，求姦而誅之」。夫不孝之人，下愚之才也。下愚無禮，順情從欲，「從」讀「縱」。與鳥獸同。謂之惡，可也；謂姦，非也。姦人外善內惡，色厲內荏，曲禮上釋文：「荏，柔弱貌。」謂外莊厲而內心柔佞。作爲操止，像類賢行，以取升進，容媚於上，安肯作不孝，著身爲惡，以取棄殉之咎乎？龐攔是子可謂不孝，不可謂姦。韓子謂之姦，失姦之實矣。

韓子曰：「布帛尋常，儀禮公食大夫禮記注：「丈六尺曰常，半常曰尋。」庸人不擇；先孫曰：五蠹篇作「釋」，字通。王先慎曰：「擇字誤。」暉按：王說非也。墨子節葬篇：「爲而不已，操而不擇。」易林恒之蒙曰：「郊耕擇耜，有所疑止。」并借「擇」爲「釋」。爍金百鎰，盜跖不搏。」見韓非子五蠹篇。以喻峭法嚴刑之效。「鎰」作「溢」，「搏」作「掇」。史記李斯傳引韓子與此文同。劉先生宣南雜識曰：「溢」字是，後人妄改作「鎰」。小爾雅廣量篇：「一手之盛謂之溢。」宋咸注：「滿一手也。」正是其義。暉按：李斯釋云：「不以盜跖之行，爲輕百鎰之重。」則作「鎰」爲是。（鎰或言二十兩，或言二十四兩。）尋常以度言，百鎰以衡言。作「溢」恐非。又按：「爍」當從韓子、史記作「鑠」。索隱曰：「爾雅云：『鑠，美也。』言百鎰之美金，在於地，雖有盜跖之行，亦不取者，爲其財多而罪重也。搏猶攫也，取也。」韓子舊注訓「鑠金」爲金銷爛，妄也。以此言之，法明，民不敢犯也。設明法於邦，有盜賊之心，不敢犯矣；不測之者，不敢發矣。盼遂案：「者」疑爲「旨」之訛。緣「旨」之誤而成「者」，遂與上句「盜賊之心」不相應。姦心藏於胸中，不敢以犯罪法，罪法恐之也。此文疑作：「不敢以犯，明法恐之也。」承上「法明，民不敢犯也」爲文。下「明法恐之」即複述此文，尤其切證。蓋「明法」譌爲「罪法」，又誤衍也。盼遂案：次「罪法」當是「明法」，上下文統作「明法」。明法恐之，則不須考姦求邪於下矣。使法峻，民無姦者；使法不峻，民多爲姦。而不言明王之嚴刑峻法，而云求姦而誅之。言求姦，是法不峻，民或犯之也。世不專意於明法，而專心求姦，此對韓子言，「世」字無取，涉「也」字譌衍。韓子之言，與法相違。

人之釋溝渠也，書大禹謨孔傳：「釋，廢也。」知者必溺身；盼遂案：「知」下疑有脫文。不塞溝渠而繕船檝者，繕，治也。「船」，宋、元本並作「舡」。朱校同。廣雅釋水：「舡，舟也。」「檝」，廣韻二六緝云：「舟檝。」干禄字書：「檝通。楫正。」知水之性不可闕，莊子逍遥遊釋文：「闕，塞也。」其勢必溺人也。臣子之性欲姦君父，猶水之性溺人也，不教所以防姦，而非其不聞知，是猶不備水之具，謂舟檝。而徒欲早知水之溺人也。溺於水，不責水而咎己者，己失防備也。然則人君劫於臣，己失法也。備溺不闕水源，防劫不求臣姦，韓子所宜用教己也。「己」疑衍。水之性勝火，如裹之以釜，水煎而不得勝，必矣。韓非子備内篇：「今夫水之勝火，亦明矣。然而釜鬵間之，水煎沸竭盡其上，而火得熾盛焚其下，水失其所以勝者矣。」爲此義所本。夫君猶火也，臣猶水也，法度釜也，火不求水之姦，君亦不宜求臣之罪也。盼遂案：「姦」依上文當爲「勝」，「罪」當爲「姦」。上文言水性勝火，君求臣姦，可證。

刺孟篇

説文言部："諫，數諫也。從言，朿聲。"譏刺字當作"諫"。朱彝尊經義考二三二曰："'刺孟'計六篇。"蓋依通津本之誤。今分爲八章。余允文尊孟辨載"陳臻問曰"、"孟子在魯"爲節，故云"刺孟十篇"，亦誤。

孟子見梁惠王。王曰："叟！不遠千里而來，將何以利吾國乎？"史記魏世家亦作"將何以"。孟子作"亦將有以"。趙岐注曰："叟，長老之稱也。孟子去齊，老而至魏，故王尊禮之。"史記六國表："魏惠王三十五年，孟子來。"**孟子曰："仁義而已，何必曰利？"**見孟子梁惠王篇。

夫利有二：有貨財之利，有安吉之利。惠王曰："何以利吾國？"何以知不欲安吉之利，而孟子徑難以貨財之利也？易曰："利見大人。"易乾卦爻詞。**"利涉大川。"**容齋隨筆十二曰："易卦辭稱'利涉大川'者七。"**"乾，元亨利貞。"**易乾卦詞。文言曰："元者，善之長也。亨者，嘉之會也。利者，義之和也。貞者，事之幹也。君子體仁足以長人，嘉會足以合德，利物足以和義，貞固足以幹事。君子行此四德者，故曰：乾，元亨利貞。"**尚書曰："黎民亦尚有利哉？"**見秦誓。正義誤以"黎民"上屬"子孫"爲句。"尚"作"職"。禮記大學引同此。（今本"亦尚"誤倒。）并今文也。**皆安吉之利也。行仁義得安吉之利。孟子不（必）且語**

（詰）問惠王：先孫曰：「不」疑當作「必」。「語」，余允文尊孟辯引作「詰」，義較長。「何謂『利吾國』？」惠王言貨財之利，乃可答若設。「若設」，疑爲「若言」之誤。若，此也。若言，謂「何必曰利」也。盼遂案：「若設」二字疑誤。令（令）「令」當作「今」，形譌。惠王之問未知何趣，孟子徑答以貨財之利。如惠王實問貨財，孟子無以驗效也；盼遂案：「無」當爲「有」。如問安吉之利，而孟子答以貨財之利，失對上之指，違道理之實也。

齊王問時子：余允文引有「曰」字。「問」，孟子作「謂」。「我欲中國而授孟子室，養弟子以萬鍾，使諸大夫、國人皆有所矜式。子盍爲我言之？」趙注曰：「時子，齊臣也。王欲於國中央爲孟子築室。矜，敬也。式，法也。盍，何不也。」左傳昭公三年杜注曰：「鍾，六石四斗。」俞樾曰：「蓋齊王之意，以爲孟子即不欲仕，吾將用其弟子中之賢者，養之以萬鍾之禄，使孟子得以安居齊國。疑萬鍾是齊國卿禄之常額，養之以萬鍾，即是使之爲卿。」時子因陳子而以告孟子。趙曰：「陳子，孟子弟子陳臻。」孟子曰：「夫時子惡知其不可也？如使予欲富，辭十萬而受萬，是爲欲富乎？」孟子仕不受禄，嚮者爲卿，嘗辭十萬鍾之禄。以上見孟子公孫丑篇。

夫孟子辭十萬，失謙讓之理也。夫富貴者，人之所欲也，不以其道得之，不居也。論語文。「居」作「處」。注問孔篇。故君子之於爵禄也，有所辭，有所不辭。豈以己不貪富貴之故，而以距逆宜當受之賜乎？

陳臻問曰：「於齊，王餽兼金一百鎰而不受；盼遂案：「餽」，依下文當改作「歸」。此淺人據孟子誤改也。於宋，歸七十鎰而受；於薛，歸五十鎰而受取。「於齊」上，余引有「前日」二字。王本、崇文本「餽」并作「歸」。孟子、余引并作「餽」。朱校元本同此。「一百」下，孟子無「鎰」字，無「取」字。趙曰：「兼金，好金也。其價兼倍於常者，故謂之兼金。古者以一鎰爲一金。鎰，二十四兩也。」陳士元孟子雜記曰：「薛君，齊田文也。是時任姓之薛滅於齊，齊人嘗築薛以逼滕。」前日之不受是，則今受之非也；孟子作「則今日之受非也」。後漢書張衡傳注引孟子作「今日受之非也」。「受之」二字，同此。翟氏孟子考異引誤增「日」字。今日之受是，則前日之不受非也。夫君子必居一於此矣。」孫曰：此文不當有「君」字，陳臻，孟子弟子，故稱「夫子」。孟子公孫丑篇亦無「君」字。此蓋涉上文「君子之於爵禄」、下文「焉有君子而可以貨取乎」而誤，非異文也。暉按：余引正無「君」字。孟子曰：「皆是也。當在宋也，予將有遠行，行者必以賮，辭曰：『歸賮。』崇文本「賮」作「贐」，「歸」作「餽」，蓋依今本孟子改，非也。文選魏都賦劉逵注、赭白馬賦、讌曲水詩李注引孟子，「贐」并作「賮」。說文有「賮」無「贐」。繫傳賮下云：「孟子歸賮。」并與此同。古本孟子若是也。趙曰：「贐，送行者贈賄之禮也。」予何爲不受？當在薛也，予有戒心，辭曰：『聞戒，故爲兵戒歸之備乎！』孟子作「故爲兵餽之」。

趙曰：「戒，有戒備不虞之心也。時有惡人欲害孟子，孟子戒備，薛君曰：聞有戒，此金可鬻以作兵備，故餽之。」翟灝曰：「風俗通窮通篇：『孟子絕糧于鄒、薛，困殆甚。』所云『戒心』，當即絕糧事。」予何爲不受？若於齊，則未有處也。無處而歸之，是貨之也，焉有君子而可以貨取乎？」見孟子公孫丑下篇。趙注：「義無所處而餽之，是以貨財取我，欲使我懷惠也。安有君子而可以貨財見取之乎？」夫金歸，或受或不受，皆有故，非受之時已貪，當不受之時已不貪也。金有受不受之義，而室亦宜有受不受之理。今不曰「已無功」，若「已致仕，受室非理」，若，或也。謂或辭以已致仕。齊王欲授之室，時值致爲臣而歸也。而曰「已不貪富（貴）」，「富」下脱「貴」字，此蒙上文「豈以己不貪富貴之故」爲文。下文「今不曰受十萬非其道，而曰己不貪富貴」，並其證。引前辭十萬以況後萬。前當受十萬之多，安得辭之？

彭更問曰：「後車數十乘，從者數百人，以傳食於諸侯，不亦泰乎？」「不亦」，孟子作「不以」。「亦」，語詞，「不亦泰乎」，不泰乎也。趙曰：「彭更，孟子弟子。」釋名釋宮室云：「傳，傳也，人所止息而去，後人復來，轉轉相傳，無常主也。」傳食，謂舍止諸侯之客館而受其飲食也。荀子仲尼篇注曰：「汰，侈也。」王霸篇注：「『泰』與『汰』同。」孟子曰：「非其道，則一簞食而不可受於人；如其道，則舜受堯之天下，不以爲泰。」見孟子滕文公下篇。無「而」字。趙注：「簞，笥也。」受堯天下，余引「堯」下有「之」字。孰與十萬？「孰」猶「何」也。廣雅曰：

「與，如也。」「孰與」即「何如」也。相較之詞。舜不辭天下者，是其道也。今不曰「受十萬非其道」，而曰「已不貪富貴」，失謙讓也，安可以爲戒乎？舊本段。

沈同以其私問曰：「燕可伐與？」孟子曰：「可。子噲不得與人燕，子之不得受燕於子噲。有士於此，「士」，孟子作「仕」。「仕」、「士」古字通。鄭厚藝圃折衷引孟子同此。而子悦之，不告於王，而私與之子之爵禄。「子」上孟子有「吾」字。余引同。夫士也，亦無王命，而私受之於子，則可乎？何以異於是？」趙曰：「沈同，齊大臣，自以其私情問，非王命也。子噲，燕王也。子之，燕相也。子噲不以天子之命，而擅以國與子之；子之亦不受天子之命，而私受國於子噲，故曰其罪可伐。」「夫」猶「此」也，「夫士」猶言此士也。齊人伐燕。或問曰：「勸齊伐燕，有諸。」曰：「未也。沈同曰：「曰」當從孟子作「問」。下文「沈同問燕可伐與，此挾私意，欲自伐之也」，正作「沈同問」，知此非異文也。余引正作「問」。『燕可伐與？』吾應之曰：『可！』彼然而伐之。〔彼〕如曰：『孰可以伐之？』孫曰：元本「如」作「彼」。疑此與孟子同作「彼如曰孰可以伐之」。元本脱「如」字，今本脱「彼」字。且下文「彼如曰孰可以殺之」，亦與孟子同，知其非異文也。則應之曰：『爲天吏則可以伐之。』今有殺人者，或問之曰：『人可殺與？』則將應之曰：『可！』彼如曰：『孰可以殺之？』則應之曰：『爲士師則可以殺之。』今以燕伐燕，何爲勸之也？」見孟子公孫丑下篇。趙曰：「言今齊國之政，猶燕政也，又非天吏，我何爲勸齊伐燕乎？」

夫或問孟子勸王伐燕，不誠是乎？沈同問燕可伐與？此挾私意，欲自伐之也。知其意慊於是，說文心部：「慊，疑也。」謂意疑於自伐。宜曰：「燕雖可伐，須爲天吏，乃可以伐之。」沈同意絶，則無伐燕之計矣。不知有此私意而徑應之，不省其語，是不知言也。公孫丑問曰：「敢問夫子惡乎長？」趙曰：「公孫姓，丑名，孟子弟子也。」「惡乎長」，何所長也。孟子曰：「我知言。」又問：「何謂知言？」曰：「詖辭知其所蔽，淫辭知其所陷，邪辭知其所離，遁辭知其所窮。鶡冠子能天篇曰：「詖辭者，革物者也，聖人知其所離。淫辭者，固物者也，聖人知其所合。詐辭者，沮物者也，聖人知其所飾。遁辭者，請物者也，聖人知其所極。」朱子孟子集注曰：「詖，偏陂也。淫，放蕩也。邪，邪僻也。遁，逃遁也。四者言之病也。蔽，遮隔也。陷，沈溺也。離，叛去也。窮，困屈也。四者心之失也。」生於其心，害於其政；發於其政，害於其事。雖聖人復起，必從吾言矣。」見孟子公孫丑上篇。孟子，知言者也，又知言之所起之禍，其極所致之福（害）。「福」當作「害」。蓋「害」初譌爲「富」，又涉上文「禍」字而誤爲「福」。「其極所致之害」，蒙上「發於其政，害於其事」爲文，義無取於「福」。下「則知其極所當害矣」，即承此爲文，尤其切證。盼遂案：「福」當爲「害」。後人習於「禍福」而改，不顧其義之難安也。見彼之問，則知其措辭所欲之矣；知其所之，則知其極

所當害矣。舊本段。

孟子有云：元本無「有」字。朱校同。按上有脱文。元本滅「有」字，校者未之審也。「有」、「又」字通，「又云」與下「又言以天未欲平治天下也」、「云五百年必有王者興，又言其間必有名世」句例同。本篇文例，每節引孟子舊文而詰難之。「孟子有云」以下三句，乃複述前文，非引孟子原書。下文「孟子所去之王」，及「去三日宿於晝」，事見公孫丑篇孟子去齊宿於晝章；「所不朝之王」，及「不朝而宿於景丑氏」，事見公孫丑篇孟子將朝王章。仲任合前後兩事，以見孟子行操乖違。原文此上當節引孟子兩章之文。不然，只引孟子「民舉安」三句，則「所去之王」、「去三日宿於晝」，於義不瞭，未明何指。而「不朝之王」，及「不朝而宿於景丑氏」，其立論亦失所據。又本篇文例，凡詰難者，不及於所引之外。此不述孟子將朝王章，而論及舍景丑氏，與全例不符，則其上有脱文可知矣。又本篇各節，引孟子原文後，于詰論之始，句首必著一「夫」字。如「夫利有二」、「夫孟子辭十萬」。此節「予日望之」下，「孟子所去之王」句首無「夫」字，是此上有脱文之明證。「**民舉安，王庶幾改諸！予日望之。**」公孫丑篇孟子對高子之詞。「民舉安」，作「王如用予，則豈徒齊民安，天下之民舉安」。此以「民舉安」三字爲句，與下義不相屬，疑此亦有脱文。「改諸」，孟子作「改之」。風俗通窮通篇引孟子「王庶幾改之，王如改諸」，亦作「王庶幾改諸」。則此作「改諸」，乃所據本不同。盼遂案：首句宜依孟子本文，作「天下之民舉安」。若今本則無著。**孟子所去之王，豈前所不朝之王哉？**孟子去齊，三宿而後出晝，此所去之王。孟子將朝王，王使人來曰：「朝將視朝。」孟子辭以病，不能造朝，此不朝之王。**而是，**「而」猶「如」也。**何其前輕之疾，**輕謂輕王。**而後重之甚也？**盼遂案：「而是」猶「如是」也。而、如雙聲通借，下句云「如非是」可證。**如非是前王，則(前)不去，而**[於]**後去之，**「則」，宋本、朱校元本并作「前」。「於」作「復」。按：此文當作「如非是前王，(句。)前不去，而後去之」。「如非是前王」，承上「孟子所去之王，豈前所不朝之王哉」爲文。後人誤以「前王」屬下讀，又改「前」作「則」。「復」字涉「後」字譌衍，又妄改爲「於」。余引已誤同今本。**是後王不肖甚於前，而去，三日宿，**謂去齊三日宿於晝也。**於前不甚，**崇文本「於前」作「於晝」，屬上讀，非也。**不朝而宿於景丑氏。**齊王使人來，欲力疾視朝，而見孟子。孟子辭以疾，不能造朝。明日，出弔於東郭氏，王使人問疾，醫來，不得已而之景丑氏宿焉。趙曰：「因之其所知齊大夫景丑氏之家宿焉。」翟曰：「景丑氏似即漢書藝文志儒家景子三篇之景子。」**何孟子之操，前後不同？所以爲王，終始不一也？**

且孟子在魯，魯平公欲見之。嬖人臧倉毁孟子，止平公。魯平公將出，見孟子，嬖人臧倉曰：「何哉君所爲輕身以先於匹夫者？以爲賢乎？禮義由賢者出，而孟子之後喪踰前喪，君無見焉。」公曰：「諾。」趙曰：「嬖人，愛幸小人也。」**樂正子以告。**告孟子，臧倉沮君。趙曰：「樂正姓，名克，孟子弟子也。爲魯臣。」**曰：「行，或使之；止，或尼之。**趙曰：「尼，止也。」**行、止非人所能也。予之不遇魯侯，天也。」**見孟子梁惠王下篇，「予」作「吾」。後漢書趙壹傳注引孟子作「余」，與此同。前不遇於魯，後不遇於齊，無以異也。前歸之天，今則歸之於王，孟子云：「王庶幾改之，予日望之。」孟子論稱，竟何定哉？夫不行於齊，王不用，則若臧倉之徒毀讒之也，此亦「止，或尼之」也。皆天命不遇，非人所能也。去，何以不徑行，而留三宿乎？天命不當遇於齊，王不用其言，天豈爲三日之間，易命使之遇乎？在魯則歸之於天，絶意無冀；在齊則歸之於王，庶幾有望。夫如是，不遇之議，一在人也。「一」猶「皆」也。謂不遇或歸天，或歸人，皆在人議之耳。或曰：「初去，未可以定天命也。冀三日之間，王復追之，天命或時在三日之間，故可也。」夫言如是，齊王初使之去者，非天命乎？如使天命在三日之間，魯平公比三日，亦〔或〕時棄臧倉之議，「亦時」無義，當作「亦或時」。此蒙上「或時」爲文。盼遂案：論衡多用「時」爲「或」之義。以上書虛等九篇，累以「或時」二字連言。「或」與「時」異字同用。此「時棄臧倉之議」，即「或棄臧倉之議」也。更用樂正子之言，往見孟子。劉節廣文選曰：「魯平公與齊宣王會於鳧繹山下，樂正克備道孟子于平公曰：『孟子私淑仲尼，其德輔世長民，其道發政施仁，君何不見乎？』」故云用其言往見孟子。孟子歸之於天，何其早乎？如三日之間，公見孟子，孟子奈前言何乎？

孟子去齊，充虞塗問曰：「夫子若不豫色然。前日，虞聞諸夫子曰：『君子不怨天，不尤人。』」「塗問」，於路中問也。趙曰：「充虞，孟子弟子。謂孟子去齊，有恨心，顏色故不悦。」曰：「彼一時也，此一時也。孟子無上「也」字。文選答客難注、五等諸侯論注引孟子並與此同。蓋唐以後始脱耳。五百年必有王者興，其間必有名世者矣。趙曰：「名世次聖之才，物來能名正於一世者。」高步瀛曰：「名世，能顯名於當世，猶命世也。」方以智曰：「令、名、命本一字。」由周以來，七百有餘歲矣。以其數則過矣，以其時考之，則可矣。趙曰：「七百有餘歲，謂周家王迹始興，大王、文王以來。考驗其時，則可有也。」朱曰：「周謂文、武之間，數謂五百年之期，時謂亂極思治，可以有爲之日也。」按：本論下文，周謂文、武，朱説得之。「可」謂「可有」，趙説得之。夫天未欲平治天下乎？下文兩見，並作「也」，與孟子同。余引正作「也」。如欲平治天下，當今之世，舍我而誰也？吾何爲不豫哉？」見公孫丑下篇。

夫孟子言「五百年有王者興」，何以見乎？帝嚳王者，而堯又王天下；堯傳於舜，舜又王天下；舜傳於禹，禹又王天下。四聖之王天下也，繼踵而興。禹至湯且千歲；湯至周亦然。云千歲，成數也。説見謝短篇。盼遂案：經傳皆言夏四百年，商六百年。論衡此言，殆本之緯書。是與竹書紀年謂周自開國至穆王爲一百年，同爲古年曆之異聞也。始於文王，而卒傳於武王。武王崩，成王、周公共治天下。由周至孟子之時，又七百歲而無王者。五百歲必有王者之驗，在何世乎？法言五百篇：「『五百歲而聖人出，有諸？』曰：『堯、舜、禹，君臣也，而并；文、武、周公，父子也，而處；湯、孔子數百歲而生。因往以推來，雖千一，不可知也。』」史記自序索隱：「揚雄、孫盛深所不然，以爲淳氣育才，豈有常數？五百年之期，何異一息？是以上皇相次，或以萬齡爲間，而唐堯、舜、禹比肩並列。及周室聖賢盈朝。孔子之没，千載莫嗣。安在於千年五百年乎？」與仲任説同。**云「五百歲必有王者」，誰所言乎？論不實事考驗，信浮淫之語，不遇去齊，有不豫之色，非孟子之賢效，與俗儒無殊之驗也。**

「五百年」者，以爲天出聖期也。「五」上疑脱「云」字。「云五百年」，與下「又言以天未欲平治天下」相生爲文。下文「云五百年必有王者」，又言「其間必有名世」，文例正同。文選謝玄暉登孫權故城詩注引作「孟子云：『五百年有王者興。五百年者，以爲天出聖期也』」，無「云」字，蓋并前文，故略之。孟子盡心篇曰：「由堯、舜至於湯，五百有餘歲；若禹、皋陶則見而知之，若湯則聞而知。由湯至於文王，五百有餘歲；若伊尹、萊朱則見而知之，若文王則聞而知之。由文王至於孔子，五百有餘歲；若太公望、散宜生則見而知之，若孔子則聞而知之。」趙曰：「言五百歲聖人一出，天道之常也。亦有遲速，不能正五百歲，故言有餘歲也。」賈子新書數寧篇：「自禹以下，五百歲而湯起。自湯以下，五百餘年而武王起。故聖王之起，大以五百爲記。」御覽四〇一引尚書考靈耀曰：「五百載，聖記符。」注曰：「五百法天地之數也。王命長，故以爲五百載也。」太史公自序亦有此言。并祖述孟子。**又言以「天未欲平治天下也」，其意以爲天欲平治天下，當以**

五百年之間生聖王也。如孟子之言，是謂天故生聖人也。然則五百歲者，天生聖人之期乎？如是其期。天何不生聖？聖王非其期故不生，孟子猶信之，孟子不知天也。「信」，余引作「言」。

「自周已來，七百餘歲矣。以其數則過矣，以其時考之，則可矣。」何謂「數過」？何謂「〔時〕可」乎？孫曰：「可」上脱「時」字。「數過」、「時可」承上句「以其數則過矣，以其時考之則可矣」而言。且下云：「數過，過五百年也。又言時可，何謂也？」尤其切證。暉按：余引有「時」字。數則時，時則數矣。「數過」，過五百年也。從周到今，今，據孟子言也。七百餘歲，踰二百歲矣。設或王者，或，有也。生失時矣，又言「時可」，何謂也？

云「五百年必有王者興」，又言「其間必有名世」，與「王者」同乎？異也？如同，〔何〕爲再言之？「何」字脱。「何爲再言之」，與下「何爲言其間」句例同。余引有「何」字。如異，「名世」者，謂何等也？謂孔子之徒，孟子之輩，教授後生，覺悟頑愚乎？已有孔子，己又以生矣。「己」謂孟子。「以」、「已」通。如謂聖臣乎？當與聖〔王〕同時，「聖」下脱「王」字。下「聖王出，聖臣見」，即承此爲文，可證。聖王出，聖臣見矣。言「五百年」而已，何爲言「其間」？如不謂五百年時，謂其中間乎？是謂二三百年之時也，聖〔人〕不與五百年時聖王相得。上「聖」字下，元本有「人」字，朱校同，今據補。仲任意：

「其間必有名世。」若謂名世聖人出於二三百年之時，則與五百年一出之聖王不能相遇。漢書董仲舒傳贊：「王者不得則不興。」莊子大宗師注：「當所遇之時世謂之得。」余引「得」作「等」，誤。盼遂案：上「聖」字當爲「生」之聲誤。元本「聖」下有「人」字，亦非。夫如是，孟子言「其間必有名世者」，竟謂誰也？

「夫天未欲平治天下也。如欲治天下，舍予而誰也？」「欲」下余引有「平」字。言若此者，不自謂當爲王者，有王者，若爲王臣矣。「若」猶「則」也。爲王者臣，皆天也。己命不當平治天下，不浩然安之於齊，懷恨有不豫之色，失之矣。舊本段。

彭更問曰：「士無事而食，可乎？」孟子作「曰否，士無事而食，不可也」。趙注：「彭更謂士無功事而虛食人者，不可也。」乃彭更申述其意，非問孟子也。孟子曰：「不通功易事，以羨補不足，則農有餘粟，女有餘布。子如通之，則梓匠輪輿皆得食於子。於此有人焉，入則孝，出則悌，守先王之道，以待後世之學者，而不得食於子。子何尊梓匠輪輿，而輕爲仁義者哉？」孟子「不通功」句上有「子」字，「後」下無「世」字。趙曰：「羨，餘也。梓匠，木工也。輪人、輿人，作車者。」朱曰：「有餘，言無所貿易而積於無用也。」曰：「梓匠輪輿，其志將以求食也。君子之爲道也，其志亦將以求食與？」孟子曰：「子何以其志爲哉？」盼遂案：「孟子」二字衍文。論衡記問答，例於開端出人名，以下并省。此處蓋讀者旁注以辨主賓，而淺人誤闌入正文也。其有功於子，可食而食之矣。「而」猶「則」也。且子食志乎？食功乎？」曰：「食志。」曰：「有人於此，毁瓦畫墁，其志將以求食也，則子食之乎？」俞樾曰：「『畫』讀爲『劃』。説文：『劃，劃傷也。』『墁』、『幔』古字通用。説文：『幔，衣車蓋也。』『畫幔』者，劃傷其車上之幔也。『毁瓦』以治屋言，乃梓匠之事；『畫墁』以治車言，乃輪輿之事。」曰：「否。」曰：「然則子非食志，食功也。」見滕文公下篇。

夫孟子引毁瓦畫墁者，欲以詰彭更之言也。知毁瓦畫墁無功而有志，無功事而有食志。彭更必不食也。雖然，引毁瓦畫墁，非所以詰彭更也。何則？諸志欲求食者，「諸」猶「凡」也。毁瓦畫墁者不在其中。不在其中，則難以詰人矣。夫人無故毁瓦畫墁，此不癡狂則遨戲也。遨，遊也。癡狂[人]之〔人〕，吴曰：當作「之人」。各本誤倒。暉按：余引作「之人」。志不求食，遨戲之人，亦不求食。求食者，皆多人所不〔共〕得利之事，先孫曰：「不」，余引作「共」，是也。以〔所〕作[此]鬻賣於市，「作此」疑當作「所作」，草書「所」、「此」形近而譌。文又誤倒，遂使此文難通。得賈以歸，「賈」讀「價」。乃得食焉。今毁瓦畫墁，無利於人，何志之有？有知之人，知其無利，固不爲也；無知之人，與癡狂比，固無其志。夫毁瓦畫墁，猶比童子擊壤於塗，何以異哉？御覽五八四引周處風土記曰：「擊壤以木爲之，前廣後鋭，長三四寸。（廣韻三六養引作「長尺三四寸」。文選謝靈運初去郡詩注引作「四尺三寸」。困學紀聞二十引作「尺三寸」。）其形如履，先側一壤於地，遥於三四十步，以手中壤擊之，中者爲上。」路史後紀十注引風俗通曰：「形如履，長三四寸，下僮以爲戲。」**擊壤於塗者，其志亦欲求食乎？此尚童子，未有志也。巨人博戲，**說文竹部曰：「簙，局戲也。六箸十二棊也。古者烏曹作簙。」楚詞招魂曰：「菎蔽象，有六簙些。」王注：「投六箸，行六棊，故爲六簙也。」洪興祖補注引鮑宏博經云：「所擲頭謂之瓊，瓊有五采。刻爲一畫者，謂之塞。刻爲兩畫者，謂之白。刻爲三畫者，謂之黑。一邊不刻者，五塞之間，謂之五塞。」列子曰：「擊博樓上。」注云：「擊，打也。如今雙陸棊也。」古博經云：「博法，二人相對坐向局。局分爲十二道，兩頭當中，名爲水。用棊十二枚，六白六黑，又用魚二枚，置於水中，其擲采以瓊爲之。瓊畟方寸三分，長寸五分，鋭其頭，鑽刻瓊四面爲眼，亦名爲齒。二人互擲采行棊，棊行到處，即豎之，名爲驍棊，即入水食魚。亦名牽魚。每牽一魚，獲二籌。飜一魚，獲二籌。」文選魏文帝與朝歌令吴質書：「彈棊間設，終以六博。」李注引藝經曰：「棊正彈法，二人對局，白黑棊各六枚，先列棊相當，更先控，三彈不得，各去控一棊，先補角。」世說曰：「彈棊出魏官。大體以巾角拂棊子也。」**亦畫墁之類也。博戲之人，其志復求食乎？博戲者，尚有相奪錢財，錢財衆多，己亦得食，或時有志。夫投石超距，亦畫墁之類也。**王念孫曰：「投石猶言投擿。擿亦投也。廣雅曰：『擿，投也。石擿也。』距亦超也。超距即拔距，猶言超踰也。」（讀書雜志四之十二。）**投石**

超距之人，其志有求食者乎？然則孟子之詰彭更也，未爲盡之也。如彭更以孟子之言，「以」，余引作「服」。可謂「禦人以口給」矣。論語公冶長篇孔子責子路之詞。皇疏曰：「禦，對也。給，捷也。言佞者口辭對人捷給無實。」舊本段。

匡章子曰：「陳仲子豈不誠廉士乎？居於於陵，三日不食，耳無聞，目無見也。井上有李，螬食實者過半，扶服往，將食之。三咽，然後耳有聞，目有見也。」趙曰：「匡章，齊人也。」呂氏春秋不屈篇高注：「匡章，孟子弟子也。」淮南子氾論訓曰：「陳仲子立節抗行，不入洿君之朝，不食亂世之食，遂餓而死。」注曰：「齊人，孟子弟子，居於陵。」梁仲子曰：「高注淮南以陳仲子爲孟子弟子。及注呂覽不屈篇，以匡章爲孟子弟子，均妄説也。」陳士元孟子雜記曰：「匡姓，章名，孟子、莊子、史記、戰國策、呂覽並稱『章子』。金履祥云：『匡章字章子。』」皇甫謐高士傳：「陳仲子名仲，字子終。」陳心叔曰：「於陵，楚地，蓋避地於楚也。」高步瀛曰：「於陵，在今山東長山縣西南。」孫奭曰：「咽音嚥。」釋名釋形體曰：「嚥，嚥物也。」焦循曰：「文選劉伶酒德頌引劉熙孟子注云：『槽者，齊俗名之，如酒槽也。』」周廣業孟子古注考云：「『槽』疑『螬』字之譌，説文作『蠤』，蠀蠤也。」趙注補正引管同曰：「將，取也。書微子：『將食無災。』」孟子曰：「於齊國之士，吾必以仲子爲巨擘焉！雖然，仲子惡能廉？充仲子之操，則蚓而後可者也。趙曰：「巨擘，大指也。蚓，丘蚓之蟲也。充滿其操行，似蚓而可行者也。」晁氏客語云：「齊地有蟲類丘蚓，大者其項白，齊人謂之巨白，其蟲善擘地以行也。『白』、『擘』聲相近，齊人謂之巨擘。孟子以仲子爲巨擘者，即丘蚓之大者，起下文『蚓而後可』之義。」沈赤然曰：「此説穿鑿無根。」**夫蚓，上食槁壤，下飲黃泉。**高步瀛曰：「荀子勸學篇曰：『螾上食埃土，下飲黃泉。』『螾』、『蚓』字同。大戴禮勸學篇作『上食晞土』，即槁壤也。左傳隱元年注曰：『地中之泉，故曰黃泉。』」**仲子之所居〔之〕室，**「之」當在「居」字下。「所居之室」，與下「所食之粟」對文。孟子正作「所居之室」。下文「今所居之宅，伯夷之所築；所食之粟，伯夷之所樹」，亦以「所居之宅」與「所食之粟」相對。余引此文不誤。盼遂案：當依孟子改作「仲子所居之室」。下文「所食之粟」，又云「今居之宅」，皆與此文相例。**伯夷之所築與？抑亦盜跖之所築與？所食之粟，伯夷之所樹與？抑亦盜跖之所樹與？是未可知也。」曰：「是何傷哉？彼身織屨，妻辟纑，以易之也。」**趙曰：「匡章曰：惡人作之何傷哉？彼仲子身自織屨，妻緝纑，以易食宅耳。緝績其麻曰辟，練其麻曰纑。」**曰：「仲子，齊之世家，兄戴，蓋祿萬鍾。以兄之祿爲不義之祿，而不食也；**初學記二六、御覽八六三引「也」並作「之」。**以兄之室爲不義之室，而弗居也。辟兄離母，處於於陵。**趙曰：「孟子言：仲子，齊之世卿大夫之家。兄名戴，食采於蓋。」閻若璩四書釋地曰：「『蓋大夫王驩』，與『兄戴，蓋祿』之『蓋』一也。以半爲王朝之下邑，王驩治之。以半爲卿族之私邑，陳氏世有之。」按：「蓋大夫」之「蓋」，趙注曰：「齊下邑也。」趙注

「蓋祿」之「蓋」亦爲地名，故閻氏足其說。疑「蓋」爲大略之詞。孝經：「蓋天子之孝也。」孔傳云：「蓋者，辜較之辭。」劉炫述義曰：「辜較猶梗概也。」王念孫廣雅疏證曰：「略陳指趣，謂之辜較。總括財物，亦謂之辜較。」是「蓋祿萬鍾」，辜較其祿耳。張文虎舒藝室隨筆曰：「『蓋』是語詞，亦約略之詞，皇甫謐高士傳云：『陳仲子，齊人也，其兄戴，爲齊卿，食祿萬鍾。』是不以『蓋』爲食邑。」他日歸，則有饋其兄生鵝者也，「也」字，孟子、余引並無。疑涉下「己」字譌衍。己頻蹙曰：「惡用是鶃鶃者爲哉？」他日，其母殺是鵝也，與之食之。其兄自外〔來〕至，初學記二六、御覽八六三引並有「來」字。今本蓋依孟子妄刪。曰：「是鶃鶃之肉也。」出而吐之。「吐」，孟子作「哇」。御覽引孟子亦作「吐」。風俗通云：「孟軻譏仲子吐鶃鶃之羹。」陳士元孟子雜記曰：「說文：『哇，淫聲。』正韻又云：『小兒啼聲。』而朱注以『哇』訓『吐』，蓋亦方言。不然，或『吐』字之訛，故論衡引孟子文，即作『出而吐之』。」趙曰：「異日歸省其母，見兄受人之鵝，而非之。己，仲子也。鶃鶃，鵝鳴聲。」文選弔魏武帝文注引孟子注曰：「嚬蹙，謂人嚬眉蹙頞，憂貌也。」以母則不食，以妻則食之；以兄之室則不居，以於陵則居之。是尚能爲充其類也乎？「能爲」，王本、崇文本作「爲能」，蓋依孟子改。若仲子者，蚓而後充其操者也。」文見滕文公篇。

夫孟子之非仲子也，不得仲子之短矣。仲子之怪鵝如吐之者，漢五行志劉歆曰：「如，而也。」盼遂案：吳承仕曰：「如讀作而。」豈爲在母〔則〕不食乎？「則」字據余引增。乃先譴鵝曰：「惡用鶃鶃者爲哉？」他日，其母殺以食之，其兄曰：「是鶃鶃之肉。」仲子恥負前言，即吐而出之。而兄不告，「而」讀爲「如」。則不吐；不吐，則是食於母也。謂之「在母則不食」，失其意矣。使仲子執不食於母，「執」，「執一」也。非韓篇：「執不仕。」鵝膳至，不當食也。今既食之，知其爲鵝，怪而吐之，故仲子之吐鵝也，恥食不合己志之物也，非負親親之恩，而欲勿母食也。

又「仲子惡能廉？此述孟子之詞，「又」下疑脱「言」字。「又言」連文，本篇屢見。充仲子之性（操），「性」當爲「操」字之譌。上下文并作「操」。余引不誤。則蚓而後可者也。夫蚓，上食槁壤，下飲黄泉」。是謂蚓爲至廉也，仲子如蚓，乃爲廉潔耳。今所居之宅，伯夷之所築，所食之粟，伯夷之所樹，仲子居而食之，於廉潔可也。或時食盜跖之所樹粟，居盜跖之所築室，汙廉潔之行矣。用此非仲子，亦復失之。室因人故，「故」字無義，疑爲「攻」字形譌。詩大雅靈臺：「庶民攻之。」毛傳：「攻，作也。」粟以屨纑易之，正使盜之所樹築，己不聞知。今兄之不義，有其操矣。操見於衆，昭晳議論，「議」，宋本作「見」。朱〔二〕校元本、余引並同。故避於陵，不處其宅，織屨辟纑，不食其禄也。而欲使仲子處

〔二〕「朱」，原本作「宋」，形近而誤，今改。

於陵之地，避若兄之宅，吐若兄之禄，盼遂案：今本此文全謬於仲任之旨。仲任蓋謂孟子欲使仲子避於陵之地，處若兄之宅，食若兄之禄也。亟宜刊正。耳聞目見，昭晳不疑，仲子不處不食，明矣。此文有誤。意謂：如仲子所處於陵之地，亦有不義之宅禄如其兄者，耳聞目見，則仲子不居於於陵明矣。「而」，如也。「欲使」原作「設使」，爲「而」字旁注，誤入正文，校者又妄改作「欲使」。「吐」字亦誤，未知所當作。今於陵之宅，不見築者爲誰，粟，不知樹者爲誰，何得成室而居之？〔何〕得成粟而食之？孫曰：當作「何得成粟而食之」。脱去「何」字，不可通矣。孟子非之，是爲太備矣。

仲子所居，或時盜之所築，仲子不知而居之，謂之不充其操，唯蚓然後可者也。夫盜室之地中，亦有蚓焉，食盜宅中之槁壤，飲盜宅中之黄泉，蚓惡能爲可乎？在(充)仲子之操，滿孟子之議，「在」字未妥，當爲「充」之壞字。「充仲子之操」，上文屢見。「充」與「滿」相對爲文。魚然後乃可。夫魚處江海之中，食江海之土，海非盜所鑿，土非盜所聚也。

然則仲子有大非，孟子非之，不能得也。夫仲子之去母辟兄，與妻獨處於陵，以兄之宅爲不義之宅，以兄之禄爲不義之禄，故不處不食，廉潔之至也，然則其徙(從)於陵歸候母也，「徙」當爲「從」，形近之譌。宜自齎食而行。鵝膳之進也，必與飯俱。母之所爲飯者，兄之禄也，母不自有私粟以食仲子，明矣。仲子食兄禄也。伯夷不食周粟，餓死於首陽之下，見史記本傳。豈一食周粟而以汙其潔行哉？仲子之操，近不若伯夷，而孟子謂之若蚓乃可，失仲子之操所當比矣。舊本段。

孟子曰：「莫非天命也，「天」，宋本作「受」，朱校元本同。孟子無「天」字。疑「受」字涉下文衍，後人妄改作「天」，非異文也。順受其正。趙曰：「人之終，無非命也。命有三名：行善得善，曰受命。行善得惡，曰遭命。行惡得惡，曰隨命。惟順受命爲受其正也。」是故知命者，不立乎巖牆之下。盡其道而死者，爲正命也；桎梏而死者，非正命也。」見孟子盡心下篇。周禮大司寇注曰：「木在足曰桎，在手曰梏。」

夫孟子之言，是謂人無觸值之命也。「觸值之命」，即命義篇所云「遭命」。命義篇曰：「行善得惡，非所冀望，逢遭於外，而得凶禍，故曰遭命。」幸偶篇曰：「順道而觸，立巖牆之下，爲壤所壓，輕遇無端。」順操行者得正命，妄行苟爲得非正〔命〕，余引「苟」下有「且」字，「爲」字屬下讀，非。孫曰：「非正」下當有「命」字。此承上文「盡其道而死爲正命，桎梏而死非正命」而言。下文云：「必以桎梏效非正命，則比干、子胥行不順也。」並其證。盼遂案：當是「順操修行者得正命，妄行苟爲者得非正命」。下文「慎操修行」四字連文可證。「慎」、「順」古字通。是天命於操行也。言孟子之説，是謂天命於操行。仲任以爲命在初生，骨表著見。今言隨操行而至，此命在末不在本也。義詳命義篇。余引無「天」字。「命」下有「定」字。盼遂案：「於」上當有「隨」字。本書命義篇：「隨命者〔一〕，戮力操行而〔二〕吉福至，縱情施欲而凶禍到。」是天命隨於操行之驗也。夫子不王，孔子不王，見偶會、問孔、指瑞、定賢篇。顏淵早夭，注實知篇。子夏失明，見禍虛篇。伯牛爲癘，注命義篇。四者行不順與？何以不受正命？比干剖，注累害篇。子胥烹，見書虛篇。子路葅，注書虛篇。天下極戮，非徒桎梏也。必以桎梏效非正命，則比干、子胥行不順也。人稟性命，或當壓溺兵燒，檀弓上注：「厭，行止危險之下。溺，不乘橋舡。」曲禮下曰：「死寇曰兵。」釋名釋喪制：「死於火者曰燒。燒，燋也。」雖或慎操脩行，其何益哉？竇廣國與百人俱臥積炭之下，炭崩，百人皆死，廣國獨濟，命當封侯也。見吉驗篇。積炭與巖牆何以異？命不〔當〕壓，雖巖崩，有廣國之命者，猶將脫免。孫曰：「命不壓」，當作「命不當壓」，脫「當」字。下文云：「命當壓，猶或使之立於牆下。」文義反正相應。漢書高五王傳師古注曰：「脫，免也。」行，或使之；止，或尼之。命當壓，猶或使之立於牆下。孔甲所入主人〔之〕子，之夭（天）命當賤，「夭」，宋本作「命」。朱校元本同。余

〔一〕「者」，原本無，據命義篇補。
〔二〕「而」，原本作「則」，據命義篇改，下同。

引作「天」。孫曰：當作「孔甲所入主人之子，天命當賤」。「夭」即「天」字形近之譌，「之子」又誤倒作「子之」，故文不可通。

雖載入宫，猶爲守者。見書虚篇。**不立巖牆之下，與孔甲載子入宫，同一實也。**

論衡校釋卷第十一

談天篇

五經通義曰：（事類賦一。）「鄒衍大言天事，謂之談天。」按其實皆瀛海神州之事。本篇亦言地形，而晐曰「談天」，因鄒氏耳。

儒書言：「共工與顓頊爭爲天子，不勝，怒而觸不周之山，淮南原道篇高注：「共工，以水行霸於伏犧、神農間者也，非堯時共工也。不周山，昆侖西北。」又天文篇注：「共工，官名，伯于虙羲、神農之間，其後子孫任智刑以强，故與顓頊、黄帝之孫爭位。不周山，在西北也。」列子湯問篇張注略同。文選辨命論注引淮南許注云：「不周之山，西北之山也。」離騷王注：「在崑崙西北。」司馬相如大人賦張揖注：「在崑崙東南二千三百里。」郝懿行山海經箋疏曰：「王逸、高誘云：『在昆侖西北。』並非。依此經，乃在昆侖東南。攷西次三經又西北三百七十里曰不周之山。並非指言昆侖西北。許注『西北之山』，不專指昆侖是也。」畢沅曰：「漢人說以昆侖爲在于闐，則不周山在其西北。張揖據此經道里爲說，則在東南。」又山海經大荒西經：「西北海之外，大荒之隅有山而不合，名曰不周。」郭注：「此山缺壞，不周帀也。」**使天柱折，地維絶。**淮南地形篇：「天地之間，九州八柱。」（「柱」誤作「極」，依王念孫校。）天問王注：「天有八山爲柱。」河圖括地象曰：「崑崙，天中柱也。地下有八柱，廣十萬里，有三千六百軸，互相牽制。」（離騷天問洪補注及初學記引。）又東方朔神異經曰：「崑崙有銅柱，其高入天，所謂天柱也。圍三千里，圓如削。」（類聚七八引。）按：天柱初只謂以山柱天。本論義同。後則愈演愈奇，並非實也。**女媧銷煉五色石以補蒼天，**淮南覽冥篇高注：「女媧，陰帝，佐虙戲治者也。三皇時，天不足西北，故補之。」**斷鼇足以立四極。**淮南地形注：「四極，四方之極。」餘注見下。**天不足西北，故日月移焉；**三光北轉，故云移。**地不足東南，故百川注焉。」**共工觸不周使然也。（淮南原道篇。）天問曰：「康回馮怒，地何故以東南傾？東流不溢，孰知其故？」上文見淮南原道、天文、覽冥各篇，及列子湯問篇。**此久遠之文，世間是之言也。**孫曰：「言也」二字疑涉下文「殆虛言也」而衍。本書或作「世間是之」，或作「世間信之」，無此句例。暉按：「之言」與「之文」對文，疑「是」下有「之」字，本書重文屢脱。**文雅之人，怪而無以非，若非而無以奪，**若，或也。廣雅釋詁三：「奪，敓也。」「敓」、「易」通。辯祟篇云：「衆文微言不能奪，俗人愚夫不能易。」**又恐其實然，不敢正議。以天道人事論之，殆虛言也。**

與人争爲天子，不勝，怒觸不周之山，使天柱折，地維絶，有力如此，天下無敵。以此之力，與三軍戰，則士卒螻蟻也，盼遂案：陶宗儀説郛一百引作「蟻蛄」。**兵革毫芒也，安得不勝之恨，怒觸不周之山乎？且堅重莫如山，以萬人之力，共推小山，不能**

動也。如不周之山，大山也。使是天柱乎？盼遂案：說郛引無「使」字。折之固難；使非〔天〕柱乎？據上文例補「天」字。觸不周山而使天柱折，是亦復難。信，顓頊與之爭，舉天下之兵，悉海內之衆，不能當也，何不勝之有？御覽六〇二引新論曰：「莊周寓言，乃云『堯問孔子』。淮南子云：『共工爭帝，地維絶。』亦皆爲妄作。故世人多云短書不可用。」

且夫天者，氣邪？體也？盼遂案：說郛引作「氣也？體邪」，是，當據改。如氣乎，雲烟無異，盼遂案：「雲烟」上，說郛引有「與」字，宜據補。安得柱而折之？女媧以石補之，是體也。仲任主天是體。如審然，天乃玉石之類也。石之質重，千里一柱，不能勝也。勝，任也。如五嶽之巔，不能上極天乃爲柱，「乃」猶「而」也。如觸不周，上極天乎？「觸」字疑涉上文諸「觸不周」而衍。「如不周上極天乎」，與上「如五嶽不能上極天」正反相承。義無取於共工觸不周也。若有「觸」字，則文不成義。不周爲共工所折，當此之時，天毀壞也。如審毀壞，何用舉之？用，以也。「斷鼇之足，以立四極」，說者曰：「鼇，古之大獸也，四足長大，故斷其足，以立四極。」淮南覽冥訓高注：「鼇，大龜。」天問王注、列子湯問篇釋文、文選吳都賦注引玄中記並同。此云獸，未聞。又按：天問云：「鼇戴山抃，何以安之？」注引列仙傳曰：「有巨靈之鼇，背負蓬萊之山，而抃舞戲滄海之中。」列子湯問篇曰：「五山之根無所連箸，帝命禺强使巨鼇十五舉首戴之，五山始峙而不動。」衆經音義十九引字林：「鼇，海中大龜，力負蓬、瀛、壺三山。」是并謂鼇柱地。後漢書張衡傳云：「登蓬萊而容與兮，鼇雖抃而不傾。」吾鄉謂地動乃鼇使之。有「鼇魚扎眼地翻身」之語。其義並同。按：此文乃謂以鼇柱天。淮南覽冥訓高注：「天廢頓，以鼇足柱之。」引楚詞云云。是與仲任義合。而於「鼇戴山抃」，亦不同王逸說矣。夫不周，山也；鼇，獸也。夫天本以山爲柱，共工折之，代以獸足，骨有腐朽，何能立之久？且鼇足可以柱天，體必長大，不容於天地，女媧雖聖，何能殺之？如能殺之，殺之何用？言「何以殺之」。骨相篇：「命甚易知，知之何用？」句法與同。足可以柱天，則皮革如鐵石，刀劍矛戟不能刺之，彊弩利矢不能勝射也。盼遂案：說郛引作「强弓利矢」，又「射」字作「之」，宜據改，與上句「刀劍矛戟不能刺之」一律。

　察當今天去地甚高，古天與今無異。當共工缺天之時，天非墜於地也。女媧，人也，人雖長，無及天者。盼遂案：說郛引無「人」字。夫其補天之時，何登緣階據而得治之？豈古之天，若屋廡之形，去人不遠，故共工得敗之，女媧得補之乎？如審然者，女媧多（以）前，盼遂案：「多前」當爲「已前」。漢碑已字、以字皆作ʒ，多字作𭃂，故易相譌。定賢篇「分家財多有」，「多」亦「已」之誤。齒爲人者，人皇最先。孫曰：「多前」語不可通，此言女媧之前，稱爲人者，人皇最先也。「多」乃「以」字之譌。「多」字古或作「𭃂」，（見集韻。）「以」作

「目」，形近而誤。春秋命曆序：「人皇氏九頭，駕六羽，乘雲車出谷口，分九州。」宋均注：「九頭，九人也。」（御覽七八。）雒書曰：「人皇出於提地之國，兄弟別長九州，己居中州，以制八輔。」（路史前紀二注引。）人皇之時，天如蓋乎？ 蓋，車蓋。

說易者曰：「元氣未分，渾沌爲一。」春秋説題辭：「元氣清以爲天，渾沌無形。」宋均注：「言元氣之初如此也。渾沌，未分也。」（文選七啓注引。）儒書又言：「溟涬濛澒，氣未分之類也。淮南精神訓：「未有天地之時，惟像無形，窈窈冥冥，澒濛鴻洞。」帝系譜曰：「天地初起，溟涬鴻濛。」（事類賦一。）張衡靈憲曰：「太素之前，不可爲象，斯謂溟涬。」（後漢書天文志注。）莊子在宥篇釋文司馬彪曰：「涬溟，自然氣也。」「溟涬」，倒言爲「涬溟」，義同。孝經援神契曰：「天度濛澒。」宋均注：「濛澒，未分之象也。」（後漢書張衡傳注。）濛澒、澒濛義同。及其分離，清者爲天，濁者爲地。」二句，乾鑿度文。見書鈔一四九。如説易之家、儒書之言，天地始分，形體尚小，相去近也。近則或枕於不周之山，共工得折之，女媧得補之也。

含氣之類，無有不長。天地，含氣之自然也，從始立以來，年歲甚多，則天地相去，廣狹遠近，不可復計。儒書之言，殆有所見。然其言觸不周山而折天柱，絶地維，銷煉五石補蒼天，朱校元本、通津本「銷」作「消」。按前文亦作「銷煉」。王本、崇文本改作「銷」，是也。今從之。盼遂案：説郛引作「以補蒼天」，是也。今脱「以」字，則與下句「斷鼇之足，以立四極」不偶。斷鼇之足以立四極，猶爲虛也。何則？山雖動，山動，於理難通。「雖」疑爲「難」字形譌。上文云：「堅重莫如山，以萬人之力，共推小山，不能動也。」是其義。共工之力不能折也。豈天地始分之時，山小而人反大乎？何以能觸而折之？以五色石補天，尚可謂五石若藥石治病之狀。五石，注率性篇。至其斷鼇之足以立四極，難論言也。從女媧以來，久矣，四極之立自若，鼇之足乎？舊本段。

鄒衍之書，言天下有九州，禹貢之上錢、黄、王、崇文作「土」，誤。所謂九州也。盼遂案：此二句疑衍。下文「禹貢九州，所謂一州也。若禹貢以上者，九焉」。此「禹貢之上」，即「禹貢以上」之譌。「所謂九州也」，即「所謂一州也」之譌。禹貢九州，所謂一州也。若禹貢以上者，九焉。淮南地形篇：「天地之間，九州八柱。（「柱」誤「極」，依王念孫校。）何謂九州？東南神州，正南次州，西南戎州，正西弇州，正中冀州，西北台州，正北泲州，東北薄州，正東陽州。」亦以神州在東南，蓋本鄒衍。此謂大九州也。禹貢九州，方今天下九州也，在東南隅，名曰赤縣神州。文選吳都賦劉注引禹所受地記書曰：「崑崙東南，方五千里，名曰神州。」（即禹受地記，亦見三禮義宗。）與衍說同。難歲篇載衍說，亦謂中國方五千里。復更有八州，每一州者四海環之，名曰裨海。有裨海環之。史記孟子傳索隱曰：「裨海，小海也。」按：河圖括地象曰：「地部之位，起形高大者，有崑崙山，其山中應於天，居最中，八十一域布繞之，中國東南隅，居其一分。」亦謂中國爲八十一分之一。與衍説同。九州之外，更有瀛海。此天地之際。漢藝文志陰陽家：「鄒子四十九篇。鄒子終始五十六篇。」封禪書言其著終始五德之運。今並不傳。其瀛海神州之説，只見於史遷、桓寬、仲任稱引，不知出其何著。然據史記孟子傳言其作終始大聖之篇，先序今以上至黄帝，推而遠之，至天地未生，先列中國名山大川，因而推之及海外，以爲中國者，於天下乃八十一分居其一分耳。又鹽鐵論論鄒篇云：「鄒子推終始之運，謂中國，天下八十一分之一。」則知其大九州説，出自鄒子終始。仲任時，當尚及見之。此言詭異，聞者驚駭，然亦不能實然否，相隨觀讀諷述以談。盼遂案：「然否」二字，説郛引作「幸」，屬下讀。故虚實之事，並傳世間，真僞不別也。世人惑焉，是以難論。難，問難。

案鄒子之知不過禹。禹之治洪水，以益爲佐。禹主治水，益之記物。孫曰：「之」當作「主」。別通篇云：「禹、益並治洪水，禹主治水，益主記異物。」可證。暉按：玉海十五、説郛百引並作「之」。又説郛引「主」亦作「之」。盼遂案：「主」，説郛引作「之」，非也。極天之廣，窮地之長，辨四海之外，「辨」讀「徧」。竟四山之表，三十五國之地，鳥獸草木，金石水土，莫不畢載，不言復有九州。淮南王劉安召術士伍被、左吴之輩，注道虚篇。充滿宫殿，作道術之書，論天下之事。注道虚篇。地形之篇，淮南内書篇名，今存。道異類之物，外國之怪，列三十五國之異，不言更有九州。吴曰：前言三十五國，似指山海經。後言三十五國，則指墬形訓。今尋海外四經，有結胸、（淮南同。）羽民、（淮南同。）讙頭、（淮南同。）厭火、（淮南無。）三苗、（淮南同。）戴、（淮南無。）貫胸、（淮南作穿胸。）交脛、（淮南作交股。）不死、（淮南同。）岐舌、（淮南作反舌。）三首、（淮南作三頭。）周饒、（淮南無。）長臂、（淮南作脩臂，避父諱也。西南至東南，計十三國。）三身、（淮南同。）一臂、（淮南同。）奇肱、（淮南作奇股。）丈夫、（淮南同。）巫咸、（淮南無。）女子、（淮南同。）軒轅、（淮南同。）白民、（淮南同。）肅慎、（淮南同。）長股、（淮南作脩股。西南至西北計十國。）無膂、（淮南作無繼。）一目、（淮南同。）柔利、（淮南同。）深目、（淮南同。）無腸、（淮南同。）聶耳、（淮南無。）博父、（淮南無。）拘纓、（淮南作句嬰。）跂踵、（淮南同。東北至西北計九國。）大人、（淮南同。）君子、（淮南同。）青丘、（淮南無。）黑齒、（淮南同。）玄股、（淮南同。）毛民、（淮南同。）勞民，（淮南同。東南至東北計七國。）凡三十九國。墬形訓稱海外三十六國，與山海經同者三十一國。又有沃民、（莊逵吉本作「沃」，朱東光本誤作「決」。）羽民、（莊本羽民在結胸之次，朱本無羽民。）裸國、豕喙、鑿齒，凡三十六國。與論衡三十五國並不合。王引之曰：「論衡無形、談天二篇並作三十五國，墬形訓自脩股至無繼，實止三十五國，疑淮南作三十六誤也。（讀書雜志九之四。）承仕案：王所據，蓋朱本也。朱本無羽民，傳寫誤奪耳。海外北經有羽民。無形篇云：「海外三十五國，有毛民、羽民。」然則王充所見山海經、淮南，皆有羽民。則朱本誤奪，毫無可疑。論衡說海外三十五國，凡三見。（無形一見，談天兩見。）不審王充所見本異邪？抑傳寫久譌也？未聞其審。（近人劉文典撰淮南集解用莊本引用王引之說，而不一校其國數，其贏疏有如此者。）**鄒子行地不若禹、益，聞見不過被、吳，才非聖人，事非天授，安得此言？案禹之山經，淮南之地形，以察鄒子之書，虛妄之言也。**

太史公曰：盼遂案：說郛引無「曰」字，則似太史公所作禹本紀之言，非是。**「禹本紀言：**困學紀聞曰：「三禮義宗引禹受地記，離騷王注引禹大傳，豈即所謂禹本紀者？」**河出崑崙，其高三（二）千五百餘里，**「三」當從史記大宛傳贊作「二」。漢書張騫傳贊、前漢紀十二同。離騷洪補注引史作「三」，亦誤。離騷王注引河圖括地象曰：「崑崙高萬一千里。」文選西都賦注、博物志一引括地象，水經河水篇所言其高同，並與史記說異也。**日月所於（相）辟隱爲光明也，**吳曰：史記、漢書並作「所相避隱」。玉海二十引作「相」。此作「於」者，草書形近之誤。鹽鐵利議篇「孔子相魯三月」，各本并誤「相」爲「於」，是其比。**其上有玉泉、華池。**今本史記作「醴泉、瑤池」。王念孫曰：「史本作華池。元以後淺人改之。」（讀書雜志三之六。）**今自張騫使大夏之後，窮河源，惡睹本紀所謂崑崙者乎？**王念孫曰：「史記索隱本、漢書并無『本紀』二字，疑是後人妄增。」暉按：前漢紀十二亦無「本紀」二字，則此文亦後人妄增也。當删。**故言九州山川，尚書近之矣。至禹本紀、山經所有怪物，**史記今本作「山海經」，誤。漢書、前漢紀并述史公此文，而無「海」字，與論衡合。山經、海經兩書，海經後出，史公只見山經，故後漢書西南夷傳論亦稱「山經」，仍沿舊名。畢沅校山海經曰：「合名山海經，或是劉秀所題。」其說是也。然謂史公已稱之，則失考耳。余不敢言也。」史記今本「言」下有「之」字。按：山海經序引史同此。王念孫謂索隱本只作「余敢言也」。（讀作邪。）夫弗敢言者，謂之虛也。崑崙之高，玉泉、華池，世所共聞，張騫親行無其實。案禹貢，九州山川，怪奇之物，金玉之珍，莫不悉載，不言崑崙山上有玉泉、華池。盼遂案：説郛引脱「有」字。案太史公之言，山經、禹紀，虚妄之言。凡事難知，是非難測。

極爲天中，楚詞九歎王注：「極，中也。謂北辰星。」桓譚新論曰：「北斗極，天樞。樞，天中也。」（御覽二。）方今天下，謂中國九州。在禹極之南，孫曰：「禹極」無義，「禹」字蓋涉上下文諸「禹」字而衍。下文云：「如方今天下在東南，視極當在西北。今正在北，方今天下在極南也。」可證。則天極北，必高（尚）多民。「高」字於義無取。此據極南有中國九州，則極北亦必尚多人民也。「高」爲「尚」字形誤。下文云：「東方之地尚多，則天極之北，天地廣長，不復訾矣。」是以東方之地尚多，證極北之地必尚多也。即申此文之義。禹貢：「東漸于海，西被于流沙。」此則（非）天地之極際也。「則」當作「非」，後人妄改。此文明中國九州，得地殊小，故引禹貢云云，謂非天地極際。下文云：「日刺徑千里，今從東海之上，察日之初出徑二尺，尚遠之驗也。遠則東方之地尚多。」此則明東海非天地極際，其證一。又云：「今從東海上察日，及從流沙之地視日，小大同也。相去萬里，小大不變，方今天下，得地之廣，少〔一〕矣。」此則又明東海、流沙非天地之極際也，其證二。又云：「東海、流沙，九州東西之際也。」即云爲中國東西之際，則此不得謂爲天地極際甚明，若然，則前後義違，其證三。難歲篇：「儒者論天下九州，（禹貢九州。）以爲東西南北盡地廣長，九州之内五千里。」爲尚書今文説，仲任不信其盡地之廣長也。**日刺徑千里，**見元命苞。（書鈔一四九。）又五行大義引白虎通曰：「日徑千里，圍三千里，下於地七千里。」（今本脱。）盼遂案：「刺」，宋本作「剡」。**今從東海之上，會稽鄞、鄮（鄮），**吴曰：「鄮」當作「鄮」，形近而誤。鄞、鄮並屬會稽。盼遂案：「鄮」當爲「鄮」，形近之譌。續漢書郡國志，會稽郡屬縣有鄞、鄮。清一統志，鄞故城在今浙江鄞縣東五十里鄞山下。鄮故城在鄞縣東三十里官奴城。皆並東海之地也。説郛引「鄮」作縣，出淺人所改。**則察日之初出徑二尺，**「則」字無義，説郛引無「則」字。**尚遠之驗也。遠則東方之地尚多。東方之地尚多，則天極之北，天地廣長，不復訾矣。**齊語注：「訾，量也。」**夫如是，鄒衍之言未可非，禹紀、山海（經）、淮南地形**「山海」當作「山經」，後人妄改。上文云：「禹之山經，淮南之地形。」又云：「山經、禹紀，虛妄之言。」並其證。**未可信也。**

〔一〕「少」，原本作「小」，據正文改。

鄒衍曰：「方今天下，在地東南，名赤縣神州。」天極爲天中，如方今天下，在地東南，視極當在西北。今正在北，方盼遂案：「正」上當有「極」字。下文「從雒陽北顧，極正在北。東海之上，去雒陽三千里，視極亦在北。推此以度，從流沙之地視極，亦必復在北焉〔一〕」，皆足爲此句脱一「極」字之證。今天下在極南也。以極言之，不在東南，鄒衍之言非也。錢塘淮南天文訓補注曰：「王充不信蓋天，不知天以辰極爲中，地以崑崙爲中，二中相值，俱當在人西北。人居崑崙東南，視辰極則在正北者，辰極在天，隨人所視，方位皆同，無遠近之殊，處高故也。崑崙在地，去人有遠近，則方位各異，處卑故也。不妨今天下在極南，自在地東南隅也。」如在東南，近日所出，日如出時，其光宜大。今從東海上察日，及從流沙之地視日，小大同也。相去萬里，小大不變，方今天下，得地之廣，少矣。

雒陽，九州之中也。孝經援神契曰：「八方之廣，周洛爲中。」風土記曰：「鄭仲師云：夏至之日，立八尺之表，景尺有五寸，謂之地中。一云陽城。一云洛陽。」從雒陽北顧，極正在北。東海之上，去雒陽三千里，此舉成數。郡國志會稽郡劉昭注已云：「雒陽東三千八百里。」視極亦在北。推此以度，從流沙之地視極，地理志張掖郡居延縣注：「居延澤在東北，古文以

〔一〕「焉」，原本作「方」，據正文改。

爲流沙。」**亦必復在北焉。東海、流沙，九州東西之際也，相去萬里，**皮錫瑞曰：「仲任習今文説，今文説中國方五千里，仲任以爲東海、流沙相去萬里者，蓋仲任以爲東海、流沙在中國之外，故東西相去萬里。中國之地實止五千里。故談天篇又曰：『案周時九州東西五千里，南北亦五千里。』周時疆域，與禹貢略同，則仲任必以禹貢九州亦止五千里矣。」**視極猶在北者，地小居狹，未能辟離極也。日南之郡，去雒且萬里，**郡國志注：「雒陽南萬三千四百里。」**徙民還者，問之，**王本、崇文本作「徒民」。**言日中之時，所居之地，未能在日南也。**淮南地形訓：「南方日反户。」注：「言其在向日之南，皆爲北向户，故反其户也。」文選吴都賦曰：「開北户以向日。」又注云：「比景（郡國、地理志並同。）一作北景，云在日之南，向北看日，故名。」又御覽四引後漢書曰：「張重字仲篤，明帝時舉孝廉，帝曰：『何郡小吏？』答曰：『臣日南吏。』帝曰：『日南郡人應向北看日。』答曰：『臣聞鴈門不見壘鴈爲門，金城郡不見積金爲郡。臣雖居日南，未嘗向北看日。』」（范書無張重傳，未知何氏書。汪文臺輯本，入失名類。）蓋拘於日南名義，當時朝野有此説。**度之復南萬里，日在日之南，**吴曰：「日在日之南」，文不成義，當作「日在日南之南」。各本並奪一「南」字。暉按：上「日」字誤，未知所當作。此文言日南郡未能在日之南。若再南去日南郡萬里，當得在日之南，故下文云「乃爲日南也」。吴云當作「日在日南之南」，殊失其義。盼遂案：上「日」字，疑爲「居」之脱誤，遂不成理。上文「所居之地，未能〔一〕在日南也」，可證。是則去雒陽二萬里，乃爲日南也。今從雒地察日之去遠近，非與極同也，極爲遠也。古人是洛陽爲地中，立八尺之表，測日去人遠近。仲任以爲天中，而遠在洛陽正北，是兩中不相值，故云在洛察日遠近，與極不同。今欲北行三萬里，未能至極下也。假令之至，是則名爲距極下也。以至日南五萬里，謂自極下至日之南。日之南，去洛陽二萬里，再北行三萬里以距極，故云「五萬里」。極北亦五萬里也。極北亦五萬里，極東西亦皆五萬里焉。東西十萬，南北十萬，盼遂案：説郛兩「萬」字下皆有「里」字，宜據補。相承百萬里。鄒衍之言：「天地之間，有若天下者九。」此「天下」謂中國也。案周時九州，東西五千里，南北亦五千里。五五二十五，一州者二萬五千里。天下若此九之，乘二萬五千里，二十二萬五千里。如鄒衍之書，若謂之多，計度驗實，反爲少焉。吴曰：論説天上直徑十萬里，應得面積一百萬萬里。周九州五千里，應得面積二千五百萬里。以此當鄒衍所説之一州。九之，僅得面積二萬二千五百萬里。以較邊十萬之冪，當百分之二十五强，故云反爲少焉。然論云：「相承百萬里。」又云：「二萬五千里。」又云：「二十二萬五千里。」其數位俱不相應。亡友程炎震説之

〔一〕「能」，原本作「必」，據正文改。

曰：「疑是古人省文，言方里者，或略去方里不言，即以里數爲其倍數。論稱『相承百萬里』者，猶云方萬里者，有一百萬個。言『二萬五千里』者，猶云方千里者，有二萬五千個。言『二十二萬五千里』者，猶云方千里者，有二十二萬五千個也。」承仕又按：論衡所持，頗有未諦。山海經言：「地東西二萬八千里，南北二萬六千里。」王充謂地徑十萬里，自任胸臆，於古無徵。一也。禹貢五服六千里，（據賈、馬義。）周九州七千里，王充述唐、夏、殷、周制，一以五經家所説五千里爲斷，與事實不相應。二也。鄒衍説中國於天下八十一分居其一，如中國者九，於是有裨海環之；如此者九，乃有大瀛海環之。王充乃以中國當大九州之一，是中國於天下九分居一，失鄒衍大九州之指。三也。暉按：吴評仲任前二事，非也。充謂地徑十萬里，乃言全地之數，非指中國所治者。吴氏引山海經云云，乃禹所治四海之内，所謂中國九州者。尸子君治篇、（從孫星衍説定爲據禹所治之地而言。）山海經中山經、河圖括地象、（御覽三六。）軒轅本紀、（天問洪補注。）吕氏春秋有始覽、管子地數篇、輕重乙篇、淮南地形訓、廣雅釋地並同。不得當此地之極際之數。吴氏蓋失撿也。考諸書所紀地之極際之數，山海經曰：「自東極至于西垂，二億三萬三千三百里七十一步，南極盡於北垂，二億三萬三千五百里七十五步。」（此據後漢書郡國志劉昭注引。）淮南地形訓云：「東極至西極，二億三萬三千五百里七十五步。南北極同。」高注曰：「極内等也。」則山海經「三百里」當爲「五百里」之誤。蓋淮南四極之數，與彼同也。又吕氏春秋有始覽：「四極之内，東西五億有九萬七千里。南北同。」又軒轅本紀：「東極至西極，五億十萬〔一〕九千八百八步。南北二億三萬一千三百里。」河圖括地象：「八極之廣，東西二億三萬三千里，南北二億三萬一千五百里。」詩含神霧同。（海外東經注。）又張衡靈憲：「八極之維，徑二億三萬二千三百里，南北則短減千里，東西則廣增千里。」（天問洪補注。）是其數與括地象略同。（博物志引河圖：「南北三億三萬五千五百里，東西二億三萬三千里。」其南北極數不同，蓋字之誤。）以上皆舊説四極廣長如是。然並事涉無稽。仲任此文，又非據四極計度，不得難以「於古無徵」。云「百萬里」者，乃據天極爲中，東西各五萬里，則徑爲十萬，得面積百萬萬里。（論云「百萬里」，未明。）其云「二十二萬五千里」（其數位亦未明。）者，乃據中國九乘之。其與據四極度計所得之數不合固宜。又案：吴氏謂不當一以五千里爲斷，亦未〔二〕深考。禹受地記曰：「崑崙東南方五千里，名曰神州。」王嬰古今通論同。（意林引。）是云「五千里」者，舊説也，非仲任肊度。又中國五千里，堯至周同，本書屢見，今文尚書説也。説詳藝增篇。與賈、馬説異，乃家法不同，不得相較也。至吴氏謂仲任失鄒衍大九州之旨，其説是也。鄒衍説九州分三級，小九州即禹貢九州，赤縣神州也。中九州，裨海環之，神州（中國。）居其一。大九州，瀛海環之。中九州與大九州相乘，得八十一州，故云中國居其一。難歲篇曰：「九州之内五

〔一〕「萬」，原本誤作「選」，據上下文改。
〔二〕「未」，原本作「謂」，音近而誤，今改。

千里，竟合爲一州，在東南隅，名曰赤縣神州。自有九州者九焉，九九八十一，凡八十一州。」此以小九州與中九州相乘。中國已居小九州，是居其八十一分之九，不得言居其一也。仲任於九州說，誤爲二級，故難歲篇及此文並以中國當大九州之一也。舊本段。

儒者曰：「天，氣也，故其去人不遠。人有是非，陰爲德害，天輒知之，又輒應之，近人之效也。」春秋說題辭：「元清氣以爲天。」（文選七發注。）鄭注考靈耀曰：「天者純陽，清明無形。」（月令疏。）**如實論之，天，體，非氣也。**變虛、道虛、祀義並主天爲體。**人生於天，何嫌天無氣？**何嫌，何得也。本書常語。說詳書虛篇。上文云：「天地含氣之自然。」氣壽篇又云：「人受氣命於天。」故執不知問。盼遂案：此句有誤。「何嫌天無氣」，是說天有氣也。則與上文「天，體，非氣也」句，下文「如天審氣，氣如雲煙，安得里度」句，都是決定天無氣，不合矣。黄暉說「何嫌」爲「何得」，不通。**猶（獨）有體在上，與人相遠。**「猶」當作「獨」，形誤。此答上文。仲任意謂：天體上臨，而含氣以施。非天體本氣也。故謂天爲「含氣」之自然。若作「猶」，則義與上文不屬。盼遂案：說郛引「遠」上有「去」字。**祕傳或言：**祕傳謂圖緯也。漢人多諱言「祕」。（見鄭志。）說文目部、易部稱「祕書」。後漢蘇竟傳稱「祕經」。**天之離天下，六萬餘里。**周髀算經：「天離地八萬里。」考靈耀云：「天從上臨下八萬里。」（周禮大司徒疏、開元占經引並同。）與周髀同。然月令疏引考靈耀云：「據四表之内，并星宿内，總有三十八萬七千里。然則天之中央上下正半之處，則一十九萬三千五百里，地在其中，是地去天之數也。」孔疏曰：「鄭注考靈耀之意，以天地十九萬三千五百里。」唐李石續博物志亦云：「一十九萬三千五百里，是地去天之數。」則與以考靈耀云「八萬里」者異。未知其審。又三五曆紀云：「天去地九萬里。」（類聚引。）洛書甄耀度云：「天地相去，十七萬八千五百里。」（開元占經天占。）關尹内傳云：「天去地四十萬九千里。」（天占。）又張衡靈憲曰：「八極之維，徑二億三萬二千三百里。自地至天，半於八極。」（天問洪補注。）又淮南天文篇曰：「天去地，億五萬里。」（「億五」今本字倒，依王念孫校。）詩含神霧同。（御覽地部一。）新序刺奢篇許綰曰：「天與地相去，萬五千里。」又廣雅釋天：「從地至天，一億一萬六千七百八十七里半。」以上諸説，並與此文絶異。然並不知據依何法，非所詳究。**數家計之，三百六十五度一周天。**御覽二引洛書甄耀度曰：「周天三百六十五度四分度之一。」月令疏引尚書考靈耀同。開元占經二十八宿占引劉向洪範五行傳曰：「東方七宿，七十五度；北方七宿，九十八度四分度之一；西方七宿，八十度；南方七宿，百一十二度。」律曆志云：「二十八宿之度，角一十二度，亢九，氐十五，房五，心五，尾十八，箕十一，東方七十五度。斗二十六，牛八，女十二，虚十，危十七，營室十六，壁九，北方九十八度。奎十六，婁十二，胃十四，昴十一，畢十六，觜二，參九，西方八十度。井三十三，鬼四，柳十五，星七，張十八，翼十八，軫十七，南方一百一十二度。」積四方二十八宿，凡三百六十五度四分度之一。月令孔疏曰：「諸星之轉，從東而西，必三百六十五日四分日之一，星復舊處。星既左轉，日則右行，亦三百六十五日四分日之一，至舊星之處。即以一日之行爲一度，計二十八宿一周天，凡三百六十五度四分度之一。是天之一周之數也。」按：象緯訂曰：「天無體，以二十八宿爲體；天無度，以日之行爲度；天無赤道，以南北極爲準而分之爲赤道；天無黄道，以日躔之所經爲黄道；天無十二次，以日月所宿之次爲十二次。」鄭注考靈耀亦以爲天是太虚，本無形體，但指諸星轉運以爲天耳。仲任據周度以證天爲體，殊與舊義相違。下有周度，高有里數。如天審氣，氣如雲煙，安得里度？又以二十八宿效之，二十八宿爲日月舍，猶地有郵亭爲長吏廨矣。郵亭著地，亦如星舍著天也。注見感虚篇。案附書者，「附」字無義，疑當作「傳」。蓋「傳」形誤作「傅」，轉寫作「附」。天有形體，所據不虚。猶此考之，「猶」、「由」通。盼遂案：「猶」字宜據説郛引改爲「由」。則無恍惚，明矣。

説日篇

儒者曰："日朝見，出陰中；暮不見，入陰中。陰氣晦冥，故没不見。"此文出周髀，蓋天説也。如實論之，不出入陰中。何以效之？夫夜，陰也，氣亦晦冥。或夜舉火者，光不滅焉。夜之陰，北方之陰也；楊泉物理論曰："自極以南，天之陽也。自極以北，天之陰也。"（書鈔一四九。）朝出日，入（人）所舉之火也。此文以夜陰喻北方之陰，朝日喻人所舉火。明夜火不滅，則暮日非没於陰中。今本"人"形譌爲"入"，則義難通。盼遂案：悼厂云："'日入疑是暮入之誤。'"火夜舉，光不滅；日暮入，獨不見，非氣驗也。"氣"上疑有"陰"字。此承"陰氣晦冥，故没不見"爲言。夫觀冬日之出入，朝出東南，暮入西南。東南、西南非陰，何故謂之出入陰中？且夫星小猶見，日大反滅，世儒之論，竟虚妄也。

儒者曰："冬日短，夏日長，亦復以陰陽。夏時陽氣多，陰氣少，陽氣光明，與日同耀，故日出輒無鄣蔽。冬，陰氣晦冥，"冬"下蒙上文省"時"字。掩日之光，日雖出，猶隱不見，故冬日日短，陰多陽少，與夏相反。"此亦出周髀。淮南天文篇："夏日至，則陰乘陽，是以萬物就而死。冬日至，則陽乘陰，是以萬物仰而生。晝者陽之分，夜者陰之分，是以陽氣勝，則日修而夜短；陰氣勝，則日短而夜修。」物理論曰：「日者，太陽之精也。夏則陽盛陰衰，故晝長夜短；冬則陰盛陽衰，故晝短夜長，氣引之也。行陽之道長，故出入卯酉之北；行陰之道短，故出入卯酉之南；春秋陰陽等，故日行中道，晝夜等也。」（御覽四。）如實論之，日之長短，不以陰陽。何以驗之？復以北方之星。北方之陰，〔冬〕日之陰也。「日」上脱「冬」字。下文「冬日之陰，何故獨滅日明」，即承此爲文，可證。北方之陰，不蔽星光，冬日之陰，何故猶（獨）滅日明？孫曰：「猶」字於義無取，疑「獨」字之誤。由此言之，以陰陽説者，失其實矣。

實者，夏時日在東井，冬時日在牽牛。漢書律曆志曰：「冬至之時，日在牽牛初度。夏至之時，日在東井三十一度。」東井，南方宿。牽牛，北方宿。牽牛去極遠，故日道短；東井近極，故日道長。張衡渾天儀曰：「夏至去極六十七度而强；冬至去極百一十五度，亦强。春分去極九十一度，秋分去極九十一度少。」（御覽二。）夏北至東井，冬南至牽牛，故冬夏節極，皆謂之至；節，節氣也。極，至極也。夏至陽氣至極，冬至陰氣至極。三禮義宗（合璧事類十六。）曰：「夏至有三義：一以明陽氣之至極，二以明陰氣之始至，三以見日行之北至。」孝經説曰：（合璧事類十八。）「斗指子爲冬至。至有三義：一者陰極之至，二者陽氣始至，三者日行南至，故謂之至。」春秋未至，故謂之分。符天簒圖曰：「春分二月中氣，晝夜五十刻。（合璧事類十六。）秋分八月中氣，日出卯三刻，日入酉三刻，晝夜均五十刻。」（同上十七引。）曆日疏曰：（御覽二五。）「秋分八月之中氣也。秋分之時，日出於卯，入於酉，分天之中，陰陽氣等，晝五十刻，夜五十刻，一晝一夜，二氣中分，故謂之秋分。」春秋繁露陰陽出入上下篇曰：「陰由東方來西，陽由西方來東。至於中冬之月，相遇北方，合而爲一，謂之曰至。中春之月，陽在正東，陰在正西，謂之春分。春分者，陰陽相半也，故晝夜均而寒暑平。陰日損而隨陽，陽日益而鴻，故爲煖熱初得。大夏之月，相遇南方，合而爲一，謂之曰至。至於中秋之月，陽在正西，陰在正東，謂之秋分。秋分者，陰陽相半也，故晝夜均而寒暑平。」

或曰：「夏時陽氣盛，陽氣在南方，故天舉而高；冬時陽氣衰，天抑而下。高則日道多，故日長；下則日道少，故日短也。」姚信昕天論曰：「冬至極低，夏至極起，極之高時，日所行地中淺，故夜短；天去地高，故晝長。極之低時，日所行地中深，故夜長；天去地下，故晝短。」（事類賦引。）此載或説，義與相近。姚信，吴人，蓋亦本舊説。〔夏〕日陽氣盛，「夏」字依上文意增。天南方舉而日道長，盼遂案：上「日」字爲「曰」之誤字。此「曰」字爲仲任駁難上方「或曰」之言也。月亦當復長。案夏日長之時，日出東北，而月出東南；冬日短之時，日出東南，月出東北。如夏時天舉南方，日月當俱出東北；冬時天復下，日月亦當俱出東南。由此言之，夏時天不舉南方，冬時天不抑下也。然則夏日之長也，其所出之星在北方也；星，東井也。冬日之短也，其所出之星在南方也。星，牽牛也。

問曰：「當夏五月日長之時在東井，東井近極，故日道長。今案察五月之時，日出於寅，入於戌。白虎通日月篇曰：「夏日宿在東井，出寅入戌。冬日宿在牽牛，出辰入申。」天文録曰：「冬至之日，日出辰，入申，晝行地上百四十六度，夜行地下二百一十九度少弱，故晝短夜長也。夏至之日，日出寅，入戌，晝行地上二百一十九度少弱，夜行地下一百四十六度强，故晝長夜短。春秋之日，日出卯，入酉，晝行地上，夜行地下，皆一百八十二度半强，晝夜長短同也。」（御覽二三。）日道長，去人遠，何以得見其出於寅、入於戌乎？」日〔在〕東井之時，「日」下脱「在」字。上文：「夏時日在東井。」又云：「當夏五月日長之時在東井。」去人極近。夫東井近極，若極旋轉，人常見之矣。使東井在極旁側，得無夜常爲晝乎？極，天中。若東井在極，則有晝無夜矣。吕氏春秋有始覽曰：「當樞之下，無晝夜。」極即樞也。日晝〔夜〕行十六分，「晝」下脱「夜」字。下文云：「五月晝十一分，夜五分；六月晝十分，夜六分。」是無論日之長短，其和則爲十六分。若作「晝行十六分」，則有晝無夜矣，殊失其義。人常見之，不復出入焉。仲任主方天説，日無出入。入者，遠不見也。義詳下文。

儒者或曰：「日月有九道，考靈耀曰：「萬世不失九道謀。」鄭注引河圖帝覽嬉曰：「黄道一，青道二，出黄道東；赤道二，出黄道南；白道二，出黄道西；黑道二，出黄道北。日，春東從青道，夏南從赤道，秋西從白道，冬北從黑道。」（月令疏。）唐書大衍曆議引洪範傳曰：「日有中道，月有九行。中道，謂黄道也。九行者，青道二，出黄道東；赤道二，出黄道南；白道二，出黄道西；黑道二，出黄道北。立春、春分，月東從青道；立夏、夏至，月南從赤道；立秋、秋分，月西從白道；立冬、冬至，月北從黑道。」故曰：『日行有近遠，晝夜有長短也。』」夫復五月之時，晝十一分，夜五分；六月，晝十分，夜六分；從六月往至十一月，月減一分。此則日行，月從一分道也；歲，日行天十六道也，豈徒九道？淮南天文訓：「日出於暘谷，浴於咸池，拂于扶桑，是謂晨明；登于扶桑，爰始將行，是謂朏明；至于曲河，是謂旦明；至于曾泉，是謂蚤食；至于桑野，是謂晏食；至于衡陽，是謂隅中；至于昆吾，是謂正中；至于鳥次，是謂小還；至于悲谷，是謂餔時；至于女紀，是謂大還；至于淵虞，是謂高舂；至于連石，是謂下舂；至于悲泉，爰止其女，爰息其馬，是謂縣車；至于虞淵，是謂黄昏；至于蒙谷，是謂定昏。日入于虞淵之汜，曙于蒙谷之浦，行九州七舍，有五億萬七千三百九里。」注曰：「自暘谷至虞淵凡十六所，爲九州七舍也。」錢塘補注曰：「王充所説十六道，與此十六所合。然則此即漏刻矣。日有百刻，以十六約之，積六刻百分刻之二十五而爲一所。二分晝夜平，各行八所；二至晝夜短長極，則或十一與五。而分、至之間，以此爲率，而損益焉。」

或曰：「天高南方，下北方。此蓋天説也。梁祖恒天文録曰：「蓋天之説有三：一云，天如車蓋，遊乎八極之中；一云，天如笠，中央高而四邊下；一云，天如欹車蓋，南高北下。」（御覽二引。）錢塘曰：「蓋天家見中國之山，唯崑崙最高，用爲地中，以應辰極，故曰天如欹車蓋。」按：鄭注考靈耀曰：「地則中央正平，天則北高南下。北極高於地三十六度，南極下於地三十六度。」（月令疏。）鄭氏爲渾天說，謂天北高南下，適與蓋天說相反。日出高，故見；入下，故不見。日東出，西入。蓋天說南高北下，即言東南高，西北下也。楊烱渾天賦云：「有爲蓋天說者曰，天則西北既傾，而三光北轉。」傾即下也。天之居若倚蓋矣，「倚」讀「欹」。故極在人之北，是其效也。極其（在）天下之中，「其」字未安，當作「極在天下之中」，下文「今在人北」，正承此爲文。周髀云：「極在天之中，而今在人北，所以知天之形如倚蓋也。」即此文所本。是其證。今在人北，其若倚蓋，明矣。」此亦周髀文。日明既以倚蓋喻，「明」字疑誤。當若蓋之形也。極星在上之北，若蓋之葆矣；其下之南，有若蓋之莖者，正何所乎？先孫曰：御覽天部引桓譚新論云：「北斗極，天樞；樞，天軸也，猶蓋有保斗矣。蓋雖轉而保斗不移，天亦轉周匝，而斗極常在。」即仲任所本。「葆」即「保斗」。考工記輪人：「爲蓋有部。」鄭注云：「部，蓋斗也。」「保斗」猶言「部斗」，一聲之轉，即今之繖斗，與羽葆異。「莖」即考工記之「桯」，「桯」、「莖」亦聲相近。夫取蓋倚於地，不能運；立而樹之，然後能轉。今天運轉，其北際不著地者，「不」字疑衍。觸礙何以能行？由此言之，天不若倚蓋之狀，日之出入不隨天高下，明矣。

或曰：「天北際下地中，日隨天而入地，地密鄣隱，故人不見。然天地，夫婦也，合爲一體。天在地中，地與天合，天地并氣，故能生物。北方陰也，合體并氣，故居北方。」晉志曰：「仲任據蓋天之説，以駁渾儀云：『舊説天轉從地下過，今掘地一丈，輒見水，天何得從水中行乎？』云云。」（隋志同。）然則「或曰」以下，渾天説也。攷渾天儀注云：「天如雞子，地如中黄，孤居於天内，天大而地小，天表裏有水，天地各乘氣而立，載水而行，周天三百六十五度四分度之一，又中分之，則半覆地上，半繞地下。」（見隋志。）又鄭注考靈耀云：「天北高南下。」（亦渾天説，見月令疏。）此云「天北際下地中」，與渾天説「北高南下」之説不合。「天在地中」，與「地孤居於天内」又不合。晉志謂爲渾儀，疑失其實。隋志誤同。據「天北際下地中」句，知是蓋天説也。仲任以方天説駁之，志云「據蓋天説」亦非。天運行於地中乎？不則，「不」讀「否」。北方之地低下而不平也？如審運行地中，鑿地一丈，轉見水源，天行地中，出入水中乎？虞喜安天論曰：「古之遺語『日月行於飛谷』，謂在地中。不聞列星復流於地。」又云：「飛谷一道，何以容此？且谷中有水，日爲火精，冰炭不共器，得無傷日之明乎？」（事類賦引。）與此義相發明。如北方低下不平，是則九川北注，朱校作「涯」。不得盈滿也。

實者，天不在地中，日亦不隨天隱。天平正，與地無異。然而日出上、日入下者，隨天轉運，視天若覆盆之狀，故視日上下然，似若出入地中矣。然則日之出，近也；其入，遠，不復見，故謂之入。運見於東方，近，故謂之出。何以驗之？繫明月之珠於車蓋之橑，大戴禮保傅篇：「二十八橑，以象列星。」盧注：「橑，蓋弓也。」孔廣森補注：「屋上椽謂之橑，蓋弓似之。」轉而旋之，明月之珠旋邪？仲任以爲日行附天，不離天自行，故以珠喻日，車蓋喻天。蓋轉珠旋，明日隨天轉也。人望不過十里，晉志引「人」上有「夫」字，「望」上有「目所」二字。隋志同。天地合矣；遠，非合也。晉志引作「實非合也，遠使然耳」。隋志同。今視日入，非入也，亦遠也。當日入西方之時，其下民亦將謂之日中。晉志引作「其下之人」。隋志同。疑此文「民」上脱「之」字。從日入之下，東望今之天下，或時亦天地合。如是，方〔今〕天下在南方也，孫曰：「方」下脱「今」字。下云：「方今天下在東南之上。」談天篇：「方今天下在極之南。」又云：「方今天下在極南也。」並有「今」字。故日出於東方，入於〔西方〕。北方之地，日出北方，入於南方。各於近者爲出，遠者爲入。「入於」下當有「西方」二字。方今天下，謂中國也。位在東南，於東方爲近，故日出於東方，入於西方。今脱「西方」二字，則以「入於北方之地」爲句，遂使此文難通。日既出東方，不得入於北方，於理最明，其證一。出於東方，入於西方；日出北方，入於南方，并以近者爲出，立意正同，其證二。晉志引作「四方之人，各以其近者爲出，遠者爲入矣」，（隋志同。）乃節引此文。實者不入，遠矣。臨大澤之濱，望四邊之際與天屬；其實不屬，遠若屬矣。日以遠爲入，澤以遠爲屬，其實一也。澤際有陸，人望而不見。陸在，察之若望（亡）；先孫曰：「望」當作「亡」，聲近，又涉上文而誤。日亦在，視之若入，皆遠之故也。太山之高，參天入雲，去之百里，不見埵塊。注書虛篇。夫去百里不見太山，況日去人以萬里數乎？盼遂案：下文「天之去地六萬餘里」，則此脱一「六」字。太山之驗，則既明矣。試使一人把大炬火夜行於道，平易無險，意林、御覽四引並作「夜行平地」。晉志、隋志引作「夜行於平地」。去人〔不〕一（十）里，火光滅矣。非滅也，遠也。孫曰：去人不一里，火光未必滅而不見。且人之見火光，較見尋常之物尤遠，何至不一里而滅邪？「去人不一里」，當作「去人十里」。上文云：「人望不過十里，天地合矣，遠，非合也。」書虛篇云：「蓋人目之所見，不過十里；過此不見，非所明察，遠也。」並其證。今「十」誤爲「一」，又衍「不」字，故於理不合。晉書天文志、隋書天文志、御覽四引並作「去人十里」。又按：「火光滅矣」，御覽「滅」作「藏」，亦較今本爲優。暉按：孫説是也。意林引亦作「去人十里」。又晉志、隋志正引作「火光滅矣」。是「滅」字不誤。今日西轉不復見者，非入也。晉志、隋志引作「是火滅之類也」。

問曰：「天平正，與地無異。今仰視天，觀日月之行，天高南方下北方，何也？」曰：方今天下在東南之上，視天若高。日月道在人之南，今天下在日月道下，故觀日月之行，若高南下北也。何以驗之？即天高南方，即，若也。〔南方〕之星亦當高。「之」上脱「南方」二字，遂使此文失其讀。「即天高南方」，承上「天高南方下北方」爲文。「南方之星亦當高」，與下「今視南方之星低下」反正相承。是其證。今視南方之星低下，天復低南方乎？夫視天之居，近者則高，遠則下焉。極北方之民以爲高，南方爲下。極東、極西，亦如此焉。皆以近者爲高，遠者爲下。從北塞下，近仰視斗極，且在人上。匈奴之北，地之邊陲，北上視天，天復高北下南，「天」下舊校曰：一有「下」字。日月之道，亦在其上。立太山之上，太山高；去下十里，太山下。夫天之高下，猶人之察太山也。平正，四方中央高下皆同。今望天之四邊若下者，非也，遠也。非徒下，若合矣。

儒者或以旦暮日出入爲近，日中爲遠；或以日中爲近，日出入爲遠。桓譚新論云：「漢長水校尉平陵關子陽以爲：『日之去人，上方遠，而四傍近。何以知之？星宿昬時出東方，其間甚疎，相離丈餘。及夜半，在上方，視之甚數，相離一二尺。以準度望之，逾益明白，故知天上之遠於傍也。日爲天陽，火爲地陽，地陽上升，天陽下降。今置火於地，從傍與上診其熱，遠近殊不同焉。日中正在上覆蓋，人當天陽之衝，故熱於始出時。又新從太陰中來，故復涼於其西在桑榆間也。』桓君山曰：『子陽之言，豈其然乎？』」（隋書天文志。）據此，當時儒生，必多以日出遠近相駮議，今不可攷矣。其以日出入爲近，日中爲遠者，見日出入時大，日中時小也。

察物，近則大，遠則小，故日出入爲近，日中爲遠也。其以日出入爲遠，日中時爲近者，見日中時溫，日出入時寒也。夫火光近人則溫，遠人則寒，故以日中爲近，日出入爲遠也。列子湯問篇云：「孔子東遊，見兩小兒辯鬥。問其故。一兒曰：『我以日始出時去人近，而日中時遠也。』一兒以日初出遠，而日中時近也。一兒曰：『日初出，大如車蓋，及日中，則如盤盂，此不爲遠者小近者大乎？』一兒曰：『日初出，滄滄涼涼，及其日中時，熱如探湯，此不爲近者熱，遠者涼乎？』」張湛注曰：「桓譚新論亦述此事。」與此文正同。二論各有所見，故是非曲直未有所定。如實論之，日中近而日出入遠。何以驗之？以植竿於屋下。夫屋高三丈，竿於屋棟之下，正而樹之，上扣棟，下抵地，是以屋棟去地三丈。如旁邪倚之，則竿末旁跌，不得扣棟，是爲去地過三丈也。日中時，日正在天上，猶竿之正樹去地三丈也。日出入，邪在人旁，疑當作「邪在天旁」，與「正在天上」相對爲文。猶竿之旁跌去地過三丈也。夫如是，日中爲近，出入爲遠，可知明矣。試復以屋中堂而坐一人，一人行於屋上。其行中屋之時，正在坐人之上，是爲屋上之人與屋下坐人相去三丈矣。如屋上人在東危若西危上，若，或也。言在屋脊東西。其與屋下坐人相去過三丈矣。日中時，猶人正在屋上矣；其始出與入，猶人在東危與西危也。日中，去人近，故溫；日出入，遠，故寒。然則日中時日小，其出入時大者，日中光明，故小；

其出入時光暗，故大。盼遂案：晉書天文志天體篇載葛洪議曰：「渾天理妙，學者多疑。漢王仲任據蓋天之説，以駁渾儀，云：『舊説天轉從地下過。今掘地一丈輒有水，天何得從水中行乎？甚不然也。日隨天而轉，非入地。夫人目所望，不過十里，天地合矣。實非合也，遠使然耳。今視日入，非入也，亦遠耳。當日入西方之時，其下之人，亦將謂之爲中也。四方之人，各以其近者爲出，遠者爲入矣。何以明之？今試使一人把大炬火，夜半行於平地，去人十里，火光滅矣。非滅也，遠使然耳。今日西轉不復見，是火滅之類也。日月不員也，望視之所以員者，去人遠也。夫日，火之精也。月，水之精也。水火在地不員，在天何故員？』故丹陽葛洪釋之曰：『渾天儀注云：「天如雞子，地如雞中黄，孤居於天内，天大而地小。天表裏有水，天地各乘氣而立，載水而行。周天三百六十五度四分度之一，又中分之，則半覆地上，半繞地下，故二十八宿半見半隱，天轉如車轂之運也。」諸論天者雖多，然精於陰陽者，張平子、陸公紀之徒，咸以爲推步七曜之道度，以度〔一〕曆象昏明之證候，校以四八之氣，考以漏刻之分，占晷景之往來，求形驗於事情，莫密於渾象者也。張平子既作銅渾天儀於密室中，以漏水轉之，令伺之者閉户而唱之。其伺之者，以告靈臺之觀天者曰：「璇璣所加，某星始見，某星已中，某星今没」，皆如合符也。崔子玉爲其碑銘曰：「數術窮天地，制作侔造化，高才偉藝，與神合契。」蓋由於平子渾儀及地動儀之有驗故也。若天果

〔一〕「以度」二字原本脱，今據晉書天文志補。

如渾者，則天之出入行於水中，爲的然矣。故黄帝書曰「天在地外，水在天外」，水浮天而載地者也。又易曰：「時乘六龍。」夫陽爻稱龍，龍者居水之物，以喻天。天，陽物也，又出入水中，與龍相似，故以比龍也。聖人仰觀俯察，審其如此，故晉卦坤下離上，以證日出於地也。又明夷之卦離下坤上，以證日入於地也。需卦乾下坎上，此亦天入水中之象也。天爲金，金水相生之物也。天出入水中，當有何損，而謂爲不可乎？故桓君山曰：「春分日出卯入酉，此乃人之卯酉。天之卯酉，常值斗極爲天中。今視之乃在北，不正在人上。而春秋分時，日出入乃在斗極之南。若如磨右轉，則北方道遠而南方道近，晝夜漏刻之數不應等也。」後奏事待報，坐西廊廡下，以寒故暴背。有頃，日光出去，不復暴背。君山乃告信蓋天者曰：「天若如推磨右轉而日西行者，其光景當照此廊下稍而東耳，不當拔出去。拔出去是應渾天法也。渾爲天之真形，於是可知矣。」然則天出入水中，無復疑矣。又今視諸星出於東者，初但去地小許耳。漸而西行，先經人上，後遂西轉而下焉，不旁旋也。其先在西之星，亦稍下而没，無北轉者。日之出入亦然。若謂天磨右轉者，日之出入亦然，衆星日月宜隨天而迴，初在於東，次經於南，次到於西，次及於北，而復還於東，不應横過去也。今日出於東，冉冉轉上，及其入西，亦復漸漸稍下，都不繞邊北去。了了如此，王生必固謂爲不然者，疏矣。今日徑千里，圍周三千里，中足以當小星之數十也。若日以轉遠之故，但當光耀不能復來照及人耳，宜猶望見其體，不應都失其所在也。日光既盛，其體又大於星多矣。今見極北之小星，而不見日之在北者，明其不北行也。若日以轉遠之故，不復可見，其北入之間，應當稍小，而日方入之時乃更大，此非轉遠之徵也。王生以火炬喻日，吾亦將借子之矛以刺子之楯焉。把火之去人轉遠，其光轉微，而日月自出至入，不漸小也。王生以火喻之，謬矣。又日之入西方，視之稍稍去，初尚有半，如横破鏡之狀，須臾淪没矣。若如王生之言，日轉北去有半者，其北都没之頃，宜先如竪破鏡之狀，不應如横破鏡也。如此言之，日入西方，不亦孤孑乎？又月之光微，不及日遠矣。月盛之時，雖有重雲蔽之，不見月體，而夕猶朗然，是光猶存雲中而照外也。日若繞西及北者，其光故應如月在雲中之狀，不得夜便大暗也。又日入則星月出焉。明知天以日月分主晝夜，相代而照也。若日常出者，不應日亦入而星月亦出也。又案河、洛之文，皆云水火者，陰陽之餘氣也。夫言餘氣，則不能生日月可知也，顧當言日陽精生火者可耳。若水火是日月所生，則亦何得盡如日月之員乎？今火出於陽燧，陽燧員而火不員也。水出於方諸，方諸方而水不方也。又陽燧可以取火於日，而無取日於火之理，此則日精之生火明矣。方諸可以取水於月，而無取月於水之道，此則月精之生水了矣。王生又云，遠故視之員。若審然者，月初生之時及既虧之後，何以視之不員乎？而日食或上或下，從側而起，或如鉤至盡。若遠視見員，不宜見其殘缺左右所起也。此則渾天之理，信而有徵矣。』」**猶晝日察火，光小；夜察之，火光大也。**俞曰：此論甚精。且以鐙火爲喻，遠視甚大，近視之轉小矣。列子湯問篇載兩小兒論日遠近，孔子不能答，此可以解之。暉按：除仲任持此説外，尚有漢張衡、晉束皙（見隋志。）及隋書天文志，并各釋日之遠近之故。今不具出。**既以火爲效，又以星爲驗。晝日星不見者，光耀滅之也。夜無光耀，**

星乃見。夫日月，星之類也。平旦，日入光銷，故視大也。

儒者論：「日旦出扶桑，暮入細柳。」書鈔一四九、張刻、趙刻御覽四引並無「旦」字。陳本書鈔「日」下有「旦」字。明鈔御覽「日」作「曰」，亦無「旦」字。疑此文當作：「儒者論曰：日旦出扶桑。」扶桑，東方〔之〕地；細柳，西方〔之〕野也。兩「方」字下，書鈔一四九、類聚一、御覽四、事類賦日部引並有「之」字。當據補。淮南天文訓：「日拂于扶桑，是謂晨明；登于扶桑，爰始將行，是謂朏明。」初學記天部上、御覽三並引舊注曰：「扶桑，東方之野。」淮南又云：「日入崦嵫，經於細柳。」注云：「細柳，西方之野。」（今天文訓無此文。據初學記引。御覽引略同。）皮錫瑞曰：「細柳，即堯典之『柳谷』。」（古文作「昧谷」。）桑、柳天地之際，日月常所出入之處。」問曰：仲任問。歲二月、八月時，日出正東，日入正西，可謂日出於扶桑，入於細柳。今夏日長之時，日出於東北，入於西北；冬日短之時，日出東南，依上文例，「出」下當有「於」字。入於西南。冬與夏，日之出入，在於四隅，扶桑、細柳，正在何所乎？所論之言，猶（獨）謂春秋，不謂冬與夏也。「猶」當作「獨」，「猶謂春秋」，於義無取。儒者論日入細柳，出扶桑。扶桑在東，細柳在西。只二月八月日之出入如是，而冬夏則在四隅。故譏其獨謂春秋，不謂冬夏。如實論之，日不出於扶桑，入於細柳。何以驗之？隨天而轉，「隨」上疑脱「日」字。近則見，遠則不見。當在扶桑、細柳之時，從扶桑、細柳之民，謂之日中。

之時，從扶桑、細柳察之，或時爲日出入。「之時」上疑脱「日中」二字。「日中之時」，與「當在扶桑、細柳之時」平列爲文。「日中之時」，指日在方今天下也。仲任以爲：當日在桑、柳之時，則其民謂之日中，日在其上也。當方今天下時爲日中，則在桑、柳，或爲日出日入。故下文云：「若以其上者爲中，旁則爲旦夕。」蓋傳寫脱「日中」二字，遂使此文義不可通。若以其上者爲中，「若」猶「乃」也。盼遂案：「若」當爲「皆」，形近而誤。旁則爲旦夕，安得出於扶桑，入細柳？

儒者論曰：「天左旋，日月之行，不繫於天，各自旋轉。」尸子曰：（御覽三七。）「天左舒而起牽牛。」淮南天文訓曰：「紫宮執斗而左旋，日行一度，以周於天。」錢塘補注曰：「北斗左旋，即天之行。」白虎通日月篇：「天左旋，日月五星右行。日月五星比天爲陰，故右行。」晉書天文志引漢郄萌記先師相傳宣夜説云：「天了無質，仰而瞻之，蒼蒼然，非有體也。日月衆星，空中行止，皆積氣焉。故七曜或逝或往，伏見無常，進退不同，由無所根繫，故各異也。故辰極常居其所，北斗不與衆星西没焉。攝提、填星皆東行。日〔一〕行一度，月行十三度，遲疾任情，若綴附天體，不得爾也。」難之曰：使日月自行，不繫於天，日行一度，月行十三度，淮南天文訓曰：「日移一度，六月行百八十二度八分度之五。（「月」上「六」字今脱，依錢塘校補。）反覆三百六十五度四分度之一，而成一歲。」又曰：「月，日行十三度七十六分度之二十八。」（今誤作「六」，依劉校。）

〔一〕「日」上原本衍一「日」字，據晉書天文志删。

按三統、四分曆并云「十九分度之七」，即七十六分度之二十八之分子分母以四約之。**當日月出時，當進而東旋，何還始西轉？繫於天，隨天四時轉行也。其喻若蟻行於磑上，日月行遲，天行疾，天持日月轉，故日月實東行而反西旋也。**御覽二、事類賦引論衡云：「日月五星隨天而西移，行遲天耳，譬若磑上之行蟻，蟻行遲，磑轉疾，内雖異行，外猶俱轉。」疑即此文，而義較足，今本或有脱誤。白虎通日月篇引刑德放曰：「日月東行。」淮南修務篇：「攝提、鎮星，日月東行，而人謂星辰日月西移者，以大氐爲本。」與仲任異義。又晉書天文志周髀家云：「天旁轉如推磨而左行，日月右行，隨天左轉，故日月實東行，而天牽之以西没，譬之蟻行磨上，磨左行，而蟻右去，磨疾而蟻遲，故不得不隨磨以左迴焉。」與此義同。仲任方天説，蓋取周髀蓋天爲説耳。舊本段。

或問：「日、月、天皆行，行度不同，三者舒疾，驗之人、物，爲以何喻？」盼遂案：悼厂云：「『爲』字當與『何』字互易。」**曰：天，日行一周。**淮南天文訓：「紫宮執斗而左旋，日行一度，以周於天。」錢補注曰：「謂北斗也。北斗左旋，即天之行，日行一度，故一歲而周。」按此云：「天，日行一周。」下文又云：「天一日一夜行三百六十五度。」未知其審。月令疏曰：「凡二十八宿及諸星皆循天左行，一日一夜一周天。一周天之外，更行一度，計一年三百六十五周天四分度之一。」仲任意即此歟？**日行一度二千里，**謂日，日行一度也。日行遲，一歲一周天。鄭注考靈耀曰：（月令疏。）「一度二千九百三十二里千四百六十一分里之三百四十八。」淮南天文篇高注同。此云「一度二千里」，未聞。**日晝行千里，夜行千里。**「日晝」當作「晝日」。朱子曰：「如此，則天地之間狹甚。王充陋也。」**麒（騏）麟（驥）晝日亦行千里。**孫曰：此喻行之迅速，無取於麒麟也。「麒麟」當作「騏驥」，並字之誤也。狀留篇云：「驥一日行千里者，無所服也。」初學記一、御覽四、錦繡萬花谷後集一引並作「騏驥」。下文諸「麒麟」字，並當作「騏驥」。暉按：事類賦一引亦作「騏驥」。又「晝日亦行千里」，陳本書鈔一四九引無「日」字，疑是。盼遂案：吴承仕曰：「鹽鐵論第二十二『騏驥之輓鹽車』，各本誤作『騏麟』，與此同。」**然則日行舒疾，與麒（騏）麟（驥）之步，相似類也。月行十三度，十度二萬里，三度六千里，月一旦（日）〔一〕夜行二萬六千里，**「一旦夜」，初學記日部、御覽四、玉海一引並作「一日一夜」。盼遂案：「旦」字爲「日一」二字之誤合。上文「日晝行千里，夜行千里」，據晝夜言，下文天一日一夜「行三百六十五度」，亦據晝夜言，則此文爲「月一日一夜行二萬六千里」，明矣。**與晨鳧飛相類似也。**詩鄭風女曰鷄鳴：「弋鳧與鴈。」爾雅釋鳥：「鳧，雁醜，其足蹼，其踵企。」陸氏云：「鳧鴈常以晨飛，賦曰『晨鳧旦至』，此之謂也。」風土記（書鈔百三十七。）曰：「若乃越騰百川，濟江汎舡，則東甄晨鳧。」注云：「吴太傅諸葛恪制以爲晨鳧舡，（御覽七百七十引作「所造鴨頭船也」。）以鳧爲名，以其陵波不避水也。」**天行三百六十五度，積凡七十三萬里也。**事類賦天部、御覽二引並無「七」字。

玉海一、困學紀聞天道引並有「七」字。按：「七」字當有。仲任以每度二千里，天行三百六十五度，其積正得七十三萬里也。考靈耀曰：「一度二千九百三十二里千四百六十一分里之三百四十八。周天百七萬一千里，是天圓周之里數也。以圍三徑一言之，則直徑三十五萬七千里。」（見月令疏。晉天文志引甄曜度、考異郵略同。）孝經援神契曰：「周天七衡六間者，相去萬九千八百三十三里三分里之一，合十一萬九千里。」關尹内傳曰：「天地南午北子相去九十一萬里，東卯西酉亦九十一萬里，四隅空相去亦爾。」（并見開元占經天占篇。）春秋元命包曰：「陽極於九，故周天九九八十一萬里。」（類聚一。）廣雅釋天曰：「天圜廣南北二億三萬三千五百里七十五步，東西短減四步，周六億十萬七百里二十五步。」周天里數，諸書並異，不可考也。其行甚疾，無以爲驗，當與陶鈞之運，孫曰：御覽二引「當」作「儻」。「當」與「儻」同。管子〔一〕七法篇尹注：「均，陶者之輪也。」「均」、「鈞」字通。淮南原道訓高注：「鈞，陶人作瓦器法，下轉旋者。」史記鄒陽傳集解：「陶家名模下圓轉者爲鈞。」索隱引韋昭曰：「鈞，木長七尺，有絃，所以調爲器具也。」廣雅曰：「運，轉也。」弩矢之流，相類似乎？天行已疾，去人高遠，視之若遲。蓋望遠物者，動若不動，行若不行。何以驗之？乘船江海之中，宋本、朱校元本「船」作「舡」。下同。順風而驅，近岸則行疾，遠岸則行遲。船行一實也，或疾或遲，遠近之視使之然也。仰

〔一〕「子」，原本作「字」，今改。

視天之運，不若麒(騏)麟(驥)負日而馳，皆盼遂案：「皆」字是「比日」二字之誤合。「比日暮」者，及日暮也。(比)〔日〕暮，而日在其前。「麒麟」當作「騏驥」，校見上。「負」讀「背」。「皆暮」義不可通，當作「比日暮」。比，及也。蓋「比」、「日」二字誤合爲「皆」。淮南泰族篇：「日之行也，不見其移，騏驥背日而馳，草木爲靡，懸峯未薄，而日在其前。」呂氏春秋別類篇：「驥驁緑耳，背日而西走，至乎夕，則日在其前矣，目固有不見也。」文與此同。何則？麒(騏)麟(驥)近而日遠也。遠則若遲，近則若疾，六萬里之程，天去地里數。難以得運行之實也。舊本段。

儒者説曰：「日行一度，天一日一夜行三百六十五度。天左行，日月右行，與天相迎。」問獨一「問」字，文不成義。蓋涉上下文諸「問曰」、「或問」而衍。下文仲任意也。先引儒説，直接己見，無緣着一「問」字。本篇文例可證。日月之行也，繫著於天也。日月附天而行，不直行也。不離天自行。盼遂案：「直」爲「自」之形誤。古文「自」字作「𦣹」，與「直」相似。下文「何知不離天直自行也」，又云「此日能直自行，當自東行」，皆「自行」之證。何以言之？易曰：「日月星辰麗乎天，百果草木麗於土。」易離卦彖辭。麗者，附也。附天所行，若人附地而圓行，其取喻若蟻行於磑上焉。舊本段。

問曰：或難也。「何知不離天直自行也？」如日能直自行，當自東行，無爲隨天而西轉也。月行與日同，亦皆附天。「亦」，錢、黄、王、崇文本作「行」。何以驗之？驗之似(以)雲。吴曰：「似」當作「以」。雲不附天，常止於所處。使不附天，亦當自止其處。由此言之，日行附天，明矣。問曰：「日，火也。火在地不行，日在天何以爲行？」曰：附天之氣行，附地之氣不行。火附地，地不行，故火不行。難曰：「附地之氣不行，水何以行？」曰：水之行也，東流入海也。西北方高，東南方下，水性歸下，猶火性趨高也。使地不高西方，則水亦不東流。難曰：「附地之氣不行，人附地，何以行？」曰：人之行，求有爲也。人道有爲，故行求。古者質朴，鄰國接境，鷄犬之聲相聞，終身不相往來焉。難曰：「附天之氣行，列星亦何以不行？」公羊莊七年傳注：「列星者，天之常宿。」曰：列星著天，天已行也；隨天而轉，是亦行也。難曰：「人道有爲故行，天道無爲何行？」曰：天之行也，施氣自然也，施氣則物自生，非故施氣以生物也。不動，日鈔引作「天不動」。疑是。氣不施；氣不施，物不生，與人行異。日月五星之行，皆施氣焉。舊本段。

儒者曰：「日中有三足烏，月中有兔、蟾蜍。」淮南精神訓：「日中有踆烏，而月中有蟾蜍。」注：「踆，猶蹲也。謂三足烏。蟾蜍，蝦蟆。」説林訓：「月照天下，蝕於詹諸。烏力勝日。」注：「詹諸，月中蝦蟆。烏在日中而見，故曰勝日。」元命苞曰：「陽數起於一，成於三，故日中有三足烏。（御覽三。）烏者陽精。」（文選蜀都賦注、天問洪補注。）楚辭天問曰：「夜光何德？死則又育。厥利維何？而顧菟在腹。」注：「言月中有菟。」元命包曰：「月兩設以蟾蜍與兔者，陰陽雙居，明陽之制陰，陰之倚陽。」（初學記三。）張衡靈憲曰：「月者，陰精之宗，積而成獸，象兔，陰之類，其數偶。」（天問洪補注。）夫日者，天之火也，與地之火無以異也。地火之中無生物，天火之中何故有烏？火中無生物，生物入火中，燋爛而死焉，烏安得立？廣雅釋詁三：「立，成也。」夫月者，水也。周髀算經曰：「日猶火，月猶水。」水中有生物，非兔、蟾蜍也。兔與蟾蜍，久在水中，無不死者。蟾蜍，注無形篇。兩棲動物，故不可久在水中。日月毀於天，螺蚌汨（泊）於淵，「日」字疑涉上下文諸「日」字而衍。自「夫月者」以下，乃言月，不當涉及日也。月，陰精，與螺蚌同氣；日，陽精，非其類也。鶡冠子天則篇：「月毀於天，珠蛤贏蚌虛於深淵。」淮南地形訓：「蛤蠏珠龜，與月盛衰。」天文訓：「月者陰之宗也，是以月虧（今誤「虛」，依王念孫校。）而魚腦減，月死而嬴蛖膲。」說山訓：「月盛衰於上，則嬴蛖應於下，同氣相動。」注：「月盛則嬴蛖內減，故曰嬴蛖應於下。月，陰精也，嬴蛖亦陰也。」呂氏春秋精通篇：「月也者，羣陰之精也。月望則蚌蛤實，羣陰盈；月晦則蚌蛤虛，羣陰虧。夫月形於天，而羣陰化於淵。」注：「形，見也。羣陰，蚌蛤也。」劉子類感篇：「月虧而蚌蛤消。」本書偶會篇：「月毀於天，螺消於淵。」順鼓篇：「月中之獸，兔、蟾蜍也。其類在地，螺與蚄也。月毀於天，螺蚄舀缺，同類明矣。」是諸書並以月蚌同陰，氣類相感，與此文語意並同，是其證。又鹽鐵論論葘篇：「月望於天，蚌蛤盛於淵。」

與此文句法正同，而無「日」字，尤其切證。一曰：意本言「月」而語及「日」，古文法有此例。家語執轡篇：「蚌蛤龜珠，與日月而盛衰。」注：「月盛則蚌蛤之屬滿，月虧則虚。」正其比例也。「汩」，宋本、朱校元本並作「泊」，是也。「泊」即厚薄之「薄」，本書「薄」作「泊」。率性篇：「性有厚泊。」又云：「酒之泊厚同一麴蘖。」又云：「人生子陰陽有渥有泊。」泊，減小也。言螺蚌減縮不滿。盼遂案：「汩」字宋本作「泊」，誤也。**同氣審矣。所謂兔〔一〕、蟾蜍者，豈反螺與蚌邪？且問儒者：烏、兔、蟾蜍死乎？生也？如死，久在日月，燋枯腐朽；如生，日蝕時既**，讀作「暨」。説文：「暨，日頗見也。既，小食也。」阮元揅經堂集曰：「『暨』字从『既』，亦專爲日食而造。言日爲月食，偏見不全也。」盼遂案：穀梁傳桓公三年：「日有食之，既。既者，盡也。」「日食既」與「月晦盡」同一句法。黄暉引説文「日頗見也」爲解，失之。**月晦常盡**，四諱篇曰：「三十日，日月合宿謂晦。」釋名釋天曰：「晦，月盡之名也。晦，灰也，火死爲灰，月光盡似之也。」**烏、兔、蟾蜍皆何在？夫烏、兔、蟾蜍，日月氣也，若人之腹臟，萬物之心膂也。月尚可察也；人之察日，無不眩**，「無」上疑脱「目」字，下文：「仰察一日，目猶眩耀。」語意正同。**不能知日審何氣，通（遏）而見其中有物名曰烏乎？**「通」字義不可通，當爲「遏」字形譌。曷，何也。字

〔一〕「兔」，原本作「菟」，據通津草堂本改。

一作「遏」。「而」、「能」古通。「遏而」，何能也。「遏能」與上「不能」語氣相貫。**審日不能見烏之形，通（遏）而能見其足有三乎？**「通」當作「遏」，說見上。「能」爲「而」字旁注誤入正文，上句只作「通而」可證。**此已非實。且聽儒者之言，蟲物非一，日中何爲有「烏」？月中何爲有「兔」、「蟾蜍」？**

儒者謂：「日蝕，月蝕也。」齊曰：「月蝕」下疑脱「之」字。下文云：「故得蝕之。」又云：「知月蝕之。」釋名釋天：「日月虧曰蝕。（今作「食」，從廣韻二十四職「蝕」字注引。）稍稍侵虧，如蟲食草木葉也。」**彼見日蝕常於晦朔，晦朔月與日合，故得蝕之。**京房易飛候占曰：「凡日蝕皆於晦朔，不於晦朔，蝕者，名曰薄。」（文選江文通雜體詩注。）春秋日食三十七，除隱三年、莊十八年、僖十二年、又十五年、文元年、宣八年、又十年、十七年、襄十五年，共九不書朔，餘并朔蝕。阮元揅經堂集堯典四時東作南僞西成朔易解云：「朔者月死盡而未初生，與日但同經度，相竝，而不同緯度，則爲合朔。若又同經度而又同緯度，日月人目三者相直，則必日食。日月食非朔望不定，朔望亦非日月食不定。故唐一行曰：『日月合度，謂之朔，無所取之，取之蝕也。』」春秋隱三年二月己巳日有食之。穀梁傳曰：「言日不言朔，食晦日也。」又宣十年夏四月丙辰日有食之。范寧注：「傳例曰：『言日不言朔，食晦日。』則此丙辰晦之日也。」漢書高祖本紀：「高祖即位三年十月十一月，晦日頻食。」日行遲，一日一度；月行疾，一日十三度十九分度之七。更詳校之，則月一日至於四日，行最疾，日行十四度餘；自五日至八，行次疾，日行十三度餘；自九日至十九日行則遲，日行十二度餘；自二十日至二十三日又小疾，日行十三度餘；自二十四日至於晦，行又最疾，日行十四度餘；二十七日，月行一周天；至二十九日强半，月及於日，與日其會。（本月令疏。）謂之一月。交會則日蝕，故日蝕必於晦朔也。然每月常會而有不蝕之時，左傳隱三年杜注曰：「日月動物，雖行度有大量，不能不小有盈縮，故有雖交會而不食者，或有頻交而食者。」夫春秋之時，日蝕多矣。春秋二百四十二年，日蝕三十七。經曰：「某月朔，日有蝕之。」春秋經也。日有蝕之者，未必月也。知月蝕之，何諱不言月？穀梁隱三年傳曰：「其不言食之者何也？知其不可知，知也。」左傳疏云：「聖人不言日被月食，而云日有食之者，以其月不可見，作不知之辭。」

〔或〕説：「日蝕之變，陽弱陰彊也。」「説」上脱「或」字。下文「或説日食者月掩之也」，文例同。京房易傳曰：「日者陽之精，人君之象，驕溢專明，爲陰所侵，則有日有食之災。」（穀梁隱三年范注。）漢書孔光曰：「日者衆陽之宗，人君之表，至尊之象。君德衰微，陰道盛强，侵蔽陽明，則日食應之。」又杜欽曰：「日食地震，陽微陰盛也。」後書丁鴻曰：「日者陽之積，守實不虧，君之象也。月者陰之精，盈縮有常，臣之表也。故日蝕者，陰凌陽。」白虎通災變篇曰：「日食必救之何？陰侵陽也。」是當時説災異變復者，並有此説。人物在世，氣力勁彊，乃能乘凌。案月晦光既，穀梁桓三年傳：「既者，盡也。」朔則如盡，微弱甚矣，安得勝日？夫日之蝕，月蝕也。「月」上疑有「非」字。日蝕，謂月蝕之，月誰蝕之者？無蝕月也，月自損也。以月論日，亦如(知)日蝕，光自損也。「如」字難通，當爲「知」字形誤。一曰：「日」當作「月」。大率四十一二月，日一食；百八十日，月一蝕。蝕之皆有時，非時爲變，及其爲變，氣自然也。日時晦朔，月復爲之乎？夫日當實滿，以虧爲變，元命包曰：「日之爲言實也。」(月令疏。)釋名釋天：「日，實也，光明盛實也。」必謂有蝕之者，山崩地動，蝕者誰也？

或説：「日食者，月掩之也。日在上，月在下，障於日(月)之形也。「障於日之形」，當作「障於月之形」。日在月上，日光不得爲日形所障，於理至明。後漢書五行志注引杜預曰：「日月同會，月奄日，故日蝕。」上文云：「日食者，月掩之也。」下文云：「月光掩日光。」並謂月形障日光也。是其證。又下文云：「障於月也，若陰雲蔽日月不見也。」正作「障於月」，尤其切證。下文「月在日下，障於日」，亦當作「障於月」。日月合相襲，月在上，日在下者，不能掩日。日在上，月在日下，「日」字疑衍。障於日(月)，「日」當作「月」，校見上。月光掩日光，上「光」字衍文。周髀算經曰：「月光生於日所照，當日則光盈，就日則明盡。」京房曰：「月有形無光，日照之乃有光。」(月令疏。)是則單言「月光」則可。云「月光掩日光」，則於義未安。下文：「日食，月掩日光，非也。」又云：「使日月合，月掩日光。」並無「光」字，是其證。故謂之食也。障於月也，若陰雲蔽日月不見矣。其端合者，相食是也。其合相當如襲辟者，盼遂案：

「辟」當爲「璧」之壞字。「襲璧」亦猶緯候所云「日月合璧矣」。日既是也。」端合，正相合也。襲亦合也。辟、璧同。「既」讀「暨」，徧食也。杜預曰：「曆家之説，謂日光以望時遥奪月光，故月蝕。日月合會，月奄日，故日蝕。蝕有上下者，行有高下。日光輪存，而中食者，相奄密，故日光溢出。皆既者，正相當，而相奄間疏也。」（續五行志劉昭注。）日月合於晦朔，天之常也。日食，月掩日光，非也。何以驗之？使日月合，月掩日光，其初食崖當與旦（其）復時易處。崖，邊也。「旦復」無義，當作「其復」。復謂光復也。「旦」、「其」形誤。下文云：「今察日之食，西崖光缺；其復也，西崖光復。」即謂初食崖與其復時不易處。假令日在東，月在西，月之行疾，東及日，掩日崖，須臾過日而東，西崖初掩之處光當復，東崖未掩者當復食。今察日之食，西崖光缺，其復也，西崖光復，過掩東崖復西崖，謂之合襲相掩障，如何？

儒者謂：「日月之體皆至圓。」彼從下望見其形，若斗筐之狀，狀如正圓。不如望遠光氣，氣不圓矣。此義難通。「如」疑爲「知」形誤。下「不」字，爲「若」字草書形誤。夫日月不圓，視若圓者，晉志、隋志、御覽四引「視」下并有「之」字，疑是。〔去〕人遠也。孫曰：「人遠也」，當作「去人遠也」。脱「去」字，文義不完。下文云：「列星不圓，光耀若圓，去人遠也。」語意正同。晉書天文志、隋書天文志、法苑珠林七、御覽四引並有「去」字。何以驗之？夫日者，火之精也；月者，水之精也。在地，水火不圓；在天，水火何故獨圓？日月在天猶五星，五星，東方歲星，南方熒惑，西方太白，北方辰星，中央鎮星也。五星猶列星，列星不圓，光耀若圓，去人遠也。何以明之？春秋之時，星霣宋都，就而視之，石也，不圓。魯僖十六年，霣石於宋五。左氏傳曰：「星也。」公羊傳曰：「視之則石，察之則五。」以星不圓，知日月五星亦不圓也。抱朴子曰：「王生云：月不圓，望之圓者。月初生及既虧之後，視之宜如三寸鏡，稍稍轉大，不當如破環漸漸滿也。」（御覽四。）舊本段。

儒者說日，及工伎之家，皆以日爲一。禹、貢（益）山海經言：「日有十。先孫曰：禹貢無十日之文。「貢」當作「益」。別通篇云：「禹、益以所聞見作山海經。」此下文又云：「禹、益見之，不能知其爲日也。」又云：「當禹、益見之，若斗筐之狀。」又云：「禹、益所見，意是日非日也。」又云：「且禹、益見十日之時，終不以夜猶以晝也。」皆其證。在海外東方有湯谷，上有扶桑，十日浴沐水中；有大木，九日居下枝，一日居上枝。」海外東經：「黑齒國，有湯谷。湯谷上有扶桑，十日所浴，在黑齒北，居水中。有大木，九日居下枝，一日居上枝。」郭注：「湯谷，谷中水熱也。扶桑，木也。」淮南天文訓：「日出湯谷，浴於咸池，拂於扶桑。」許注：（史記司馬相如傳正義。）「湯谷，熱如湯也。」舊注：「扶桑，東方之野。」（御覽三。）楚詞九歌東君王注：「東方有扶桑之木，其高萬仞，日出，下浴於湯谷，上拂其扶桑。」東方朔十洲記曰：「扶桑在碧海中，葉似桑，樹長數千丈，大二千圍，兩兩同根，更相依倚，是名扶桑。」（離騷洪補注。）淮南地形訓：「扶木在陽州，日之所曊。」注：「扶木，扶桑也，在湯谷之南。」又道應訓注：「扶桑，日所出之木也。」又時則訓：「東至日出之次，榑木之地。」注：「榑木，榑桑，日所出也。」說文木部曰：「榑桑，神木，日所出也。」又叒部：「日初出東方湯谷，所登榑桑，叒木也。」按以上諸說，湯谷，水耳；扶桑，木耳，不必拘於實地。仲任亦云：「湯谷，水也。扶桑，木也。」章太炎文始曰：「南史夷貊傳：『扶桑在大漢國東二萬餘里，其上多扶桑木，扶桑葉似桐，初生如筍，國人食之，實如梨而赤，績其皮爲布，以爲衣，亦以爲錦。』此據齊永平元年扶桑沙門慧深來至荆州所說，乃實事也。其地當即今墨西哥。」湯谷所在，諸說更乖錯不一。堯典曰：「宅嵎夷曰暘谷。」馬曰：（釋文。）「嵎，海嵎也。夷，萊夷也。暘谷，海嵎萊夷之地。」僞孔曰：「東表之地稱嵎夷。」說文土部：「堣夷在冀州。暘谷，立春日，日值之而出。」又山部：「崵山在遼西，一曰嵎鐵暘谷也。」後漢書東夷傳：「夷有九種，昔堯命羲、和宅嵎夷曰暘谷，日之所出也。」薛季宣書古文訓謂嵎夷暘谷在登州府治蓬萊縣。蔡沈集傳同。即今蓬萊縣。于欽齊乘謂在海寧州，即今山東牟平縣。皆據青州爲言。段氏說文注謂堯典嵎夷在冀州，禹貢嵎夷在青州。孫星衍謂在遼西，即永平府地，今盧龍等縣。依許氏爲說也。江聲、洪亮吉并以說文冀州爲青州之誤。王鳴盛謂在正東之青州，胡渭、蔣廷錫謂即朝鮮，則從後漢書東夷傳及杜佑通典邊防典者。沈濤、皮錫瑞謂即日本。按浴湯谷，拂扶桑，乃神話耳。如云日浴咸池。咸池，天池，日所浴也。諸儒必求其地，則失之鑿空。**淮南書又言：「燭十日。堯時**

十日並出，萬物焦枯，堯上射十日。」以故不並一日見也。淮南俶真訓：「若夫真人則動溶於至虛，燭十日而使風雨。」又本經訓：「堯之時，十日並出，焦禾稼，殺草木，而民無所食，堯乃使羿上射十日。」世俗又名甲乙爲日，甲至癸凡十日；淮南天文、地形並云：「日之數十。」注云：「十，從甲至癸也。」日之有十，猶星之有五也。五星注見上。通人談士，歸於難知，不肯辨明，是以文二傳而不定，世兩言而無主。

誠實論之，且無十焉。何以驗之？

夫日猶月也，日而有十，月有十二乎？星有五，五行之精，荆州占曰：「五星者，五行之精也。」唐書天文志：「五行見象于天，爲五星。」木爲歲星，火爲熒惑，金爲太白，水爲辰星，土爲鎮星。見漢書天文志。金、木、水、火、土各異光色。如日有十，其氣必異。今觀日光，無有異者，察其小大，前後若一。如審氣異，光色宜殊；如誠同氣，宜合爲一，無爲十也。驗日陽遂，火從天來。注率性篇。案：「日」字未妥，疑當作「以」。「以」一作「目」，與「日」形近而誤。日者，大(天)火也。「大火」當作「天火」，與下文「察火在地」相對成義。上文：「日者火之精也，在天水火何故獨圓？」感虛篇：「日火也，地火不爲見射而滅，天火何爲見射而去？」並其證。察火在地，一氣也；地無十火，天安得十日？然則所謂十日者，殆更自有他物，光質如日之狀，居湯谷中水，二字疑倒。時緣據扶桑，禹、益見之，則紀十日。

數家度日之光，數日之質，刺徑千里。白虎通日月篇曰：「日月徑皆千里〔一〕。」假令日出，是扶桑木上之日，扶桑木宜覆萬里，乃能受之。何則？一日徑千里，十日宜萬里也。天之去人，〔六〕萬里餘〔里〕也。「萬里餘也」，當作「六萬餘里也」，「六」字脱，「里餘」二字誤倒。天地相去，諸家説雖不一，而未有言「萬里」者。（詳談天篇。）變虛篇云：「天之去人，高數萬里。」感虛篇云：「天之去人，以萬里數。」是仲任以天地相去數萬里，非只一萬里也。談天篇云：「天之離天下，六萬餘里。」本篇上文云：「六萬里之程，難以得運行之實也。」下文云：「望六萬里之形，非就見即察之體也。」（今脱「里」字。但「六」字不誤。）又云：「天之去地，六萬餘里。」並有「六」字，是其證。仰察之，日（目）光眩耀。「日」當作「目」。上文云：「月尚可察也，人之察日，無不眩。」是「眩耀」謂目也。若作「日光眩耀」，則與下文「火光盛明」於義爲複。下文云：「仰察一日，目猶眩耀。」是其明證。火光盛明，不能堪也。使日出是扶桑木上之日，「使」舊作「便」，从崇文本正。禹、益見之，不能知其爲日也。何則？仰察一日，目猶眩耀，況察十日乎？

〔一〕「里」，原本作「皆」，據白虎通改。

當禹、益見之，若斗筐之狀，故名之爲日。夫火(大)如斗筐，「火」不得言如斗筐。「火」當作「大」。上文云：「儒者謂日月之體皆至圓。彼從下望見其形，若斗筐之狀，狀如正圓。」是斗筐狀日之圓。火不圓，可目驗也。**望六萬〔里〕之形，**「萬」下脱「里」字，語意不明。仲任以天去地六萬里，日在天，故謂「望六萬里之形」。**非就見之即察之體也。**上「之」字衍。「非就見即察之體也」八字爲句。即亦就也。若著一「之」字，則義不可通。**由此言之，禹、益所見，意似日非日也。**廣雅曰：「意，疑也。」下同。盼遂案：「意」當爲「竟」之誤字。上文已決禹、益所見非日，則此處更不容作遊疑之辭。下文「是意似日而非日也」，「意」亦「竟」之訛。答佞篇「佞人意不可知乎」句，吴承仕説「意」是「竟」之誤字。正與此同例。**天地之間，物氣相類，其實非者多。海外西南有珠樹焉，**山海經海外南經：「海外自西南陬，至東南陬者，三株樹在厭火北，生赤水上，其爲樹如柏，葉皆爲珠。」吴任臣廣注曰：「三株通作三珠，淮南子云：（按：見地形訓。）『三珠樹在其東北方。』博物志云：『三珠樹生於赤水之上。』」按：海内西經云：「崑崙有珠樹。」非此文所指。**察之是珠，然非魚中之珠也。**中謂腹也。自紀篇曰：「珠匿魚腹。」陸佃曰：「龍珠在頷，蛇珠在口，魚珠在眼，鮫珠在皮，鼈珠在足，蛛珠在腹。」此云：「魚中之珠。」未聞。**夫十日之日，猶珠樹之珠也，**御覽八〇三引無「之珠」二字，疑是。下句「珠樹似珠非真珠」，亦只承「珠樹」爲文。**珠樹似珠非真珠，十日似日非實日也。淮南見山海經，則虚言「真人燭**

十日」，妄紀「堯時十日並出」。

且日，火也；湯谷，水也。水火相賊，則十日浴於湯谷，當滅敗焉。火燃木，扶桑，木也，十日處其上，宜燋枯焉。今浴湯谷而光不滅，登扶桑而枝不燋不枯，與今日出同，不驗於五行，故知十日非真日也。且禹、益見十日之時，終不以夜。猶以晝也，則一日出，九日宜留，安得俱出十日？如平旦日未出，且天行有度數，日隨天轉行，安得留扶桑枝間，浴湯谷之水乎？留則失行度，行度差跌，不相應矣。如行出之日，與十日異，是意似日而非日也。

春秋「莊公七年夏四月辛卯，夜中，恒星不見，星霣如雨」者。孫曰：此文不當有「者」字，蓋涉下文「如雨者何，非雨也」而衍。藝增篇及公羊春秋並無「者」字，當删。公羊傳曰：「如雨者何？非雨也。非雨，則曷爲謂之『如雨』？不修春秋曰：『雨星，不及地尺而復。』君子修之曰：『星霣如雨。』」不修春秋者，未修春秋時魯史記，曰：「星霣如雨〔星〕，不及地尺而復。」孫曰：「星霣如雨」，乃孔子已修之語。「不及地尺而復」，乃不修春秋之語。魯史記，即不修春秋。不得混「星霣如雨」、「不及地尺而復」爲一意矣。此文本作「雨星不及地尺而復」，重述不修春秋原文。「星霣如雨」涉上下文而衍，又脱「雨星」二字。藝增篇作「雨星不及地尺而復」，不誤。君子者，孔子。孔子修之曰：「星霣如雨。」孔子之意，以爲地有山陵樓臺，云「不及地尺」，恐失其實；更正之曰：「如雨。」「如雨」者，爲從地上而下，「爲」讀作「謂」。藝增篇曰：「山氣爲雲，上不及天，下而爲雨。」即其義。星亦從天霣而復，與同，故曰「如」。

夫孔子雖〔不〕云[不]「及地尺」，但言「如雨」，「云不」當作「不云」，蓋涉上文「不及地尺」而誤。「星霣不及地尺」，魯史記文，非孔子言也。孔子以「不及地尺」之文失實，正之曰「如雨」，故此文云：「孔子雖不云及地尺，但言如雨。」「雖不云」與「但言」語氣相貫。「不云及地尺」，謂不定星霣及地之尺數也。下文云「孔子雖不合言及地尺」，語意同。其謂霣之者，皆是星也。孔子雖〔不〕定其位，「定」上脱「不」字。「孔子雖不定其位」，即承「孔子雖不云及地尺」爲文。「位」謂星霣及地高下之位。藝增篇云：「星霣或時至地，或時不能。」即此「位」字之義。「定其位」，即魯史記云「不及地尺」。孔子正言「如雨」，不言及地尺數，不得言孔子定其位也。蓋因上文「孔子雖不云及地尺」誤作「孔子雖云不及地尺」，後人則妄刪此「不」字，以爲「孔子定其位」，與「孔子云不及地尺」義正相屬。因誤致誤，失之甚也。著其文，謂霣爲星，與史同焉。史，魯史記。從平地望泰山之巔，鶴如烏，烏如爵者，爵通雀。泰山高遠，物之小大失其實。天之去地六萬餘里，高遠非直泰山之巔也。星著於天，人察之，失星之實，非直望鶴烏之類也。數等星之質百里，「等」字疑衍，上文「數日之質」句同。體大光盛，故能垂耀。人望見之，若鳳卵之狀，王本、崇文本誤作「將」。遠，失其實也。如星霣審者天之星，「者」當爲「在」字之誤。霣而至地，人不知其爲星也。何則？霣時小大，不與在天同也。今見星霣，如在天時，是時星也；「時」當作「非」。非星，則氣爲之也。人見鬼如死人之狀，其實氣象聚，非真死人。「聚」涉「象」字譌衍。訂鬼篇曰：「鬼者，人所得病之氣也。氣不和者中人，中人爲鬼，其氣象人形而見。」又云：「氣能象人聲而哭，則亦能象人形而見，則人以爲鬼矣。」是其義。然則霣星之形，其實非星。孔子〔不正〕云正霣者非星，而徙〔徒〕正言「如雨」非雨之文，蓋俱失星之實矣。此文當作：「孔子不正云霣者非星，而徒正言如雨非雨之文，蓋俱失星之實矣。」「不」字脱。「正云」二字誤倒。「徒」、「徙」二字形近而誤。上文云：「其謂霣之者皆是星也。」又云：「著其文謂霣爲星。」此云「孔子不正云霣者非星」，正與之相承。「不正云」與「而徒正言」語氣相貫。孔子只正言「如雨」，則以所霣者爲星，與魯史記同。仲任意霣者非星乃氣，故謂「孔子不正云霣者非星」。

春秋左氏傳：「四年辛卯，夜中，恒星不見，夜明也；星霣如雨，與雨俱也。」見莊七年。「俱」作「偕」。五行志載劉歆曰：「如，而也。星隕而且雨，故曰與雨偕也。」其言夜明故不見，與易之言「日中見斗」豐卦六二爻辭。相依類也。「依」疑是「似」字。上文：「與騏驥之步，相似類也。」又云：「與晨鳧飛相類似也。」句與此同。日中見斗，幽不明也；夜中，星不見，夜光明也。事異義同，蓋其實也。其言「與雨俱」之集也。三字無義。「集也」疑是「集地」之誤。尚有脱文。朱校元本「其」作「安」，「與」作「月」，亦不可通。夫辛卯之夜明，故星不見；明則不雨之驗也，雨氣陰暗，安得明？明則無雨，安得「與雨俱」？夫如是，言「與雨俱」者，非實。且言夜明不見，安得見星與雨俱？

又僖公十六年正月戊申，霣石于宋五。左氏傳曰：「星也。」夫謂霣石爲星，則謂霣（星）爲石矣。「霣爲石」不詞，當作「霣星爲石」，誤脱「星」字。下文：「辛卯之夜，星霣爲星，則實爲石矣。」又云：「辛卯之夜，星霣如是石。」並承此「霣星爲石」爲文。辛卯之夜，星霣爲星，則實爲石矣。辛卯之夜，星霣如是石，地有樓臺，樓臺崩壞。孔子雖不合言「及地尺」，雖（離）地必有實數，孫曰：「雖地」無義，「雖」疑「離」字之誤。魯史目見，不空言者也；云「與雨俱」，雨集於地，石亦宜然。霣星爲石，故言石。至地而樓臺不壞，非星明矣。

且左丘明謂石爲星，何以審之？當時石霣輕（硜）然。孫曰：「輕然」當作「硜然」。史記樂書：「石聲硜。」是其義也。公羊僖十六年傳：「曷爲先言霣，而後言石？霣石記聞，聞其磌然。」釋文：「磌或作砰。」穀梁疏云：「『磌』字，説文、玉篇、字林等無其字，學士多讀爲『砰』。據公羊古本並爲『砰』字。張揖讀爲『磌』，是石聲之類。不知出何書也。」臧琳經義雜記謂「磌」不具石聲。經義叢鈔洪頤煊謂廣雅釋詁：「砰，聲也。」是亦讀「磌」爲「砰」也。然「砰」爲雷聲，非石聲也。實則真、庚韻古多通用，「磌然」即「硜然」也。以論衡證之，「磌」爲石聲，乃漢儒舊義。張揖之言，未爲無據。諸説並失之。盼遂案：廣雅疏證四下「鍞，聲也」條下，引本論此句，云樂記「鐘聲鏗」，論語「鏗然舍瑟而作」。孔傳：「鏗者，投瑟之聲。」説文『䡩，車䡩釰聲也，讀若「鏗爾舍瑟而作」』。鍞、鏗、輕、䡩義同。」今案曹憲博雅音「鍞，苦萌反」，與「輕」同聲，故得通借。何以其從天墜也？元本無「其」字，朱校同。暉按：當有「其」字。「以」下疑脱「知」字。仲任意：夷狄之山從集於宋，不信從天降，故云「何以知其從天墜也」。秦時三山亡，注見儒增篇。亡有不消散，先孫曰：「亡有」疑「亡者」之誤。有在其集下時，「有」字疑衍。必有聲音。或時夷狄之山，從集於宋，「從」疑「徙」誤。宋聞石賈，則謂之星也。左丘明省，省其文。則謂之星。夫星，萬物之精，説文晶部：「萬物之精，上爲列星。」與日月同。春秋説題辭：「陽精爲日，日分爲五星。」（書鈔一五〇。）説五星者，謂五行之精之光也。注見前。五星、衆星同光耀，獨謂列星爲石，恐失其實。

實者，辛卯之夜，賈星若雨而非星也。與彼湯谷之十日若日而非日也。

儒者又曰：「雨從天下。」謂正從天墜也。如當（實）論之，吴曰：「當」乃「實」字之誤。「如實論之」，本書常語。雨從地上，不從天下。見雨從上集，集，止也。言從上注下。則謂從天下矣，其實地上也。然其出地起於山。何以明之？春秋傳曰：「觸石而出，膚寸而合，不崇朝而偏〔雨〕天下，惟太山也。」此公羊僖三十一年傳文。「偏」下當據補「雨」字。「不崇朝而偏天下」，文不成義。本書效力篇、明雩篇、風俗通正失篇、祀典篇並作「偏雨天下」，是其證。春秋元命苞曰：「山者氣之苞，所以舍精藏雲，故觸石而出。」（御覽地部三。）公羊何注：「側手爲膚，案指爲寸。言其觸石理而出，無有膚寸而不合。」淮南氾論注：「崇，終也，日旦至食時爲終朝。」太山雨天下，小山雨一國，各以小大爲遠近差。

雨之出山，或謂雲載而行，雲散水墜，名爲雨矣。文選謝朓拜中軍記室辭隋王牋注引「墜」作「墮」，「名」作「成」。夫雲則雨，雨則雲矣。初出爲雲，雲繁爲雨。文選張景陽雜詩注引作「繁雲爲翳」。猶甚而泥露濡污衣服，若雨之狀。此義不明。「甚」疑爲「湛」字壞字。「露」爲「路」字之譌。非雲與俱，雲載行雨也。「行雨」當倒。

或曰：「尚書曰：『月之從星，則以風雨。』洪範文。注感虛篇。詩曰：『月麗于畢，俾滂沲矣。』小雅漸漸之石篇。月離于畢星則雨。漢書天文志：「月失節而妄行，出陽道則旱風，出陰道則陰雨，故月移而西入畢則多雨。」二經咸言，所謂爲之非天，如何？」夫雨從山發，月經星麗畢之時，麗畢之時當雨也。時不雨，月不麗，山不雲，天地上下自相應也。月麗於上，山烝於下，氣體偶合，自然道也。雲霧，雨之徵也，夏則爲露，冬則爲霜，温則爲雨，寒則爲雪。雨露凍凝者，皆由地發，朱曰：日本刻御覽十二引「皆」作「其」。暉按：天啓本御覽亦作「其」。不從天降也。

答佞篇

或問曰：「賢者行道，得尊官厚禄；矣（人）何必爲佞，以取富貴？」「矣」，宋本作「人」，較今本爲優，當據正。曰：佞人知行道可以得富貴，必以佞取爵禄者，不能禁欲也。知力耕可以得穀，勉貿可以得貨，宋本「貿」作「商」，疑是。然而必盜竊，情欲不能禁者也。以禮進退也，人莫不貴，然而違禮者衆，尊義者希，「尊」讀「遵」。「希」讀「稀」。心情貪欲，宋本作「之」。朱校同。志慮亂溺也。宋本「志」作「知」。夫佞與賢者同材，盼遂案：宋本「者」下多「何」字，蓋由下文「同」字誤衍。佞以情自敗；偷盜與田商同知，偷盜以欲自劾也。從舊本段。下並同。

問曰：「佞與賢者同材，材行宜鈞，而佞人曷爲獨以情自敗？」曰：富貴皆人所欲也，雖有君子之行，猶有飢渴之情。君子則（耐）以禮防情，宋、元本「則」作「耐」，朱校同。按：作「耐」是也。「耐」、「能」古通。以義割欲，宋、元、天啓本並作「割欲」。朱校同。程、錢、黄、王、崇文本並作「制欲」。本性篇云：「禁情割欲。」程材篇云：「割切將欲。」則作「制欲」非也。故得循道，循道則無禍；小人縱貪利之欲，踰禮犯義，故進得苟佞，「進」字疑衍。

「故得苟佞」與上「故得循道」句法一律。苟佞則有罪。夫賢者，君子也；佞人，小人也。君子與小人，本殊操異行，取捨不同。

問曰：「佞與讒者同道乎？有以異乎？」曰：讒與佞，俱小人也，同道異材，俱以嫉妬爲性，而施行發動之異。「之」猶「則」也。見釋詞。讒以口害人，佞以事危人；讒人以直道不違，道，言也。「以」字無取，疑涉上文衍。「讒人直道不違」，與下「佞人依違匿端」，正反成義。佞人依違匿端；漢書劉歆傳注：「依違，言不專決也。」讒人無詐慮，佞人有術數。故人君皆能遠讒親仁，莫能知賢別佞。難曰：「人君皆能遠讒親仁，而莫能知賢別佞，然則佞人意不可知乎？」吴曰：「意」疑當作「竟」，形近而誤。曰：佞可知，人君不能知。庸庸之君，庸，凡庸也。庸庸，言凡常無奇異。不能知賢；不能知賢，不能知佞。唯聖賢之人，以九德檢其行，以事效考其言。尚書臯陶謨曰：「『亦行有九德，亦言其有德，（其下「人」字，唐石經、史記夏本紀並無，依江聲、孫星衍校删。皮錫瑞謂今文無「人」字。）乃言曰：載采采。』禹曰：『何？』臯陶曰：『寬而栗，柔而立，愿而恭，亂而敬，擾而毅，直而温，簡而廉，剛而塞，彊而義。』」孫星衍曰：「行謂寬、柔、愿、亂、擾、直、簡、剛、彊之行。九德謂栗、立、恭、敬、毅、温、廉、塞、義之德。」玉篇云：「亦，臂也。今作掖。書云：亦行有九德。」是讀「亦行」爲「掖行」。此云「以九德檢其行」，是其讀亦，謂有九德扶掖九行。顧野王，晉人，或引今文舊説，故與仲任合。江聲曰：「言人掖扶其行有九德，則亦稱道其有德，乃言其始時某事某事以爲驗。」按：此云「以事效考其言」，疑其讀「亦言」與「亦行」對文，「言」非謂他人之「稱道」也。蓋今文尚書說。皮錫瑞曰：「據仲任説，則『乃言』當作『考言』，乃丂形近，疑今文有作『考言』者。」行不合於九德，言不驗於事效，宋、元本並無「九」字。「驗」作「檢」。朱校並同。按下文「行不合於九德，效不檢於考功」，字亦作「檢」。人非賢則佞矣。「人」上，宋、元本多「考其言」三字，朱校同。「人」作「於」。疑並非。夫知佞以知賢，知賢以知佞；知佞則賢智自覺，知賢則奸佞自得。讀如「罪人斯得」之得。戴鈞衡曰：「得者，出也。」賢佞異行，考之一驗，宋、元本作「檢」。朱校同。情心不同，觀之一實。錢、黄、王、崇文本「心」作「性」。

問曰：「九德之法，張設久矣，觀讀之者，莫不曉見，斗斛之量多少，權衡之縣輕重也。縣，稱也。然而居國有土之君，盼遂案：「居」字宋本作「君」，是也。曷爲常有邪佞之臣，與常有欺惑之患？」〔曰〕：「曰」字據本篇文例增。〔不〕無患〔無〕斗斛過，「無患斗斛過」，文不成義。當作「不患無斗斛」，與下「不患無銓衡」相對爲文。蓋「不」字脱，「無患」二字誤倒，又衍「過」字。盼遂案：依上下文例，句首宜補「曰」字。此下皆仲任答問者之辭也。所量非其穀；不患無銓衡，所銓非其物故也。在人君位者，皆知九德之可以檢行，事效可以知情，然而惑亂不能見者，則明不察之故也。人有不能行，行無不可檢；人有不能考，情無不可知。

問曰：「行不合於九德，效不檢於考功，進近非賢，非賢則佞。夫庸庸之材，無高之知，宋、元本「之」並作「又」。朱校同。孫曰：「無高之知」，義不可通。元本「之」作「又」，亦費解，疑當作「又無高知」。不能及賢，盼遂案：「高」字絶句。宋本「之」作「又」，「又知不能及賢」爲句。孫説非。賢功不效，賢行不應，可謂佞乎？」曰：材有不相及，行有不相追，功有不相襲。若知無相襲，人材相什百，取舍宜同。「無」字疑衍。「人」當作「合」，屬上爲句。「知相襲合」、「材相什百」對文，「材」上不當有「人」字。本篇多以「材」、「知」對舉。「舍」同「捨」。賢佞殊行，是是非非，實名俱立，而效有成敗，是非之言俱當，功有正邪，「效有成敗，功有正邪」，相對爲文。羼入「是非之言俱當」句，則義難通。蓋「實名俱立」句注語，傳寫誤入正文。言合行違，下節「佞人」二字，疑當在此句上。名盛行廢。

佞人問曰：吴云：「佞人」二字當删。盼遂案：「佞人」下應有「也」字，屬上節讀，正答「可謂佞乎」之問。「行合九德則賢，不合則佞。世人操行者，可盡謂佞乎？」曰：諸非皆惡，惡中之逆者，謂之無道；惡中之巧者，謂之佞人。盼遂案：「巧」字宜依宋本改作「功」。下文云：「惡中立功者謂之佞。能爲功者，才高知明。」皆足證通津改「功」爲「巧」之誤。聖王刑憲，佞在惡中；聖王賞勸，賢在善中。純潔之賢，盼遂案：此句上下文義不貫，疑有譌脱。或此爲衍文。善中殊高，賢中之聖也；善中大佞，「善」疑當作「惡」。上文：「惡中之巧者，謂之佞人。」又云：「聖王刑憲，佞在惡中。」下文：「察佞由惡。」並其證。惡中之雄也。盼遂案：「善」當爲「惡」。此涉上句「善」字而誤。上文「善中殊高，賢中之聖也」，下文「察佞由惡」，皆本文應作「惡中大佞」之證。故曰：「觀賢由善，宋本、朱校元本同。程本以下並誤作「義」。察佞由惡。」蓋引傳文。善惡定成，賢佞形矣。

問曰：「聰明有蔽塞，推行有謬誤，「推行」疑當作「操行」，下同。今以是者爲賢，非者爲佞，殆不得賢之實乎？」曰：聰明蔽塞，推行謬誤，人之所歉也。言人之所短也。宋本「歉」作「兼」。朱校同。故曰：「刑故無小，宥過無大。」僞大禹謨有此文。仲任蓋別有據。孔傳曰：「過誤雖大必宥，故犯雖小必刑。」盼遂案：此二語今見僞古文尚書大禹謨。仲任蓋據佚尚書文也。近代輯古文書者，皆失此語。聖君原心省意，漢書王嘉傳云：「聖王斷獄，必先原心定罪，探意立情。」後書霍諝傳云：「諝聞春秋之義，原情定過，赦事誅意。」廣雅釋詁曰：「源，度也。」原、源字通。故誅故貰誤。貰，緩恕其罪也。故，故意犯。誤，過失犯。董仲舒決獄曰：「意苟不惡，釋而無罪。」（書鈔四四。）周禮秋官司刺注鄭司農引律曰：「過失殺人不坐死。」故賊加增，過誤減損，孫曰：疑當作「故誤則加增，過誤則減損」。「賊」即「則」字之誤。故誤者，有心之誤。有心之誤，則加重其罪。過誤者，無心之誤。無心之誤，則減損其罪。後漢書郭躬傳云：「有兄弟共殺人者，而罪未有所歸。帝以兄不訓弟，故報兄重而減弟死。中常侍孫章宣詔，誤言兩報重，尚書奏章矯制，罪當腰斬。帝召躬問之。躬對章應罰金。帝曰：『章矯詔殺人，何謂罰金？』躬曰：『法令有故、誤。章傳命之繆，於事爲誤，誤者其文則輕。』帝曰：『章與囚同縣，疑其故也。』躬曰：『周道如砥，其直如矢。君子不逆詐。君王法天，刑不可以委曲〔一〕生意。』帝曰：『善。』」躬之所謂「故」者，即「故誤」。「誤」者，即「過誤」也。暉按：孫説非也。「故誅故貫誤」句絶。孫讀「誤故賊加增」，故使其義難通。漢人言律，或以「故」、「過」對言，或以「故」、「誤」對言。過、誤義同，故有以「過誤」連言。此文云：「刑故無小，宥過無大。」又云：「故賊加增，過誤減損。」以「故」、「過」對言者。雷虚篇：「天不原誤，反而貫故。」此文云：「誅故貫誤。」郭躬云：「法令有故、誤。」此以「故」、「誤」對言者。後漢紀九：「時詔賜降胡子縑，尚書案事，誤以十爲百。上欲鞭之。鍾離意曰：過誤者，人所有也。」雷虚篇曰：「以冬過誤。」此文云：「過誤減損。」潛夫論述赦篇：「雖有大罪，非欲以終身爲惡，乃過誤爾。」又云：「時有過誤，不幸陷離者爾。」並以「過誤」連文者。張斐律表曰：（晉書刑法志。）「知而犯之謂之故，不意誤犯謂之過失。」是「故」與「誤」義正相反。孫氏云：「所謂故者，即故誤也。」其説殊非。盼遂案：此當以「貫誤」句絶，即僞尚書之「宥

〔一〕「曲」，原本作「典」，據後漢書改。

過無大」意。「誅故」與「貰誤」相對爲文，即僞尚書「刑故無小」之意。「故賊」者，書堯典「怙終賊刑」，鄭玄注：「怙其奸邪，終身以爲殘賤則用刑之。」此「故賊」猶尚書之「怙賊」矣。此文應解作聖君原心省意，故誅故者而貰誤者。于故賊者則加增其刑，過誤者則減損其刑也。孫氏舉正誤以「貰誤」之「誤」屬下句讀，欲改成「故誤則加增，過誤則減損」，此文益難通矣。一獄吏所能定也，賢者見之不疑矣。

問曰：「言行無功效，可謂佞乎？」〔曰〕：吴曰：「可謂佞乎」下脱一「曰」字。蓋問者以有無功效爲疑，論家答以蘇、張立功，適足爲佞。蘇秦約六國爲從，彊秦不敢窺兵於關外；張儀爲横，六國不敢同攻於關内。六國約從，則秦畏而六國彊；三秦稱横，則秦彊而天下弱。功著效明，載紀竹帛，雖賢何以加之？太史公敍言衆賢，儀、秦有篇，史記各有傳。無嫉惡之文，惡，烏路切。功鈞名敵，不異於賢。夫功之不可以效賢，猶名之不可實也。儀、秦，排難之人也，處擾攘之世，行揣摩之術，秦策一：「得太公陰符之謀，伏而誦之。簡練以爲揣摩。」高注：「揣，定也。摩，合也。定諸侯使讎其術，以成六國之從也。」史記蘇秦傳集解曰：「鬼谷子有揣摩篇。」索隱引王劭曰：「揣情摩意，是鬼谷之二章名，非爲一篇也。」按：高誘説是。當此之時，稷、契不能與之争計，禹、臯陶不能與之比效。若夫陰陽調和，風雨時適，五穀豐熟，盜賊衰息，人舉廉讓，家行道德之功，命禄貴美，術數所致，非道德之所成也。太史公記功，故高來禩，「祀」或从「異」。記録成則著效明驗，攬載高卓，數句義難通。以儀、秦功美，故列其狀。由此言之，佞人亦能以權説立功爲效。無效，未可爲佞也。難曰：「惡中立功者謂之佞。能爲功者，材高知明。思慮遠者，必傍義依仁，亂於大賢。故覺佞之篇曰：劉盼遂曰：「論衡逸篇名也。」盼遂案：覺佞當是論衡佚篇，與答佞爲姐妹篇，舊相次也。猶實知之後有知實，能聖之後有實聖也。能聖、實聖見須頌篇，亦佚篇也。詳予論衡篇數次第考。『人主好辨，通「辯」。佞人言利；人主好文，佞人辭麗。』心合意同，偶當人主，説而不見其非，何以知其僞而伺其奸乎？」盼遂案：「伺」，宋本作「司」。司、伺古今字。曰：是謂庸庸之君也，材下知昬，蔽惑不見。后又賢〔聖〕之君，孫曰：「后又賢之君」，文不成義。御覽四百二引作「賢聖之君」。此文「又」字，即「聖」字之誤。「聖」俗寫作「圣」，因壞爲「又」耳。「后」疑「若」字之譌。「后又賢之君」，當作「若聖賢之君」。暉按：此文本作「賢聖之君」。「后又」二字並俗寫「聖」字之譌，又誤倒耳。非本作「聖賢」。本書言「聖賢」，多作「賢聖」。書虚篇：「賢聖所傳，無不然之事。」問孔篇：「以爲賢聖所言皆無非。」別通篇：「不與賢聖通業，望有高世之名，難哉。」又云：「孔、墨之業，賢聖之書。」並其例。盼遂案：此句當是「若大賢之君」。「若」與「后」，「大」與「又」，皆形近字。察之審明，若視俎上之脯，指掌中之理，數局上之棊，摘轅中之馬。魚鼈匿淵，捕漁者知其源；禽獸藏山，畋獵者見其脉。佞人異行於世，世不能見，庸庸之主，無高材之人也。難曰：「人君好辨，佞人言利；人主好文，佞人辭麗。言操合同，何以覺之？」曰：文王官人法曰：推其往行，以揆其來言，聽其來言，以省其往行，俞曰：今大戴禮文王官人篇：「王曰：大師，汝推其往言，以揆其來行；聽其來言，以省往行。」與此不同。盧辨注引孔子曰：「始吾於人，聽其言而信其行；今吾於人，聽其言而觀其行。」然則無論來與往，皆以言揆行，不以行揆言，此所引或有誤也。暉按：俞説是也。「推其往行」，宋本作「推其往言」。朱校元本同。正與大戴禮合。疑當據改。蓋後人誤據「推其往行」而改「揆其來行」爲「揆其來言」矣。觀其陽以考其陰，察其内以揆其外。是故詐善設節者可知，「詐善設節」，大戴記作「隱節」。飾僞無情者可辨，質誠居善者可得，含忠守節者可見也。」「含忠守節」，大戴記作「忠惠守義」。人之舊性不辨，人君好辨，佞人學，求合於上也。文有誤衍。此與下文「佞人意欲稱上」對文，句法當一律。「求」，宋、元本作「表」，朱校同。「上」，宋本作「心」，朱校同。義亦難通。人之故能不文，宋、元本「故」作「敢」，朱校同。「故能」、「舊性」對文。人君好文，佞人意欲稱上。宋、元本「意」作「繫」，朱校同。非也。上奢，己麗服；上儉，己不餝。宋本作「餝」，元本作「飾」，字並同。「餝」、「餝」俗字。今操與古殊，古謂往日。朝行與家別。考鄉里之迹，證朝廷之行，「廷」，通津本、王本誤作「庭」。今據朱校元本、崇文本正。察共親之節，明事君之操，外内不相稱，名實不相副，際會發見，姦僞覺露也。「僞」，舊作「爲」，從崇文本改。盼遂案：「爲」宜作「僞」。「奸僞」與「際會」皆雙字也。

問曰：「人操行無恒，權時制宜，信者欺人，直者曲撓。權變所設，前後異操；事有所應，左右異語。儒書所載，權變非一。今以素故考之，毋乃失實乎？」曰：賢者有權，佞者有權。賢者之有權，後有應；佞人之有權，亦反經，後有惡。公羊桓十一年傳：「權者，反於經然後有善者也。行權有道，不害人以行權。」説苑權謀篇曰：「權謀有正有邪，君子之權謀正，小人之權謀邪。正者，其權謀公，故其爲百姓盡心也誠；彼邪者，好私尚利，故其爲百姓也詐。」此云「賢者權後有應，佞人權後有惡」，與之義同。故賢人之權，爲事爲國；佞人之權，爲身爲家。觀其所權，賢佞可論，察其發動，邪正可名。

問曰：「佞人好毁人，有諸？」曰：佞人不毁人。如毁人，是讒人也。何則？佞人求利，故不毁人。苟利於己，曷爲毁之？苟不利於己，元、通津、程、何本並作「己於」，今從王本、崇文本正。毁之無益。盼遂案：「己於」二字宜互倒，上文「苟利於己」，其證也。以計求便，以數取利，利則（取）便得，孫曰：「利則」無義。「則」當作「取」，字之誤也。此承上文「以計求便，以數取利」言之。下文云：「安能得容世取利於上。」妬人共事，然後危人。其危人也，非毁之；而其害人也，非泊之。譽而危之，故人不知；厚而害之，盼遂案：

宋本「而」作「也」，誤。故人不疑。是故佞人〔危人，人〕危而不怨；害人，之〔人〕敗而不仇，吳曰：此文疑當作「危人人危而不怨，害人人敗而不仇」。大意如是，各本奪誤不可讀。暉按：吳説是也。本書「人」多誤作「之」。以「害人人敗」例之，則知「危」上脱「危人人」三字。隱情匿意爲之功也。如毀人，人亦毀之，衆不親，士不附也，安能得容世取利於上？

問曰：「佞人不毀人於世間，毀人於將前乎？」將，郡將也。前漢書嚴延年傳：「延年新將。」注：「新爲郡將也。謂郡爲郡將者，以其兼領武事也。」曰：佞人以人欺將，盼遂案：宋本「欺」作「斯」。此本亦係剜改。不毀人於將。朱校元本、程、何本並同。王本、崇文本並誤作「不毀於將將」。「然則佞人奈何？」或問也。曰：佞人毀人，譽之；危人，安之。毀危奈何？假令甲有高行奇知，名聲顯聞，將恐人君召問，扶而勝己，欲故廢不言，將不言於上。常騰譽之。薦之者衆，將譽甲賢於郡。薦，衆薦於將。將議欲用，問〔佞〕人；〔佞〕人必不對曰：疑此文當作：「問佞人，佞人必對曰。」此爲設事，以明「佞人欺將」，「毀人譽之」之狀。自此至「舍之不兩相損」，爲佞人對詞。下文「信佞人之言，遂置不用」，可證。蓋「佞」字脱，「不」字衍，遂使此文上下隔斷，義難通矣。「甲賢而宜召也。何則？甲意不欲留縣，前聞其語矣，聲望欲入府，「聲」字誤。「望」，非爲「聲望」之義。在郡則望欲入州。志高則操與人異，望遠則意不顧近。屈而用之，其心不滿，不則卧病。「不」讀「否」，下同。賤而命之，則傷賢，不則損威。故人君所以失名損譽者，好臣所常臣也。「常」，宋、元本並作「當」。朱校同。自耐下之，「耐」通「能」。用之可也；自度不能下之，用之不便。夫用之不兩相益，舍之不兩相損。」人君畏其志，「人君」當作「將」，蓋淺者不明其義而妄改也。此謂將畏甲賢之志而不用，無涉「人君」。上文「將議欲用」，是用不用，據「將」言也。信佞人之言，遂置不用。置，廢也。

問曰：「佞人直以高才洪知考上世人乎？「上」，宋本作「正」，朱校同。將有師學檢也？」「將」猶「抑」也。曰：〔佞〕人自有知以詐人，齊曰：「曰」下脱「佞」字。及其説人主，須術以動上，猶上人自有勇〔以〕威人，齊曰：以「佞人自有知以詐人」例之，「勇」下脱「以」字。及其戰鬭，須兵法以進衆。術則從横，師則鬼谷也。從，蘇秦合關東諸侯也。横，張儀連關中也。史記蘇秦傳集解引徐廣曰：「潁川陽城有鬼谷，蓋是其人所居，因爲號。」駰案：風俗通義曰：「鬼谷先生，六國時從横家。」索隱引樂臺注鬼谷子書云：「蘇秦欲神祕其道，故假名鬼谷。」文選二十一注引鬼谷子序曰：「周時有豪士隱於鬼谷者，自號鬼谷子，言其自遠也。然鬼谷之名，隱者通號也。」傳曰：蘇秦、張儀〔習〕從横習之〔術於〕鬼谷先生，孫曰：當作「蘇秦、張儀習從横之術於鬼谷先生。」今脱「術」字、「於」字，又將「習」字誤倒於「從横」之下，故文義不順。御覽六十二（暉按：「六十二」當作「四百六十二」。）及四百八十八引並作「蘇秦、張儀學從横之術於鬼谷先生」。暉按：類聚三五引與御覽正同。「習」作「學」。掘地爲坑，曰：「下，説令我泣出，則耐分人君之地。」「曰」字上，御覽四八八、類聚三五引並有「先生」二字。「下，説令我泣出」，並作「能説我泣出」。御覽四六二引「下説」上亦有「能」字。疑此文「能」字今脱。「人君」，御覽兩引並作「人主」。蘇秦下，説鬼谷先生泣下沾襟。張儀不（亦）若。「不若」當作「亦若」。「亦若」猶「亦然」也。御覽四六二引作「蘇秦説，鬼谷先生泣沾衿。張儀下，説，鬼谷先生泣亦沾衿」。即意引此文。若作「張儀不若」，則不得引作「張儀下，説，鬼谷先生泣亦沾衿」矣。又御覽五五引典略曰：「蘇秦與張儀始俱東學於齊鬼谷先生，皆通經藝百家之言。鬼谷弟子五百餘人，爲作窟，深二丈，曰：有能獨下在窟中，説使泣者，則能分人主之地矣。秦下，説之，鬼谷泣下沾衿。秦與儀説一體也。」是亦謂儀説若秦。又明雩篇曰：「蘇秦、張儀悲説坑中，鬼谷先生泣下沾襟。儻可出蘇、張之説以感天乎。」亦以蘇、張相若爲義。並其證也。蓋後人見下文云「張儀曰：此吾所不及蘇君者」，則妄改此文「亦若」爲「不若」矣。蘇秦相趙，並相六國。張儀貧賤往歸，蘇秦座之堂下，食以僕妾之食，數讓激怒，讓，責也。欲令相秦。儀忿恨，遂西入秦。蘇秦使人厚送。其後覺知，曰：「此在其術中，盼遂案：「其」，宋本作「吾」，蓋涉下文而誤。吾不知也，「其」，宋本作「吾」，朱校同。按：史記張儀傳云：「此吾在術中而不悟。」疑此文原作「此吾在術中」，宋本「吾在」二字誤倒，今本則妄改作「其」。此吾所不及蘇君者。」事見史記張儀傳。知深有術，權變鋒出，故身尊崇榮顯，爲世雄傑。深謀明術，「謀」，宋、元本並作「須」，朱校同。深淺不能並行，明闇不能並知。

問曰：「佞人養名作高，有諸？」曰：佞人食（貪）利專權，「食利」於義未妥。「食」當作「貪」，形之誤也。下文：「佞人貪利名之顯。」又云：「佞人懷貪利之心。」並其證。不養名作高。貪權據凡，則高名自立矣。稱於小人，不行於君子。何則？利義相伐，正邪相反。義動君子，利動小人。佞人貪利名之顯，君子不安。下（不）則身危。「下則」無義，當爲「不則」之誤。「不則」即「否則」。上文「不則卧病」，「不則損威」，正其比。宋本正作「不則」，朱校同。當據正。又「君子不安」，當作「君不安」。此文言佞者貪利，人君不得安於位。不然，則佞人自身危殆。不當插言「君子不安」也。「君不安」，因佞人「貪權據凡」。「身危」，即下文「佞者皆以禍終不能養其身」也。蓋「子」字涉上文「君子」而衍，遂使其義難通。舉世爲佞者，「舉」，宋、元本並作「安」，朱校同。疑是「案」之壞字。後人不得其義，妄改作「舉」。皆以禍衆。「衆」、「終」古通。詩振鷺：「以永終譽。」後漢書崔駰傳「終」作「衆」。韓策：「臣使人刺之，終莫能就。」史記刺客傳「終」作「衆」。士相見禮：「衆皆若是。」注曰：「今文『衆』爲『終』。」不能養其身，安能養其名？上世列傳，棄宗（榮）養身，吴曰：「宗」疑當作「榮」，形近而誤。違利赴名，竹帛所載，伯成子高委國而耕，出莊子，注逢遇篇。於陵子辭位灌園。史記鄒陽上書曰：「於陵子仲辭三公，爲人灌園。」索隱曰：孟子云：「陳仲子，齊陳氏之族。兄爲齊卿，仲子以爲不義，乃適楚，居于於陵，自謂於陵子仲。楚王聘以爲相，子仲遂夫妻相與逃，爲人灌園。」**近世蘭陵王仲子、**孫曰：後漢書王良傳：「字仲子，東海蘭陵人也。少好學，習小夏侯尚書。王莽時，稱病不仕，教授諸生千餘人。建武二年，大司馬吴漢辟，不應。後連徵，輒稱〔二〕病。詔以玄纁聘之，遂不應。後光武幸蘭陵，遣使者問良所疾苦，不能言對。詔復其子孫邑中徭役，卒於家。」**東都（郡）昔廬君陽，**「廬」當作「盧」。孫曰：「東都」疑當作「東郡」。昔盧君陽，即索盧放也。後漢書獨行傳：「索盧放，字君陽，東郡人也。」章懷注：「索盧，姓也。」此作「昔盧」者，索、昔聲近。呂氏春秋尊師篇云：「禽滑釐弟子索盧參，東方之巨狡也。」則索盧之姓，戰國時已有之。吴説同。**寢位久病，不應上徵，可謂養名矣。夫不以道進，必不以道出身；不以義止，必不以義立名。佞人懷貪利之心，輕禍重身，傾死爲僇矣，何名之養？義廢德壞，操行隨辱，何云作高？**

問曰：「大佞易知乎？小佞易知也？」曰：大佞易知，小佞難知。何則？大佞材高，其迹易察；小佞知下，其效難省。何以明之？成事：小盜難覺，大盜易知

〔二〕「輒稱」二字原本誤倒，據後漢書乙。

也。**攻城襲邑，剽劫虜掠，發則事覺，道路皆知盜也；穿鑿垣牆，狸步鼠竊，莫知謂誰。曰：「大佞姦深，惑亂**盼遂案：「曰」字應在下文「書曰：知人則哲」句端。蓋此文仍爲仲任所持「大佞易知」之論。「書曰：知人則哲」至「何易之有」七語，乃或人與仲任辨詰之詞也。自脱「曰」字，遂難于索解矣。**其人，如大盜（佞）易知，人君何難？**「大盜」，宋、元本並作「大佞」，朱校同。按：作「大佞」是也。此設或難，以破「大佞易知」。**書曰：『知人則哲，惟帝難之。』**皋陶謨：「皋陶曰：『都！在知人，在安民。』禹曰：『吁！咸若是。惟帝其難之！知人則哲，能官人。』」此作「知人則哲，惟帝難之」。是應篇、定賢篇、漢書武帝紀元狩元年詔、後漢紀九永平三年明帝語、後漢書虞延傳、三國志魏志三少帝紀博士庾峻對引經並同。皮錫瑞曰：「無『其』字，蓋三家異文。」又按：是應篇曰：「舜何難於知佞人，而使皋陶陳知人之術。」下引此經。正説篇曰：「舜難知佞，使皋陶陳知人之法。」後漢書楊秉傳秉上疏：「皋陶誡虞，在於官人。」是帝謂舜也。僞孔傳：「言帝堯亦以知人安民爲難。」江聲曰：「僞孔以帝爲堯。堯既崩，臣子不應平議其短，僞孔非是。」張文虎舒藝室隨筆曰：「上下文帝皆稱舜，此何獨屬堯？」其説是也。**虞舜大聖，驩兜大佞。**皋陶謨曰：「能哲而惠，何憂乎驩兜？何遷乎有苗？何畏乎巧言令色孔壬？」馬注：「禹爲父隱，故不言鯀。」（見釋文。史記五帝紀集解引作「鄭曰」。）是其意以「孔壬」指共工，蓋古文説。此文云「驩兜大佞」。恢國篇云：「三苗巧佞之人。」楚辭九嘆王注：「三苗，堯之佞臣也。」是以「巧言令色孔壬」指驩兜、有苗，蓋今文説。皮錫瑞曰：「淮南修務訓引書曰：『能哲且惠，黎民懷之。何憂驩兜？何遷有苗？故仁莫大於愛人，知莫大於知人。』無下『何畏乎』句，似亦以『巧言令色孔壬』即指驩兜與有苗也。」僞孔傳以「巧言令色」指共工，「孔壬」總指三人，則又異説也。大聖難知大佞，大佞不憂大聖，何易之有？」是謂下知之，上知之。知佞有上下之異。盼遂案：句首疑脱「曰」字。此仲任答或人「大佞難知」之問也。上知之，大難小易；下知之，大易小難。何則？〔大〕佞[人]材高，「佞人」當作「大佞」。「大」、「人」形譌，文又誤倒。「大佞材高」，與下「小佞材下」相對爲文。上文「大佞材高，其迹易察；小佞知下，其效難省」，是其證。論説麗美，因麗美之説，人主之威，人主心三字疑衍。並不能責，盼遂案：「立」字疑當爲「主」字，形之誤也。知或不能覺。「知」讀「智」。小佞材下，對鄉失漏，「鄉」讀「向」。盼遂案：「鄉」讀爲「向」。程材篇：「對向謬誤。」此用叚字，彼用正字。際會不密，人君警悟，得知其故。大難小易也。屋漏在上，知者在下。書解篇曰：「知屋漏者在宇下。」漏大，下見之著；漏小，下見之微。或曰：言於孔子也。「雍也仁而不佞。」孔子曰：「焉用佞？禦人以口給，屢憎於民。」「民」，朱校元本同。王本、崇文本作「人」，蓋依論語公冶長篇改。集解馬曰：「雍，弟子仲弓名，姓冉。」孔曰：「屢，數也。佞人口辭捷給，數爲人所憎。」引之者，明下知佞，大易小難也。盼遂案：吴承仕曰：「『民』本是『人』字，後世改回。唐人避諱而誤改之。」誤設計數，「計」，宋本作「繫」，朱校元本同。煩擾農商，損下益上，愁民說主。「說」讀「悅」。損上益下，忠臣之說也；損下益上，佞人之義也。季氏富於周公，而求也爲之聚斂而附益之。小子鳴鼓而攻之可也。此孔子語，見論語先進篇。「小子」上當有「孔子曰」三字。順鼓篇、鹽鐵論刺議篇並謂孔子語。若無「孔子曰」三字，則失論語原意。集解孔曰：「周公，天子之宰，卿士也。」聚斂，季氏不知其惡，不知百姓所共非也。盼遂案：自「或曰：雍也」以下，文有脱誤。此節本係辨證大佞小佞易知難知之事，最後舉屋漏之大小，下見之著微爲例，以明大小佞之區別，語意未完，即接以「雍也仁而不佞」之文，將以何明？苟非脱誤，則仲任難免落葉不復歸根之譏矣。

論衡校釋卷第十二

程材篇

盼遂案：量知篇云：「材盡德成，其比於文吏亦彫琢者，程量多矣。」

論者多謂儒生不及彼文吏，漢書兒寬傳：「文史法律之吏。」見文吏利便，而儒生陸落，文選蜀都賦注引蔡邕曰：「凝雨曰陸。」釋名釋地曰：「陸，漉也，水流漉而去也。」畢沅曰：「陸有流漉之誼。」按：説文曰：「漉，水下貌。」「陸」、「落」雙聲，猶言「沉淪」也。莊子則陽篇「陸沉」，義亦當如此。司馬彪注：「陸沉，無水而沉也。」恐失之迂〔一〕。淮南覽冥篇云：「是謂坐馳陸沉，晝冥宵明。」則其義又如司馬説。王本、崇文本改作「墮落」，妄也。盼遂案：「陸落」雙聲連緜字，失意之貌。或作「牢落」、「遼落」、「寥落」，皆一聲轉變。則詆訾儒生以爲淺短，稱譽文吏謂之深長。是不知儒生，亦不知文吏也。儒生、文吏皆有材智，非文吏材高而儒生智下也；文吏更事，「更」猶「經歷」也。儒生不習也。「不」猶「未」也。謂文吏更事，儒生不習，可也；謂文吏深長，儒生淺短，知妄矣。「知」字無取。「可也」、「妄矣」相對成義。「知」

〔一〕「迂」，原本作「适」，形近而誤，今改。

字蓋涉「短」字譌衍。

世俗共短儒生，儒生之徒，亦自相少。何則？並好仕學宦，用吏爲繩表也。儒生有闕，俗共短之；文吏有過，俗不敢訾。歸非於儒生，付是於文吏也。夫儒生材非下於文吏，又非所習之業非所當爲也，然世俗共短之者，見將不好用也。將，郡將。注前篇。將之不好用之者，事多己不能理，須文吏以領之也。夫論善謀材，呂氏春秋當染篇注：「論猶擇也。」施用累能，「施」讀作「貤」。説文：「貤，重次弟物也。」累，序累也。下文「科用累能」，語意正同。超奇篇：「能差衆儒之才，累其高下，賢於所累。」書解篇：「析累二字，孰者爲賢。」定賢篇：「太史公序累，以湯爲酷。」並與此「累」字義同。漢書谷永傳：「絫親疏，序材能。」「絫」亦當作「貤累」、「序累」解。師古曰：「累，謂積累其次而計之也。」期於有益。文吏理煩，身役於職，職判功立，盼遂案：「判」爲「辨」之借字。考工記注：「辨，具也。」荀子議兵篇注：「辨，治也。」「職辨」與「功立」爲駢詞。將尊其能。儒生栗栗，不能當劇；將有煩疑，不能效力。力無益於時，則官不及其身也。將以官課材，材以官爲驗，是故世俗常高文吏，賤下儒生。儒生之下，文吏之高，本由不能之將。世俗之論，緣將好惡。

今世之將，「今」猶「若」也。材高知深，通達衆凡，元本「凡」作「事」，朱校同。按：答佞篇曰：「貪權據凡。」與此「衆凡」義同。元本作「衆事」，非也。舉綱持領，事無不定；其置文吏也，備數滿員，足以輔己志。志在修德，務在立化，則夫文吏瓦石，儒生珠玉也。夫文吏能破堅理煩，不能守身，身則亦不能輔將。孫曰：「身」字不當重，疑衍一「身」字。或當重「不能守身」一句，而今本脱三字耳。儒生不習於職，長於匡救；將相傾側，諫難不懼。案世間能建蹇蹇之節，易蹇卦六二爻曰：「王臣蹇蹇，匪躬之故。」離騷王注：「謇謇，忠貞貌也。」謇、蹇字同。成三諫之議，「議」當作「義」。公羊莊二十四年傳：「三諫不從，遂去之。故君子以爲得君臣之義。」注：「諫必三者，取月生三日而成魄，臣道就也。」楚詞七諫王逸章句曰：「諫者，正也，謂陳法度以諫正君也。古者人臣三諫不從，退而待放。」令將檢身自勑，勑，誡也。不敢邪曲者，率多儒生。阿意苟取容幸，將欲放失，低嘿不言者，率多文吏。文吏以事勝，以忠負；儒生以節優，以職劣。二者長短，各有所宜；世之將相，各有所取。取儒生者，必軌德立化者也；取文吏者，必優事理亂者也。

材不自能則須助，須助則待勁。孫曰：「勁」與「繕」通。説文：「繕，補也。」左僖十五年傳注：「繕，治也。」周官繕人注：「繕之言勁也，善也。」疏以其所掌弓弩，有堅勁而善，堪爲王用者。是「繕」有以善補治其不足之意。此謂己既無材，則須輔；既須輔助，則必待善人以補治其缺也。故下云：「官之立佐，爲力不足也；吏之取能，爲材不及也。」是其義矣。曲禮：「急繕其怒。」注：「繕讀曰勁。」官之立佐，爲力不足也；吏之取能，爲材不及也。日之照幽，不須燈燭；賁、育當敵，孟賁、夏育，古勇士。廣韻以「賁」爲姓，非。不待輔佐。使將相知（之）力，若日之照幽，「知」當從朱校元本作「之」，聲之誤也。上文「官之立佐，爲力不足也」，兩「力」字相承。賁、育之難敵，則文吏之能無所用也。病作而醫用，禍起而巫使。如自能案方和藥，入室求祟，則醫不售而巫不進矣。橋梁之設也，足不能越溝也；車馬之用也，走不能追遠也。足能越溝，走能追遠，則橋梁不設，車馬不用矣。天地事物，人所重敬，皆力劣知極，須仰以給足者也。今世之將相，不責己之不能，而賤儒生之不習；不原文吏之所得得用，「得」字不當重。疑衍一「得」字。而尊其材，謂之善吏。非文吏，憂不除；非文吏，患不救。是以選舉取常故，意林引仲長統昌言曰：「天下士有三俗：其一俗，選士而論族姓閥閱。」後漢書章帝紀詔曰：「選舉乖實，可不憂與？鄉選里舉，今刺史守相，不明真僞。每尋前世，舉人貢士，或起甽畝，不繫閥閱。」注：「言前代舉人，務取賢才，不拘門地。」又韋彪傳彪上議曰：「伏惟明詔，垂恩選舉，士宜以才行爲先，不可純以閥閱。」後漢紀九宋均曰：「今選舉不得幽隱側陋，但見長吏耳。」是東漢選舉，多以門地爲限。此云「取常故」，蓋即其義。下文云「儒生無閥閱」，即承此爲言。案吏取無害。後謝短篇曰：「文吏曉簿書，自謂文無害。」墨子號令篇曰：「舉吏貞廉忠信無害可任事者。」又曰：「謹擇吏之忠信無害可任事者。」史記蕭相國世家：「以文無害，爲沛主吏掾。」集解：漢書音義云：「文無害，有文無所枉害也。律有無害都吏，如今言公平吏。一曰：無害者，如言無比，陳留間語也。」索隱引應劭云：「雖爲吏而不刻害。」韋昭云：「爲有文理，無傷害也。」漢書蕭何傳注服虔曰：「爲人解通無嫉害也。」應劭曰：「雖爲文吏，而不刻害也。」蘇林曰：「毋害，若言無比也。一曰：害，勝也，無能勝害之者。」師古曰：「害，傷也，無人能傷害之也。」今按：「無害」、「文無害」，漢人常語。（墨子號令篇，後人作也。）「文」謂論獄之文辭。史、漢所言「文深」、「文惡」、「舞文弄法」，諸「文」字義並同。「文無害」，文辭無傷害也。漢書音義謂「如言公平吏」，其説得之。後漢書百官志：「秋冬遣無害吏。」劉昭注同。史記趙禹、張湯、減宣、杜周諸傳所言「無害」，其義並同。至趙禹傳：「禹無害，然文深。」「無害」者，案法爲文，不以私意陷害。「文深」者，引據法憲，多從其重也。劉奉世惑於此，謂「無害」爲無害於行，非也。至蘇林、師古説，無人能傷害之，則「害」字對吏言，失之遠矣。**儒生無閥閲，**注謝短篇。**所能不能任劇，**繁劇也。**故陋於選舉，佚於朝廷。**通津本、王本作「庭」，今從崇文本。

聰慧捷疾者，謂儒生。**隨時變化，學知吏事，則踵文吏之後，未得良善之名。守古循志，案禮脩義，輒爲將相所不任，文吏所毗戲。**「毗」讀作「卑」，音同字通。（詩節南山：「天子是毗。」釋文：「『毗』，王本作『埤』。」荀子宥坐篇引作「庳」。）卑戲，謂爲文吏所賤視也。盼遂案：「毗戲」疑爲「兒戲」之誤。「毗」字或體爲「毘」，故易與「兒」互譌。**不見任則執欲息退，見毗戲則意不得，臨職不勸，察事不精，遂爲不能，**「爲」讀作「謂」。**斥落不習。有俗材而**

無雅度者，學知吏事，亂於文吏，謂混入文吏之間。觀將所知，「知」字無義，疑當作「之」，聲之誤也。「之」，往也。謂觀將所旨趨，言投其好也。適時所急，轉志易務，晝夜學問，無所羞恥，期於成能名文而已。名文，言以文法名。其高志妙操之人，恥降意損崇，以稱媚取進，深疾才能之儒。泊入文吏之科，疾，惡也。泊入，猶言浸入也。惡趨時之儒亂於文吏。盼遂案：「泊」爲「汩」之誤。堅守高志，不肯下學。亦時或精闇不及，「亦時或」，疑當作「亦或時」，本書常語。意疏不密，臨事不識，對向謬誤，拜起不便，拜起，拜跪也。説詳是應篇。下文云：「習對向，滑習跪拜。」與此正反爲文。進退失度；奏記言事，後漢書班固傳注：「奏，進也。記，書。前書：『待詔鄭朋奏記於蕭望之。』奏記自朋始也。」蒙士解過，解過，謂指摘過失。自紀篇：「專薦未達，解已進者過。」一曰：「解過」疑當作「解逅」。莊子胠篋篇：「解垢同異之變多，則俗惑於辯矣。」淮南俶真篇：「孰肯解構人間之事，以物煩其性命乎？」後漢書閻后紀：「濟陰王在內，邂逅公卿立之，還爲大害。」隗囂傳：「帝報以手書曰：『自今以後，手書相聞，勿用傍人解構之言。』」竇融傳：「欲設間離之説，亂惑真心，轉相解搆，以成其姦。」解垢、解構、邂逅，並聲近義通。莊子釋文：「解垢，詭曲之辭。」李賢於隗囂傳注曰：「解構，猶間構也。」並得其義。「蒙士解逅」，謂遭多口之士間構也。蓋淺人不知「解逅」有「間構」之義，而妄改之。援引古義，割切將欲，直言一指，觸諱犯忌；封蒙約縛，簡繩檢署，事不如法；文辭卓詭，辟刺離實，曲不應義。故世俗輕之，文吏薄之，將相賤之。

是以世俗學問者，不肯竟經明學，深知古今，忽欲成一家章句。義理略具，同超（趨）學史書，吴曰：「同超」無義。以文勢測之，「同」疑當作「因」，「超」疑當作「趨」，並形近之譌。論言俗人不肯竟經明學，因趨學史書，以就諸曹掾史之職。下文云：「趨讎不存志。」義與此同。鹽鐵論利議篇：「趨遷官吏。」「趨」，張之象本作「超」。此「趨」、「超」形近互譌之證。「史書」者，藝文志稱「太史試學僮，能諷書九千字以上，乃得爲史」是也。嚴延年、貢禹、王尊傳皆有「善史書」之語。孫曰：吴謂「超」爲「趨」字之誤，是也。「同趨學史書」句，與上下文義正相一貫，不必改「同」爲「因」也。讀律諷令，注見下。治作情奏，盼遂案：「情」疑爲「請」之誤。請者，箋啓之類。墨子書中多以「請」代「情」。莊子天下篇：「請欲固置五升之飯。」「請欲」亦「情欲」也。此情、請通假之證。論衡則由形近而致誤寫也。習對向，滑習跪拜，盼遂案：下「習」字蓋涉上「習」字而誤衍。「滑」猶「習」也。廣雅釋詁：「滑，美也。」又釋言：「滑，津也。」「滑跪拜」亦猶「習跪拜」耳。本論謝短篇「滑習義理」、「滑習章句」，皆「滑習」連用，是「滑」亦訓「習」之證。家成室就，召署輒能。徇今不顧古，趨讎不存志，「讎」即「售」字。「讎」正，「售」俗。競進不案禮，廢經不念學。是以古經廢而不修，舊學闇而不明，儒者寂於空室，文吏譁於朝堂。材能之士，隨世驅馳；節操之人，守隘屏竄。「屏」，意林引作「迸」。下同。驅馳日以巧，屏竄日以拙。非材頓、知不及也，「頓」讀「鈍」。意林引無「頓」字。希見闕爲，不狎習也。蓋足未嘗行，堯、禹問曲折；目未嘗見，孔、墨問形象。齊部（郡）世刺繡，意林、御覽八一五引「部」並作「郡」。當據正。淮南説林訓：「臨淄之女，織紈而思行者。」高注：「臨淄，齊都。」考工記：「五采備謂之繡。」恒女無不能；襄邑俗織錦，鈍婦無不巧。「能」下，「巧」下，意林、御覽引並有「者」字。「鈍」並作「恒」。陳留風俗傳：（御覽一五八。）「襄邑睢、渙之水出文章，故曰黼黻藻錦，日月華蟲，以奉天子宗廟御服。」説文云：「錦，襄邑織文也。」日（目）見之，日爲之，意林、御覽引「日見之」並作「目見之」。宋本、朱校元本正作「目」。當據正。手狎也。盼遂案：上「日」字宋本作「目」，是也。此承上文「目未嘗見」而來。使材士未嘗見，巧女未嘗爲，異事詭手，「異」，元本作「易」，朱校同。暫爲卒睹，顯露易爲者，猶憒憒焉。廣雅釋訓：「憒憒，亂也。」方今論事，不爲希更，「爲」讀「謂」。「希」讀「稀」。言不謂儒生未習。而曰材不敏；不曰未嘗爲，而曰知不達，失其實也。儒生材無不能敏，業無不能達，朱校「達」作「通」。下同。志不有（肯）爲。「有」，元本作「肯」，朱校同。孫曰：當從元本作「肯」。盼遂案：宋本亦作「肯」。今俗見不習，謂之不能；睹不爲，謂之不達。

科用累能，科，科別也。後漢書和帝紀：「科別行能。」故文吏在前，儒生在後，是從朝廷謂之也。通津本「廷」作「庭」。今從崇文本。下同。如從儒堂訂之，則儒生在上，文吏在下矣。從農論田，田夫勝；從商講賈，「講」，朱校元本作「論」。賈人賢；今從朝廷，謂之文吏。或以「謂之」屬上讀，「文吏」屬下讀。非也。朝廷之人也，幼爲幹吏，以朝廷爲田畝，以刀筆爲耒耜，以文書爲農業（桑），吴曰：意林引作「農桑」。以上文「田畝」、「耒耜」諸語例之，當以「農桑」爲長。猶家人子弟，生長宅中，意林引作「狎習」。其知曲折，愈於賓客也。賓客暫至，雖孔、墨之材，不能分別。儒生猶賓客，文吏猶子弟也。以子弟論之，則文吏曉於儒生，儒生闇於文吏。今世之將相，知子弟以文吏爲慧，文不成義。疑當作「知子弟以久爲慧」，與下「知賓客以暫爲固」正反爲文。上文「家人子弟，生長宅中，其知曲折，愈於賓客」，即此文所據爲義。蓋「久」、「文」二字形近而誤，又涉上下諸「文吏」而衍「吏」字。盼遂案：「文吏」二字有誤，當作「生長」爲是。上文：「家人子弟，生長宅中，其知曲折，愈於賓客也。」此語正承述其事。不能知文吏以狎爲能；兩「能」字於詞爲複。以下「不知儒生以希爲拙」例之，上「能」字衍。一曰：「不能」當作「而不」。本書「能」、「而」通用。知賓客以暫爲固，陋也。不知儒生以希爲拙，惑蔽闇昧，不知類也。

一縣佐史之材，任郡掾史；漢書百官公卿表曰：「縣有丞尉，秩百石以下，有斗食佐史之秩，是爲少吏。」師古注引漢官名秩簿云：「佐史月俸八斛也。」後漢書百官志曰：「郡置諸曹掾史。」注引漢書音義曰：「正名掾，副曰屬。」一郡脩行之能，堪州從事。「一郡脩行之能」，疑當作「一郡循行之能」。「循」、「脩」形近而誤。「佐史」、「循行」並官名〔一〕。若作「脩行」，則屬辭不類矣。後漢書百官志注引漢官曰：「雒陽令員吏七百九十六人，鄉有秩、獄史五十六人，佐史、鄉佐七十七人，循行二百六十人。」是「佐史」、「循行」並爲縣員，故對舉爲文也。後漢書百官志曰：「有從事史。」**然而郡不召佐史，州不取脩行者，巧習無害，**無害，無傷害人，言公平也。盼遂案：「無害」爲兩漢考吏等級之名。漢書蕭何傳：「何以文毋害爲沛主吏掾。」注引蘇林曰：「無害猶言無比也。」史記索隱引漢書音義云：「無害者，如言無比，陳留間語也。」則「無害」殆爲上考之名類。**文少德高也。**佐史、循行，皆一鄉小吏，未習文法，故曰文少。漢世鄉官如三老孝悌力田，皆所以勸導鄉里，助成風化者。此亦宜然，故云德高。**五曹自有條品，**後漢書應劭傳：「五曹詔書。」注：「成帝初置尚書員五人。漢舊儀：有常侍曹，二千石曹，户曹，主客曹，三公曹。」按：後漢書百官志：「尚書六人，屬少府。」本注曰：「成帝初置尚書四人，分爲四曹。世祖後分爲六曹。」又曰：「每郡置諸曹掾史。」本注曰：「諸曹略如公府曹，無東西曹，有功曹史。」又曰：「縣置諸曹掾史。」本注曰：「諸曹略如郡員。」是縣曹如郡，郡曹如公府，而無東西曹。按續志，公府曹屬太尉，有西曹、東曹、户曹、奏曹、辭曹、法曹、尉曹、賊曹、決曹、兵曹、金曹、倉曹。此云「五曹」，未知其所屬。豈舉成帝時制，屬少府歟？**簿書自有故事，**故事，猶章程也。**勤力玩弄，成爲**

〔一〕「名」，原本作「各」，形近而誤，今改。

巧吏，安足多矣？賢明之將，程吏取材，禮記儒行：「不程勇。」注：「程猶量也。」不求習論高，言不以所習爲尚。存志不顧文也。言察其忠節公行之志，不以文法簿書爲程。稱良吏曰忠，忠之所以爲效，非簿書也。夫事可學而知，禮可習而善，忠節公行不可立也。文吏、儒生皆有所志，然而儒生務忠良，文吏趨理事。賈誼新書大政下篇：「吏者，理也。理之所出。」楊泉物理論曰：（書鈔七七。）「吏者，理也。理萬物，平百揆。」苟有忠良之業，疏拙於事，無損於高。

論者以儒生不曉簿書，置之於下第。法令比例，吏斷決也。鹽鐵論曰：「春夏生長，聖人象而爲令。秋冬殺藏，聖人則而爲法。故令者教也，法者刑罰也。」漢書宣帝紀注文穎曰：「天子詔所增損不在律上者爲令。」禮記王制注：「已行故事故曰比。」刑法志師古注：「比，以例相比況也。」周禮秋官大司寇注：「若今時決事比。」疏曰：「若今律，其有斷事，皆依舊事斷之。其無條，取比類以決之。」暉按：比，今言判例也。文吏治事，必問法家。縣官事務，莫大法令。史記周勃世家索隱：「縣官，謂天子也。所以謂國家爲縣官者，夏官王畿内縣即國都也。王者官天下，故曰縣官。」按：漢書武帝紀：「縣官衣食不足。」哀帝紀：「没入縣官。」東平王宇傳：「縣官年少。」並謂天子也。必以吏職程高，是則法令之家宜最爲上。或曰：「固然。法令，漢家之經，漢人以經目律。見謝短篇。吏議決焉。事定於法，誠爲明矣。」謂法令家當高文吏也。曰：夫五經亦漢家之所立，儒林傳贊：「武帝立五經博士。」儒生善政，大義皆出其中。董仲舒表春秋之義，稽合於律，無乖異者。春秋繁露楚莊王篇：「春秋之辭，多所況，是文約而法明。」又曰：「春秋，義之大者。觀其是非，可以得其正法。」玉杯篇：「論春秋者，合而通之，緣而求之，是以人道浹而王法立。」又曰：「春秋之法，以人隨君，以君隨天。」竹林篇：「春秋之法，卿不憂諸侯，政不在大夫。」玉英篇：「宣公不與其子而與其弟，其弟亦不與子而反與之兄子，雖不中法，皆有讓高，不可棄也。棄之則棄善志，取之則害王法。」又曰：「春秋之法，大夫不得用地，公子無去國之義，君子不避外難。」精華篇：「春秋之法，大夫無遂事，出境有可以安社稷利國家者，則專之可也。」又曰：「春秋之聽獄者，必本其事而原其志。」此皆仲舒以律表春秋義也。鹽鐵論曰：「春秋之治獄，論心定罪，志善而違於法者免，志惡而合於法者誅。」義與之同。漢書藝文志有公羊董仲舒春秋治獄十六篇。後漢書應劭傳：「故膠東相董仲舒老病致仕，朝廷每有政議，數遣廷尉張湯親至陋巷，問其得失，於是作春秋決獄二百三十二事。」今其書亡，引見白帖、御覽、通典。詳困學紀聞六、程樹德漢律考七春秋決獄考。然則春秋，漢之經，孔子制作，垂遺於漢。論者徒尊法家，不高春秋，是闇蔽也。春秋五經，義相關穿，錢大昕曰：『關穿』猶言『貫穿』也。」按：錢說是也。鄉射禮：「不貫不釋。」古文「貫」作「關」。大戴禮子張問入官篇「察一而不關於多」，家語入官篇「關」作「貫」。關、貫字通。既是春秋，不大五經，是不通也。五經以道爲務，事不如道，道行事立，無道不成。然則儒生所學者，道也；文吏所學者，事也。假使材同，當以道學。如比於文吏，洗泠泥者以水，燔腥生者用火，水火，道也，用之者，事也，事末於道。儒生治本，文吏理末，道本與事末比，定尊卑之高下，可得程矣。

堯以俊德，致黎民雍。堯典：「克明俊德，黎民於變時雍。」孔傳：「能明俊德之士任用之。黎，衆也。雍，和也。」孔子曰：「孝悌之〔二〕至，通於神明。」孝經感應章文。張釋之曰：「秦任刀筆小吏，漢書蕭何傳注：「刀所以削書也。古者用簡牒，故吏皆以刀筆自隨也。」陵遲至於二世，「陵遲」猶「陵夷」也。天下土崩。」語見史記本傳。張湯、趙禹，漢之惠吏，惠、慧通。太史公序累，盼遂案：「太史公序累」當即史記。仲任時，史記之名尚未凝固，故論衡於史記名稱極不一律。「太史公序累」之名，又見定賢篇。置於酷部，並見酷吏傳。釋名釋典藝曰：「誄，累也，累列其事而稱之也。」「累」、「誄」聲同義通。而致土崩。而，如也。孰與通於神明令人填膺也？將相知經學至道，而不尊經學之生，彼見經學之生，能不及治事之吏也。

牛刀可以割鷄，鷄刀難以屠牛；刺繡之師能縫帷裳，納縷之工不能織錦；廣雅：

〔二〕「之」上，原本衍一「子」字，據通津草堂本删。

「衲，補也。」章氏新方言六曰：「今淮南、吴、越謂破布牽連補綴者爲衲頭，亦謂刺繡爲衲繡。直隸謂粗縫曰衲。」儒生能爲文吏之事，文吏不能立儒生之學。文吏之能，誠劣不及；儒生之不習，實優而不爲。孫曰：「儒生」二字當重。禹決江河，不秉钁鍤；韓非五蠹篇：「禹之王天下也，身執耒臿，以爲民先。」淮南子要略亦云：「禹身執虆臿。」（今譌「垂」，依王念孫校。）與此異義。淮南齊俗訓注：「钁，斫屬。」爾雅釋器釋文引字林曰：「钁，大鉏也。」淮南精神訓注：「臿，青州謂之鏵，有刃也。」釋名曰：「鍤或曰鏵。鏵，刳也，刳地爲坎也。」按：今俗謂之鏵鍬。周公築雒，不把築杖。把，持也。夫筆墨簿書，钁鍤築杖之類也，而欲合志大道者謂欲使儒生。躬親爲之，是使將軍戰而大匠斲也。

説一經之生，治一曹之事，旬月能之；典一曹之吏，學一經之業，一歲不能立也。禮記冠義注：「立猶成也。」何則？吏事易知，而經學難見也。儒生擿（籀）經，窮竟聖意；「擿」字義不可通。説文：「擿，搔也。一曰：投也。」「擿」當作「籀」。「籀」一作「擂」，形壞爲「捅」或「摘」，（説文言部：「讀，籀書也。」「籀」，各本譌作「誦」。別通篇：「經徒能摘。」「摘」亦「籀」之誤。並其比。）再譌爲「擿」。説文：「籀，讀也。」段注：「紬繹其義蘊至於無窮，是謂之讀。」「窮竟聖意」，正其義也。文吏搖筆，考跡民事。夫能知大聖之意，曉細民之情，孰者爲難？以立難之材，吴曰：意林引昌言：「智足以立難成之事。」「立難」意與彼同。含懷章句十萬以上，「萬」，元本作「篇」，朱校同。行有餘力。博學覽古今，計胸中之穎，出溢十萬。文吏所知，不過辨解簿書。富累千金，孰與貲直百十也？京廩如丘，孰與委聚如坻也？說文：「坻，小渚也。」水中可居之最小者。世名材爲名器，器大者盈物多。然則儒生所懷，可謂多矣。

蓬生麻間，不扶自直；白紗入緇，不染自黑。注率性篇。此言所習善惡，變易質性也。儒生之性，非能皆善也，被服聖教，日夜諷詠，得聖人之操矣。文吏幼則筆墨，手習而行，無篇章之誦，不聞仁義之語。長大成吏，舞文巧法，徇私爲己，勉赴權利；考事則受賂，考事，謂考案獄訟也。臨民則采漁，處右則弄權，幸上則賣將；一旦在位，鮮冠利劍，一歲典職，田宅并兼。御覽八一五引作「併集」。性非皆惡，所習爲者，違聖教也。故習善儒路，歸化慕義，志操則勵變從高，明將見之，顯用儒生。「故習」以下文有奪誤。盼遂案：「將見」爲「將相」之誤。論衡例稱郡守爲將，國相爲相也。東海相宗叔犀（庠）[犀]廣召幽隱，孫曰：「犀」當作「庠」，字之誤也。宗叔庠即宗均也。後漢書：「宗均（今本誤作「宋均」。）字叔庠，南陽安衆人也。永平元年遷東海相。」干祿字書：「犀俗作庠。」故「庠」誤爲「犀」。又按：此文「庠」字不當重，疑衍一「庠」字。下文云：「陳留太守陳子瑀開廣儒路。」文例正同。暉按：孫說是也。「犀」，朱校元本作「犀」，可見「庠」誤「犀」之跡。又按：均召幽隱，本傳未見。後漢紀九載均言曰：「今選舉不得幽隱側陋，但得見長吏耳。」春秋會饗，設置三科，以第補吏，一府員吏，儒生什九。陳留太守陳子瑀，開廣儒路，列曹掾史，皆能教授；簿書之吏，什置一二。兩將知道事之理，曉多少之量，故世稱褎其名，書記紀累其行也。「記」，朱校元本作「紀」。疑此文當作「書紀累其行」，與「世稱褎其名」句法一律。蓋「紀」字誤重，今本妄改作「記」。

量知篇

程材所論，論材能、行操，未言學、知之殊奇也。

夫儒生之所以過文吏者，學問日多，簡練其性，彫琢其材也。故夫學者所以反情治性，盡材成德也。材盡德成，其比於文吏，亦彫琢者，亦，語詞。程量多矣。貧人與富人，俱賫錢百，並爲賻禮死哀之家。知之者，知貧人劣能共百，以爲富人饒羨有奇餘也；不知之者，見錢俱百，以爲財貨貧富皆若一也。文吏儒生，皆有似於此。孫曰：「皆」字疑涉下「皆」字而衍。下文云：「文吏、儒生，有似於此，俱有材能，並用筆墨。」文例正同。皆爲掾吏（史），並典一曹，「掾吏」當作「掾史」，涉上下諸「文吏」而誤。漢書翟方進傳：「數爲掾史所詈辱。」後漢書百官志：「掾史、屬，二十四人。」又曰：「郡置諸曹掾史。縣署諸曹掾史。」程材篇曰：「一縣佐史之材，任郡掾史。」又曰：「列曹掾史，皆能教授。」並其證。將知之者，知文吏、儒生筆同，而儒生胸中之藏，尚多奇餘；不知之者，以爲皆吏，深淺多少同一量，失實甚矣。地性生草，山性生木。如地種葵韭，注自紀篇。山樹棗栗，文選秋興賦注引「樹」作「種」。名曰美園茂林，不復與一恒地庸山比矣。文吏、儒生，有似於此。俱有材能，並用筆墨，而儒生奇有先王之道。先王之道，非徒葵韭棗栗之謂也。恒女之手，紡績織經，經亦織也。盼遂案：「經」爲「紝」之形誤。漢書嚴助傳：「婦人不得紡績織紝。」爲此四字連用之證。如或奇能，織錦刾繡，「刾」即「刺」字，注語增篇。名曰卓殊，不復與恒女科矣。夫儒生與文吏程材，而儒生侈有經傳之學，猶女工織錦刾繡之奇也。

貧人好濫，而富人守節者，論語衛靈公篇何注：「濫，溢也。濫溢爲非。」貧人不足而富人饒侈。儒生不爲非，而文吏好爲姦者，文吏少道德，而儒生多仁義也。貧人富人，並爲賓客，受賜於主人，富人不慙而貧人常媿者，富人有以效，貧人無以復也。儒生、文吏，俱以長吏爲主人者也。所事者，故云「長吏」，與百官表所云「長吏」不同。儒生受長吏之禄，報長吏以道；文吏空胸，無仁義之學，居住食禄，「住」疑當作「位」。終無以效，所謂「尸位素飡」者也。「素」者，空也，空虛無德，飡人之禄，「飡」，元本作「食」，朱校同。故曰「素飡」。無道藝之業，不曉政治，默坐朝廷，各本作「庭」，今從元本。朱校同。不能言事，與尸無異，故曰「尸位」。俞曰：「素飡尸位」之語，至今猶爲恒言，而實本於「素飡尸禄」之古語。文選潘安仁關中詩注引薛君韓詩章句曰：「何謂素餐？素者質也，人但有質朴而無治民之材，名曰素餐。尸禄者，頗有所知，善惡不言，默然不語，（「不語」二字，據文選求自試表注引韓詩增。俞原引無。）苟欲得禄而已，譬如尸焉。」是古有「素餐尸禄」之語。後漢梁冀傳論：「永言終制，未解尸官之尤。」注曰：「尸官猶尸禄。」「尸禄」二字，即本韓詩，然變「禄」言「官」，「官」即「位」矣。此言「素飡尸位」，當是漢人常語。至東晉古文出，乃有「太康尸位」之文，然僞傳訓「尸」爲「主」，義又有別。暉按：「尸位素餐」，見漢書朱雲傳、潛夫論思賢篇。**然則文吏，所謂「尸位素飡」者也。居右食嘉**居右，居尊位也。程材篇云：「處右則弄權。」左閔二年傳：「在公之右。」注：「在右言用事。」**見將傾邪，豈能舉記陳言得失乎？**「舉記」猶「奏記」也。**一則不能見是非，二則畏罰不敢直言。**

禮曰：「情欲巧。」未知何出。禮記表記：「子曰：情欲信，辭欲巧。」盼遂案：所引禮爲小戴表記篇文，當是「情欲信，辭欲巧」，所以證本文「陳言舉記」之説。脱去「辭」字，則徵引無所取矣。**其能力言者，文醜不好[者]，**吳曰：「者」字衍。**有骨無肉，脂腴不足，犯干將相指，**盼遂案：「相」字疑爲衍文。「將指」謂長官之意指也。此處皆四字句，或後人習於前篇多「將相」連文，因沾「相」字耳。**遂取間郤。爲地戰者，不能立功名；貪爵禄者，不能諫於上。文吏貪爵禄，一日居位，輒欲圖利，以當資用，**「當」疑當作「富」。**侵漁徇身，**侵漁，言侵奪百姓，若漁者之取魚也。**不爲將[貪]官顯義，**孫曰：「貪」字涉上文「貪爵禄」而衍。此言文吏但知貪利，不能助將官伸明大義也。若著「貪」字，不可解矣。暉按：「官」字亦疑後人妄增。本書或言

「將」，或言「將相」，無言「將官」者。雖見太山之惡，安肯揚舉毛髮之言？事理如此，「事理如此」，於義無施，疑當作「理事如此」。程材篇云：「文吏趨理事。」又曰：「文吏治事。」下文云：「文吏考理煩事。」何用自解於尸位素飡乎？儒生學大義，以道事將，不可則止，有大臣之志，以經勉爲公正之操，敢言者也，位又疏遠。遠而近諫，禮謂之諂，此則郡縣之府庭所以常廓無人者也。無賢人也。

或曰：「文吏筆札之能，而治定簿書，考理煩事，雖無道學，筋力材能盡於朝庭，此亦報上之效驗也。」曰：此有似於貧人負官重責，讀作「債」。貧無以償，則身爲官作，責乃畢竟。夫官之作，非屋廡則牆壁也。屋廡則用斧斤，牆壁則用築鍤。荷斤斧，把築鍤，與彼握刀持筆何以殊？苟謂治文書者報上之效驗，此則治屋廡牆壁之人，亦報上也。俱爲官作，刀筆、斧斤、築鍤鈞也。抱布貿絲，交易有亡，各得所願。儒生抱道貿禄，文吏無所抱，何用貿易？農商殊業，所畜之貨，貨不可同，計其精麤，量其多少，其出溢者，名曰富人。富人在世，鄉里願之。夫先王之道，非徒農商之貨也，其爲長吏立功致化，非徒富多出溢之榮也。且儒生之業，豈徒出溢哉？其身簡練，知慮光明，見是非審，尤可奇也。盼遂案：「可」字疑涉「奇」字而衍。論以「尤奇」與「是非」爲對文。

蒸所與衆山之材幹同也，淮南主術訓注：「大者曰薪，小者曰蒸。」代（伐）以爲蒸，先孫曰：「代」當作「伐」。燻以火，烟（熛）熱究（突）浹（穾），先孫曰：「烟」當作「熛」。暉按：孫説是也。「熛」、「烟」二字，書傳多譌。説文：「熛，火飛也。」又按：「究浹」二字無義。「究」當作「突」，「浹」當作「穾」。廣雅釋室：「竈窗謂之堗。」玉篇：「堗，竈堗，徒忽切。」墨子號令篇：「諸竈必爲屏，火突高出屋四尺。慎無敢失火。」是突即今烟囱。高突屋外，以泄煙火。此作「究」，形近而誤。説文：「穾，深也。一曰竈穾。讀若導服之導。」淮南修務篇：「孔子無黔突。」注：「突竈不至於黑。」突、穾，并即今烟囱。以其顛言謂之突，以其中深曲通火言謂之穾。今山西平陽、蒲、絳、澤、潞、汾之間，皆謂竈上曲突爲竈穾，或曰煙穾，並讀如導。突、穾雙聲字。吳麦雲小學説、畢沅校墨子，並誤「突」、「穾」爲一字，非也。蓋「穾」壞爲「夾」，又涉下文「光色澤潤」而誤加「氵」旁，遂成「浹」字。「熛熱突穾」，謂熛熱烟囱也。下文云：「火竈之效加〔二〕也。」義正相承。光色澤潤，炳之於堂，玉篇：「炳，本作爇。」説文：「爇，燒也。」其耀浩廣，火竈之效加也。繡之未刺，錦之未織，恒絲庸帛，何以異哉？加五綵之巧，「加」上，白帖八引有「及」字。御覽八一五引有「及其」二字。「綵」並作「采」。「巧」並作「功」。施針縷之飭，白帖、御覽引並作「飾」。干禄

〔二〕「加」，原本作「力」，據正文改。

字書：「銙通，飾正。」文章炫耀，黼黻華蟲，山龍日月。注語增篇。學士有文章，之學猶絲帛之有五色之巧也。孫曰：據上下文校之，不當有「之學」二字，蓋誤衍也。文選陸士衡文賦注、劉孝標廣絶交論注、初學記二十七引並無「之學」二字。劉先生曰：孫説是也。御覽八百十五引亦無「之學」二字。祕府略殘卷八百六十四引初學記同。暉按：「巧」，文選廣絶交論注引同。文賦注、初學記二七、御覽八一五引「巧」並作「功」。本質不能相過，學業積聚，超踰多矣。物實無中核者謂之郁，字書未見此義。無刀斧之斷者謂之樸。先孫曰：「斷」當爲「斲」之誤。淮南精神訓：「契大渾之樸。」注：「樸猶質也。」文吏不學，世之教無核也。句有誤。意謂猶物實無核。郁樸之人，孰與程哉？骨曰切，象曰瑳，玉曰琢，石曰磨，見爾雅釋器。「瑳」作「磋」。郝疏曰：「説文：『瑳，玉色鮮白。』蓋治象齒令其鮮白如玉。『磋』當依論衡作『瑳』。」切瑳琢磨，乃成寶器。人之學問，知能成就，猶骨象玉石，切瑳琢磨也，雖欲勿用，賢君其舍諸？孫武、闔廬，世之善用兵者也，或知學其法者，「知」疑當作「如」。戰必勝。不曉什伯之陣，不知擊刺之術者，彊使之軍，軍覆師敗，無其法也。

穀之始熟曰粟，説文：「粟，嘉穀實也。」嘉穀，禾也。熟謂秋成。舂之於臼，簸其粃糠，「粃」，宋本作「⿰米及」，朱校元本同。「粃」，説文作「粊」，云：「惡米也。」「糠」，説文从「禾」。蒸之於甑，書鈔一四四引作「蒸於釜甑」。爨之以火，成熟爲飯，乃甘可食。春秋説題辭（類聚八十五。)曰：「粟五變：生爲苗，秀爲禾，三變而祭謂之粟，四變曰米，五變而蒸飯可食。」注：「禀受五行氣而成，故五變乃可食。」可食而食之，味生肌腴成也。粟未爲米，粟，禾實連秠者。米，粟中之人。米未成飯，氣腥未熟，食之傷人。夫人之不學，猶穀未成粟，米未爲飯也。知心亂少，句有誤。猶食腥穀，氣傷人也。學士簡練於學，成熟於師，身之有益，猶穀成飯，食之生肌腴也。銅錫未採，在衆石之間，工師鑿掘，鑪橐鑄鑠，乃成器。盼遂案：「橐」當爲「橐」。「橐」，鼓冶吹炭之器也。後漢書杜詩傳：「造作水排，鑄爲農器。」李賢注：「冶鑄爲排以炊炭。」『排』當作『橐』，古字通用。」未更鑪橐，程、王、崇文本並作「鑄橐」。宋本、朱校元本同此。名曰積石。孫詒讓曰：「積爲礦樸之名。淮南覽冥訓：『金積折廉。』」積石與彼路畔之瓦，山間之礫，一實也。說文：「礫，小石也。」故夫穀未舂蒸曰粟，銅未鑄鑠曰積石，人未學問曰矇。說文：「矇，不明也。」矇者，竹木之類也。夫竹生於山，木長於林，未知所入。截竹爲筒，破以爲牒，牒，小簡也。漢書路溫舒傳：「取澤蒲，截以爲牒，編用寫書。」加筆墨之跡，乃成文字，大者爲經，小者爲傳記。經簡長二尺四寸。傳記長尺。斷木爲槧，說文：「槧，牘樸也。」釋名釋書契：「槧，版之長三尺者也。」西京雜記：「楊雄懷鉛提槧，從諸計吏，訪殊方絶俗之語，作方言。」枏之爲板，五經文字：「析」作「枏」訛。力加刮削，乃成奏牘。「力」字未妥。以上「加筆墨之跡乃成文字」例之，「力」字疑衍。日鈔引作：「加刮乃成奏牘。」説文：「牘，書版也。」釋名釋書契：「牘，睦也，手執之以進見，所以爲恭睦也。」漢書東方朔傳云：「上三千奏牘。」夫竹木，麤苴之物也，彫琢刻削，乃成爲器用。況人含天地之性，最爲貴者乎！

不入師門，無經傳之教，以郁樸之實，不曉禮義，立之朝庭，植笮樹表之類也，其何益哉？廣雅釋宫曰：「榕謂之笮。」逸周書作雒解：「復榕藻棁。」孔晁注：「復榕，累芝栭也。」（今本「榕」誤作「格」。）魯靈光殿賦：「芝栭欑羅以戢舂。」張載注：「芝栭，柱上節，方小木爲之，長三尺。」山野草茂，鉤鐮斬刈，乃成道路也。士未入道門，邪惡未除，猶山野草木未斬刈，不成路也。染練布帛，名之曰采，貴吉之服也。無染練之治，名縠（縠）麤，縠（縠）麤不吉，喪人服之。「縠」，朱校元本作「縠」。吴曰：縳之細者爲「縠」，與「麤」義相反，不得連用。且非凶禮所施縠〔一〕，「縠」當作「縠」。縠訓瘠薄，蓋與麤疎同義。形誤作「縠」，失之遠矣。人無道學〔二〕，仕宦朝庭，其不能招致也，「致」疑誤。猶喪人服麤，不能招吉也。

能斵削柱梁，謂之木匠；能穿鑿穴埳（埳），孫曰：「埳」當作「埳」。本書从「臽」之字

〔一〕「施縠」，原本作「縠施」，據文意乙。

〔二〕「道學」，原本作「學道」，據通津草堂本乙。

並誤从「舀」。謂之土匠；能彫琢文書，謂之史匠。夫文史之學，學治文書也，當與木土之匠同科，安得程於儒生哉？御史之遇文書，不失分銖；有司之陳籩豆，不誤行伍。其巧習者，亦先學之，人不貴者也，「也」字疑衍。小賤之能，非尊大之職也。無經藝之本，有筆墨之末，大道未足，而小伎過多，雖曰吾多學問，御史之知，有司之惠也。惠、慧通。飯黍梁者饜，飡糟糠者飽，饜亦飽也。雖俱曰食，爲腴不同。儒生文吏，學俱稱習，其於朝庭，有益不鈞。

鄭子皮使尹何爲政，子産比於未能操刀使之割也。見左襄三十一年傳。子路使子羔爲費宰，孔子曰：「賊夫人之子。」見論語先進篇。皆以未學，不見大道也。醫無方術，云：「吾能治病。」問之曰：「何用治病？」曰：「用心意。」病者必不信也。吏無經學，曰：「吾能治民。」問之曰：「何用治民？」曰：「以材能。」是醫無方術，以心意治病也，百姓安肯信嚮，而人君任用使之乎？「用」字衍。「任使」連用，與「信嚮」對文。下文「欲人君任使之，百姓信嚮之」可證。今著一「用」字，文殊不詞。手中無錢，之市使〔決〕〔貨〕，貨主問曰：「錢何在？」對曰：「無錢。」貨主必不與也。劉先生曰：「之市」下當有「決貨」二字。御覽兩引此文，並作「之市決貨」。暉按：「使」即「決」字之譌。「貨」字當重，本書重文多脱。御覽六〇七引作：「手無錢而之市決貨，貨主必不與也。」又八三六引作：「手中無錢，而欲往市決貨，貨主問錢何在。」蓋「決」、「使」二字形近而誤，又脱一「貨」字。宋本「使」正作「決」，（朱校元本作「泱」，尚見其由「決」譌「使」之跡。）是其切證。夫胸中不（無）學，猶手中無錢也，孫曰：書鈔八十三引「不學」作「無學」，是也。劉先生曰：孫説是也。御覽六百七、八百三十六引「不」並作「無」。暉按：意林引亦作「無」。欲人君任使之，百姓信嚮之，奈何也？

謝短篇

淮南俶真訓：「二者代謝舛馳。」高注：「謝，敍也。」「謝」、「敍」音同字通。

程材、量知，言儒生、文吏之材不能相過，以儒生脩大道，以文吏曉簿書，道勝於事，故謂儒生頗愈文吏也。此職業外相程相量也，其内各有所以爲短，未實謝也。

「實」，程本作「嘗」。

夫儒生能説一經，自謂通大道，以驕文吏；文吏曉簿書，自謂文無害，

義見程材篇注。

以戲儒生。各持滿而自藏，

詩齊風還篇毛傳：「臧，善也。」「藏」即「臧」字。盼遂案：「藏」爲「臧」之誤字。「自臧」，自善也。古無「藏」字。

非彼而是我，不知所爲短，「所」下疑有「以」字。 上文「其內各有所以爲短」。 不悟於己未足。論者訓之，

「訓」，舊作「詶」，朱校元本、天啓本、程、何、錢、黄本並同。按：説文言部：「詶，詛也。」俗用作「酬應」字，於義無取。今從王本、崇文本改。下「不能訓之」同。爾雅疏：「訓，道也，道物之貌以告人也。」

將使懶（奭）然各知所之（乏）。

孫志祖讀書脞録：「懶，一作懶，疑爽之譌。」吴曰：屈賈傳有「爽然自失」之語，孫意讀與彼同，其説非也。徐廣集解：「爽，一本作奭。」疑「奭」當作「奭」，从「昍」从「大」，音義並與「瞿」同。「瞿然」，古之常語。「瞿然失席」、「瞿然易容」等等，傳注家皆訓爲驚視失守貌。史記作「爽」者，「奭」字形近之譌。此言「懶然」，其義亦同。通津本从「心」，程榮本从「人」，傳寫者隨意作之。又按：「各知所之」，「之」當爲「乏」。下文云：「二家各短，不能自知。」正與此

語相應。

夫儒生所短，不徒以不曉簿書；文吏所劣，不徒以不通大道也，反以閉闇不覽古今，不能各自知其所業之事未具足也。二家各短，不能自知也；世之論者，而亦不能訓之，如何？

夫儒生之業，五經也。南面爲師，旦夕講授章句，滑習義理，滑，亂也。究備於五經，可也。五經之後，秦、漢之事，無不能知者，短也。劉先生曰：「無」字疑衍。此文正謂不能知爲短。若無不能知，則何短之有乎？夫知古不知今，謂之陸沉，注程材篇。然則儒生，所謂陸沉者也。五經之前，至於天地始開，帝王初立者，主名爲誰，天地開闢，有天皇、地皇、人皇。出自河圖，不足徵信。談天篇云：「女媧以前，齒爲人者，人皇最先。」是仲任意謂如此。儒生又不知也。夫知今不知古，謂之盲瞽。五經比於上古，猶爲今也。徒能説經，不曉上古，然則儒生，所謂盲瞽者也。

儒生猶曰：「上古久遠，其事闇昧，故經不載而師不説也。」

夫三王之事雖近（遠）矣，尋案文義，「近」當爲「遠」字形譌。經雖不載，義所連及，五經〔家〕所當共知，儒生所當審説也。吴曰：「五經」下疑脱一「家」字。暉按：吴説是。下文「五經之家所共聞也」，句法相同。夏自禹嚮國，幾載而至於殷？吴曰：「嚮」當作「饗」，義與

「享」同。史記三代世表：「從禹至桀十七世。」夏本紀集解徐廣曰：「從禹至桀十七君，十四世。」漢書律曆志載劉歆説云：「夏后氏繼世十七王，四百三十二歲。」（前漢紀一載劉向父子説。「三」作「四」，蓋誤。）世紀帝王數同。竹書紀年：「自禹至桀十七世，有王與無王，用歲四百七十一年。」爲數差異。刺孟篇云：「禹至湯且千歲。」其説未碻。殷自湯幾祀而至於周？史記三代世表：「從湯至紂，二十九世。」竹書紀年：「湯滅夏以至於受，二十九王。」（王鳴盛十七史商榷以竹書云「三十王」，蓋誤。）殷本紀：「商三十王。」晉語、漢書律曆志、殷本紀集解引譙周説、皇甫謐説則爲三十一王。所識互異。至其年數，漢律曆志引劉歆説六百二十九年。皇甫謐説同。左傳云：「商祀六百。」蓋舉其成數。竹書紀年則起癸亥終戊寅，四百九十六年，其數又少於漢志。通鑑前編則爲六百四十四年，又多於漢志，未知何據。至胡渭洪範正論、萬氏紀元彙考，又於六百四十四之外更增一年，不足據。刺孟篇云：「湯至周且千歲。」説亦非。周自文王幾年而至於秦？律曆志：「春秋魯桓公元年，上距代紂四百歲。」春秋盡哀十四年，二百四十二年。秦昭王五十一年，秦始滅周。周凡三十六王，八百六十七歲。」國策載呂不韋説、皇甫謐説並同。（皇甫謐云：「三十七王。」前漢紀載劉向父子説：「七百六十七年。」「七王」、「七百」並誤。）爾雅釋天：「載，歲也，夏曰歲，商曰祀，周曰年。」白虎通四時篇曰：「五帝言載，三王言年。」桀亡夏而紂棄殷，滅周者何王也？謂周赧王。

周猶爲遠，秦則漢之所伐也。夏始於禹，殷本於湯，周祖后稷，秦初爲人者誰？

帝王世紀：「秦，嬴姓也。昔伯翳爲舜主畜多，故賜姓嬴氏。孝襄公始修霸業，壞井田，開阡陌，天子命爲伯。至昭襄王自稱西帝，攻周，廢赧王，取九鼎。至莊襄王滅東、西周。莊襄王崩，政立爲始皇帝。」**秦燔五經，坑殺儒士，五經之家所共聞也。秦何起而燔五經？何感而坑儒生（士）？**「生」當作「士」。此承上「坑殺儒士」爲文，語增篇正作「坑儒士」，是其證。語增篇：「燔詩、書起淳于越之諫，坑儒士起自諸生爲妖言。」事見史記始皇紀。盼遂案：「感」爲「憾」之叚借字，俗作「恨」。

秦則前代也，漢國自儒生之家也。從高祖至今朝幾世？歷年訖今幾載？宣漢篇：「至今且三百歲。」「今」謂章帝。論衡已作於永平中，此云「今朝」，未知何指。前漢十二帝，自高祖至平帝。王莽立孺子嬰，居攝三年，篡位十五年，更始二年。皇甫謐曰：「自高祖元年，至更始二年，凡二百三十年。」搜神記六曰：「二百一十年。」其數差者，不數王莽以下二十年也。**初受何命？復獲何瑞？**班彪王命論：「劉氏承堯之祚，氏族之世，著於春秋。唐據火德，其漢紹之。始起沛澤，則神母夜號，以彰赤帝之符。」得天下難易孰與殷、周？恢國篇：「高祖誅秦殺項，兼勝二家，力倍湯、武。」**家人子弟學問歷幾歲，人問之曰：「居宅幾年？祖先何爲？」不能知者，愚子弟也。然則儒生不能知漢事，世之愚蔽人也。温故知新，**中庸鄭注：「温，讀如燖温之温。」論語集解云：「尋繹故者。」公卿表師古注：「温猶厚也。」説並非。**可**

以爲師；古今不知，稱師如何？

彼人問曰：「問」字衍。「彼人曰」，乃答上「稱師如何」之難。下文「請復別問儒生」，又以駁彼人也。著一「問」字，則文義斷矣。**「二尺四寸，聖人文語，朝夕講習，義類所及，故可務知。**宣漢篇：「唐、虞、夏、殷，同載在二尺四寸，儒者推讀，朝夕講習。」左傳杜預序孔疏引鄭玄注論語序：「以鉤命決云：『春秋二尺四寸書之，孝經一尺二寸書之。』故知六經之策，皆稱長二尺四寸。」儀禮聘禮疏引鄭玄論語序云：「易、詩、書、禮、樂、春秋，皆二尺四寸。（「二尺四寸」，譌作「尺二寸」，依清人金鶚、日人島田翰説改。）孝經謙半之。論語八寸策者，三分居一，又謙焉。」鹽鐵論詔聖篇：「二尺四寸之律，古今一也。」朱博傳：「三尺律令，人事出其中。」三尺者，周尺八寸，三八二十四寸也。律亦經也，故策長同。**漢事未載於經，名爲尺籍短書，**正説篇：「論語所獨一尺之意，以其遺非經，傳文紀志恐忘，故但以八寸尺，不二尺四寸也。」書解篇：「諸子尺書。」説文木部：「檄，尺二書。」光武紀李注：「説文以木簡爲長尺二寸，謂檄以徵召也。」此云尺籍説漢事，蓋亦徵召之類。云「尺籍」者，或約言之。如論語尺二簡，而云一尺。又漢人有言「尺一」者，後漢書、水經注皆云：「李雲上書曰：『孔子言帝者諦也，今尺一拜用，不經御省，是帝欲不諦乎？』」又後漢書儒林傳云：「詔曰：『乞楊生師。』即尺一出升。」文選注引蕭子良古今篆隸文體曰：「鶴頭書，偃波書，俱詔板所用，在漢時謂之尺一簡。」**比於小道，其能知，非儒者之貴也。**」

儒〔生〕不能都曉古今，「生」字據上下文義增。欲各別説其經；經事義類，乃以不知爲貴也？「也」讀作「邪」。事不曉，不以爲短！

請復別問儒生，各以其經，旦夕之所講説。

先問易家：「易本何所起？造作之者爲誰？」彼將應曰：「伏羲作八卦，文王演爲六十四，易下繫辭曰：「宓羲氏仰觀象於天，俯觀法於地，觀鳥獸之文與地之宜，近取諸身，遠取諸物，於是始作八卦。」演卦之説有四，易正義曰：「王弼以爲伏羲，鄭玄以爲神農，孫盛以爲夏禹，史遷以爲文王。」此則因史遷爲説。孔子作彖、象、繫辭。史記孔子世家：「孔子晚而喜易，序彖、繫、象、説卦、文言。」三聖重業，易乃具足。」問之曰：「易有三家，一曰連山，二曰歸藏，三曰周易。伏羲所作，文王所造，連山乎？歸藏、周易也？周禮：「大卜掌三易之法，一曰連山，二曰歸藏，三曰周易。」注云：「名曰連山，似山出内氣也。（汪中述學曰：「連山即烈山，語之轉耳，鄭注望文生義。」）歸藏，萬物莫不歸藏於其中也。杜子春曰：『連山伏羲，歸藏黄帝〔一〕。』」又易正義引鄭玄易贊及易論曰：「夏曰連山，殷曰歸藏，周曰周易。」帝王世紀曰：「庖羲作八卦，神農重之爲六十四卦，黄帝、堯、舜引而伸之，分爲二易：夏人因炎帝曰連山，

〔一〕「黄」，原本作「皇」，聲近而誤，今改。

殷人因黃帝曰歸藏。文王廣六十四卦，著九六之爻，謂之周易。」（御覽六〇九。）金樓子立言篇曰：「禮記曰：『我欲歸殷道，得坤乾焉。』今歸藏先坤後乾，則知是殷，明矣。推歸藏既是殷制，連山理是夏書。」正説篇曰：「列山氏得河圖，夏后因之曰連山。歸藏氏得河圖，殷人因之曰歸藏。伏羲氏得河圖，周人因之曰周易。」是並以連山屬夏，歸藏屬殷，至其造作爲誰，則難質定。趙商問：「連山伏羲，歸藏黃帝，今當從此説以否？敢問杜子春，何以知之？」鄭答曰：「此數者非無明文，改之無據，故著子春説而已。近師皆以爲夏、殷、周。」是鄭氏已不能定，直據近師爲言耳。朱亦棟曰：「夏曰連山，殷曰歸藏，此爲定説。皇甫謐云：『夏人因炎帝曰連山，殷人因黃帝曰歸藏。』則兼而用之。彼蓋以連山爲烈山氏，故易宓戲爲炎帝也。然則歸藏何義矣？」**秦燔五經，易何以得脱？** 藝文志：「及秦燔書，而易爲筮卜之事，傳者不絶。」**漢興幾年而復立？** 儒林傳：「初立易楊。至孝宣世，復立施、孟、梁丘易。至孝元世，復立京氏易。」王先謙曰：「儒林傳贊〔一〕言：『武帝立五經博士，易唯楊何。』」**宣帝之時，河内女子壞老屋，得易一篇，名爲何易？** 宣帝本始中，得易，儒林傳、藝文志未載。隋志：「得説卦一篇。」姚範曰：「想房、宏當時有此説。」餘注正説篇。**此時易具足未？」** 正説篇：「得佚易一篇，易篇數始足。」

問尚書家曰：「今旦夕所授二十九篇， 尚書二十九篇，伏生所授今文也。漢書藝文志：

〔一〕「儒」，原本作「傳」，形近而誤，今改。

「經二十九卷。」注：「大、小夏侯二家。歐陽經三十二卷。」奇有百二篇，「奇」字誤，未知所當作。恢國篇：「孝明麒麟神雀，甘露醴泉，白雉黑雉，芝草連木嘉禾，與宣帝同，奇有神鼎黃金之怪。」亦「奇有」連文。又有百篇。二十九篇何所起？百二篇何所造？具見佚文篇、正説篇。秦焚諸（詩）書之時，「諸」當作「詩」。正説篇：「有敢藏詩、書百家語者，刑。」今「詩」譌作「諸」，是其比。語增篇、正説篇並作「燔詩、書」，是其證。尚書諸篇皆何在？藝文志曰：「秦燔書禁學，濟南伏生獨壁藏之。」經典釋文序録曰：「及秦禁學，孔子末孫惠壁藏之。」附注云：「漢紀尹敏傳（蓋東觀漢記。）以爲孔鮒藏之。」孔叢子説同。家語後序以爲孔騰。三説皆謂古文尚書。漢興，始録尚書者何帝？初受學者何人？」史記儒林傳：「孝文帝時，欲求得治尚書者，乃聞伏生能治，老不能行，乃使朝錯往受。」仲任以爲景帝始立尚書，見正説篇。誤，不足據。

問禮家曰：「前孔子時，周已制禮，藝文志：「帝王質文，世所損益。至周曲爲之防，事爲之制，故曰禮經三百，威儀三千。」殷禮，夏禮，凡三王因時損益，子曰：「殷因於夏禮，所損益可知也。周因於殷禮，所損益可知也。」篇有多少，文有增減。不知今禮，周乎？殷、夏也？」彼必以漢承周，將曰：「周禮。」夫周禮六典，又六轉，六六三十六，三百六十，是以周官三百六十也。周禮天官冢宰鄭注：「周公居攝，而作六典之職，謂之周禮。」六典者，即大宰云：「天官治典，地官教典，春官禮典，夏官政典，秋官刑典，冬官事典。」案今禮（經）不見

六典，正説篇句有「經」字，此據補。**無三百六十官，又不見天子，天子禮廢何時？豈秦滅之哉？**禮經，即漢志「經十七篇」也。（「十七」二字，今誤倒，此依劉校。）經十七篇，爲正經，故列爲六藝之目，稱曰禮經，單言曰禮。**宣帝時，河内女子壞老屋，得佚禮一篇，六十〔六〕篇中，是何篇是者？**「六十」當作「十六」。下文「十六篇何在」，「見在十六篇」，「今禮經十六」，並作「十六」，是其證。姚範曰：「六十」當作「十六」。然士禮十七篇，而充屢言「十六」，豈以「既夕」合「士喪」耶？暉按：漢志「經十七篇」，與劉歆、鄭玄所述古禮經相較數合，陸氏序録、阮氏七録因之。志又言高堂生傳十七篇。此云「十六」，又云其間一篇得於河内，未聞。困學紀聞五曰：「孔壁古文多三十九篇，康成不注，遂無傳焉。」原注曰：「論衡以爲宣帝時，河内女子壞老屋，得佚禮，恐非。」按：佚文篇曰：「恭王壞孔子宅以爲宮，得佚禮三百。」此即漢志所言禮古經出於孔氏者。河内得佚禮，亦見正説篇，與孔壁爲兩事，志未舉耳。房、宏、陸德明亦言宣帝本始中，河内女子得泰誓，則仲任所述，事足徵信。王氏執志規此，非也。**高祖詔叔孫通制作儀品，十六篇何在？**盼遂案：「十六篇」當依後漢書作「十二篇」，蓋涉下文有十六篇字而誤。曹褒傳：「章和元年正月，令小黄門持班固所上叔孫通漢儀十二篇，勅褒依禮條正。」漢書叔孫通本傳所稱起定朝儀，漢諸儀法、宗廟儀法及諸經注疏所引禮器制度，即此之儀品十二篇也。而漢書禮樂志則言：「今叔孫通所撰禮儀及律令同藏埋於理官，法家又復不傳。漢典寢而不著，民臣莫有言者。」則是儀品罕行於世，故仲任云「何在」也。**而復定儀禮〔儀〕？**黄以周讀漢書禮樂志曰：「王充論衡謝短篇云：『高祖詔叔孫通制作儀品十六篇何在？而復定儀禮？見在十六篇，秦火之餘也。』『儀品十六篇』，當依曹褒傳作『十二篇』，蓋涉下文而誤。本傳所稱定朝儀，漢諸儀法、宗廟儀法及注疏所引禮器制度，即此云『儀品十二篇』是也。云『何在』者，王充亦未見其書也。充亦章帝時人，東漢之初，其書不絶如綫可想也。其云『復定儀禮，見在十六篇』，未知亡於何時。或以爲即今儀禮十七篇，古本少牢饋食與有司徹連篇，難信。通所揖禮十六篇中，有爾雅，必非禮經。」暉按：黄讀非也。齊召南前漢書禮樂志考證、程樹德漢律考並以「叔孫通制作儀品十六篇」句絶，誤同。此謂禮經十六篇何在，而庸叔孫通再定儀品也。後漢書曹褒傳論：「漢初，朝制無文，叔孫通頗采禮經，參酌秦法，有救崩弊，先王容典，蓋多闕矣。」張揖上廣雅表曰：「叔孫通撰制禮制，文不違古。」是儀品本於禮經，故仲任詰之曰：時十六篇何在也。「禮儀」即謂「儀品」。司馬遷傳、劉歆移太常博士書、儒林傳、禮樂志、本書率性篇，並可證。此作「儀禮」，字誤倒也。或以「儀禮」爲禮經，失之。據曹褒傳，叔孫通所作，只十二篇，未云十六。且此文屢云「禮經十六篇」，則此「十六篇何在」五字爲句，以指禮經，明矣。此句既謂禮經，則下句又云「儀禮」，於義難通。且禮經有儀禮之名，始見後漢書鄭玄傳，（吴承仕釋文序録講疏謂始自晉書荀崧傳。）仲任未及稱也。程樹德曰：「禮樂志云：『今叔孫通所撰禮儀與律令同録，藏於理官。』蓋與律令同録，故謂之傍章。應劭傳：『劭删定律令爲漢儀。』是可證通之傍章即漢儀也。」暉按：曹褒傳：「漢儀十二篇。」晉書刑法志云：「傍章十八篇。」十八篇者，與律令同録，删律令爲漢儀，則爲十二篇也。洪頤煊讀書叢録四：「班固上叔孫通漢儀十二篇。此云儀品十六篇，視班固所上增加四篇。」亦因誤讀而妄説也。見在十六篇，秦火之餘也，盼遂案：叔孫通所定儀禮十六篇，或以爲即今之儀禮。古本少牢饋食與有司徹連篇，故得十六。其説難信。通所定儀禮中有爾雅，（見張揖上廣雅表。）其非今之儀禮必矣。以上二則，參取黄以周讀漢書禮樂志説。更秦之時，篇凡有幾？史記儒林傳：「禮自孔子時，而其經不具，及至秦焚書，書散亡益多，於今獨有士禮。」

問詩家曰：「詩作何帝王時也？」彼將曰：「周衰而詩作，蓋康王時也。康王德缺於房，大臣刺晏，故詩作〔也〕。」「也」字據宋本補。此魯詩説也。路史後紀九注以爲齊、魯詩三家同。列女傳仁智篇魏曲沃負傳：「周之康王夫人晏出朝，關雎豫見。」藝文類聚三五引張超誚青衣賦：「周漸將衰，康王晏起，畢公喟然深思古道，感彼關雎，德不雙侶。」此云「大臣」，蓋畢公也。史記十二諸侯年表、法言至孝篇、漢書杜欽傳、匡衡傳、後漢書明帝紀、后紀序、楊賜傳、春秋説題辭、（明帝紀注引。）後漢紀，並以爲刺康王而作。夫文、武之隆，貴（遺）在成、康，「貴」爲「遺」之壞字，句亦見語增篇，今據正。康王未衰，詩安得作？周非一王，何知其康王也？二王之末皆衰，夏、殷衰時，詩何不作？尚書曰：「詩言志，歌詠言。」今見尚書舜典。「詠」字古文作「永」。馬曰：「歌所以長言詩之意也。」鄭曰：「聲爲曲折，又依長言。」史記改「永」

作「長」，蓋從孔安國故。今文作「詠」。藝文志引書，釋之曰：「誦其言謂之詩，詠其聲謂之歌。」禮樂志作「咏」。説文：「詠」或作「咏」。班氏多用今文。仲任與同。師古注：「詠爲永長。」亂家法也。**此時已有詩也。斷取周以來，而謂興於周。**藝文志：「孔子純取周詩，上采殷，下取魯，凡三百五篇。」釋文曰：「既取周詩，上兼商頌。」暉按：韓詩以商頌爲正考父作，是亦周詩，故曰斷取周以來。蓋用韓詩説也。**古者采詩，詩有文也；**藝文志：「古有采詩之官。」説文：「古之迈人以木鐸記詩。」**今詩無書，何知非秦燔五經，詩獨無餘禮(札)也？**先孫曰：「禮」疑「札」之誤。「札」誤爲「礼」，轉寫作「禮」，遂不可通。（莊子人間世篇：「名也者，相札也。」釋文引崔譔云：「札」或作「禮」。與此誤同。）藝文志：「詩遭秦而全者，以其諷誦，不獨在竹帛也。」蓋無餘札，口授而幸全耳。

問春秋家曰：「孔子作春秋，周何王時也？孔子世家：「魯哀公十四年，西狩獲麟，乃作春秋。」諸侯年表：「時周敬王三十九年。」仲任不從此説。詳下。**自衛反魯，然後樂正，**論語子罕篇鄭注：「魯哀公十一年，是時道衰樂廢，孔子來還以正之。」**春秋作矣。**杜預左傳序：「春秋之作，左傳及穀梁無明文。説者以仲尼自衛反魯，修春秋。」疏：「説左傳者，言孔子自衛反魯，則便撰述春秋，三年文成，而致得麟。」公羊家則謂：樂正，雅、頌得所，料理舊經，在自衛反魯時，作春秋，則在獲麟之後。（公羊哀十四年疏。）論語讖亦謂自衛反魯作春秋。據正説、案書，知仲任三傳宗左氏。自衛反魯，哀公時也。自衛，何君也？諸侯年表：「衛出公九年。」俟孔子以何禮，而孔子反魯作春秋乎？左哀十一年傳：「孔文子將攻大叔，訪於仲尼。仲尼曰：『胡簋之事，則嘗學之；甲兵之事，未之聞也。』退，命駕而行。文子止之。將止，魯人以幣召之，乃歸。」史記孔子世家同。此文似謂作春秋，乃因衛君所俟之禮。孔叢子居衛篇、史記自序、公羊篇首注又謂因厄陳、蔡。孔子録史記以作春秋，史記本名春秋乎？制作以爲經，乃歸（號）春秋也？」「歸」字無義，字當作「號」。「號」借作「遞」。「歸」一作「逿」，「遞」、「逿」形近故誤。（漢書王褒傳：「伯牙操遞鍾。」臣瓚注：「楚詞云：『奏伯牙之號鍾。』漢書多借假，或以『遞』爲『號』。」二句文選聖主得賢臣頌注引，漢書今佚。）「號」草書作「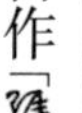」，「歸」作「」，形亦相似。正説篇曰：「春秋者，魯史記之名，孔子因舊故之名，以號春秋之經。」即其義。公羊莊七年何注：「古者謂史記爲春秋。」孔叢子執節篇：「魯之史記曰春秋，經因以爲名焉。」杜預春秋左傳集解序、陸德明釋文序録並謂春秋即魯史記之名。史通六家篇：「『汲冢瑣記，太丁時事，以爲夏、殷春秋。』國語曰：『晉羊舌肸習于春秋。』左傳昭二年：『晉韓宣子來聘，見魯春秋。』斯則春秋之目，事匪一家，故墨子曰：『吾見百國春秋。』」杜預曰：「史之所記，表年以首事，年有四時，故錯舉以爲所記之名。」此説甚是。正説篇曰：「夫言春秋，實及言冬夏也。」（今捝「冬」字。）蓋杜説所本。

法律之家，亦爲儒生。問曰：「九章，誰所作也？」刑法志：「蕭何攈摭秦法，取其宜於時者，作律九章。」唐律疏議曰：「李悝集諸國刑典，造法經六篇，一盜法，二賊法，三囚法，四捕法，五雜法，六具法。商鞅傳授，改法爲律。漢相蕭何更加悝所造户、興、廄三篇，謂九章之律。」據此，則蕭何九章律爲盜律、賊律、囚律、捕律、雜律、具律、户律、興律、廄律也。**彼聞皐陶作獄，**堯典：「皐陶作士。」馬注：「獄官之長。」**必將曰：「皐陶也。」詰曰：「皐陶，唐、虞時，唐、虞之刑五刑，**堯典稱堯曰：「流有五刑。」稱舜曰：「五刑有服。」馬注：「五刑者，墨、劓、剕、宫、大辟也。」**案今律無五刑之文。」**崔寔政論謂九章具五刑。**或曰：「蕭何也。」詰曰：「蕭何，高祖時也。孝文之時，齊太倉令淳于德（意）有罪，**「德」當作「意」。「德」或作「悳」，作「悳」，與「意」形近，故誤。史記倉公傳：「姓淳于氏，名意。」盼遂案：「淳于德」依史記倉公傳作「淳于意」。「德」與「意」爲形近之誤。古「德」字作「悳」，與「意」字極似。**徵詣長安。其女緹縈爲父上書，言肉刑壹施，不得改悔。文帝痛其言，乃改肉刑。**見史記倉公傳、文帝紀。漢書刑法志：「文帝十三年除肉刑三。」孟康曰：「黥，劓二，刖左右趾合一，凡三也。」**案今九章象刑，非肉刑也。**程樹德漢律考卷二曰：「論衡謝短篇云：『今律九章象刑，非肉刑也。』言毒篇云：（當云四諱篇。）『方今象刑，象刑重者，髡鉗之法也。』意者文帝廢肉刑之後，改稱象刑歟？考荀子正論篇云：『治古無肉刑而有象刑，墨黥，慅嬰，共艾畢，菲對屨，殺赭衣而不純。』初學記引白虎通：『五帝畫象者，其服象五刑也，犯墨者蒙巾，犯劓者赭其衣，犯臏者以墨幪其臏處而畫之，犯宫者屨扉，犯大辟者布衣無領。』又見尚書大傳及通典引孝經緯。漢人解象刑，大都如是。文帝雖除肉刑，以笞代之，改稱象刑，非其義也。王充生漢末，其言必有所本。」暉按：周禮秋官司圜職：「掌收教罷民凡害人者，弗使冠飾而加明刑焉，任之以事而收教之。」鄭注：「弗使冠飾者，著墨幪若古之象刑。」先鄭注：「不使冠飾任之以事，若今時罰作。」疏：「明刑者，以版牘書其罪狀與姓名，著於背，表示於人。」禮記玉藻：「垂緌五寸，惰游之士也。」鄭注：「惰游，罷民也。」據以上諸文，鄭以象刑即明刑，而明刑若漢之罰作刑，書罪於背，冠垂長緌。按：四諱篇云：「象刑重者，髡鉗之法也。若完旦城以下，施刑綵衣系躬，冠帶與人殊。」則知仲任所據以言象刑者，即完城旦，綵衣系躬也。此即司圜之「明刑」。然則仲任與鄭説合。何休注公羊襄二十九年傳云：「古者肉刑。」疏云：「文帝除肉刑，故以肉刑爲古。」是其義亦同仲任也。**文帝在蕭何後，知時肉刑也，**「知」字無義，疑爲「始」譌。又誤奪在「時」上。史記文帝紀集解李奇曰：「約法三章無肉刑，文帝則有。」**蕭何所造，反具肉刑也？**盼遂案：「肉刑」當是「象刑」之誤。「也」古通「邪」，爲問詞。**而云九章蕭何所造乎？」古禮三百，威儀三千，**禮記中庸曰：「禮儀三百，威儀三千。」禮器曰：「經禮三百，曲禮三千。」藝文志、禮樂志：「禮經三百，威儀三千。」孔子家語弟子行篇語同。韋昭注漢志曰：「周禮三百六十官，三百舉成數也。」臣瓚曰：「禮經三百，謂冠婚吉凶；周禮三百，是官名也。」王應麟曰：「朱文公從漢書臣瓚注，謂儀禮乃禮經也。曲禮皆微文小節，如曲禮、少儀、内則、玉藻、弟子職，所謂威儀三千也。」是則「禮儀」、「經禮」、「禮經」三者於實一也。即士禮十七篇，或稱儀禮。鄭玄等俱以爲周禮，與韋説誤同。此云「古禮」，亦即「士禮」，不得以周禮古文經亂之。一曰：「古」當作「士」，字之譌也。禮經一稱士禮，見史記儒林傳及藝文志。**刑亦正刑三百，科條三千，出於禮，入於刑，禮之所去，刑之所取，故其多少同一數也。**後漢書陳寵傳：「禮經三百，威儀三千，故甫刑大辟二百，五刑之屬三千。禮之所去，刑之所取，失禮則入刑，相爲表裏者也。」與此義同。彼云「二百」，此云「三百」者，元命包云：（公羊襄二十九年傳疏。）「墨劓辟之屬各千，臏辟之屬五百，宫辟之屬三百，大辟之屬二百，列爲五刑，罪次三千。」（吕刑文略同。）蓋彼據大辟，而此據宫辟言之也。**今禮經十六，蕭何律有九章，不相應，又何？**「又」字衍。「不相應何」，與下「律言盗律何」句法相同。**五經題篇，皆以事義别之，**皇侃論語義疏序曰：「名書之法，必據體以立稱，如以孝爲體者，則謂孝經，以莊敬爲體者，則謂之禮記。」至**禮與律獨（猶）經也，**吴曰：「獨」當作「猶」。暉按：吴説是。李悝集諸國刑典，著法經。漢書宣帝紀注文穎曰：「蕭何承秦法所作爲律，今律經是也。」又漢律與經簡同長二尺四寸，是漢人以經目律也。程材篇云：「法令漢家之經。」**題之，禮言昏（經）禮，**「昏禮」，儀禮篇名，於此無義。王、崇文本「昏」作「經」，當據正。禮器曰：「經禮三百。」經禮即儀禮。義見前。**律言盗律何？**晉書刑法志：「悝以爲王者之政，莫急於盗賊，故其律始於盗賊。」唐律疏議：「李悝首制法經，有盗法、賊法，以爲法之篇目。自秦、漢逮至後魏，皆名賊律、盗律。」是盗律爲九章之目。此義未聞。

盼遂案：昏禮爲禮之首章，盜律爲律之首章。唐律疏議名例一曰：「魏文侯師李悝〔一〕造法經六篇，一盜，二賊，三囚，四捕，五雜，六具。商鞅傳授，改法爲律。蕭何更加户興廄，爲九章之律。」

夫總問儒生以古今之義，儒生不能知，別名（各）以其經事問之，又不能曉，劉先生曰：「名」當爲「各」。上文「欲各別説其經」，「請復別問儒生各以其經」，是其證。斯則坐守何言（信）師法，不頗博覽之咎也。吴曰：此文當作「斯則坐守信師法」。「信」以形近誤爲「何」，又誤移「信」字之半於下，遂分爲「何言」兩字矣。效力篇云：「諸生能傳百萬言，不能覽古今，守信師法，雖辭説多，終不爲博。」文義正與此同，是其切證。

文吏自謂知官事，曉簿書。問之曰：「曉知其事，當能究達其義，通見其意否？」文吏必將罔然。「罔」讀作「惘」。惘然，無知貌。問之曰：「古者封侯，各專國土，今置太守令長，何義？地理志：「秦以周制微弱，終爲諸侯所喪，故不立尺土之封，分天下爲郡縣。漢興，因秦制度，以撫海内。」百官公卿表：「郡主秦官：掌治其郡，秩二千石，景帝更名太守。」又曰：「縣令、長，皆秦官，掌治其縣，萬户以上爲令，減萬户爲長。」古人井田，民爲公家耕，詩小雅大田：「有渰萋萋，興雨祁祁。雨我公田，遂及我私。」孟子滕文公篇：「方里而井，井九

〔一〕「李」，原本作「里」，聲近而誤，今改。

百畝，其中爲公田，八家皆私百畝，同養公田。公事畢，然後敢治私事。」**今量租芻，何意？**淮南氾論訓：「秦之時，入芻槀。」注：「入芻槀之稅，以供國用。」史記始皇紀：「二世元年，度不足，下調郡縣轉輸菽粟芻藁。」文選任彥昇天監三年策秀才文注引漢舊儀：「民田租芻藁，以給經用。」後漢書光武紀：「中元元年復嬴、博、梁父、奉高，勿出田租芻槀。」章帝紀：「勿收兗、豫、徐田租芻藁。」和帝紀：「勿收田租〔二〕、芻藁。」**一業（歲）使民居更一月，何據？**先孫曰：漢書昭帝紀顔注如淳曰：「古者正卒無常人，皆當迭爲之，一月一更，是爲卒更也。律說，卒踐更者，居也，居更縣中五月乃更也。後從尉律，卒踐更一月，休十一月也。」此云「一業使民居更一月」，「業」疑當爲「歲」之誤。暉按：昭帝紀注引律說誤。史記游俠傳集解引如淳引律說曰：「卒更、踐更者，居縣中五月乃更也。」史記吴王濞傳注引漢律：「卒更有三：踐更，居更，過更。」居更即卒更。後漢書明帝紀注：「更，謂戍卒更相代也。」食貨志：「秦用商鞅之法，月爲更卒。漢興，循而未改。」**年二十三儒（傅），十五賦，七歲頭錢二十三，何緣？**先孫曰：高帝紀注如淳曰：「律，年二十三傅之疇官。」顔師古云：「傅，著也。言著名籍，給公家徭役也。」此云「年二十三儒」，「儒」即「傅」之誤。「儒」俗書或作「僡」，（干祿字書：「儒」通作「僡」，亦以「需」爲「叀」。）與「傅」形相似。又漢舊儀云：「算民年七歲以至十四歲，出口錢，人二十三，二十錢以食天子，其三錢者，武帝加口錢

〔二〕「田租」，原本作「租更」，據後漢書改。

以補車騎馬。又令民男女年十五以上至五十六，出賦錢百二十爲一算，以給車馬。」即此云十五賦，七歲頭錢二十三也。暉按：漢舊儀見漢書高帝紀、昭帝紀、後書光武紀注，及今四庫全書内漢舊儀。貢禹傳曰：「古民無賦算，口錢起武帝征伐四夷，重賦於民，民産子三歲，則出口錢，故民重困，至於生子輒殺，甚可悲痛。宜令民七歲去齒乃出口錢，年二十乃算。天子下其議，令民産子七歲乃出口錢，自此始。」又説文貝部引漢律曰：「民不繇，貲錢二十三。」（「三」譌作「二」，依段校改。）段注云：「民不傜者，謂七歲至十四歲。貲錢二十三，口錢二十，并武帝所加三錢也。」**有臈，何帝王時？**「臈」或作「臘」。説文：「臘，冬至後三戌臘祭百神。」風俗通祀典篇：「禮傳云：夏曰嘉平，殷曰清祀，周曰大蜡。漢改爲臘。臘者，獵也，言田獵取獸以祭祀其先祖也。或曰：臘者，接也。新故交接，故大祭以報功也。」據應説，是臘始於漢。然或以臘即蜡，月令有「臘先祖五祀」，左氏傳存「虞不臘矣」之文。故史記秦紀，惠王十二年初臘，記秦始行周正亥月大蜡之禮，是臘已起於周。但有以月令、左傳爲不足徵。世説新語德行篇注引晉博士張亮議云：「蜡謂合聚百物而索享之。臈謂祭宗廟。臈則服玄，蜡則服黄，蜡臈不同，總之非也。」又玉燭寶典云：「臘者祭先祖，蜡者報百神，同日異祭。」是則以臘即蜡，非也。**門户井竈，何立？**説文：「門从二户，象形。半門曰户。」餘注祭意篇。**社稷、先農、靈星，何祠？**獨斷曰：「先農者，蓋神農之神，神農作耒耜，教民耕農。」後漢書祭祀志：「縣邑常以乙未日祠先農於乙地。」漢舊儀曰：「春始東耕於籍田，祠先農黄帝也。（續漢志補注引作「炎帝」。）祠以一太牢，百官皆從。」（書鈔九十一引。）餘注祭意篇。**歲終逐疫，何驅？使立桃〔梗〕象人於門户，何旨？挂蘆索於户上，畫虎於門闌，何放？**「使」爲「梗」字形近之譌，又誤奪在「立」字上。當作「立桃梗」。後漢書禮儀志：「百官官府，各設桃梗。」又注引山海經：「毆除畢，因立桃梗於門户。」風俗通：「桃梗，梗者更也。」並其證。孫讀連下「除」字，作「何放除」三字爲句，非也。畫虎與逐疫，並爲大儺一事。若依孫讀，是訓「放」爲「逐」，則與「何驅」義複矣，且與「何立」、「何祠」、「何驅」文不一律。廣雅釋詁：「放，效也。」即應劭所云「追效前事」之意。吕氏春秋季冬紀注：「前歲一日，擊鼓驅疫癘之鬼，謂之逐除，一曰儺。」後漢禮儀志：「先臘一日大儺，謂之逐疫。」注云：蔡邕月令章句曰：「日行北方之宿，北方大陰，恐爲所抑，故命有司大儺，所以扶陽抑陰也。」盧植禮記注：「所以逐衰而迎新。」獨斷曰：「帝顓頊有三子，生而亡去爲鬼，（續漢禮儀志注引漢舊儀，「鬼」上有「疫」字。）其一者居江水，是爲瘟鬼；（「瘟鬼」，漢舊儀作「虎」。）其一者居若水，是爲魍魎；其一居人宫室樞隅，善驚小兒。于是命方相氏，黄金四目，蒙以熊皮，玄衣朱裳，執戈揚楯，常以歲竟十二月從百隸及童兒而時儺於宫中，毆疫鬼也。桃弧棘矢，土鼓，鼓且射之以赤丸，五穀播灑之，以除疾殃。已而立桃人葦索，儋牙虎，神荼、鬱壘以執之。儋牙虎，神荼、鬱壘二神，海中有度朔之山，上有桃木，蟠屈三千里，卑枝東北有鬼門，萬鬼所出入也。神荼與鬱壘居其門，主閱領諸鬼。其惡害之鬼，執以葦索食虎。故十二月歲竟，常以先臘之夜逐除之也。乃畫荼壘，懸葦索爲門户，以禦凶也。」風俗通祀典篇：「黄帝書，上古之時，有荼與鬱壘，昆弟二人，性能執鬼，度朔山上，桃樹下，（「桃」上今衍「章」

字，依書鈔一五五引删。）簡閱百鬼。無道理妄爲人禍害，荼與鬱壘縛以葦索，執以食虎。於是縣官常以臘除夕，飾桃人，垂葦茭，畫虎於門。皆追效前事，冀以禦凶也。桃梗，梗者更也，歲終更始，受介祉也。春秋左氏傳曰：『魯襄公朝楚，會楚康王卒，楚人使公視襚，公患之。叔孫穆叔曰：祓殯而襚，則布幣也。乃使巫以桃茢先祓殯。楚人弗禁，既而悔之。』（左襄二十九年傳。）『古者日在北陸，而藏冰深山窮谷。其藏之也，黑牡秬黍，以享司寒；其出之也，桃弧棘矢，以除其災也。』（左昭四年傳。）葦茭，傳曰：『萑葦有藂。』吕氏春秋：『湯始得伊尹，祓之於廟，薫以萑葦。』周禮：『卿大夫之子名曰門子。』論語：『誰能出不由户。』故用葦者，欲人子孫蕃殖，不失其類，有如萑葦。茭者交易，陰陽代興也。虎者陽物，百獸之長也，能執搏挫鋭，噬食鬼魅。」孫曰：桃人、蘆索、畫虎之事，本書亂龍篇、訂鬼篇、風俗通祀典篇並謂緣神荼、鬱壘執鬼而起。而後漢書禮儀志注引春秋内事云：「夏后氏金行，初作葦茭，言氣交也。殷人水德，以螺首填其閉塞，使如螺也。周人木德，以桃爲梗，言氣相更也。今人元日以葦插户，螺則今之門鐶也。桃梗今之桃符也。」御覽二十九引玄中記云：「東南有桃都山，山上有大樹，名曰桃都。枝相去三千里，上有天鷄，日初出，照此木，天鷄即鳴，天下鷄皆隨之鳴。今人正朝作兩桃人立門旁，以雄鷄毛置索中，蓋遺象也。」此又異説也。**除牆壁書畫厭火丈夫，何見？**吕氏春秋高注：「見，效也。」謂何效於前事。厭火丈夫，未聞，疑即周禮之「赤犮」。周禮秋官之屬：「赤犮氏掌除牆屋，以蜃炭攻之，以灰洒毒之。」説文鬼部：「魃，旱鬼也。周禮有赤魃氏除牆屋之物也。」魃爲旱神，故此云「厭火丈夫」。

爲除牆屋之鬼物，故除牆壁時畫之。又疑「丈夫」或「夫人」字誤。山海經：「黄帝女妭，本天女也。所居不雨。」神異經：「魃，一名旱母。」玉篇引文字指歸：「女汥，秃無髮，所居之處，天不雨也。」**步之六尺，冠之六寸，何應？**史記秦始皇紀：「秦水德，數以六爲紀，符法冠皆六寸。六尺爲步。」集解張晏曰：「水北方黑，終數六，故以六寸爲符，六尺爲步。」**有尉史、令史，無承（丞）長史，何制？**先孫曰：「承」當爲「丞」。漢舊儀云：「更令史曰令史，丞史曰丞史，尉史曰尉史。」然則漢時自有丞史。此疑有譌。無長史者，蓋小縣令爲長，其史則不曰長史，仍曰令史也。暉按：百官表：「邊郡有長史，掌兵馬，秩六百石。」續百官志：「郡當邊戍者，丞爲長史。」孫校「承」作「丞」，是也。然「丞長史」三字不譌。漢舊儀曰：「御史大夫勅上計丞長史。」是「丞長史」三字連文者。又古今注曰：「建武六年三月，令郡太守諸侯相病，丞長史行事。十四年罷邊郡太守丞，長史領丞職。」又匈奴傳注師古引漢律曰：「近塞郡置尉，百里一人，士史、尉史各二人，巡行徼塞。」百官志引漢儀注：「令史秩百石。」**兩郡移書，曰『敢告卒人』，兩縣不言，何解？**移者，官曹文書相移與也。後漢書袁紹傳：「移書傳驛州郡。」「敢告卒人」，蓋與左傳虞箴「敢告僕夫」，揚雄州箴「敢告在階」、「敢告執御」義同。不敢直言，但告其僕御耳。朱曰：蓋漢時公文程式如此。王嘉所謂章文必有「敢告」之字乃下，是也。**郡言事二府，曰『敢言之』；**朱曰：此亦漢時公文程式也。王莽傳曰：「加公爲宰衡，位上公。三公言事，稱『敢言之』。」言使三公之於莽，猶郡守言事于二府也。**司空曰『上』，何狀？**二府，丞相及御史大夫也。詳王鳴盛十七史商榷卷二三。餘未聞。**賜民爵八級，何法？名曰簪褭、上造，何謂？**漢書百官公卿表：「爵一級曰公士，二上造，三簪褭，四不更，五大夫，六官大夫，七公大夫，（史記秦本紀集解「官」、「公」二字倒。）八公乘，九五大夫，十左庶長，十一右庶長，十二左更，十三中更，十四右更，十五少上造，十六大上造，十七駟車庶長，十八大庶長，十九關内侯，二十徹侯。皆秦制，以賞功勞。」後漢書明帝紀：「爵過公乘，得移與子，若同産、同産子。」注云：「漢置賜爵，自公士以上，不得過公乘，故過者得移授也。」今按：自公士至公乘，適爲八級。賜民爵八級，是賜爵於民不得過公乘也。又漢書高帝紀五年詔曰：「民各歸其縣，復故爵。其七大夫以上，皆令食邑。非七大夫以下，皆復其身，及户，勿事。」又曰：「七大夫公乘以上皆高爵也。諸侯子從軍歸者，（「子」下「及」字，依劉校刪。）甚多高爵。」是公乘以下，皆賜夫庶民，故尚有户賦役使。公乘以上，則賜夫諸侯子，乃高爵也。師古曰：「高爵，有國邑者。」故此云賜民爵只八級耳。方以智曰：「漢賜民爵，疑民盡賜之，則無百姓。漢詔：『賜高年帛。』又因宋賜民爵，必以高年，則漢詔所稱『民』，殆鄉老或里長之謂。猶今之耆民壽官也。其公乘以下，觀高祖詔令『諸吏善遇高爵』，則公士等猶夫民耳。即漢詔所云『久立吏前，曾不爲決』也。特用以贖罪而已。」百官表師古注：「以組帶馬曰褭。簪褭者，言飾此馬也。上造者，造，成也，言有成命於上也。」百官志注：「造，成也。古者成士，升爲司徒，曰造士。簪褭，御駟馬者。要褭，古之名馬也。駕駟馬者，其形似簪，故曰簪褭也。」**吏上功曰伐閱，**史記功臣侯表：

「古者人臣功有五品，明其等曰伐，積日曰閱。」説文新序：「閥閱，自序也。」伐、閥字通。**名籍墨將，何指？**漢官解詁：（初學記十二、類聚四九、御覽二三〇。）「凡居宫中者，皆施籍於掖門，案其姓名，當入者，本官長吏爲之封啓傳，審其印信，然後受之。有籍者皆復有符，用木長二寸，以所屬官兩字爲鐵印分符，當出入者，案籍畢，復識齒符，識其物色，乃引内之。」「墨將」未聞。盼遂案：唐蘭云：「將當爲狀，猶行狀也。今按漢書高祖紀，詔『詣相國府，署行、義、年』。蘇林注曰：『行狀年紀也。』知漢時攷吏有行狀之制也。」**七十賜王杖，何起？**先孫曰：「王」，何允中本作「玉」，非。元本、程本並作「王」。周禮伊耆氏：「共王之齒杖。」鄭司農注云：「謂年七十當以王命受杖者，今時亦命之爲王杖。」續漢書禮儀志云：「仲秋之月，縣道皆案户比民，年始七十者，授之以玉杖。玉杖長九尺，（暉按：「九」字今本後漢書捝。孫氏蓋據藝文類聚一百、書鈔八三引。）端以鳩鳥爲飾。」「玉」亦「王」字之譌。（暉案：類聚、書鈔引誤同。）**著鳩於杖末，不著爵，何杖？**「爵」借作「雀」。**苟以鳩爲善，不賜鳩而賜鳩杖，而不爵何説？**「而不爵」三字涉上文衍。續漢書禮儀志曰：「鳩者，不噎之鳥，欲老人不噎，所以愛民也。」（末句今佚，依類聚一百引補。）風俗通曰：「俗説高祖與項羽戰，敗於京索，遁叢薄中，羽追求之。時鳩正鳴其上，追者以爲鳥在無人，遂得脱。及即位，異此鳥，故作鳩杖，以賜老者。按：少皡五鳩，鳩者聚民也。周禮羅氏獻鳩養老，漢無羅氏，故作鳩杖以扶老。」惠士奇禮説：「鷹化爲鳩，不仁之鳥，感春之生氣，變而爲仁，故羅氏獻鳩以養國老，因著其形於杖，以扶之，助生氣也。」**日分六十，**此日長至時也。尚書堯典正義引馬曰：「古制刻漏，晝夜百刻，晝長六十刻，夜短四十刻，晝短四十刻，夜長六十刻，晝中五十刻，夜亦五十刻。」月令疏引鄭注：「日長五十五刻，日短四十五刻。」高注呂氏春秋「日長至」云：「晝漏水上刻六十五，夜漏水上刻三十五。」日短至與鄭説同。江聲曰：「鄭注考靈耀云：『九日增一刻。』計春分至夏至，九十二日，當增十刻。春分晝漏五十刻，則夏至之晝六十刻矣。鄭注此云：『日長之漏五十五刻。』非也。」續漢書律曆志：「冬至晝四十五刻，夜五十五刻；夏至晝六十五刻，夜三十五刻。」梁漏刻經：（初學記二五。）「冬至晝漏四十五刻。冬至之後，日長，九日加一刻，以至夏至，晝漏六十五刻。夏至之後，日短，九日減一刻。或秦遺法，漢代施用。」此説與續漢志同。蓋東漢時曆法也。仲任云「日分六十」，與馬融同，舉古制耳。**漏之盡自（百），**先孫曰：「自」當爲「百」字之譌。周禮挈壺氏鄭注云：「漏之箭，晝夜共百刻。」説文曰：「漏以銅受水，（書鈔一三〇引作「以箭盛水」。）刻節，晝夜百刻。」段玉裁曰：「晝夜百刻，每刻爲六小刻，每六小刻又十分之，故晝夜六千分，每大刻六十分也。其散於十二辰，每一辰八大刻、二小刻，共得五百分也。此是古法。」**鼓之致五，**顔氏家訓書證篇：「魏漢以來，謂爲甲夜、乙夜、丙夜、丁夜、戊夜。又鼓，一鼓、二鼓、三鼓、四鼓、五鼓。亦云一更、二更、三更、四更、五更。皆以五爲節。所以爾者，假令正月建寅，斗柄夕則指寅，曉則指午矣。自寅至午，凡歷五辰。冬夏之月，雖復長短參差，然辰間遼闊，盈不至六，縮不至四，故進退長在五者之間也。」**何故？吏衣黑衣，宮闕赤單**

（墀），何慎？「單」當作「墀」。「墀」壞爲「犀」，再譌爲「單」。說文：「墀，涂地也。禮：『天子赤墀。』」蔡質漢官典職曰：（御覽一八五。）「以丹漆地，故曰丹墀。」應劭漢官儀曰：（初學記十一。）「明光殿省中，皆以胡粉塗壁，丹朱漆地。」漢唯宮闕丹墀，故未央宮青瑣丹墀，後宮則玄墀而彤庭。劉向新序曰：「諸侯垣牆有黝堊之文，無丹青之彩。」漢官典職曰：「曲陽侯王根，僭作赤墀青瑣。司隸京兆奏，王根負鉞謝罪。」（御覽一八五。亦見漢書元后傳。）並其證。惠士奇禮說讀「單」作「襌」，謂「漢之衛卒皆服絳襌之衣」。以「衛卒」釋「宮闕」，或未是也。「宮闕赤墀」，與韓非子十過篇所言「殷人四壁堊墀」句同。漢以赤伏符，故宮闕赤墀。殷人尚白，故堊墀。「吏衣黑衣」，謂秦尚黑。並終始五德之說也。史記始皇紀：「秦水德之始，衣服上黑。」**服革（鞶）於腰**，「服革於腰」，於古無說。「革」當爲「鞶」之譌。蓋「般」譌爲「服」，（廣雅卷一：「服，行也。」二：「服，任也。」五：「懾，服也。」「服」並譌作「般」。「服」作「舨」，與「般」形近，故譌。此正其比。）校者以爲衍文，妄刪之。易訟上九：「或錫之鞶帶。」禮記內則：「男鞶革，女鞶絲。」鄭注：「鞶，小囊，盛帨中者。男用革，女用繒，有飾緣之。」（詩毛傳，左傳服虔、賈逵、杜預說，許慎說文，以鞶爲大帶，並非。）宋書禮志：「漢代著鞶囊者，側在腰間，或謂之傍囊。」是漢俗猶有服鞶者。晉書輿服志：「革帶，古之鞶帶也。」隋書禮儀志：「阮諶以爲有章印，則於革帶佩之。」是革帶名起魏、晉後。**〔著絇於履，何備？〕**六字誤奪在下，今正。說見下。「絇」舊作「鉤」。先孫曰：「鉤」當爲「絇」。儀禮士冠禮鄭注云：「絇之言拘，以爲行戒，狀如刀衣鼻，在屨頭。」暉按：「絇」亦作「句」。漢書王莽傳作

「句履」。孟康注：「今齋祀履舄頭飾也。出履二寸。」師古曰：「其形岐頭。句音巨俱反。」宋祁曰：韋昭云：「句，履頭飾，形如刀鼻，音劬，禮作絇，亦是。」「何備」，舊奪在「著」字上，今正。「何」下又衍「人」字，據上下「何慎」、「何象」、「何王」文例删。**佩刀於右，舞（帶）劍於左，何人備，**盼遂案：「人」字衍文，宜據上下文例删。**著鉤於履冠在於首，何象？**「著絇於履」，義無所象，是此句失其次也。原文當作：「服鞶於腰，著絇於履，何備？佩刀於右，帶劍於左，冠在於首，何象？」鄭玄曰：「絇之言拘，以爲行戒。」白虎通衣裳篇曰：「男子所以有鞶帶者，示有金革之事。」服鞶，著絇，故以「何備」詰之。備，戒也。（方言、廣雅、曾子問鄭注並云：「戒，備也。」）春秋繁露服制像篇曰：「劍之在左，蒼龍之象也；刀之在右，白虎之象也；韍之在前，朱雀之象也；冠之在首，玄武之象也，四者人之盛飾也。」故於佩刀、帶劍、著冠以「何象」詰之。今本「何人備，著鉤於履」七字誤奪入此，遂使文不可通矣。先孫曰：「舞」當作「帶」。隸書「帶」字或作「𢃄」，又變作「帶」。（禮記雜記：「率𢃄。」釋文云：「本又作帶。」漢孟郁脩堯廟碑、張壽碑「帶」並作「𢃄」。）與「舞」形近而誤。**吏居城郭，出乘車馬，坐治文書，起城郭，何王？**風俗通曰：（意林引，今挩。）「世本：『鮌作城郭。』城，盛也。郭，大也。」吕氏春秋君守篇：「夏鮌作城。」吳越春秋曰：「鮌築城以衛君，造郭以守民。」博物志曰：「處士東里隗，責禹亂天下，禹退三城，强者攻，弱者守，敵者戰，城郭蓋禹始也。」漢書郊祀志言黄帝時爲五城十二樓，食貨志載鼂錯引神農之教，有石城十仞。禹、鮌造城郭，已不足徵，更上溯神農、黄帝，當爲方士臆説也。**造車輿，何工？生馬，何地？**左昭四年傳：「冀之北土，馬之所生。」**作書，何人？」王**「王」字涉上文衍。**造城郭，及馬所生，難知也，遠也。造車作書，易曉也，必將應曰：「倉頡作書，奚仲作車。」**「作書」注見奇怪篇。左定元傳：「奚仲居薛，爲夏車正。」杜注：「爲夏掌車服大夫。」吕氏春秋君守篇高注：「奚仲，黄帝之後，任姓也。」車之始作者有二説：説文：「車，夏后時奚仲所造。」尸子曰：「造車者，奚仲也。」管子曰：「奚仲之爲車器，方圓曲直，皆中規矩。」荀子解蔽篇、吕氏春秋君守篇並云：「奚仲作車。」此主奚仲説者，仲任從之。宋書禮志：「世本云：『奚仲始作車。』案：庖犧畫八卦而爲大輿，服牛乘馬，以利天下。奚仲乃夏之車正，安得始造乎？世本之言非也。」續漢書輿服志説同。荀子楊注：「奚仲，夏禹時車正。黄帝時已有車服，故謂之軒轅。此云奚仲者，亦改制耳。」山海經内經曰：「奚仲生吉光，吉光始以木爲車。」此不主奚仲説者。古史考曰：（御覽七七三。）「黄帝作車，至少皞時略加牛，禹時奚仲駕馬。」朱駿聲曰：「車，少皞時駕牛，奚仲始駕馬，世因以車爲奚仲所造。」此溝通兩説也。並爲肊度，事涉荒遠，當存而不論。**詰曰：「倉頡何感而作書？奚仲何起而作車？」**感類篇曰：「見鳥跡而知爲書，見蜚蓬而知爲車，奚仲感蜚蓬，而倉頡起鳥跡也。」淮南子説山訓：「見飛蓬而知爲車，見鳥跡而知著書，以類取之。」但孝經援神契（初學記二十一。）曰：「奎主文章，蒼頡效象洛龜，曜書丹青，垂萌字畫。」宋均注：「蒼頡視龜而作書。是非起鳥跡也。」後漢輿服志曰：「古聖人見轉蓬始知爲輪，輪行可載，因物知生，復爲之輿。自是以來，世加其飾，至奚仲建其斿旐。」是感飛蓬者，非奚仲也。**又不知也。文吏所當知，然而不知，亦不博覽之過也。**

夫儒生不覽古今，何（所）知一永不過守信經文，盼遂案：「何」字疑爲「所」字之誤。草書「所」字作「[illegible]」，與「何」極肖。「一永」二字疑衍。此句本爲「所知不過守信經文」，與下文「所能不過按獄考事」，正相儷爲章也。**滑習章句，**孫曰：「何」當作「所」，草書形近，又涉上文諸「何」字而誤。「一永」二字，疑即「不」字誤衍。原文當作：「夫儒生不覽古今，所知不過守信經文，滑習章句。」下文云：「文吏不曉吏道，所能不過案獄考事，移書下記。」文正相對。**解剥互錯，分明乖異。文吏不曉吏道，所能不過案獄考事，移書下記，**下記，郡府下記屬縣也。後漢書鍾離意傳注：「記，文符也。」**對卿（鄉）便給，**吴曰：「卿」當作「鄉」，形近而誤。程材篇云：「對向謬誤，拜起不便。」又云：「治作情奏，習對向。」別通篇云：「縣邑之吏，對向之語。」「鄉」、「向」通用。「對向」猶言「酬對」。盼遂案：「卿」當爲「鄉」，形近之誤。「鄉」亦「向」也。答佞篇：「對鄉失漏。」程材篇：「對向謬誤。」皆「對鄉」連用。**之准无一閲備，**吴曰：文有脱誤。盼遂案：「之准」疑爲「准之」誤倒。「准之」者，猶言準繩之、比挈之也。儒生文吏之短既如上述，故于此准衡其值，而無一人能閲備也。閲者，具也。見尚書呂刑注。**皆淺略不及，偏駮不純，俱有闕遺，何以相言？**

論衡校釋卷第十三

效力篇

廣雅：「效，考也。」

程才、量知之篇，徒言知學，未言才力也。

人有知學，則有力矣。文吏以理事爲力，而儒生以學問爲力。

或問楊子雲曰：「力能扛鴻鼎、揭華旗，知德亦有之乎？」答曰：「百人矣。」見法言孝至篇。李軌注：「此力百人便能敵之。」夫知德百人者，與彼扛鴻鼎、揭華旗者爲料敵也。說文：「料，量也。」言兩者爲量相均。夫壯士力多者，扛鼎揭旗；儒生力多者，博達疏通。故博達疏通，儒生之力也；舉重拔堅，壯士之力也。梓材曰：「彊人有王開賢，厥率化民。」梓材，尚書篇名。此今文經也。古文經：「肆往姦宄殺人歷人宥。肆亦見厥君事，戕敗人宥。王啓監，厥亂爲民。」惠棟九經古義曰：「梓材：『戕敗人宥。王啓監，厥亂爲民。』今文尚書曰：『彊人有王開賢，厥率化民。』古『宥』字或作『有』。（古「有」字皆作「又」。王制曰：「王三又，然後制刑。」鄭注云：「又當作宥。」管子書又以「侑」爲「宥」。）『開』本『啓』字，避漢帝諱，故作『開』。以『亂』爲『率』，以『爲』爲『化』，（古「貨」字作「賜」，「訛」字作「譌」，或從「化」，或從「爲」，字本相通。）古今文之異如此。」段玉裁曰：「『彊』、『戕』音同，『有』、『宥』音同，『啓』、『開』音同，『爲』、『化』音同。『率』古讀『律』，與『亂』雙聲，且古文『亂』字作『𤔲』，與『率』相似。而『敗』字則古有今無。『賢』與『監』則形略相似。」孫星衍曰：「以『彊』爲『戕』、『宥』爲『有』者，説文云：『能，獸堅中，故稱賢能，而彊壯稱能傑也。』是知彊人爲彊壯人，謂賢傑也。中庸：『子路問强。』又云：『發强剛毅，足以有執。』是彊爲美德也。『開』者，韋昭注晉語云：『通。』『率』義同『帥』。王開賢，厥率化民者，言彊能者有爲王所通達之賢，在其督帥化民之事。漢舊儀，丞相御史大夫初拜策皆曰：『往悉乃心，和裕開賢。』用此經文。」皮錫瑞曰：「鄭注尚書大傳云：『天於不中之人，恒耆其味，厚其毒，增其病，將以開賢代之也。』亦用今文『開賢』字。」江聲、王鳴盛譏爲謬妄，趙坦疑爲佚文，並失之。**此言賢人亦壯彊於禮義，故能開賢，其率化民。化民須禮義，禮義須文章。「行有餘力，則以學文。」**論語學而篇孔子語。集解馬曰：「文者，古之遺文也。」皇疏：「即五經六籍。」釋文鄭曰：「文，道藝也。」按此義，是文謂文章，與鄭、馬義近。論語述何、四書賸言並謂文爲文字，疑非。**能學文，有力之驗也。**

問曰：「説一經之儒，可謂有力者？」曰：非有力者也。陳留龐少都每薦諸生之吏，常曰：「王甲某子，才能百人。」太守非其能，不答。少都更曰：「言之尚少。

王甲某子，才能百萬人。」太守怒曰：「親吏妄言！」少都曰：「文吏不通一經一文，先孫曰：「經」上「一」字，疑涉下而衍。不調師一言；諸生能說百萬章句，非才知百萬人乎？」太守無以應。夫少都之言，實也，然猶未也。何則？諸生能傳百萬言，不能覽古今，守信師法，雖辭說多，終不爲博。殷、周以前，頗載六經，儒生所不能說也。秦、漢之事，儒生不見，力劣不能覽也。「儒生所不能說」，當作「儒生所能說」，「不」字蓋涉上下文衍。此言儒生通經，經載殷、周前事，故儒生能說。秦、漢之事，未見於經，故不能覽。謝短篇云：「夫儒生之業，五經也，究備於五經，可也。五經之後，秦、漢之事，不能知者，短也。」與此義同。且下文只云：「周、秦以來，儒生不知。」則此文不當言殷、周以前儒生不能說，明矣。周監二代，監，視也。二代，夏、殷。漢監周、秦，周、秦以來，儒生不知，漢欲觀覽，儒生無力。使儒生博觀覽，則爲文儒。文儒者，力多於儒生。如少都之言，文儒才能千萬人矣。

曾子曰：「士不可以不弘毅，任重而道遠。仁以爲己任，不亦重乎？死而後已，不亦遠乎？」見論語泰伯篇。由此言之，儒者所懷，獨已重矣；志所欲至，獨已遠矣；身載重任，至於終死，不倦不衰，力獨多矣。夫曾子載於仁，而儒生載於學，所載不同，輕重均也。夫一石之重，一人挈之，十石以上，二人不能舉也。世多挈一石之任，寡有舉十石之力。儒生所載，非徒十石之重也。地力盛者，草木暢茂，一畝之收，當中田五畝之分。苗田，二字有誤。人知出穀多者地力盛，不知出文多者才知茂，失事理之實矣。

夫文儒之力，過於儒生，況文吏乎？能舉賢薦士，世謂之多力也。然能舉賢薦士，上書日（白）記也。「日」當作「白」。校見下。盼遂案：「日」當爲「占」之形譌。占者，隱度也。漢書游俠陳遵傳：「口占書吏。」注：「口隱其辭以授吏也。」後漢書袁敞傳：「占獄吏上書自訟。」注占謂口述也。文選陶徵士誄：「式遵遺占。」李注：「口隱度其事，令人書也。」是「占記」與「上書」自爲儷文。今本誤「日記」，所宜亟正。能上書日（白）記者，文儒也。「日記」無義。「日」當作「白」，形近而誤。「下記」、「奏記」、「白記」，漢人常語也。文選永明十一年策秀才文注引作「白記」，是其證。文儒非必諸生也，「諸生」，疑當作「儒生」。賢達用文則是矣。谷子雲、唐子高章奏百上，筆有餘力，極言不諱，文不折乏，漢書谷永傳：「谷永字子雲。」又游俠傳：「長安號曰：谷子雲之筆札。」（「之」字今本脱，依王念孫校補。）唐林字子高，見漢書鮑宣傳、儒林傳。非夫才知之人不能爲也。孔子，周世多力之人也，作春秋，刪五經，祕書微文，無所不定。山大者雲多，泰山不崇朝辨（辦）雨雨天下。孫曰：「辨」當作「辦」，「辨」與「偏」通。衍一「雨」字。原文當作：「泰山不崇朝辨雨天下。」明雩篇云：「不崇朝而辨雨天下，泰山也。」亦作「辨雨」。文選陸士衡文賦注引正作「辨雨天下」，並其切證。暉按：朱校元本「辨」正作「辨」。類要二十一名臣之文類引作「便雨天下」，不重「雨」字。夫然則賢者有雲雨之知，此文不當有「夫」字。宋本「夫」作「而」，朱校同。蓋「而」、「然」字通。此文本作「而」，「然」字爲旁注誤入正文，校者則妄改「而」爲「夫」矣。文選文賦注、齊故安陸昭王碑文注、類要二十一引並無「夫」字，是其證。又「賢者」，文賦注引作「賢聖」，疑是。此承上唐子高、谷子雲、孔子爲言。類要引作「聖賢」，蓋以意乙。（本書言「聖賢」，多作「賢聖」，説見答佞篇。）齊故安陸昭王碑文注引同今本。故其吐文萬牒以上，「故」下舊校曰：一有「曰」字。暉按：「曰」字不當有，文選注、類要引並無。又文賦注、類要引「故」並作「彼」。齊故安陸昭王碑文注引同今本。可謂多力矣。

世稱力者，常褒烏獲，烏獲之力，孟子告子下篇、荀子富國篇、韓非子觀行篇、秦策三范雎説昭王、燕策一蘇代説燕昭王、司馬相如諫獵書皆稱之。孟子趙注：「烏獲，古之有力人也。」梁玉繩漢書人表攷曰：「文子自然篇，老子曰：『用衆人之力者，烏獲不足恃。』是古有烏獲，後人慕之以爲號也。」按：史記秦本紀謂爲秦武王力士，淮南主術訓注因之。蓋非實也。然則董仲舒、揚子雲，文之烏獲也。秦武王與孟説舉鼎不任，不任，力不堪也。絶脉而死。史記秦本紀：「武王與孟説舉鼎絶臏。八月，武王死。族孟説。」少文之人，與董仲舒等涌胸中之思，「等涌」，元本作「較其」，朱校同。疑「涌」當作「較其」二字。必將不任，有絶脉之變。王莽之時，省五經章句，皆爲二十萬，博士弟子郭路御覽二三六、又三七六、又五四八引「路」並作「略」。夜定舊説，死於燭下，精思不任，絶脉氣滅也。初學記十四、御覽三七五、又五八四引「絶脉」並作「脉絶」。顔氏之子，已曾馳過孔子於塗矣，劣倦罷極，髮白齒落。書虚篇曰：「顔淵髮白齒落，用精於學，勤力不休，氣力竭盡，故至於死。」夫以庶幾之材，易繫辭傳曰：「顔氏之子，其殆庶幾乎。」論語後録曰：「庶幾，猶云冀近於知幾也。知幾者唯聖人，顔子亞聖，但近之。」猶有仆頓之禍，孔子力優，顔淵不任也。御覽八九七引新論曰：「顔淵所以短命，慕孔子所以傷其年也。若庸馬良馬相追，至暮共列，（疑是「到」字。）良馬鳴食如故，庸馬垂頭，不復食。何異顔淵與孔子優劣。」才力不相如，則其知思（惠）不相及也。吴曰：「知思」無義。「思」當作「惠」。「知惠」即「智慧」。量知篇云：「御史之知，有司之惠也。」是其證。勉自什伯，鬲中嘔血，失魂狂亂，遂至氣絶。書五行之牘，書十奏之記，盼遂案：此句當是「奏十言之記」，後「言」訛爲「書」，而又誤與「奏」倒，遂不通矣。其才劣者，筆墨之力尤難，況乃連句結章，篇至十百哉！力獨多矣！

江河之水，馳涌滑漏，席地長遠，無枯竭之流，本源盛矣。知江河之流遠，地中之源盛，不知萬牒之人胸中之才茂，舊校曰：一有「無」字。迷惑者也。故望見驥足，不異於衆馬之蹄，躡平陸而馳騁，千里之跡，斯須可見。夫馬足人手，同一實也，稱驥之足，不薦文人之手，不知類也。夫能論筋力以見比類者，則能取文力之人立之朝廷。各本作「庭」，今從王本、崇文本。

故夫文力之人，助（因）有力之將，乃能以力爲功。此言文儒因有力之將相薦舉乃能爲功。作「助」，失其義也。「助」，元本作「因」，當從之。宋本、朱校元本並作「固」，蓋「因」之誤。有力無助，以力爲禍。何以驗之？長巨之物，彊力之人乃能舉之。重任之車，魯語注：「任，負荷也。」彊力之牛乃能輓之。是任車上阪，彊牛引前，力人推後，乃能升踰。如牛羸人罷，任車退却，還墮坑谷，有破覆之敗矣。文儒懷先王之道，含百家之言，其難推引，非徒任車之重也。薦致之者，罷羸無力，遂却退竄於巖穴矣。

河發崑崙，江起岷山，水力盛多，滂沛之流，「之」，錢、黄、王、崇文本作「不」，誤。浸下益盛，不得廣岸低地，不能通流入乎東海。如岸狹地仰，溝洫決洪，説文：「洪，水所蕩泆也。」散在丘墟矣。文儒之知，有似於此。文章滂沛，不遭有力之將援引薦舉，亦將棄遺於衡門之下，固安得升陟聖主之庭，論説政事之務乎？火之光也，不舉不明。有人於斯，其知如京，意林引「京」作「源」，疑是。韓詩外傳五云：「智如泉源。」御覽四三二引作「傾」。其德如山，力重不能自稱，稱，舉也。須人乃舉，而莫之助，抱其盛高之力，竄於閭巷之深，宋、元本「深」作「滯」，朱校同。何時得達？奡、育，古之多力者，奡、育注語增篇。身能負荷千鈞，手能決角伸鉤，使之自舉，不能離地。智能滿胸之人，宜在王闕，須三寸之舌，一尺之筆，盼遂案：民國辛未冬，西北科學考察團團員貝格曼於蒙古額濟納河西岸發現漢代木簡，中間附有一筆，筆管及毫通長公尺二寸三分二釐。馬叔平先生校定劉歆銅斛尺，每尺當今公尺二寸三分一釐。漢筆約得漢尺一尺之度。則論衡一尺之說，信有徵矣。至若楊子雲把三寸弱翰，本以取便懷挾，非常制也。然後自動，御覽四三二、又六〇五引「動」並作「通」。不能自進，進之又不能自安，須人能動，待人能安。兩「能」字並讀作「而」。道重知大，位地難適也。

小石附於山，山力能得持之；在沙丘之間，小石輕微，亦能自安。至於大石，沙土不覆，山不能持，處危峭之際，則必崩墜於坑谷之間矣。大智之重，遭小才之將，無左右沙土之助，雖在顯位，將不能持，則有大石崩墜之難也。或伐薪於山，輕小之木，合能束之。「能」讀「而」。類聚八十引作「而」。至於大木十圍以上，引之不能動，推之不能移，則委之於山林，收所束之小木而歸。由斯以論，知能之大者，其猶十圍以上木也，人力不能舉薦，其猶薪者不能推引大木也。孔子周流，無所留止，非聖才不明，道大難行，人不能用也。故夫孔子，山中巨木之類也。舊本段。桓公九合諸侯，一匡天下，管仲之力。見論語憲問篇。管仲有力，桓公能舉之，可謂壯彊矣。吳不能用子胥，楚不能用屈原，並注命義篇。二子力重，兩主不能舉也。舉物不勝，委地而去，可也。時或恚怒，宋本「或」作「惑」，朱校同。斧鑕破敗，此則子胥、屈原所取害也。淵中之魚，遞相吞食，度口所能容，然後嚥之，口不能受，哽咽不能下。故夫商鞅三説孝公，後説者用，前二難用，後一易行也。注逢遇篇。觀管仲之明法，察商鞅之耕戰，耕戰，篇名。注超奇篇。固非弱劣之主所能用也。

六國之時，賢才之臣，入楚楚重，出齊齊輕，爲趙趙完，畔魏魏傷。韓用申不害，行其三符，三符，申子篇名。淮南俶真訓注：「申不害，韓昭侯相，著三符之命，而尚刻削。」又泰族訓云：「申子之三符。」注：「申不害治韓，有三符驗之術。」漢志法家：「申子六篇。」其書南宋已亡，今只三符、大體、君臣三篇存目。兵不侵境，蓋十五年。不能用之，又不察其書，兵挫軍破，國并於秦。「之」，宋本作「韓」，朱校元本同。無「用」字。「察」上有「能」字。按：此文疑誤。史記韓世家：「昭侯八年，申不害相韓。二十二年，申不害死。」計十五年。漢志班固注亦云：「相韓昭侯，終其身，諸侯不敢侵韓。」是十五年後，申子已死，不當言「不能用之」也。蓋「不能用」句上尚有脱文，非指申子言也。（韓非子定法篇云：「申不害託萬乘之勁韓，十七年而不至於霸。」「十七」誤作「七十」，今依顧校。與史記、論衡並不合，不足據。）殷、周之世，亂跡相屬，亡禍比肩，豈其心不欲爲治乎？力弱智劣，不能納至言也。是故塠（碓）重，一人之跡

不能蹈也；「蹪」當作「碓」。「碓」、「堆」字通。「蹪」、「堆」古今字。（説文：「𠂤，小𨸏也。」徐鉉曰：「今俗作『堆』。」河東風陵堆，戴延之謂之「風蹪」。）説文：「碓，所以舂也。」段注：「不用手而用足謂之碓。」桓譚新論：「宓犧制杵臼，後世加巧，借身踐碓。」（御覽八二九，又七六二。）此云「一人之跡不能蹈」，其義正合。説文：「蹈，踐也。」**礚（磑）大，一人之掌不能推也。**「礚」同「磕」，石聲也。義不可通。「礚」爲「磑」形誤。（率性篇「闓導牖進」，今「闓」譌作「闔」。此「磑」譌作「礚」，正其比。）説文：「磑，䃺也。」「碓」、「磑」義相類，故並舉爲文。盼遂案：「重」與「大」二字宜互易。

賢臣有勁彊之優，愚主有不堪之劣，以此相求，禽魚相與遊也。干將之刃，人不推頓，苽瓠不能傷；篠簬之箭，機不能動發，魯縞不能穿。元本「推」上有「能」字，朱校同。孫曰：據上下文例校之，當有「能」字。暉按：「推」上不當有「能」字。此文以人不推頓喻君不用賢，義無取於「能」也。荀子性惡篇：「繁弱鉅黍，古之良弓，不得排檄，則不能自正；干將莫邪，古之良劍，不加砥礪，則不能利，不得人力，則不能斷。」韓詩外傳三：「劍雖利，不厲不斷。」其立意並與此同。「動」上「能」字，乃爲衍文，不得據爲句例而過信元本也。御覽九七九引作「干將之刃未磨，瓜瓠不能傷」。類要三四士未遇類引作「干將之刃未磨，故瓜瓠不能傷；篦簬之機不發，魯縞不能穿」。「未磨」、「不發」，正與「人不推頓」、「機不動發」義相合。又「刃」字，張刻御覽引作「劍」。「劍」、「箭」對文，疑是。又「苽瓠」當從御覽、類要引作「瓜瓠」。（下文「苽瓠」字，並當作「瓜瓠」。）苽，蔣草也，生水上相連，與「瓠」不類。淮南主術：「人莫抓玉石而抓瓜瓠。」亦取瓜瓠爲物易破。

干將，吴劍名。「頓」讀作「鈍」。篠簵，竹箭。「簵」「簬」字同。漢書韓安國傳注：「縞，素也。曲阜之地，俗善作之，尤爲輕細。」爾雅曰：「繒之細者曰縞。」盼遂案：「動」上「能」字衍文。上句「干將之刃，人不推頓，苽瓠不能傷」，無「能」字。知此亦無「能」字。元本於上句亦誤沾「能」字。孫人和乃以元本爲是，失之。仲任意謂干將之刃，若不加推頓，則雖苽瓠之弱不能傷也。篠簵之箭機，若不加動發，則雖魯縞之輕細，亦不能穿也。非無干將、篠簵之才也，無推頓發動之主，苽瓠、魯縞不穿傷，焉望斬旗穿革之功乎？故引弓之力不能引彊弩。說文：「弩，弓有臂者。」弩力五石，引以三石，筋絶骨折，不能舉也。故力不任彊引，則有變惡折脊之禍；知不能用賢，宋本作「貪賢」，朱校同。則有傷德毁名之敗。論事者不曰才大道重，上不能用，而曰不肖不能自達。自達者帶絶不抗，「帶」疑是「滯」誤。自衒者賈賤不讎。

案諸爲人用之物，須人用之，功力乃立。鑿所以入木者，盼遂案：「入」字上，依下文例，應是脱一「能」字。槌叩之也；槌、叩並擊也。鍤所以能擨地者，鍤，今之鏵鍬。跖蹈之也。諸有鋒刃之器，所以能斷斬割削者，手能把持之也，力能推引之也。韓信去楚入漢，項羽不能安，高祖能持之也。能用其善，能安其身，則能量其力，能別其功矣。樊、酈有攻城野戰之功，樊噲、酈商，事見史記本傳。高祖行封，先及蕭何，則比蕭何於獵人，同樊、酈於獵犬也。見蕭相國世家。夫蕭何安坐，樊、酈馳走，封不及馳走而先安坐者，蕭何以知爲力，而樊、酈以力爲功也。蕭何所以能使樊、酈者，以入秦收斂文書也。衆將拾金，何獨掇書，坐知秦之形勢，見蕭相國世家。是以能圖其利害。衆將馳走者，何驅之也。故叔孫通定儀，叔孫通作儀品，注謝短篇。而高祖以尊；漢七年，長樂宫成，諸侯羣臣皆朝，行儀，竟朝置酒，無敢讙譁失禮者。見通傳。蕭何造律，注謝短篇。而漢室以寧。案儀、律之功，重於野戰；斬首之力，不及尊主。故夫墾草殖穀，農夫之力也；勇猛攻戰，士卒之力也；構架斲削，工匠之力也；治書定簿，佐史之力也；論道議政，賢儒之力也。人生莫不有力，所以爲力者，或尊或卑。孔子能舉北門之關，不以力自章，「能舉北門之關」，宋本作「力糾國門之關」。吕氏春秋慎大覽：「孔子之勁，舉國門之關，而不肯以力聞。」淮南道應訓：「孔子勁杓（今從「木」，依王念孫校。）國門之關。」列子説符篇：「孔子之勁，能招國門之關。」（「招」，今誤作「拓」，依文選吴都賦注引正。）並作「國門」。疑宋本爲是。淮南主術訓：「孔子力招城關，然而勇力不聞。」顔氏家訓誡兵篇：「孔子力翹門關，不以力聞。」此云「北門關」，未詳。畢沅曰：「此殆即孔子之父事也。左氏襄十年傳：『偪陽人啓門，諸侯之士門焉。縣門發，郰人紇抉之，以出門者。』非孔子也。」盼遂案：「章」與「彰」通，今作「彰」。知夫筋骨之力，不如仁義之力榮也。「力」，朱校元本作「爲」。

別通篇

富人之宅，以一丈之地爲内，内中所有，柙匵所羸（贏），「柙匵」，元本作「匵柙」，朱校作「櫃柙」。「柙」與「匣」同。吴曰：「羸」當作「贏」，形近而誤。暉按：宋本正作「贏」。縑布絲綿也。「綿」，宋本、朱校元本同。程、王、崇文本並作「帛」。盼遂案：「綿」爲「帛」之誤。又案：宋本「贏」不誤「羸」。程本「帛」不誤「綿」。貧人之宅，亦以一丈爲内，内中空虚，徒四壁立，故名曰貧。夫通人猶富人，不通者猶貧人也。俱以七尺爲形，通人胸中懷百家之言，不通者空腹無一牒之誦，貧人之内，徒四所壁立也。「貧」上疑有「猶」字。盼遂案：依上兩句文例，此上宜有「富人之内，贏縑布絲帛」九字方合。又案：「所」字疑爲衍文。慕料貧富不相如，則夫通與不通不相及也。孫曰：「慕」與「料」義不相屬，不當連用。超奇篇云：「退與儒生相料。」又云：「如與俗人相料。」此「料」字與彼義同。「慕」字疑涉下文「慕富」、「可慕」諸「慕」字而衍。盼遂案：「慕料」二字爲古成語，猶言概要，亦辜較也，或作「孟浪」。莊子齊物論：「夫子以爲孟浪之言。」釋文引李云：「孟浪猶較略也，亦作莫絡。」文選吴都賦劉注：「孟浪猶莫絡也，不委細之貌。」慕與孟、莫，料與浪、絡，皆一聲之轉。孫氏舉正乃謂慕字爲衍文，殊失之。世人慕富不榮通，羞貧不賤不賢，不推類以況之也。

夫富人可慕者，貨財多則饒裕，故人慕之。夫富人不如儒生，儒生不如通人。超奇篇云：「博覽古今者爲通人。」元和姓纂魚韻曰：「新論有通人如子禮。」御覽天部引新論：「通人楊子雲。」蓋「通人」當時常語。通人積文，十篋以上，聖人之言，賢者之語，上自黃帝，下至秦、漢，治國肥家之術，盼遂案：禮記禮運云：「父子篤，兄弟慕，夫婦和，家之肥也。」與後世以發富爲肥家異義。刺世譏俗之言，備矣。使人通明博見，其爲可榮，非徒縑布絲綿也。先孫曰：「綿」，上文作「帛」，此誤益「糸」形。暉按：先孫説非。上文宋、元、通津本正作「綿」，此文正與之合。蕭何入秦，收拾文書，見蕭何世家。漢所以能制九州者，文書之力也。以文書御天下，天下之富，孰與家人之財？

人目不見青黄曰盲，耳不聞宫商曰聾，鼻不知香臭曰癰。御覽三六七引作「齆」。注云：「烏貢切。」廣韻一送云：「鼻塞曰齆。」衆經音義二十引埤蒼曰：「齆，鼻疾也。」又引通俗文曰：「鼽鼻曰齆。」則御覽引作「齆」爲是。「癰」乃癰疽之「癰」。説文：「癰，腫也。从疒，雝聲。」釋名釋疾病：「癰，壅也，氣壅否結裹而潰也。」俗言「鼻癰」，字亦當作「齆」。癰、聾與盲，不成人者也。人不博覽者，不聞古今，不見事類，不知然否，猶目盲、耳聾、鼻癰者也。儒生不〔博〕覽，猶爲閉闇，「博」字依朱校元本補。謝短篇曰：「夫總問儒生以古今之義，儒生不能知；別各以其經事問之，又不能曉，斯則坐守信師法，不頗博覽之咎也。」效力篇：「使儒生博觀覽，則爲文儒。」下文云：「或以說一經爲是，何須博覽。」並以「博覽」連文。「儒生不博覽」，承上「人不博覽」爲義。今本脱「博」字。況庸人無篇章之業，不知是非，其爲閉闇，甚矣。此則土木之人，耳目俱足，無聞見也。涉淺水者見蝦，其頗深者察魚鼈，其尤甚者觀蛟龍。足行跡殊，故所見之物異也。入道淺深，其猶此也。淺者則見傳記諧文，深者入聖室觀祕書。故入道彌深，所見彌大。人之遊也，必欲入都，都多奇觀也。入都必欲見市，市多異貨也。百家之言，古今行事，「行事」猶「故事」。其爲奇異，非徒都邑大市也。遊於都邑者心厭，厭，足也。觀於大市者意飽，況遊於道藝之際哉？

大川旱不枯者，多所疏也；疏，通也。潢汙兼日不雨，泥輒見者，無所通也。是故大川相間，小川相屬，東流歸海，故海大也。海不通於百川，安得巨大之名？夫人含百家之言，猶海懷百川之流也，不謂之大者，是謂海小於百川也。夫海大於百川也，人皆知之，通者明於不通，莫之能別也。潤下作鹹，水之滋味也。禹貢曰：「水曰潤下，潤下作鹹。」東海水鹹，流廣大也；西州鹽井，源泉深也。裴矩西域記：「鹽水在西州高昌縣東。」書鈔一四六引「大」作「潤」，「西」下有「海」字，「深」下有「潤」字，并非。人或無井而食，或穿井不得泉，有鹽井之利乎？不與賢聖通業，望有高世之名，難哉！法令之家，不見行事，謂無故事比決。議罪不可審；孫曰：「議罪不可審」，當作「議罪不審」。「可」字衍。蓋「不」字草書作「ふ」，「可」作「可」，形誤而衍也。下云：「章句之生，不覽古今，論事不實。」文正相對。章句之生，不覽古今，論事不實。

或以說一經爲是，盼遂案：吳承仕曰：「是疑應作足。後文『其謂一經是者，其宜也』，亦應作足。」何須博覽？

夫孔子之門，講習五經，五經皆習，庶幾之才也。謂庶幾聖道。顏淵曰：「博我以文。」見論語子罕篇。才智高者，能爲博矣。顏淵之曰「博」者，豈徒一經哉？我不能博五經，「我」字無義，蓋「哉」字譌衍。又不能博衆事，守信一學，不好廣觀，無温故知新之明，而有守愚不覽之闇，其謂一經是者，其宜也。開户内日之光，「内」讀「納」。日光不能照幽；鑿窗啓牖，以助户明也。夫一經之說，猶日明也；助以傳書，猶窗牖也。百家之言，令人曉明，非徒窗牖之開、日光之照也。是故日光照室内，道術明胸中。開户内光，坐高堂之上，眇升樓臺，「眇」疑「陟」字之誤。窺四鄰之庭，各本作「廷」，今從王本、崇文本。人之所願也。閉户幽坐，向冥冥之内，穿壙穴卧，造黄泉之際，人之所惡也。夫閉心塞意，不高瞻覽者，死人之徒也哉。

孝武皇帝時，燕王旦在明光宮，欲入所卧〔處〕，户三[百]盡〔自〕閉，先孫曰：漢書燕刺王旦傳云：「殿上户自閉，不可開。」又云：「因迎后姬諸夫人之明光殿。」當即此明光宮也。殿上户，不當有三百，此云「户三百盡閉」，疑當作「户三盡自閉」。今本「自」譌「百」，又誤著「盡」上，遂不可通。孫曰：六帖十引「卧户」作「卧處」，「三百」作「三户」。疑此文當作「欲入所卧處，户三盡自閉」。劉先生曰：御覽一八四引作「三户盡閉」。今本「三」字誤置「户」字下，又衍「百」字耳。暉按：御覽一八四、合璧事類別集十五引「卧」下有「處」字，與白帖同。孫補是也。「户三百盡閉」，白帖、合璧事類引與御覽同。然「百」、「自」形近，作「自閉」又與漢書合。兩孫説疑是，當從之。又按：時武帝已死，昭帝元鳳元年事也。仲任云孝武時，誤也。使侍者二十人開户，户不開。其後，旦坐謀反自殺。漢書本傳：「以綬自絞。」夫户閉，燕王旦死之狀也。死者，凶事也，故以閉塞爲占。齊慶封不通，六國大夫會而賦詩，慶封不曉，其後果有楚靈之禍也。左襄二十七年傳：「齊慶封來聘，叔孫與慶封食，不敬；爲賦相鼠，亦不知也。」又昭四年傳：「楚靈王伐吴，執齊慶封，盡滅其族。」夫不開通於學者，尸尚能行者也。亡國之社，屋其上、柴其下者，示絶於天地。禮記郊特牲：「天子大社，必受霜露風雨，以達天地之氣也。是故喪國屋之，不受天陽也。」公羊哀四年傳：「亡國之社，蓋揜之，揜其上而柴其下。」注：「揜、柴之者，絶不得使通天地四方。」獨斷曰：「古者天子亦取亡國之社，以分諸侯，使爲社以自儆戒，屋掩其上，使不通天，柴其下，使不通地，自與天地絶也。面北向陰，示滅亡也。」**春秋薄社，**郊特牲鄭注：「薄社，殷之社，殷始都薄。」左氏、穀梁同。公羊何注：「先世之亡國，在魯竟。」**周以爲城（戒）。**朱校元本、程本亦誤作「城」。天啓、黄、王、錢、崇文本並作「戒」，是也。初學記十三、類聚三九引正作「戒」。穀梁哀四年傳：「亡國之社，以爲廟屏，戒也。」范注：「殷都於亳，武王克紂，而班列其社于諸侯，以爲亡國之戒。」公羊何注：「以爲有國者戒。」吕氏春秋貴直篇：「亡國之社，不得見於天，所以爲戒。」韓詩外傳十：「亡國之社，以戒諸侯。」白虎通社稷篇：「王者諸侯必有誡社者何？示有存亡也。明爲善者得之，爲惡者失之。」五行志：「董仲舒、劉向以爲亡國之社，所以爲戒也。」王莽傳：「古者叛逆之國，既以誅討，則四牆其社，覆上棧下，示不可通。辨社諸侯，出門見之，著以爲戒。」是薄社著戒，乃春秋家舊説。此文作「城」，爲「戒」形譌。**夫經藝傳書，人當覽之，猶社當通氣於天地也。故人之不通覽者，薄社之類也。是故氣不通者，彊壯之人死，榮華之物枯。**

東海之中，可食之物，集（雜）糅非一，「集」當作「雜」。「雜」一作「襍」，字壞爲「集」。語增篇：「悉詣守尉雜燒之。」元本作「襍」，今本誤作「集」，是其比。王念孫曰：「集、襍字通。」盼遂案：「集」，古「雜」字。方言、廣雅皆云：「集，雜也。」「雜」从「集」聲。**以其大也。夫水精氣渥盛，**朱校元本「夫」作「海」。**故其生物也衆多奇異。故夫大人之胸懷非一，才高知大，故**

其於道術無所不包。學士同門，高業之生，衆共宗之。何則？知經指深，曉師言多也。夫古今之事，百家之言，其爲深，多也，豈徒師門高業之生哉？上文：「百家之言，古今行事，其爲奇異，非徒都邑大市也。」立文與此正同。此據博覽經傳爲言，作「古今行事」，義長。疑後人不明「行事」之意，改作「之事」。

甘酒醴，不酤（䣛）飴蜜，未爲能知味也。孫曰：「酤」字於義無取。「酤」當作「䣛」，字之誤也。文選張景陽七命云：「燀以秋橙，䣛以春梅。」呂向注：「䣛，和也。」李善注引劉梁七舉曰：「䣛以醯醢，和以蜜飴。」又引廣雅曰：「沾，溢也。」䣛與沾同。（六臣本「溢」作「益」，與今本廣雅同。）今本廣雅作「沾，益也」。王念孫疏證曰：「王逸注招魂云：『勺，沾也。』『勺』與『酌』通。」是䣛爲調和之意。此云：雖有甘酒醴，而不調以飴蜜，未爲能知味也。若作「酤」，失其旨矣。耕夫多殖嘉穀，謂之上農夫；其少者，謂之下農夫。學士之才，農夫之力，一也。能多種穀，謂之上農；能博學問，〔不〕謂之上儒，吳曰：當作「不謂之上儒」，脱「不」字，尋義自明。盼遂案：「問」字下疑當有「不」字。是稱牛之服重，不譽馬速也。譽手毁足，孰謂之慧矣？元本作「夫」，朱校同。屬下爲文。

縣道不通於野，野路不達於邑，騎馬乘舟者，必不由也。故血脉不通，人以甚病。夫不通者，惡事也，故其禍變致不善。是故盜賊宿於穢草，邪心生於無道。無道者，無道術也。醫能治一病謂之巧，能治百病謂之良。是故良醫服百病之方，服，用也。治百人之疾；大才懷百家之言，故能治百族之亂。扁鵲之衆方，史記本傳：「勃海郡鄭人，姓秦氏，名越人。」周禮天官疾醫釋文引史記作「姓秦，名少齊，越人」。法言重黎篇：「扁鵲，盧人也。」李注：「太山盧人。」淮南齊俗訓注：「扁鵲，盧人，姓秦，名越人。趙簡子時人。」孰若巧〔醫〕之一伎？吴曰：「巧」下疑奪一「醫」字。上文云：「醫能治一病謂之巧。」子貢曰：「不得其門而入，不見宗廟之美，百官之富。」見論語子張篇。蓋以宗廟、百官喻孔子道也。孔子道美，故譬以宗廟；衆多非一，故喻以百官。由此言之，道達廣博者，孔子之徒也。

殷、周之地，極五千里，此今文家説也。注藝增篇。荒服、要服，勤能牧之。「勤」讀作「僅」。禮記射義釋文：「廑音勤，又音覲，少也。」恢國篇：「周成之開匱，廑能逮此。」（「廑」今誤作「勵」。）「廑」即「僅」異文。漢氏廓土，牧萬里之外，要、荒之地，褒衣博帶。言荒遠向化也。褒、博并大也。禮記儒行：「衣逢掖之衣。」鄭注：「逢猶大也。大掖之衣，大袂禪衣也。」周禮司服鄭注：「士之衣袂皆二尺二寸，而屬幅其袂尺二寸，大夫以上侈之。」列子黄帝篇釋文向秀注：「儒服寬而長大。」夫德不優者，不能懷遠；才不大者，不能博見。故多聞博識，無頑鄙之訾；深知道術，無淺闇之毀也。

人好觀圖畫者，圖上所畫，古之列人也。「列」，御覽七五〇引作「死」，下同。須頌篇云：「圖畫漢列士。」漢書景十三王傳[一]：「其殿門有成慶畫。」注：「成慶，古勇士。」疑今本作「列人」不誤。盼遂案：「列人」，古語。莊子至樂篇：「列士爲天下見善矣。」漢書劉向「爲列女傳凡八篇」。列人、列士、列女同一語法。見列人之面，孰與觀其言行？置之空壁，形容具存，人不激勸者，不見言行也。古賢之遺文，竹帛之所載粲然，豈徒牆壁之畫哉？空器在廚，金銀塗飾，其中無物益於饑，人不顧也；肴膳甘醢，土釜之盛，入者鄉（饗）之。先孫曰：「鄉」當爲「饗」之壞字。古賢文之美善可甘，非徒器中之物也；讀觀有益，非徒膳食有補也。故器空無實，意林引作「器虚無食」。饑者不顧；胸虚無懷，朝廷不御也。

劍伎之家，鬬戰必勝者，得曲城、越女之學也。史記褚補日者傳曰：「齊張仲、曲成侯以善擊刺學用劍，立名天下。」吴越春秋句踐陰謀外傳：「越有處女，出於南林，越王使使聘之，問以劍戟之術，號曰越女，乃命教軍士。（本作「乃命五板之墮長高習之教軍士」，義不能明。）當此之時，皆稱越女之劍。（本作「當世勝越女之劍」，此據書鈔一二二引。）」盼遂案：越女善劍事，見吴越春秋卷九，人習知之。曲成者，漢將蟲達也。漢書高惠功臣表「曲成圉侯蟲達，從起碭，定三秦，

[一]「王」，原本作「五」，形近而誤，據漢書改。

破項籍，擊燕、代」，拔之。知達精於劍術矣。兩敵相遭，一巧一拙，其必勝者，有術之家也。孔、墨之業，賢聖之書，非徒曲城、越女之功也。成人之操，益人之知，非徒戰鬬必勝之策也。故劍伎之術，有必勝之名；賢聖之書，有必尊之聲。縣邑之吏，召諸治下，將相問以政化，曉慧之吏，陳所聞見，將相覺悟，得以改政右文。「右」，宋本作「古」，朱校同。按：「右文」二字無義，疑涉下「聖」字譌衍。「聖」俗寫作「圣」，因壞爲「右文」耳。答佞篇「賢聖之君」，譌作「后又賢之君」，正其比。盼遂案：「右文」，宋本作「古文」，則應屬下讀。賢聖言行，竹帛所傳，練人之心，聰人之知，非徒縣邑之吏對向之語也。

禹、益並治洪水，禹主治水，益主記異物，海外山表，無遠不至，以所聞見，作山海經。吴越春秋越王無余外傳：「禹遂巡行四瀆，與益、夔共謀。所至（今誤作「行到」，依路史後記十二注引正。）名山大澤，召其神而問之。山川脉理，金玉所有，鳥獸昆蟲之類，及八方之民俗，殊國異域，土地里數，使益疏而記之，故名曰山海經。」劉秀上山海經奏，亦謂禹、益所著。按：此説杜佑已疑之。太史公時，只見「山經」，（詳談天篇注。）尚無「山海經」之目。惜抱軒筆記曰：「其書出於秦、漢之間。西漢流俗乃有以此爲禹、益所作者。」所説近是。畢沅仍謂其中三十四篇爲禹書，則昧於古矣。近人陸侃如曰：「山經，戰國時楚人作。海内外經，西漢（淮南以後，劉歆以前。）

作。大荒經及海内經，東漢、魏、晉（劉歆以後，郭璞以前。）作。」其餘諸説，詳吴任臣〔一〕山海經廣注雜述。**非禹、益不能行遠，山海不造。**路史後記十二注引作：「非禹行遠，山海經不造。」疑此文不當有「不能」二字。下云：「使禹、益行地不遠，不能作山海經。」語意與此正同。若著「不能」二字，則文難通。**然則山海之造，見物博也。董仲舒睹重常之鳥，**孫曰：劉歆上山海經奏云：「孝武皇帝時，常有獻異鳥者，食之百物所不肯食。東方朔見之，言其鳥名，又言其所當食。如朔言。問朔何以知之。即山海經所出也。」郭璞山海經序云：「東方生曉畢方之名。」並與仲任説異。又按「重常」，玉篇、廣韻並作「鶇鶬」。**劉子政曉貳負之尸，**孫曰：劉歆上山海經奏云：「孝宣帝時，擊磻石於上郡，陷得石室，其中有反縛盜械人。時臣秀父向爲諫議大夫，言此貳負之臣也。詔問何以知之。亦以山海經對。其文曰：『貳負殺窫窳，帝乃梏之疏屬之山。桎其右足，反縛兩手。』上大驚。朝士由是多奇山海經者。」郭璞山海經序云：「劉子政辨盜械之尸。」即此所云「曉貳負之尸」也。暉按：劉向引文，見海内西經。**皆見山海經，故能立二事之説。使禹、益行地不遠，不能作山海經；董、劉不讀山海經，不能定二疑。實沉、臺台，子産博物，故能言之；**左昭元年傳：晉侯有疾，鄭伯使公孫僑如晉問疾。叔向問曰：「寡君之疾病，

〔一〕「任」，原本作「仕」，形近而誤，今改。

卜人曰：『實沈、臺駘爲祟。』史莫之知，敢問此何神也？」子産曰：「實沈，參神；臺駘，汾神。」晉侯聞之曰：「博物君子也。」此引「臺駘」作「臺台」，水經注引同。**龍見絳郊，蔡墨曉占，故能禦之。**見左昭二十九年傳。杜注：「絳，晉國都。蔡墨，晉太史。」曉占，謂其舉周易爻辭。「禦」讀作「御」，養也。然左氏未言其御龍。**父兄在千里之外，且死，遺教戒之書。子弟賢者，求索觀讀，服臆不舍，**盼遂案：「服臆」猶「服膺」也。臆、膺一聲之轉，同訓爲胸。「服臆不舍」，猶記中庸所謂「拳拳服膺而弗失之矣」，楚策「驥服鹽車，遷延負棘而不能上」，漢書陳湯傳「策慮愊臆」，後漢馮衍顯志賦「心愊臆而紛綸」，文選張平子、左太沖賦「贔屓」字，與「服臆」皆形異音義同之連語矣。**重先敬長，謹慎之也；**「之」下舊校曰：一有「力」字。**不肖者輕慢佚忽，**說文：「詄，忘也。忽，忘也。」廣雅釋詁曰：「忽、慌、詄，忘也。」「佚」與「詄」同。**無原察之意。古聖先賢，遺後人文字，其重非徒父兄之書也，或觀讀采取，或棄捐不録，二者之相高下也，行路之人，皆能論之，況辯照然否者，不能別之乎？**宋本「不」作「實」，朱校同。

孔子病，商瞿卜期日中。繹史孔子類記四引莊子：「孔子病，子貢出卜。孔子曰：吾坐席不敢先，居處若齋，飲食若祭，吾卜之久矣。」商瞿卜，未聞。史記弟子傳：「商瞿，魯人，字子木。」師古曰：商瞿，姓也。司馬貞曰：商姓，瞿名。王鳴盛曰：司馬說是，子木其字也。**孔子曰：「取書來，比至日中何事乎？」**劉子崇學篇：「宣尼臨没，手不釋卷。」蓋本此文。**聖人**

之好學也，且死不休，且，將也。念在經書，不以臨死之故，棄忘道藝，其爲百世之聖，師法祖脩，「法」，宋本作「漢」，朱校同。蓋不虛矣！盼遂案：「法祖」，宋本作「漢祖」，是也。「漢祖脩」，即漢人所稱宣聖爲漢制法也。自孔子以下，至漢之際，有才能之稱者，非有飽食終日無所用心也，不説五經則讀書傳。書傳文大，難以備之。疑當作「知」，與下「曾又不知」相應爲文。卜卦占射凶吉，皆文、武之道。昔有商瞿，能占爻卦；史記弟子傳：「孔子傳易於瞿。」末有東方朔、翼少君，盼遂案：少君，翼奉字，漢書七十五有傳。能達（逢）占射覆。「達」當作「逢」，校見道虛篇。翼奉字少君。道雖小，亦聖人之術也，「亦」，宋本作「微」，朱校同。屬上爲文。曾又不知。

人生稟五常之性，御覽六〇七引「稟」作「懷」。好道樂學，故辨於物。御覽引「辨」作「別」。按：「辨」讀作「別」。言好道樂學者，則能與物相異。下文云：「是則物也。」又云：「與三百倮蟲何以異。」正與此正反爲文。今則不然，飽食快飲，慮深求卧，腹爲飯坑，腸爲酒囊，是則物也。倮蟲三百，人爲之長。大戴禮易本命：「倮之蟲三百六十，而聖人爲之長。」「天地之性人爲貴」，孝經聖治章文。貴其識知也。今閉闇脂塞，無所好欲，與三百倮蟲何以異？而謂之爲長而貴之乎？上「而」讀作「能」。舊本段。

諸夏之人所以貴於夷狄者，以其通仁義之文，知古今之學也。如徒作（任）其胸中之知以取衣食，陳世宜曰：知不得言「作」，「作」當爲「任」，字之誤也。「任其胸中之知」，猶言用其胸中之知也。下文云：「任胸中之知，舞權利之詐，以取富壽之樂。」可爲切證。經歷年月，白首没齒，終無曉知，夷狄之次也。觀夫蜘蛛之經絲以罔飛蟲也，文選張景陽雜詩注引「經」作「結」，「罔」作「網」。又江文通雜體詩注引作「經」，與今本同。人之用作（詐），安能過之？劉先生曰：「作」當爲「詐」，形近而誤也。下文「任胸中之知，舞權利之詐」，即承此而言。若作「用作」，則非其指矣。御覽九百四十八引正作「用詐」，尤其明證矣。暉按：文選張景陽雜詩注引作「用計」，蓋亦「用詐」之誤。任胸中之知，舞權利之詐，以取富壽之樂，無古今之學，蜘蛛之類也。含血之蟲，無餓死之患，皆能以知求索飲食也。宋本作「之」，朱校同。

人不通者，亦能自供，仕官爲吏，亦得高官，將相長吏，長吏，注感虚篇。猶吾大夫高子也，論語公冶長篇：「崔子弑齊君，陳文子有馬十乘，棄而違之。至於他邦，則曰：猶吾大夫崔子也。」釋文引鄭注：「魯讀『崔』爲『高』。」惠棟九經古義曰：「此用魯論語之言。」宋翔鳳過庭録曰：「高、國爲齊之世臣，當先討賊而不能。陳文子有馬十乘，下大夫之禄，力不能討，故之他邦，以求爲君討賊，而無一應者，故曰『猶吾大夫高子』。」盼遂案：論語公冶長篇：「猶吾大夫崔子也。」釋文：「崔子，鄭注云：魯讀崔爲高。今從古。」知仲任所本出魯論語也。崔子弑齊君，高氏爲齊命卿而不討賊，故陳文子惡之。安能别之？隨時積功，以命得官，不曉古今，以位爲賢，與文之(人)異術，吴曰：「『文之』當作『文人』。超奇篇以俗人、儒生、通人、文人、鴻儒爲差。此言非文人不能識通人也。」安得識別通人，俟以不次乎？句不可通。盼遂案：待以不次之位，是漢人常語。黄暉云「句不可通」，失言。將相長吏不得若右扶風蔡伯偕、王本、崇文本「右」作「有」，非。地理志注：「太初元年，更名主爵都尉爲右扶風。」十駕齋養新録十二：「此蔡伯偕未詳其名，非陳留蔡邕也。」鬱林太守張孟嘗、東萊太守李季公之徒，心自通明，「自」，元本作「目」。覽達古今，故其敬通人也如見大賓。燕昭爲鄒衍擁篲，見史記孟子荀卿傳。索隱曰：「篲，帚也，謂爲之埽地以衣袂擁帚而却行，恐塵埃之及長者，所以爲敬也。」彼獨受何性哉？東成令董仲綬，知爲儒梟，海内稱通，故其接人，能别奇律。「律」疑「偉」字之誤。盼遂案：「律」當爲「偉」，形近而譌。是以鍾離産公，以編户之民，受圭璧之敬，知之明也。故夫能知之也，凡石生光氣；不知之也，金玉無潤色。

自武帝以至今朝，下文稱「孝明」，則「今朝」謂章帝也。數舉賢良，令人射策甲乙之科。漢書儒林傳贊：「自武帝立五經博士，開弟子員，設科射策。」法言學行篇：「發策決科。」漢書儒林傳：「平帝時，王莽秉政，歲課甲科四十人爲郎中，乙科二十人爲太子舍人，丙科四十人補文學掌故。」又蕭望之傳：「望之以射策甲科爲郎。」師古注：「射策者，謂難問疑義書之於策，量其大小署爲甲乙之科，列而置之，不使彰顯。有欲射者，隨其所取得而釋之，以知優劣。射之言投射也。對策者，顯問以政事經義，令各對之，而觀其文辭定高下也。」方以智曰：「由師古注論之，今嘗以射策即對策者非矣。余以爲，量其大小，列而置之，隨人欲射之說，恐未必然，或似今出題試法耳。摭言且言題于几上，令士人以矢投之。此說尤非。」今按：漢書匡衡傳：「衡射策甲科以不應令，除爲太常掌故。」史記褚先生補匡衡傳：「數射策不中，至九，乃中丙科。」漢書兒寬傳：「以射策爲掌故。」馬宮、翟方進、何武、王嘉並以射策甲科爲郎。儒林傳：「房鳳以射策乙科爲太子掌故。」**若董仲舒、唐子高、谷子雲、丁伯玉，**盼遂案：「丁伯玉」疑是劉伯玉之誤。伯玉，劉棻字，歆之子也。馬總意林三卷引桓譚新論：「劉子政、子駿、伯玉並呻吟左氏。」漢書楊雄傳：「棻從雄問古文奇字。」是伯玉學術意必有大過人者，故仲任極推挹之矣。程榮本作「丁伯玉」，亦非也。**策既中實，文說美善，博覽膏腴之所生也。使四子經徒能摘（㨨），**說文：「摘，拓果樹實也。一曰指近之也。」義俱於此無施。「摘」乃「㨨」之形譌。「㨨」通「籀」，讀也。程材篇：「儒生籀經。」今本「籀」譌作「擿」，正其比。**筆徒能記疏，**盼遂案：「記」字，蓋後學者爲「疏」字作注，誤羼入正文耳。上句「經徒能摘」，亦四字句也。**不見古今之書，安能建美善於聖王之庭乎？孝明之時，讀蘇武傳，**蓋即漢書蘇武傳。班書作於顯宗時，故得讀之。**見武官名曰「栘中監」，**今漢書武傳「監」上有「廐」字。按昭帝紀、常惠傳並云：「栘中監蘇武。」新序節士篇云：「孝武皇帝時，以武爲栘中監。」並無「廐」字，與此合。蓋古本漢書如是。昭帝紀注蘇林曰：

「栘音移，廐名也。」應劭曰：「栘，地名。監，其官也，掌鞍馬鷹犬射獵之具。」如淳曰：「栘，爾雅：唐棣，栘也。栘園之中有馬廐也。」按：郭注爾雅云：「似白楊，江東呼爲栘。」以問百官，百官莫知。夫倉頡之章，小學之書，文字備具，藝文志六藝略：「蒼頡一篇。」注：「上七章秦丞相李斯作。爰歷六章，車府令趙高作。博學七章，太史令胡毋敬作。」序云：「漢興閭里書師，合蒼頡、爰歷、博學三篇，斷六十字以爲一章，凡五十五章，並爲蒼頡篇。」至於無能對聖國之問者，是皆美命隨牒之人「隨牒」未明。多在官也。「木」旁「多」文字且不能知，「文」疑爲「之」形譌。「『木』旁『多』之字」，謂「栘」字也。奇怪篇云：「乃爲『女』旁『臣』，非基跡之字。」商蟲篇：「『凡』、『虫』爲『風』之字。」立文正同。其欲及若董仲舒之知重常，劉子政之知貳負，難哉！

或曰：「通人之官，蘭臺令史，後漢書班固傳注引漢官儀：「蘭臺令史六人，秩百石，掌書劾奏。」職校書定字，對作篇曰：「漢立蘭臺之官，校審其書，以考其言。」比夫太史、太柷，宋本作「祝」。百官志：「太史令一人，六百石。本注曰：掌天時星曆，凡歲將終，奏新年曆；凡國祭祀喪娶之事，掌奏良日及時節禁忌；凡國有瑞應災異，掌記之。」又云：「太祝令一人，六百石。本注曰：凡國祭祀，掌讀祝及迎送神。」職在文書，無典民之用，不可施設。是以蘭臺之史，班固、賈逵、楊終、傅毅之徒，後漢書班固傳：「顯宗詔詣校書郎，除蘭臺令史。」班超傳、謝承書（御覽四百八十四。）並云：「在永平五年。」周廣業曰：「逵字景伯，毅字武仲，肅宗時敕爲蘭臺令史。終字子山，孝明時上哀牢傳，徵在蘭臺。」華譚漢書：「賈逵字景伯，有贍才，能通古今學。神雀集宮殿，上召見，敕蘭臺令史。」魏文帝典論，班固與弟超書：「武仲以能屬文，爲蘭臺令史。」**名香文美，委積不紲，**周禮地官遺人注曰：「少曰委，多曰積。」疏曰：「若散言則多亦曰委。」**〔無〕大用於世。**」吴曰：「大」字上脱一「無」字。意林引云：「班固、賈逵、楊終、傅毅之徒，名芳文美，無大用也。」意林雖多删節，然不得與論指相反。尋檢文勢，亦當有「無」字。下文云：「委積不紲，豈聖國微遇之哉。」亦言其無大用也。文義相應。盼遂案：「紲」疑爲「泄」之誤。超奇篇：「口不能紲。」孫仲容校云：「宜爲『泄』。」『大』疑爲『失』之壞字。」**曰：此不繼。**「繼」疑當作「然」。超奇篇曰「此不然，周世著書之人」云云，文例同。**周世通覽之人，鄒衍之徒，孫卿之輩，受時王之寵，尊顯於世。**史記孟子荀卿傳：「騶子重於齊。適梁，梁惠王郊迎，執賓主之禮。適趙，平原君側行襒席。如燕，昭王擁彗先驅，請列弟子之座而受業。築碣石宫，身親往師之。齊襄王時，荀卿三爲祭酒。適楚，春申君以爲蘭陵令。」**董仲舒雖無鼎足之位，**漢禮儀曰：（書鈔五〇。）「三公，三人以承君，蓋由鼎有足，故易曰鼎象也。」**知在公卿之上。周監二代，漢監周、秦。然則蘭臺之官，國所監得失也。**書鈔六二引作「監國得失」。漢官典職曰：「中丞掌蘭臺。」漢官解故：「建武省御史大夫，置中丞一人，總蘭臺之官。此官得舉非法。」（書鈔六二。）續漢書百官志注引蔡質漢儀曰：「執憲中司，朝會獨坐，内掌蘭臺，督諸州刺史，糾察百寮。」故云「監得失」也。**以心如丸卵，爲體内藏；眸子如豆，爲身光明。令史雖微，典國道藏，**盼遂案：後漢書二〔二〕十三竇章傳：「是時學者稱東觀爲老氏藏室，道家蓬萊山，遂薦章入東觀爲校書郎。」又百官志：「蘭臺令史六百石。」則東漢時蘭臺爲經籍總匯，故足稱典國道藏也。**通人所由進，猶博士之官，儒生所由興也。**漢書儀云：「博士，秦官，博者通於古今，士者辨於然否。」漢舊儀云：「武帝初置博士，取學通行修，博學多藝，曉古文爾雅。」（並見書鈔六七。）**委積不紲，豈聖國微遇之哉？殆以書未定而職未畢也。**

〔二〕「二」，原本作「五」，據後漢書改。

超奇篇

通書千篇以上，萬卷以下，弘暢雅閑，朱校元本作「閉」，程本同此。王本、崇文本作「言」，非。御覽四〇四引作「敷暢壅閉」。審定文讀，御覽引作「義」。而以教授爲人師者，通人也。杼其義旨，損益其文句，而以上書奏記，或興論立説，結連篇章者，文人、鴻儒也。好學勤力，博聞强識，世間多有；著書表文，論説古今，萬不耐一。「耐」、「能」古通。然則著書表文，博通所能用之者也。入山見木，長短無所不知；入野見草，大小無所不識。然而不能伐木以作室屋，採草以和方藥，朱校元本有「者」字。此知草木所不能用也。夫通人覽見廣博，不能掇以論説，此爲匿生書主人，句有衍誤。孔子所謂「誦詩三百，授之以政，不達」者也，見論語子路篇。與彼草木不能伐採，一實也。「彼」下疑有「見」字。孔子得史記以作春秋，魯史記。及其立義創意，褒貶賞誅，不復因史記者，眇思自出於胸中也。「眇」讀「妙」。凡貴通者，貴其能用之也。即徒誦讀，即，若也。讀詩諷術，雖千篇以上，鸚鵡能言之類也。衍傳書之意，出膏腴之辭，非俶儻之才，不能任也。俶儻，卓異貌。夫通覽者，世間比有；著文者，歷世希然。「希」讀

「稀」。近世劉子政父子、劉向、劉歆也。楊子雲、桓君山，楊雄、桓譚也。其猶文、武、周公並出一時也；其餘直有，往往而然，譬珠玉不可多得，以其珍也。

故夫能説一經者爲儒生，博覽古今者爲通人，采掇傳書以上書奏記者爲文人，能精思著文連結篇章者爲鴻儒。孫曰：何休公羊序云：「是以治古學貴文章者，謂之俗儒。」徐彥疏云：「謂之俗儒者，即繁露云：『能通一經曰儒生，博覽羣書號曰洪儒。』」今本繁露脱此文。疑儒生、通人、文人、鴻儒之分別，仲任蓋依舊説也。故儒生過俗人，通人勝儒生，文人踰通人，鴻儒超文人。金樓子立言篇曰：「蓋儒生轉通人，通人爲文人，文人轉鴻儒也。」故夫鴻儒，所謂超而又超者也。以超之奇，退與儒生相料，文軒之比於敝車，錦繡之方於緼袍也，盼遂案：墨子公輸篇：「有人於此，舍其文軒，鄰有敝轝而欲竊之；舍其錦繡，鄰有短褐而欲竊之。荆之地方五千里，宋之地方五百里，此猶文軒之與敝轝也。荆有長松、文梓、楩、枏、豫章，宋無長木，此猶錦繡之與短褐也。」論用其語。其相過，遠矣。如與俗人相料，太山之巔墆，長狄之項跖，不足以喻。故夫丘山以土石爲體，其有銅鐵，山之奇也。銅鐵既奇，或出金玉。然鴻儒，世之金玉也，奇而又奇矣。

奇而又奇，才相超乘，皆有品差。

儒生説名於儒門，過俗人遠也。「人」，宋、天啓、朱校元本同。程本以下作「元」，誤。

或不能說一經，教誨後生。或帶徒聚衆，說論洞溢，稱爲經明。或不能成牘，治一說。或能陳得失，奏便宜，言應經傳，文如星月。其高第若谷子雲、唐子高者，說書於牘奏之上，不能連結篇章。或抽列古今，「抽」與「籀」通。「列」，詠列也。紀著行事，往事也。若司馬子長、劉子政之徒，累積篇第，文以萬數，其過子雲、子高遠矣，然而因成紀前，無胸中之造。若夫陸賈、董仲舒，論說世事，由意而出，不假取於外，然而淺露易見，觀讀之者，猶曰傳記。陽成子長作樂經，孫曰：對作篇作「陽成子張」。此即補史記之陽城衡也。御覽八十五引桓子新論云：「陽城子姓（姓字衍文。）張名衡，蜀郡人。」通志略引風俗通：「陽城氏，漢有諫議大夫陽城衡。」即子長也。成城、長張並通。華陽國志作「陽城子元」。盼遂案：章士釗云：「後漢書班彪傳有陽城衡，即子長也。又桓譚新論云：『陽城子張名衡，蜀人，與吾俱爲祭酒。』仲任所說，殆即其人。」楊子雲作太玄經，造於助（眇）思，先孫曰：「助」當爲「眇」，形近而誤。上文云：「眇思自出於胸中也。」極窅冥之深，非庶幾之才，不能成也。孔子作春秋，二子作兩經，所謂卓爾蹈孔子之跡，鴻茂參貳聖之才者也。

王公子問於桓君山以楊子雲。君山對曰：「漢興以來，未有此人。」先孫曰：此「王公」即王莽也。「子」字衍。此文出桓譚新論。御覽四百三十二引新論云：「楊子雲何人邪？答曰：才知開通，能入聖道，漢興以來，未有此人也。」即仲任所本。譚嘗仕王莽，故新論多稱莽爲王翁。（見意林。）此「王公」，猶云「王翁」也。御覽引新論，不著所問之人，此可以補其缺。君山差才，可謂得高下之實矣。采玉者心羨於玉，「羨」，疑當作「美」。鑽龜者知神於龜。能差衆儒「者」字，通津本作「能」，今從王本。荀子王制篇注：「鑽龜，謂以火爇荊菙灼之也。」盼遂案：「能」當爲「者」，涉下文「能」字而誤。上句「采玉者心羨於玉」，「羨」釋爲「長」，與此爲對文。之才，累其高下，累，序累也。賢於所累。又作新論，後漢書桓譚傳：「譚著書言當世行事，二十九篇，號曰新論。」按：此論南宋時已軼，今有孫馮翼輯本。論世間事，辯照然否，虛妄之言，僞飾之辭，莫不證定。彼子長、子雲論說之徒，君山爲甲。自君山以來，皆爲鴻眇之才，故有嘉令之文。筆能著文，則心能謀論，文由胸中而出，心以文爲表。觀見其文，奇偉俶儻，可謂得論也。由此言之，繁文之人，人之傑也。

有根株於下，有榮葉於上；有實核於內，有皮殼於外。文墨辭說，士之榮葉、皮殼也。實誠在胸臆，文墨著竹帛，外內表裏，自相副稱。意奮而筆縱，故文見而實露也。人之有文也，猶禽之有毛也。毛有五色，皆生於體。苟有文無實，是則五色之禽，毛妄生也。選士以射，心平體正，執弓矢審固，然後射中。文本禮記射義也。論說之出，猶弓矢之發也。論之應理，猶矢之中的。夫射以矢中效巧，論以文墨驗奇。奇巧俱發於心，其實一也。

文有深指巨略，君臣治術，身不得行，口不能紲（泄），先孫曰：「紲」當爲「泄」，形聲相近而誤。表著情心，以明己之必能爲之也。孔子作春秋，以示王意。文選答賓戲注引春秋元命包曰：「孔子曰：丘作春秋，始於元，終於麟，王道成也。」淮南主術訓：「春秋二百四十二年，亡國五十二，殺君三十六，采善鉏醜，以成王道。」春秋繁露俞序篇〔一〕：「仲尼之作春秋也，上探正天端王公之位，萬物民之所欲，下明得失，起賢才，以待後聖。」然則孔子之春秋，素王之業也；困學紀聞八曰：「家語齊太史子餘歎美孔子云：『天其素王之乎。』素，空也，言無位而空王之也。董仲舒對策云：（見漢書本傳。）『見素王之文。』賈逵春秋序云：『立素王之法。』鄭玄六藝論云：『自號素王。』盧欽公羊序云：『制素王之道。』皆因家語之言，而失其義。」暉按：文選思友人詩注引論語崇爵讖曰：「子夏共撰仲尼微言，以當素王。」御覽六百十引鉤命決：「子曰：吾作孝經，以素王無爵之賞，斧鉞之誅，與先王以託權。」淮南主術訓：「專行孝（一作教。）以成素王。」春秋緯：「孔子作春秋，立素王之法。」（賈逵注左傳「九丘」。）後定賢篇亦云：「孔子不王，素王之業，在於春秋。」公羊哀十四年疏引孝經說：「丘以匹夫徒步，以制正法。」亦即此義。蓋孔子殷人，又天縱將聖，時人謂當受命爲王，而孔子亦以爲己任，故有素王之說。王應麟謂皆因家語本姓解爲說，失之。諸子之傳書，素相之事也。觀春秋以見王意，讀諸子以睹相指。故

〔一〕「序」，原本作「予」，形聲近而誤，今改。

曰：陳平割肉，丞相之端見；見史記陳丞相世家。**叔孫敖決期思，令君（尹）之兆著。**先孫曰：「期」下當捝「思」字。「君」當爲「尹」。淮南子人間訓云：「孫叔敖決期思之水，而灌雩婁之野。莊王知其可以爲令尹也。」暉按：各本「期」下並有「思」字。蓋孫氏所見本不同。「君」當作「尹」，孫説是也。朱校元本正作「尹」。「叔孫」當作「孫叔」，傳寫誤倒。春秋地名考略：「期思，故蔣國，楚滅之，爲邑。今在河南光州固始縣西北七十里。」後漢王景傳：「景爲廬江太守，郡界有楚相孫叔敖所起芍陂稻田。」芍陂即期思陂也。孫叔敖本期思人。（據荀子非相篇、呂覽賢能篇。）盼遂案：當是「思」下脱一「水」字，孫氏誤筆也。**觀讀傳書之文，治道政務，非徒割肉決水之占也。足不彊則跡不遠，鋒不銛**銛，利也。**則割不深。連結篇章，必大才智鴻懿之俊也。**

或曰：著書之人，博覽多聞，學問習熟，則能推類興文。文由外而興，未必實才學（與）文相副也。「學文」二字連文未妥。「學」爲「與」字形譌。（漢志：禮古經。班注：「與十七篇文相似。」今「與」譌作「學」。）仲任以爲實才與文，表裏相副。上文云：「皆爲鴻眇之才，故有嘉令之文。」又云：「實誠在胸臆，文墨著竹帛，外内表裏，自相副稱。」此云「未必實才與文相副」，即設或難以破其義也。初學記二一、御覽五八五並引「學」作「與」，是其明證。四庫寫本因「與」譌「學」，乃妄改「文」爲「問」，更謬矣。**且淺意於華葉之言，**孫曰：語意不明。文選陸士衡文賦注引作：「虛淡意於華葉之言。」疑此文有脱誤。暉按：初學記二十一引與今本同。**無根核之深，**

漢書五行志師古注：「核」亦「荄」字。不見大道體要，故立功者希。安危之際，文人不與，無能建功之驗，徒能筆說之效也。

曰：此不然。周世著書之人，皆權謀之臣；漢世直言之士，皆通覽之吏，豈謂文非華葉之生，根核推之也？句有脱誤。心思爲謀，集扎爲文，「扎」，朱校元本从「木」，是也。情見於辭，意驗於言。商鞅相秦，致功於霸，朱校「功」作「力」。作耕戰之書；「耕戰」，商君書篇名。案書篇曰：「商鞅作耕戰之術，管仲造輕重之篇。」以「輕重」例之，是「耕戰」篇名。史記商鞅傳贊：「余嘗讀商君開塞、耕戰書。」開塞乃其書第七篇。（從焦竑説。索隱非。）則「耕戰」爲篇名，明矣。漢志：「商君二十九篇。」今亡三篇。刑約篇存目，六法篇目見羣書治要。第二十一篇無目，或即此。虞卿爲趙，決計定説，行退作□□□□。春秋之思，起（趙）城中之議；先孫曰：「虞卿」二句，有捝文。「春秋之思」四字，疑當重。「起」，元本作「趙」，是，當據正。暉按：宋本、朱校元本「起」並作「趙」。孔叢子執節篇：「虞卿著書，名曰春秋。」史記十二諸侯年表序曰：「趙孝成王時，其相虞卿，上采春秋，下觀近世，亦著八篇，爲虞氏春秋。」藝文志：「虞氏春秋十五篇。春秋虞氏微傳〔一〕二篇。」劉向別録：「虞卿作鈔撮九卷。」（杜預春秋序正義。）

〔一〕「微」字原本空缺，據藝文志補。

耕戰之書，秦堂上之計也。陸賈消呂氏之謀，與新語同一意；陸賈爲陳平畫策，結歡絳侯，以弭呂氏謀。粗述存亡之徵，凡著十二篇，號其書曰新語。見史記本傳。正義引七録云：「新語二卷，陸賈撰也。」藝文志：「陸賈二十三篇。」十七史商榷云：「本作十二，作二十三，誤。」顧實曰：「志云二十三者，兼他著言之。」按：見存新語，二卷十二篇。桓君山易鼂錯之策，與新論共一思。譚易錯策，未詳。本傳載譚上疏云：「夫更張難行，而拂衆者亡，是故賈誼以才逐，而鼂錯以智死。」疑即此文所指。觀谷永之陳説，唐林之宜言，「宜」，元本作「直」，朱校同。作「直言」疑是。漢書鮑宣傳：「沛郡唐林子高數上疏諫正，有忠直節。」劉向之切議，以知爲本，「知」讀「智」。筆墨之文，將而送之，詩烈祖箋：「將猶助也。」豈徒雕文飾辭，苟爲華葉之言哉？精誠由中，故其文語感動人深。是故魯連飛書，燕將自殺；燕將攻下聊城，固守不去。齊田單攻之，歲餘不下。魯連乃爲書，約之矢，以射城中，遺燕將。燕將見書泣，計歸燕降齊俱不可，乃自殺。見齊策六、史記魯仲連傳。抱朴子曰：（今本佚，書鈔一〇三引。）「魯連射書，以下聊城，是分毫之力，過百萬之衆。」鄒陽上疏，梁孝開牢。鄒陽游梁，羊勝等嫉之，讒於梁孝王。王怒，下之吏，將欲殺之。鄒陽乃從獄中上書。孝王遂使人出之。見史記本傳。書疏文義，奪於肝心，「奪」疑爲「奮」字形譌。奮，動也。上文云：「意奮而筆縱，故文見而實露。」即此義。非徒博覽者所能造，習熟者所能爲也。

夫鴻儒希有，而文人比然，將相長吏，安可不貴？豈徒用其才力，游文於牒牘哉？州郡有憂，能治章上奏，解理結煩，使州郡連事。「連事」疑當作「無事」。下文云：「事解憂除，州郡無事。」盼遂案：「連事」疑爲「從事」之誤。古「從」字作「⿺辶从」。有如唐子高、谷子雲之吏，出身盡思，竭筆牘之力，煩憂適有不解者哉？「適」疑當作「曷」，何也。字一作「遏」，與「適」形近而誤。說日篇：「遏而見其中有物曰烏乎。」「遏」誤作「通」，正其比。古昔之遠，四方辟匿，文墨之士，難得記録，且近自以會稽言之。周長生者，文士之雄也，先孫曰：長生名樹，北堂書鈔七十三引謝承後漢書有周樹傳。（范書無。）在州，爲刺史任安舉奏；在郡，爲太守孟觀上書，事解憂除，州郡無事，二將以全。謝承後漢書〔一〕周樹傳云：（據汪文臺輯本。）「周樹達於法，善能解煩釋疑，八辟從事。（書鈔七三。）樹爲從事，刺史孟觀有罪，俾樹作章，陳事序要，得無罪也。」（御覽七十三。）又案：後書儒林傳云：「任安字定祖，初任州郡。」或即此任安也。州牧郡守，漢人亦稱「將」，故云「二將」。長生之身不尊顯，非其才知少，功力薄也，二將懷俗人之節，不能貴也。使遭前世燕昭，則長生已蒙鄒衍之寵矣。注別通篇。長生死後，州郡遭憂，無舉奏之吏，以故事結不解，徵詣相屬，文軌不

〔一〕「後漢書」，原本誤作「後書漢」，今乙。

尊，筆疏不續也。豈無憂上之吏哉？乃其中文筆不足類也。言不與長生相類似。**長生之才，非徒鋭於牒牘也，作洞歷十篇，**先孫曰：洞歷，隋、唐志不著録，惟范成大吴郡志人物門甪里先生，引史記正義：「周樹洞歷云：『姓周，名術，字元遂，太伯之後。漢高帝時，與東園公、綺里季、夏黄公俱出，定太子，號四皓。』」（今宋本史記附正義，爲宋人所删削，無此文。）則其書唐時尚存也。暉按：通志藝文略三：洞歷記九卷，周樹撰。**上自黄帝，下至漢朝，鋒芒毛髮之事，莫不紀載，與太史公表、紀相似類也。**蓋謂史記年表與本紀也。朱校元本「紀」作「記」，非。**上通下達，故曰洞歷。然則長生非徒文人，所謂鴻儒者也。**

前世有嚴夫子，藝文志：「莊夫子賦二十四篇。」原注：「名忌，吴人。」史記鄒陽傳：「吴人莊忌夫子。」索隱：「忌，會稽人，姓莊氏，字夫子。後避漢明帝諱，改姓曰嚴。」司馬相如傳集解引徐廣注亦云：「名忌，字夫子。」漢書司馬相如傳師古注、楚辭哀時命洪補注並云：「當時尊尚，號曰夫子。」按「夫子」當是美稱，非字也。**後有吴君商（高），**先孫曰：「商」當作「高」。君高，吴平字。案書篇云：「會稽吴君高。」又云：「君高之越紐録。」即今越絶書也。書虚篇述君高説會稽山名，亦見越絶外傳記越地傳。**末有周長生。白雉貢於越，**周成王時，越嘗獻白雉，注見異虚篇。抱朴子曰：「白雉有種，南越尤多。」爾雅釋鳥：「韓雉，鵫雉。」郭注：「今白鵫也。江東呼曰白韓，亦名白雉。」**暢草獻於宛，**案：儒增篇、恢國篇並云「倭人貢暢」。與此説異。説文鬯部云：「鬱，芳草也，遠方鬱人所貢。鬱，今鬱林郡也。」疑「宛」即「鬱」。禮記內則注：「『宛』或作『鬱』。」雍州出玉，禹貢：「雍州，厥貢惟球琳琅玕。」荆、揚生金。禹貢：「揚州，厥貢惟金三品。」禮器疏：「荆、揚二州，貢金三品。」珍物產於四遠，幽遼之地，未可言無奇人也。孔子曰：「文王既没，文不在兹乎！」見論語子罕篇。「兹」，孔子自謂也。文王之文在孔子，孔子之文在仲舒，董仲舒也。佚文篇曰：「文王之文，傳在孔子，孔子爲漢制文，傳在漢也。」仲舒既死，豈在長生之徒與？何言之卓殊，文之美麗也！唐勒、宋玉，亦楚文人也，史記屈原傳：「屈原既死之後，楚有宋玉、唐勒皆好辭，而以賦見稱。」漢志：唐勒賦四篇，宋玉賦十六篇。竹帛不紀者，屈原在其上也。會稽文才，豈獨周長生哉？所以末論列者，「末」，各本同。王、崇文本作「未」。長生尤踰出也。九州多山，而華、岱爲嶽；四方多川，而江、河爲瀆者，華、岱高而江、河大也。長生，州郡高大者也。同姓之伯賢，舍而譽他族之孟，未爲得也。長生説文辭之伯，文人之所共宗，朱校元本無「之」字。獨紀録之，春秋記元於魯之義也。

俗好高古而稱所聞，前人之業，菜果甘甜，後人新造，蜜酪辛苦。長生家在會稽，生在今世，文章雖奇，論者猶謂稺於前人。天稟元氣，人受元精，豈爲古今者差殺哉？孫曰：此文不當有「者」字。疑涉上下文諸「者」字而衍。優者爲高，明者爲上。實事之人，見然否之分者，睹非，却前退置於後，見是，推今進置於古，心明知昭，不惑於俗也。班叔皮續太史公書百篇以上，記事詳悉，義淺（浹）理備，「淺」，宋本作「浹」。

史通鑒識篇自注引此文云：「王充謂彪文義浹備，紀事詳贍。」今本「淺」爲「浹」形誤。後漢書班彪傳：「武帝時，司馬遷著史記，自太初以後，闕而不録。後好事者，頗或綴集時事，然多鄙俗，不足以踵繼其書。彪乃繼採前史遺事，傍貫異聞，作後傳數十篇。」盼遂案：「淺」當爲「洽」之聲誤。觀讀之者以爲甲，而太史公乙。子男孟堅，爲尚書郎，光武分尚書爲六曹，每一尚書領六郎，凡三十六郎，秩四百石，主作文書起草。見後漢書百官志。固於永平五年爲郎。注別通篇。文比叔皮，非徒五百里也，乃夫周、召、魯、衛之謂也。周廣業曰：「蓋比之大國。」苟可高古，而班氏父子不足紀也。「而」猶「則」也。盼遂案：吴承仕曰：「苟以高古爲尚，則班氏父子不足紀也。論意亦甲班而乙太史公。」

周有郁郁之文者，在百世之末也。論語八佾篇：「周監於二代，郁郁乎文哉。」漢在百世之後，文論辭説，安得不茂？喻大以小，推民家事，以睹王廷之義。廬宅始成，桑麻纔有，居之歷歲，子孫相續，桃李梅杏，菴丘蔽野。日鈔曰：以此則見「菴」之爲義，正取「掩」故耳。孫曰：「菴」當作「奄」。説文：「奄，覆也。」根莖衆多，則華葉繁茂。漢氏治定久矣，土廣民衆，義興事起，華葉之言，安得不繁？夫華與實，俱成者也，無華生實，物希有之。山之禿也，孰其茂也？地之瀉（潟）也，孰其滋也？劉盼遂曰：「地瀉」與「山禿」對文，蓋「瀉」爲「舄」之音誤。「舄」者，地鹹鹵不生殖也。漢書溝洫志：「終古舄鹵兮生稻粱。」文選海賦：「襄陽廣舄。」暉按：「瀉」當作「潟」。書解篇云：「地無毛則爲瀉土。」「瀉」誤同。又云：「潟土無五穀。」宋本亦作「潟」，與通津本同。程、王、崇文本並誤作「瀉」。可證此文及書解篇作「瀉」者，並爲「潟」之誤。禹貢：「海濱廣斥。」史記夏本紀、漢書地理志「斥」並作「潟」。師古曰：「潟，鹵鹹之地。」段玉裁曰：「作『斥』者，古文尚書。作『潟』者，今文尚書。『潟』古作『舄』。」廣韻三十五馬：「瀉，悉姐切，瀉水也。」二十二昔：「舄，思積切，鹹土也。」音義並不同。盼遂案：「地瀉」與上文「山禿」爲對，蓋借爲「舄」字。「舄」者，地鹹鹵不生殖也。漢書溝洫志：「終古舄鹵兮生稻粱。」文選海賦：「襄陽廣舄。」皆其例。書解篇云：「地無毛則爲瀉土。」又云：「瀉土無五穀。」皆假「瀉」爲「舄」也。文章之人，滋茂漢朝者，乃夫漢家熾盛之瑞也。天晏，列宿焕炳；淮南繆稱訓注：「晏，無雲也。」漢書郊祀志如淳注：「三輔謂日清濟爲晏。」陰雨，日月蔽匿。方今文人並出見者，乃夫漢朝明明之驗也。下「明」，宋本作「朗」。

高祖讀陸賈之書，歎稱萬歲；賈著新語，每奏一篇，高帝未嘗不稱善，左右呼萬歲。見史記本傳。日知録曰：「萬歲，當時慶幸之通稱，然亦非常之辭。」徐樂、主父偃上疏，徵拜郎中，史記主父偃傳：主父偃上書闕下，朝奏，暮召入見。是時趙人徐樂亦上書言世務，上乃拜偃、樂爲郎中。方今未聞。此「方今」蓋指章帝。（考見年譜。）陸、徐、主父并前漢事，故云「未聞」。膳無苦酸之肴，口所不甘味，手不舉以啖人。盼遂案：吴承仕曰：「膳無苦酸」以下數語，疑有誤。詔書每下，文義經傳四科，此義未審。應劭漢官儀曰：建初八年十二月己未，詔書（百官志注引作「世祖詔」。）辟士四科：其一曰德行高妙，志節清白；二曰經明行修，能任博士；三曰明曉法律，足以決疑，能案章覆問，才任御史；四曰剛毅多略，遭事不惑，明足照姦，勇足決斷，才任三輔。（見後漢書和帝紀注。）疑即此云「四科」也。詔書斐然，郁郁好文之明驗也。上書不實核，著書無義指，「萬歲」之聲，「徵拜」之恩，何從發哉？飾面者皆欲爲好，而運目者希；文（聞）音者皆欲爲悲，而驚耳者寡。「文」當作「聞」，聲之誤也。當據宋本、朱校元本正。古人好悲音，注見感虚篇。陸賈之書未奏，徐樂、主父之策未聞，羣諸瞽言之徒，言事麤醜，文不美潤，不指盼遂案：「潤不指」當是「指不潤」之誤倒。「指」與「旨」、「恉」古通用。所謂，文辭淫滑，不被濤沙之謫，幸矣！焉蒙徵拜爲郎中之寵乎？

論衡校釋卷第十四

狀留篇

留，稽留也，言賢儒稽留難進。盼遂案：「狀」者，原起也。本篇云：「賢儒遲留，皆有狀故。狀故云何？學多道重，爲身累也。」狀留之義，此數語揭盡之矣。

論賢儒之才，既超程矣。即超奇篇所論。世人怪其仕宦不進，官爵卑細。以賢才退在俗吏之後，信不怪也。「不」疑當作「可」。盼遂案：當是「信可怪也」。「可」字行書與「不」相近而譌。夫如是，而適足以見賢不肖之分，睹高下多少之實也。「而」猶「乃」也。

龜生三百歲，大如錢，游於蓮葉之上。玉策記（抱朴子對俗篇引。）曰：「千歲之龜，五色具焉。其額上兩骨起，似角。浮於蓮葉之上，或在叢蓍之下，其上時有白雲蟠施。」史記龜策傳：「江南父老云：龜千歲乃游蓮葉之上。」博物志又云：「龜三千歲，遊於蓮葉，巢於卷耳之上。」此云「三百歲」，數并差異，蓋各紀所聞耳。三千歲青邊緣，巨尺二寸。公羊定八年傳：「龜青純。」注：「純，緣也，謂緣甲頓也。千歲之龜青髯。」禮記樂記：「青黑緣者，天子之寶龜也。」漢書食貨志：「元龜，岠冉長尺二寸。」孟康曰：「冉，龜甲緣也。岠，至也。度背兩邊緣尺二寸也。」褚補史記龜策傳：「龜千歲乃滿尺二寸。」御覽九三一引作「三千歲則青邊有距」，疑失其義。蓍生七十歲生一莖，七百歲生十莖。洪範五行傳曰：（曲禮上疏。）「蓍生百年，一本生百莖。」說文：「蓍，蒿屬也，生千歲三百莖。」博物志亦云「一千歲而三百莖」，與許說同。陸機草木疏云：「似藾蕭，青色，科生。」神靈之物也，故生遲留，孫曰：此書每以「遲留」連文。曲禮疏引作「神靈之物，故生遲也」，亦通。暉按：陸氏周易音義（說卦第九。）引此文與孔疏同。御覽九九七引「物」下亦無「也」字。歷歲長久，故能明審。注卜筮篇。實賢儒之在世也，「實」字疑衍。猶靈蓍、神龜也。計學問之日，固已盡年之半矣。銳意於道，遂無貪仕之心。及其仕也，純特方正，無員銳之操，「員」讀「圓」。故世人遲取進難〔一〕也。針錐所穿，無不暢達。使針錐末方，穿物無一分之深矣。賢儒方節而行，無針錐之銳，固安能自穿，取暢達之功乎？

且驥一日行千里者，無所服也，服，負也。使服任車輿，魯語韋注：任，負荷也。駑馬同，盼遂案：「任車」，載重之車，亦謂之役車也。「輿」當爲「與」之誤。言驥服重車則不能一日千里，與駑馬同也。音。「音」字疑誤。驥曾以引鹽車矣，盼遂案：「音」當爲「昔」之誤字。垂頭落汗，行不能進。鹽鐵論訟賢篇：「騏驥之輓鹽車，垂頭於太行。」伯樂顧之，王良御之，伯樂

〔一〕「進難」，原本作「難進」，據通津草堂本乙。

有二，一秦穆公時，一趙簡子時。王良，郵無恤也。謂即伯樂，非。注詳命義篇。空身輕馳，故有千里之名。今賢儒懷古今之學，負荷禮義之重，内累於胸中之知，外劬於禮義之操，「劬」，元本作「拘」，朱校同，疑是。不敢妄進苟取，故有稽留之難。無伯樂之友，不遭王良之將，謂無薦舉徵用。「將」，郡守也。下並同。安得馳於清明之朝，立千里之迹乎？

且夫含血氣物之生也，行則背在上，而腹在下；其病若死，則背在下，而腹在上。何則？背肉厚而重，腹肉薄而輕也。賢儒、俗吏，並在當世，有似於此。將明道行，則俗吏載賢儒，賢儒乘俗吏。將闇道廢，則俗吏乘賢儒，賢儒處下位，猶物遇害，腹在上而背在下也。且背法天而腹法地，生行得其正，故腹背得其位；病死失其宜，故腹反而在背上。非唯腹也，凡物仆僵者，足又在上。「又」疑當作「必」。賢儒不遇，仆廢於世，踝（躁）足之吏，「踝〔一〕足」無義。朱校元本「踝」作「躁」，是。説文：「趮，疾也。」内則：「狗赤股而躁。」疏云：「躁謂舉動急躁。」皆在其上。

東方朔曰：「目不在面而在於足，救昧（眛）不給，能何見乎？」先孫曰：「昧」當爲「眛」，形近而誤。説文目部云：「眛，草入目中也。」暉案：未知何出。羣書治要引尸子明堂篇

〔一〕「踝」，原本作「躁」，據正文改。

云：「目在足下，則不可以視矣。」與朔語意同。汲黯謂武帝曰：「陛下用吏，如積薪矣，後來者居上。」見史記本傳。原汲黯之言，察東方朔之語，獨以非俗吏之得地，賢儒之失職哉？孫曰：「以非」當從元本作「非以」。故夫仕宦〔二〕，失地難以觀德，得地難以察不肖。名生於高官，而毁起於卑位。卑位，固賢儒之所在也。遵禮蹈繩，脩身守節，在下不汲汲，故有沉滯之留。沉滯在能自濟，「在」當作「不」。故有不拔之扼。其積學於身也多，故用心也固。俗吏無以自修，身雖拔進，利心搖動，則有下道侵漁之操矣。「侵漁」注量知篇。

楓桐之樹，生而速長，故其皮肌不能堅剛。意林引「肌」作「脃」。（此據張刻本。周廣業注本作「肌」。）説文云：「脃，小耎易斷也。」則以作「脃」義長。樹檀以五月生葉，孫曰：「樹檀」疑當作「檀樹」。暉按：日鈔引已與今本同。意林引作「檀欒」，疑是。沈括補筆談三云：「欒有二種：樹生，其實可作數珠者，謂之木欒，即本草『欒花』是也。叢生，可爲杖棰者，謂之牡欒，又名黄金，即本草『牡荆』是也。」按：「欒」蓋即沈氏所謂「牡欒」，可作杖棰者。檀亦堅韌之木，其材中車輻。詩魏風伐檀：「坎坎伐檀兮。」下云「伐輻」、「伐輪」，變文也。（戴震毛詩考正説。）盼遂

〔二〕「宦」，原本作「官」，形近而誤，據通津草堂本改。

案：「樹檀」仍言「檀」也。詩鄭風：「將仲子兮，無折我樹檀。」小雅鶴鳴：「樂彼之園，爰有樹檀。」傳云：「何樂於彼園之觀乎，尚有樹檀而下其蘀。」是皆以「樹檀」爲一名稱。仲任所本，殆出於此。黄氏日鈔引作「樹檀」，孫氏舉正謂「樹檀」當是「檀樹」，大非。意林引此文亦删「樹」字。後彼春榮之木，日鈔引「彼」作「於」，疑是。其材彊勁，車以爲軸。殷之桑穀，七日大拱，長速大暴，故爲變怪。詳異虚篇。大器晚成，寶貨難售也。今從錢、黄、王本作「也」。朱校元本、通津、天啓、程榮本並作「者」。盼遂案：「者」字涉下句「者」字而衍。此敍述語，非起下之辭。不崇一朝，崇，終也。輒成賈者，菜果之物也。是故湍瀨之流，沙石轉而大石不移。何者？大石重而沙石輕也。沙石轉積於大石之上，大石没而不見。賢儒俗吏，並在世俗，有似於此。遇闇長吏，錢、黄、王本作「長史」，非也。「長吏」本書常語。别通篇：「將相長吏。」本篇下文云：「咎在長吏不能知賢。」又云：「長吏力劣，不能用也。」「長吏」注感虚篇。轉移俗吏，超在賢儒之上，賢儒處下，受馳走之使，至或巖居穴處，没身不見。咎在長吏不能知賢，而賢者道大，力劣不能拔舉之故也。謂長吏力劣。

夫手指之物器也，此義不通。「指」疑爲「於」形譌，（「於」或作「扵」。）又誤奪在「之」字上。盼遂案：「之」字當爲「於」譌，隸書「於」作「**扵**」，易誤作「之」字。度力不能舉，則不敢動。賢儒之道，非徒物器之重也。是故金鐵在地，焱（猋）風不能動，孫曰：「焱」當作「猋」，下同。暉按：漢書韓長孺傳：「至如猋風。」注：「猋，疾風也。」猋、飄字同。爾雅：「迴風爲飄。」月令「飄」作「猋」。焱，火華也，非其義。毛芥在其間，飛揚千里。「揚」，通津、天啓本從「木」，誤。今據宋殘卷、錢、黃、王、鄭本正。夫賢儒所懷，其猶水中大石、在地金鐵也。其進不若俗吏速者，長吏力劣，不能用也。毛芥在鐵石間也，一口之氣，能吹毛芥，非必焱（猋）風。俗吏之易遷，猶毛芥之易吹也。故夫轉沙石者，湍瀨也；飛毛芥者，焱（猋）風也。活水洋風，洋風，和風也。趙注孟子：「洋洋，舒緩貌。」盼遂案：「活水」下宜有「沙石不轉」四字，今脱。下文「猛水之轉沙石，焱風之飛毛芥」，正承此二句爲言。毛芥（沙石）不動。「毛芥」下脱「沙石」二字。上下文俱以「毛芥」、「沙石」並言。「毛芥不動」，承「洋風」爲文。「沙石不動」，承「活水」爲文。無道理之將，用心暴猥，孫曰：「猥」即「畏」之借字。説文：「畏，惡也。」是其義。察吏不詳，遭以好遷，妄授官爵，猛水之轉沙石，焱（猋）風之飛毛芥也。是故毛芥因異風而飛，沙石遭猛流而轉，俗吏遇悖將而遷。

且圓物投之於地，東西南北，無之不可，策杖叩動，纔微輒停。方物集地，壹投而止，及其移徙，須人動舉。「舉」，元本作「之」，朱校同。賢儒，世之方物也，其難轉移者，其動須人也。鳥輕便於人，趨遠，人不如鳥，然而天地之性人爲貴。蝗蟲之飛，能至萬里，麒麟須獻，乃達闕下；然而蝗蟲爲災，麒麟爲瑞。麟有四足，尚不能自致，人有兩足，安能自達？故曰：「鸑飛輕於鳳皇，兔走疾於麒麟，鼃躍躁於靈龜，蚍螣便於神龍。」蓋引傳文，未知何出。

呂望之徒，白首乃顯；說苑雜言篇：「呂望行年五十，賣飯棘津；（「飯」今作「食於」，依御覽八五〇引。）行年七十，屠牛朝歌；行年九十，爲天子師。」百里奚之知，明於黃髮。秦誓曰：「雖則云然，尚猶詢茲黃髮，則罔所愆。」漢書李尋傳尋說王根曰：「昔秦穆公說諓諓之言，任仡仡之勇，身受大辱，社稷幾亡，悔過自責，思惟黃髮，任用百里奚。」曲禮：「故君子式黃髮。」疏：「黃髮，太老人也。人初老則髮白，太老則髮黃。」御覽四〇四引新論曰：「周之太公，秦之百里，雖咸有天才，然皆年七十餘乃升爲王霸師。」深爲國謀，因爲王輔，皆夫沉重難進之人也。輕躁早成，禍害暴疾，故曰：「其進銳者，退速。」見孟子盡心下。陽溫陰寒，歷月乃至；災變之氣，一朝成怪。故夫河冰結合，非一日之寒；積土成山，非斯須之作。樂記注：「斯須，猶須臾也。」干將之劍，久在鑪炭，銛鋒利刃，百熟煉厲。久銷乃見「熟」，元本作「熱」，朱校同。案：率性篇云：「試取東下直一金之劍，更熟鍛鍊，足其火，齊其銛，猶千金之劍。」字亦作「熟」。作留，成遲故能割斷。肉暴長者曰腫，泉暴出者曰涌，酒暴熟者易酸，「熟」，元本作「熱」，朱校同。醢暴酸者易臭。盼遂案：二語有誤。御覽卷八百六十六醢類引博物志曰：「酒暴熟者酢，醢酸者易臭。」案：博物志二語當是「酒暴熟者易酢，醢暴酸者易臭」。

蓋此二語引入醯類，不可與醯無干，且「醯」亦非酸性故也，則論衡此文正可借御覽訂之。疑博物志所云，即本於仲任之書也。由此言之，賢儒遲留，皆有狀故。狀故云何？學多道重，爲身累也。

草木之生者濕，濕者重；死者枯，〔枯者輕〕。枯而輕者易舉，濕而重者難移也。孫曰：「死者枯」下，疑脱「枯者輕」一句。然〔能〕元氣所在，在生不在枯。「然」下舊校曰：「一有『能』字。」吴曰：一有「能」字是也。「能」讀爲「而」。此書「而」、「能」多互用。本無「能」字者，淺人不了而妄删之。是故車行於陸，船行於溝，其滿而重者行遲，空而輕者行疾。先王之道，載在胸腹之内，宋殘卷「腹」作「中」，朱校同。其重不徒船車之任也。任重，其取進疾速，難矣。「重」，宋殘卷作「貴」，朱校同。疑此文本作「責其取進疾速，難矣」。「任」字衍，「責」、「貴」形誤，今本又改「貴」爲「重」。竊人之物，其得非不速疾也，然而非其有，得之非己之力也。世人早得高官，非不有光榮也，而尸禄素飡之謗，諠譁甚矣。「禄」，朱校元本作「位」。

且賢儒之不進，將相長吏不開通也。不開通，謂不薦拔也。漢書李尋傳：「人人自賢，不務於通人。」農夫載穀奔都，賈人齎貨赴遠，皆欲得其願也。如門郭閉而不通，津梁絶而不過，雖有勉力趨時之勢，奚由早至以得盈利哉？長吏妬賢，不能容善，不被鉗赭之刑，幸矣，漢書高祖紀注：「鉗，以鐵束頭也。」酷吏義縱傳注服虔〔一〕引律：「諸囚徒私解脱桎梏鉗赭，加罪一等。」焉敢望官位升舉，道理之早成也？

〔一〕「服虔」，依漢書注當作「孟康」。

寒温篇

自然篇謂：寒温、譴告、變動、招致，皆儒者之説，違黄、老之旨，失天道自然之義。譴告尤與天道相詭。

説寒温者曰：人君喜則温，怒則寒。何則？喜怒發於胸中，然後行出於外，外成賞罰。賞罰，喜怒之效，故寒温渥盛，凋物傷人。春秋繁露王道通三篇：「人主立於生殺之位，與天共持變化之勢，喜則爲暑氣而有養長也，怒則爲寒氣而有閉塞也。」淮南原道訓：「人大怒破陰，大喜墜陽。」亦喜怒寒温相感之義。又大、小夏侯推五行傳，劉向父子傳以五事，謂洪範「舒，恒燠若；急，恒寒若」爲君行天應。是皆説寒温者也。

夫寒温之代至也，在數日之間，人君未必有喜怒之氣發胸中，盼遂案：「未」疑爲「先」之誤。「先必」與下文「然後」相應。然後渥盛於外。見外寒温，則知胸中之氣也。當人君喜怒之時，胸中之氣未必更寒温也。胸中之氣，何以異於境内之氣？胸中之氣，不爲喜怒變，境内寒温，何所生起？六國之時，秦、漢之際，諸侯相伐，兵革滿道，國有相攻之怒，將有相勝之志，夫有相殺之氣，「夫」當作「人」。國、將、人三字平列。當時天下未必常寒也。太平之世，唐、虞之時，政得民安，人君常喜，絃歌鼓舞，比屋而有，當時天下未必常温也。豈喜怒之氣爲小發，不爲大動邪？何其不與行事相中得也？相中得，謂相合也。

夫近水則寒，近火則温，遠之漸微。「漸」，宋殘卷作「纔」，朱校同。狀留篇：「纔微輒停。」亦以「纔微」連文。何則？氣之所加，遠近有差也。成事：注書虚篇。盼遂案：「成事」猶「故事」也。漢書賈誼傳引諺曰：「不習爲吏，視已成事。」訂鬼篇：「成事：俗間與物交者，見鬼之來也。」又云：「成事：俗間家人且凶，見流光集其室，或見其形若鳥之狀，時流入堂室。」（「入」字今本訛作「人」。）皆以「成事」爲「往事」也。火位在南，水位在北，北邊則寒，南極則熱。火之在鑪，水之在溝，氣之在軀，其實一也。當人君喜怒之時，寒温之氣，閨門宜甚，境外宜微。今案寒温，外内均等，殆非人君喜怒之所致。世儒説稱，妄處之也。處，審度也。注本性篇。

王者之變在天下，諸侯之變在境内，卿大夫之變在其位，庶人之變在其家。夫家人之能致變，則喜怒亦能致氣。父子相怒，夫妻相督，若當怒反喜，「若」猶「或」也。縱過飾非，一室之中，宜有寒温。由此言之，變非喜怒所生，明矣。

或曰：「以類相招致也。喜者和温，和温賞賜，陽道施予，陽氣温，故温氣應之。怒者愠恚，愠恚誅殺，陰道肅殺，「肅」，宋殘卷作「者」，朱校同。陰氣寒，故寒氣應之。虎嘯而谷風至，龍興而景雲起，注見偶會篇、龍虚篇。同氣共類，動相招致，故曰：『以形逐影，以龍致雨。』雨應龍而來，影應形而去，天地之性，自然之道也。秋冬斷刑，小獄微原，大辟盛寒，寒隨刑至，相招審矣。」

夫比寒温於風雲，齊喜怒於龍虎，同氣共類，動相招致，可矣。虎嘯之時，風從谷中起；龍興之時，雲起百里内。他谷異境，無有風雲。今寒温之變，並時皆然。百里用刑，千里皆寒，殆非其驗。齊、魯接境，賞罰同時，設齊賞魯罰，所致宜殊，當時可齊國温、魯地寒乎？

案前世用刑者，蚩尤、亡秦甚矣。蚩尤之民，湎湎紛紛；吕刑曰：「民興胥漸，（謂民起相詐。）泯泯棼棼。」漢書敍傳亦作「湎湎紛紛」，與此同，今文經也。僞孔傳曰：「三苗之民，泯泯爲亂，棼棼同惡。」此云「蚩尤之民」者，今文説也。詳非韓篇注。亡秦之路，赤衣比肩，赤衣，徒人衣也。風俗通（書鈔四五。）云：「秦始皇遣蒙恬築長城，徒工犯罪，皆髡頭衣赭。」赭，赤也。當時天下未必常寒也。帝都之市，屠殺牛羊，日以百數。刑人殺牲，皆有賊心，帝都之市，氣不能寒。

或曰：「人貴於物，唯人動氣。」夫用刑者動氣乎？用受刑者爲變也？「用」猶「以」也。如用刑者，刑人殺禽，同一心也。如用受刑者，人禽皆物也，俱爲萬物，百賤不能當一貴乎？

或曰：「唯人君動氣，衆庶不能。」

夫氣感必須人君，世何稱於鄒衍？鄒衍匹夫，一人感氣，見感虚篇。世又然之。刑一人而氣輒寒，生一人而氣輒温乎？赦令四下，萬刑並除，當時歲月之氣不温。往年，萬户失火，煙（熛）焱參天；孫曰：「煙」當作「熛」，形近而誤。暉按：説文：「熛，火飛也。」河決千里，四望無垠。火與温氣同，水與寒氣類。下「氣」字，宋、元本作「爲」。宋殘卷、朱校並同。失火河決之時，不寒不温。然則寒温之至，殆非政治所致。然而寒温之至，遭與賞罰同時，變復之家，因緣名之矣。變復，注感虚篇。

春温夏暑，秋涼冬寒，人君無事，四時自然。夫四時非政所爲，而謂寒温獨應政治？正月之始，正月之後，盼遂案：「正月之後」四字宜衍。漢以立春爲正月節。續漢書禮儀志：「立春之日，下寬大書，詔罪大殊死，且勿案驗。」是後漢停止詔獄在正月之始、立春之際矣。衍「正月之後」四字，則不合漢制。立春之際，百刑皆斷，囹圄空虚，月令曰：「仲春之月，命有司省囹圄，去桎梏，毋肆掠，止獄訟。」鄭注：「囹圄所以禁守繫者。」然而一寒一温。「一」猶「或」也。當其寒也，何刑所斷？當其温也，何賞所施？由此言之，寒温，天地節氣，非人所爲，明矣。

人有寒温之病，非操行之所及也。遭風逢氣，身生寒温。變操易行，先孫曰：「操」，元本作「慘」。案：順鼓篇亦云：「變操易行。」則元本非是。暉按：宋殘卷、朱校元本亦誤作「慘」。寒温不除。夫身近而猶不能變除其疾，國邑遠矣，安能調和其氣？人中於寒，中，傷也。飲藥行解，所苦稍衰；轉爲温疾，吞發汗之丸而應愈。燕有寒谷，不生五穀。鄒衍吹律，寒谷可種。燕人種黍其中，號曰黍谷。文選魏都賦注引劉向别録曰：「方士傳言：（四字據類聚五、御覽五四引增。）鄒衍在燕，燕（據類聚增。）有谷，地美而寒，不生五穀。鄒子居之，吹律而温氣至，黍生，今名黍谷。」穀梁定元年疏曰：「寒涼之地，本不種苗，鄒衍吹律，乃始谷生物，謂之黍。」如審有之，寒温之災，復以吹律之事，復，消復也。調和其氣，變政易行，何能滅除？是故寒温之疾，非藥不愈；黍谷之氣，非律不調。堯遭洪水，使禹治之。寒温與堯之洪水，同一實也。堯不變政易行，知夫洪水非政行所致。洪水非政行所致，亦知寒温非政治所招。

或難曰：洪範庶徵曰：「庶」上無「八」字，此今文也。訂鬼篇「五行」上無「一」字，感虚、卜筮篇「稽疑」上無「七」字，並今文之異。詳孫星衍尚書今古文注疏、皮錫瑞今文尚書考證。王鳴盛謂「五行」以下有「一」、「二」等字，是僞孔妄加。「急，恒寒若；舒，恒燠若。」若，順；燠，温；恒，常也。「舒」，今文，古文作「豫」。尚書「寒若」句，在「燠若」句下。下文引經與此同。皮錫瑞曰：「荀悦漢高后紀、三國志毛玠傳鍾繇詰玠引經，亦皆先寒後燠。疑三家尚書之異文。」人君急，則常寒順之；舒，則常温順之。尚書鄭注：「急促自用也。寒，水氣也。舒，舉遲也。言人君舉事大舒，則有常燠之咎氣來順之。」五行傳曰：「不謀，厥咎急，厥罰恒寒。」鄭彼注云：「君臣不謀則急矣。聽曰水，水主冬，冬氣藏，藏氣失，故常寒也。」五行傳曰：「不悊，厥咎舒，厥罰恒燠。」鄭注：「君臣不瞭，則舒緩矣。視曰火，火主夏，夏氣長，長氣失，故常燠也。」寒温應急舒，謂之非政，如何？

夫豈謂急不寒、舒不温哉？人君急舒而寒温遞至，偶適自然，若故相應。猶卜之得兆，筮之得數也，曲禮曰：「龜曰卜，蓍曰筮。」洪範疏：「灼龜曰兆。」周禮大卜注：「兆者，灼龜發於火，其形可占者。」史記日者傳索隱曰：「筮必以易，易用大衍之數也。」人謂天地應令問，左文十八年傳：「惠伯令龜。」正義曰：「周禮大卜：『大祭祀，則視高命龜。』鄭玄云：『命龜，告龜以所卜之事。』令者，告令，使知其意，與『命』同也。」其實適然。義詳卜筮篇。夫寒温之應急舒，猶兆數之應令問也，外若相應，其實偶然。何以驗之？夫天道自然，自然無爲。二令參偶，當作「二偶參合」。「令」、「合」形誤，文又誤倒。偶會篇：「二偶三合，似若有之，其實自然。」文義同。盼遂案：「令」疑爲「合」之形譌。「二合」與「三偶」爲騈文也。遭適逢會，人事始作，天氣已有，治期篇曰：「人事未爲，天氣已見。」句義正同。疑「有」當是「見」字。故

曰道也。漢書翼奉傳奉奏封事曰：「天地設位，懸日月，布星辰，分陰陽，定四時，列五行，以視聖人，名之曰道。聖人見道，然後知王治之象。」亦即此義。**使應政事，是有〔爲〕，非自然也。**吳曰：「有」下脱一「爲」字。「有爲自然」，與上「自然無爲」二義相應。譴告篇云：「如譴告人，是有爲，非自然也。」文句正同。

易京氏布六十四卦於一歲中，六日七分，盼遂案：「四」字衍，當是「六十卦」。漢書京房傳：「房分六十卦，更直日用事。」孟康注：「餘四卦震、離、兑、坎爲方伯監司之官。」今案：以六十卦分配三百六十五日又四分日之一，破一日爲八十分，則爲六日七分者，恰得六十而止。若作「六十四」，則於「六日七分」之説乖矣。**一卦用事。卦有陰陽，氣有升降，陽升則温，陰升則寒。**漢書京房傳：「房治易，事梁人焦贛，其説長於災變，分六十四卦，（今本脱「四」字。）更直日用事，以風雷寒温爲候，各有占驗，房用之尤精。」孟康注：「分卦直日之法，一爻主一日，六十四卦爲三百六十日，餘四卦震、離、兑、坎，爲方伯監司之官。所以用震、離、兑、坎者，是二至二分用事之日，又是四時各專王之氣。各卦主時，其占法，各以其日觀其善惡也。」易復卦正義曰：「易緯稽覽圖云：卦氣起中孚，故離、坎、震、兑各主其一方。其餘六十卦，卦有六爻，爻別主一日，凡主三百六十日餘有五日四分日之一者，每日分爲八十分，五日分爲四百分，四分日之一又爲二十分，是四百二十分，六十卦分之，六七四十二，卦別各得七分，是每卦得六日七分也。」按後漢書崔瑗傳：「瑗明京房易傳六日七分。」隋書經籍志有京房周易飛候六日七分八篇。（五行家。）惠棟漢易學卷二有「六日七分圖」，卷五有「京氏占風雨寒温」，言之詳矣。**由此言之，寒温隨卦而至，不應政治也。案易無妄之應，**釋文引鄭、馬、王云：「妄猶望，謂無所希望也。」史記春申君傳正作「毋望」。正義曰：「猶不望而忽至也。」漢書谷永傳永對曰：「涉三七之節紀，遭无妄之卦運。」應劭曰：「无妄者，無所妄也，萬物無所望於天，災異之最大者也。」曹植漢二祖優劣論：「世祖值陽九無妄之世，遭炎光厄會之運。」（類聚十二。）明雩篇云：「政治之災，無妄之變，何以別之？曰：德鄷政得，災猶至者無妄也。德衰政失，變應來者，政治也。」與鄭、馬義不同。按：文選吳都賦劉逵注引易无妄曰：「災氣有九，陽阨五，陰阨四，合爲九。一元之中，四千六百一十七歲，各以數至。」正與仲任意合。必晚周舊説，而仲任據之。谷永云：「遭无妄之卦運。」亦謂時物氣運，與仲任意同。應劭據馬、鄭義説之，非也。**水旱之至，自有期節，百災萬變，殆同一曲。**義詳明雩、治期篇。

變復之家，注感虚篇。疑且失實。何以爲疑？

夫大人與天地合德，先天而天不違，後天而奉天時。易乾卦文言語。洪範曰：「急，恒寒若；舒，恒燠若。」如洪範之言，天氣隨人易徙，當先天而天不違耳，何故復言「後天而奉天時」乎？「後」者，天已寒温於前，而人賞罰於後也。由此言之，人言與尚書不合，「人」疑當作「易」。一疑也。京氏占寒温以陰陽升降，變復之家以刑賞喜

怒，王本「賞」作「罰」，非。崇文本誤同。**兩家乖迹，**「迹」疑爲「違」形譌。**二疑也。民間占寒温，今日寒而明日温，**「而」猶「則」也。**朝有繁霜，夕有列光，**盼遂案：「列」當爲「烈」之譌脱。「烈光」者，日也，與「繁霜」對，故稱「烈光」。**旦雨氣温，旦暘氣寒。**說文：「暘，日出也。」盼遂案：「旦」字皆「且」之誤。且，將也。天將雨，其氣温；天將暘，其氣寒也。本論變動篇：「天且風，巢居之蟲動；且雨，穴處之物擾。」與此同一文法。下文〔一〕「雨旦暘」、「暘旦雨」，二「旦」字亦「且」之誤。**夫雨者陰，暘者陽也；寒者陰，而温者陽也。雨旦暘反寒，暘旦雨反温，**孫曰：「雨旦暘反寒」，當作「旦暘反寒」；「暘旦雨反温」，當作「旦雨反温」。二句首「雨」「暘」二字，並涉上文而衍。此謂暘爲陽，宜温，而反寒；雨爲陰，宜寒，而反温，不以類相應，故可疑也。正承上文「旦雨氣温，旦暘氣寒」言之。**不以類相應，三疑也。三疑不定，「自然」之說，亦未立也。**「亦」，語詞，非承上也。易井卦彖辭：「亦未繘井。」句例同。言三疑不定，乃天道自然之義不明也。自然篇即申此義。

〔一〕「下文」，原本作「文下」，據原書文例乙。

譴告篇

論災異〔者〕，謂古之人君爲政失道，天用災異譴告之也。「論災異」下，脱「者」字。寒温篇云：「説寒温者曰：人君喜則温，怒則寒。」句例正同。洪範五行傳：「凡有所害謂之災，無所害而異於常謂之異。故災爲已至，異爲方來。」漢書董仲舒傳仲舒對策曰：「國家將有失道之敗，而天乃先出災害以譴告之。不知自省，又出怪異以警懼之。尚不知變，而傷敗乃至。」三國志魏志高堂隆傳引孔子曰：「災者修類應行，精祲相感以戒人君。」白虎通災變篇：「天所以有災變何？所以譴告人君，覺悟其行，欲令悔過修德，深思慮也。災異者，何謂也？春秋潛潭巴曰：『災之言傷也，隨事而誅。異之言怪也，先發感動之也。』」漢代言陰陽災異者，初有董仲舒，治公羊，以推陰陽。繼有夏侯始昌，授尚書，明於陰陽，作洪範五行傳。後有眭孟、夏侯勝、京房、翼奉、李尋、劉向、谷永等，皆明災異以規時政。法言淵騫篇曰：「災異：董相、夏侯勝、京房。」**災異非一，復以寒温爲之效。人君用刑非時則寒，施賞違節則温。**廣州先賢傳曰：「和帝時，策問陰陽不和，或水或旱。方正鬱林布衣養奮字叔高對曰：『天有陰陽，陰陽有四時，四時有政令，春夏則予惠，布施寬仁；秋冬則剛猛，盛威行刑。賞罰殺生，各應其時。』」（續五行志注。）後漢書韋彪傳彪上疏曰：「臣聞政化之本，必順陰陽，伏見立夏以來，當暑而寒，殆以刑罰刻急，郡國不奉時令之所致。」天神譴告人君，猶人君責怒臣下也。故楚嚴王曰：「天不下災異，天其忘子（予）乎！」吴曰：當作「楚莊王」。「莊」作「嚴」者，王充避明帝諱改之。下文「楚莊王好獵」，恢國篇「楚莊赦鄭伯之罪」，則後人復改也。「天其忘子乎」，「子」當作「予」。（崇文局本已改作「予」。）説苑：「楚莊王見天不見妖，而地不出孽，則禱於山川，曰：天其忘予歟？」此論衡所本。暉按：吴説是也。「子」，宋本、鄭本正作「予」。説苑見君道篇。此語始見春秋繁露必仁且智篇。災異爲譴告，故嚴王懼而思之也。

曰：此疑也。夫國之有災異也，猶家人之有變怪也。有災異，謂天譴〈告〉人君，「告」字據上下文增。有變怪，天復譴告家人乎？「家人」謂「庶民」，漢時常語。家人既明，人之身中，亦將可以喻。身中病，猶天有災異也。血脉不調，人生疾病；風氣不和，歲生災異。災異謂天譴告國政，疾病天復譴告人乎？釀酒於罌，烹肉於鼎，皆欲其氣味調得也。時或鹹苦酸淡不應口者，猶人勺藥失其和也。文選司馬相如子虚賦：「勺藥之和具而後御之。」注文穎曰：「五味之和也。」王引之曰：「勺藥之言適歷也。適歷，均調也。説文曰：『厤，和也，从甘从麻。麻，調也。』周官遂師注曰：『磿者適歷。』疏曰：『分布希疏得所，名爲適歷也。』然則均調謂之適歷，聲轉則爲勺藥。」陳喬樅魯詩遺説考曰：（鄭風溱洧〔二〕。）「魯詩皆以勺藥爲調和之名。」盼遂案：「猶」爲「由」之音譌。猶、由雖古通，然猶可以作由，由不可以作猶也。勺藥之言適歷也。適歷，均調也。漢書司馬相如傳「勺藥之和具而後御之」；文選枚乘七發「勺藥之醬」；漢書楊雄傳「乃使有伊之徒，調夫五味，甘甜之和，芍藥之羹」；文選張衡南都賦「歸雁鳴鵽，香稻鮮魚，以爲芍藥」；稽康集聲無哀樂論「太羹不和，不極芍藥之味」；文選張協七命「味重九沸，和兼芍藥」；抱朴子内篇論仙篇「熬煎芍藥，旨嘉饜飫」，注家皆以和味爲説。論亦然也。劉禹錫嘉話録有芍藥爲和物一條，極言其事，是晚唐此解尚未昧也。見王讜唐語林卷二引。夫政治之有災異也，猶亨釀之有惡味也。苟謂災異爲天譴告，是其亨釀之誤，得見譴告也。占大以小，明物事之喻，足以審天。使嚴王知如孔子，則其言可信。衰世霸者之才，楚莊王，春秋五霸之一。猶夫變復之家也，言未必信，故疑之。

夫天道，自然也，無爲。如譴告人，是有爲，非自然也。吴曰：上「也」字衍。暉按：「無爲」上疑脱「自然」二字。寒温篇云：「夫天道自然，自然無爲。」句例正同。黄、老之家，論説天道，得其實矣。義詳自然篇。且天審能譴告人君，審，實也。宜變易其氣以覺悟之。

〔二〕「溱洧」，原本作「潧洧」，據毛詩改。

用刑非時，刑氣寒，而天宜爲温；「而」猶「則」也。下同。施賞違節，賞氣温，而天宜爲寒。變其政而易其氣，故君得以覺悟，知是非。今乃隨寒從温，爲寒爲温，以（非）譴告之意，欲令變更之且（宜）。舊讀「今乃隨寒從温，爲寒爲温以譴告之，（句。）意欲令變更之」。則語意未足。「以」，宋本、宋殘卷、朱校元本并作「非」，是也。「且」當爲「宜」字形誤。此文當作：「非譴告之意，欲令變更之宜。」下文「今刑賞失法，天欲改易其政，宜爲異氣」，即承此「非欲令變更之宜」爲文。又下文「非皇天之意，愛下譴告之宜」，句例正同。蓋「宜」形誤作「且」，校者則妄改「非」爲「以」矣。太王亶父以王季之可立，御覽九八四引「以」作「睹」。故易名爲「歷」者，適也。孫曰：漢書孝成趙皇后傳耿育上疏曰：「太伯見歷知適，逡循固讓。」顏師古曰：「歷謂王季，即文王之父也。知適，謂知其當爲適嗣也。」仲任所言，蓋先儒舊説。又按：「適歷」，乃漢人通語。「歷」即「秝」之借字。説文：「秝，稀疏適也，讀若歷。」周禮遂師：「抱磨。」後鄭注：「磨者，適歷。」賈疏云：「謂之適歷者，分布稀疏得所，名爲適歷也。」洨長以通語解字，後鄭以通語解經耳。暉按：吴越春秋吴太伯傳曰：「古公三子，長曰太伯，次曰仲雍，雍一名吴仲，少曰季歷。季歷娶妻太任氏，生子昌，昌有聖瑞。古公知昌聖，欲傳以及昌，曰：『興王業者，其在昌乎！』因更名曰『季歷』。太伯、仲雍望風知指，曰：『歷者，適也。』知古公欲以國及昌。古公病，二人託名採藥於衡山，遂之荆蠻，斷髮文身，爲夷狄之服，示不可用。」爾雅釋言：「辟，歷也。」翟灝爾雅補郭曰：「辟讀毗義切，謂他適以違避人也。歷亦他適避人之義，故以歷釋辟也。」引史記自序

「大伯避歷，江蠻是適」，及吳越春秋、論衡此文以證之。是翟氏訓「適」爲「往」，與師古訓爲「適嗣」不同，未知孰是。太伯覺悟，之吳、越採藥，以避王季。使太王不易季名，而復字之「季」，太伯豈覺悟以避之哉？今刑賞失法，天欲改易其政，宜爲異氣，若太王之易季名。今乃重爲同氣以譴告之，人君何時將能覺悟，以見刑賞之誤哉？

鼓瑟者誤於張弦設柱，瑟，朱校元本、天啓本同。錢、黃、王、崇文本作「琴」。下文云「瑟師」，則作「瑟」者，是也。宮商易聲，其師知之，易其弦而復移其柱。夫天之見刑賞之誤，猶瑟師之睹弦柱之非也，不更變氣以悟人君，反增其氣以渥其惡，則天無心意，苟隨人君爲誤非也。紂爲長夜之飲，文王朝夕曰：「祀，茲酒。」尚書酒誥文。注語增篇。齊奢於祀，晏子祭廟，豚不掩俎。禮記雜記下曰：「晏平仲祀其先人，豚肩不揜豆。」鄭注：「豚，俎實。豆徑尺，言并豚兩肩，不能覆豆，喻小也。」正義：「依禮，豚在於俎，今云『不揜豆』者，以豆形既小，尚不揜豆，明豚小之甚，不謂豚在豆也。」故此文變云「掩俎」。何則？非疾之者，宜有以改易之也。子弟傲慢，父兄教以謹敬；吏民横悖，長吏示以和順。是故康叔、伯禽失子弟之道，見於周公，拜起驕悖，三見三笞。往見商子，商子令觀橋梓之樹。二子見橋梓，心感覺悟，以知父子之禮。尚書大傳周傳曰：「伯禽與康叔見周公，三見而三笞之。康叔有駭色，謂伯禽曰：『有商子者，賢人也，與子見之。』乃見商子而問焉。商子曰：『南山之陽有木焉，名喬，二三子往觀之。』見喬實高高然而上。反以告商子。商子曰：『喬者，父道也。南山之陰有木焉，名梓，二三子復往觀之。』見梓實晉晉然而俯。反以告商子。商子曰：『梓者，子道也。』二三子明日見周公，入門而趨，登堂而跪，周公迎拂其首，勞而食之。曰：『爾安見君子乎？』」亦見說苑建本篇。盼遂案：「子」下宜有「兄弟」二字。蓋父子之禮，斥伯禽言；兄弟之禮，斥康叔言。脫「兄弟」字，則康叔事無著。事見說苑建本篇。周公可隨爲驕，商子可順爲慢，必須加之捶杖，教觀於物者，冀二人之見異，以奇自覺悟也。夫人君之失政，猶二子失道也，天不告以政道，令其覺悟，若二子觀見橋梓，而顧隨刑賞之誤，爲寒温之報，此則天與人君俱爲非也。無相覺悟之感，有相隨從之氣，非皇天之意，愛下譴告之宜也。

凡物能相割截者，必異性者也；能相奉成者，奉，助也。必同氣者也。是故離下兌上曰「革」。革卦☱☲，離下兌上也。革，更也。鄭、馬云：「改也。」義同。火金殊氣，故能相革。漢書五行志：「兌，西方爲金。離，南方爲火。」鴻範曰：「火曰炎上，金曰從革。」如俱火而皆金，安能相成？盼遂案：「成」當爲「截」之誤。「相截」承上文之金火能相革言也。屈原疾楚之臯洿，故稱香潔之辭；漁父議以不隨俗，故陳沐浴之言。王逸離騷章句曰：「屈原執履忠貞，而被讒衺，憂心煩亂，不知所愬，乃作離騷經，依詩取興，引類譬諭，故善鳥香草，以配忠貞，惡禽臭物，以比讒佞，靈脩美人，以媲於君，宓妃佚女，以譬賢臣，虬龍鸞鳳，以託君子，飄風雲霓，以爲小人。」又「陳沐浴之言」，見楚詞漁父。凡相溷者，或教之薰隧（燧），或令之負豕。「相」疑爲「抒」形誤。「隧」當作「燧」。淮南說山訓：「以潔白爲汙辱，譬猶沐浴而抒溷，薰燧而負彘。」高注：「燒薰自香也，楚人謂之薰燧。」二言之於除臰洿也，孰是孰非？非有不易，少有以益。二句有誤。夫用寒溫非刑賞也，能易之乎？西門豹急，佩韋以自寬；董安于緩，帶絃以自促。注率性篇。二賢知佩帶變己之物，朱校元本、程、鄭本作「已」，與此同。天啓、黃、錢、王、崇文本作「色」，非。而以攻身之短。「而」讀作「能」。夫（天）至明矣，宋、元本「夫」作「天」，是也。朱校同。當據正。盼遂案：「夫」爲「天」誤，與「人君」爲對應也。人君失政，不以他氣譴告變易，反隨其誤，就起其氣，此則皇天用意，不若二賢審也。楚莊王好獵，樊姬爲之不食鳥獸之肉；秦繆公好淫樂，華陽后爲之不聽鄭、衛之音。列女傳王妃篇：「樊姬者，楚莊王之夫人也。莊王即位，好狩獵，樊姬諫，不止，乃不食禽獸之肉。」不聽鄭、衛之音，列女傳謂衛姬事。彼文云：「衛姬者，衛侯之女，齊桓公之夫人也。桓公好淫樂，衛姬爲之不聽鄭、衛之音。」漢書張敞傳敞奏書亦載此二事。「秦繆公」作「秦王」，孟康注謂「秦昭王」，又與此異。二姬非兩主，拂其欲而不順其行。皇天非賞罰，而順其操，而渥其氣，此蓋皇天之德，不若婦人賢也。

故諫之爲言，「間」也。顔氏家訓音辭篇曰：「穆天子傳音『諫』爲『間』。」按：穆天子傳三云：「道里悠遠，山川諫之。」郭注：「諫音間。」（今「諫」作「間」，注文「諫」、「間」互倒，依段玉裁説正。）段玉裁曰：「讀『諫』爲『間』，於六書則假借之法，於注則爲易字之例。」鍾山札記三曰：「韓非子外儲説下六微：『文王資費仲而遊於紂之旁，令之諫紂而亂其心。』（淩瀛初本改作「間」，非。）風俗通：『陳平諫楚千金。』（意林。）御覽三百四十六引零陵先賢傳：『劉備謂劉璋將楊懷曰：女小子何敢諫我兄弟之好。』并以『諫』爲『間』。」按：「諫」、「間」同音義通。「之爲言」者，就字之本音本義而轉之也，漢儒多有此例。韓非子十過篇：「以疏其諫。」史記秦本紀、説苑反質篇「諫」並作「間」。白虎通諫諍篇曰：「諫者何？諫者間也，更也。是非相間，革更其行也。」**持善間惡，必謂之一亂。**文有脱誤。持善間惡，不能謂亂。下文云：「以善駁惡，告人之理。」**周繆王任刑，甫刑篇曰：**尚書「吕刑」，今文「吕」作「甫」。**「報虐用威。」**盼遂案：孔安國尚書吕刑「皇帝哀矜庶僇之不辜，報虐以威，遏絶苗民」，爲穆王述帝堯時事。論引作斥穆王事，殆所據本與孔書異也。**威、虐皆惡也。用惡報惡，亂莫甚焉。**吕刑曰：「皇帝哀矜庶戮之不辜，報虐以威。」按：鄭玄以此爲顓頊誅苗之事，僞孔謂帝堯報爲虐者威誅，并與此異。仲任今文説也，今文經無「皇」字，（孟子盡心章趙注引無「皇」字。）謂「帝」爲「天」。（皮錫瑞説。）「報虐以威」，乃苗民淫刑之事，非謂帝報淫刑之虐者以誅絶之威。然仲任以爲周繆王任刑者，皮錫瑞曰：「非韓篇云：『繆王任蚩尤之刑。』今文説以爲苗民即蚩尤，故以爲苗民之刑，即周繆王所任之刑也。」王鳴盛、段玉裁、孫星衍說，并失其旨。趙坦謂仲任以報虐用威爲穆王則誤，亦失之。今刑〔賞〕失賞寬（實），惡也，夫（天）復爲惡以應之，「今刑失賞，寬惡也」，當作「今刑賞失實，惡也」。下文云：「刑賞失實，惡也，爲惡氣以應之。」句意正同。「賞」、「失」誤倒，「寬」、「實」形誤。（王本、崇文本改「賞」作「當」，非也。朱校元本、天啓本、程、何、錢、黃本，并與此同。）「夫」，崇文本作「天」，是也。當從之。盼遂案：「夫」當爲「天」之誤。下文「皇天之操」，即承此立言。此則皇天之操，與繆王同也。

故以善駮惡，以惡懼善，告人之理，勸厲爲善之道也。舜戒禹曰：「毋若丹朱敖。」注問孔篇。周公勑成王曰：「毋若殷王紂。」尚書無逸篇曰：「無若殷王受之迷亂酗于酒德哉。」段玉裁曰：「『無』作『毋』，『受』作『紂』者，今文尚書然也。漢書楚元王傳劉向上奏、翼奉傳奉上疏并作『毋』、作『紂』。後漢書梁冀傳袁著上書作『紂』。」毋者，禁之也。檀弓下疏曰：「依說文，止、毋是禁辭。故說文『毋』字從『女』，有人從中欲干犯，故禁約之。」丹朱、殷紂至惡，故曰「毋」以禁之。夫言「毋若」，孰與言「必若」哉？故「毋」、「必」二辭，聖人審之，況肯譴非爲非，順人之過，以增其惡哉？天人同道，大人與天合德。聖賢以善反惡，皇天以惡隨非，豈道同之效，合德之驗哉？

孝武皇帝好仙，司馬長卿獻大人賦，漢書司馬相如傳曰：「上既美子虚之事，相如見上好僊，因曰：『上林之事，未足美也，尚有靡者。臣嘗爲大人賦，未就，請具而奏之。』相如以爲列僊之儒，居山澤間，形容甚臞，此非帝王之僊意也，乃遂奏大人賦。」上乃僊僊有淩雲之氣。「僊僊」，舊校曰：宜讀爲「飄飄」字。方以智曰：弱侯以大人賦云「僊僊有淩雲之氣」，讀爲「飄」。飄、僊古通。智謂此未必然。蓋翩僊之「翩」字，與「飄」字相轉有之耳。沈濤銅熨斗齋隨筆卷四據論衡此文，謂史、漢古本作「僊僊」，不作「飄飄」。詩賓之初筵傳曰：「僊僊，舞貌。」僊僊即飄然輕舉之意，今本乃淺人妄改。孫曰：史記、漢書作「飄飄」，揚雄傳作「縹縹」，此作「僊僊」。「飄」、「縹」音同，「飄飄」、「僊僊」義近。「僊」無「飄」音，原校但據史、漢言之，不當云「讀爲飄飄」也。孝成皇帝好廣宮室，揚子雲上甘泉頌，妙稱神怪，若曰非人力所能爲，鬼神力乃可成。漢書揚雄傳作「甘泉賦」。彼文云：「正月，從上甘泉，還，奏甘泉賦以風。甘泉本因秦離宮，既奢泰，而武帝復增之，屈奇瑰偉，非木摩而不彫，牆塗而不畫，周宣所考，般庚所遷，夏卑宮室，唐、虞採椽三等之制也。且其爲已久矣，非成帝所造，欲諫則非時，欲默則不能已，故遂推而隆之，迺上比於帝室紫宮，若曰此非人力之所爲，黨鬼神可也。」按此云成帝好廣宮室，與漢書異。皇帝不覺，爲之不止。謂成帝。長卿之賦，如言仙無實效；子雲之頌，言奢有害，「如」字省。見上文。孝武豈有僊僊之氣者，孝成豈有不覺之惑哉？然即天之不爲他氣以譴告人君，「然即」，猶「然則」也。盼遂案：「即」與「則」通。「然即」亦「然則」也。反順人心以非應之，猶二子爲賦頌，令兩帝惑而不悟也。

竇嬰、灌夫疾時爲邪，相與日引繩以糾纆之，纆，朱校元本、程本作「纏」。吳曰：史記魏其武安侯列傳云：「魏其侯失勢，亦欲倚灌夫引繩批根生平慕之後棄之者。」漢書「批」作「排」。孟康曰：「根者，根格，引繩以抨彈排擯根格之也。」此言竇、灌失勢，賓客引去，竇、灌忿其諂曲，故引繩墨以排格之。彼云「批根」，此云「糾纆」，字異而意同。以論衡證史、漢，其義益顯。心疾之甚，安肯從其欲？太伯教吳冠帶，孰與隨從其俗，與之俱倮也？故吳之知禮義也，太伯改其俗也。左哀七年傳：「太伯端委，以治周禮。」蘇武入匈奴，終不左衽；漢書匈奴傳贊曰：「夷狄之人，被髮左〔一〕衽。」事詳漢書本傳。趙他入南越，箕踞椎髻。注率性篇。漢朝稱蘇武，而毀趙他之性，齊曰：「之性」，當作「他性」，屬下讀。盼遂案：此句當于「他」字句絶。「之性」當是「他性」，古重文多作小「＝」字，遂譌爲草書「之」字。宜改正爲「＝」，屬下句讀爲「他性習越土氣」。習越土氣，畔冠帶之制。陸賈說之，夏服雅禮，風告以義，「風」讀「諷」。趙他覺悟，運心嚮内。如陸賈復越服夷談，從其亂俗，安能令之覺悟，自變從漢制哉？

三教之相違，三教，王本作「政教」，非。禮記表記疏引元命包曰：「三王有失，故立三教以

〔一〕「左」，原本作「右」，形近而誤，據漢書匈奴傳改。

相變。夏人之立教以忠，其失野，故救野莫若敬。殷人之立教以敬，其失鬼，故救鬼莫若文。周人之立教以文，其失蕩，故救蕩莫若忠。如此循環，周則復始，窮則相承。」亦見本書齊世篇。**文質之相反，**表記：「子曰：虞、夏之質，殷、周之文，至矣。虞、夏之文，不勝其質；殷、周之質，不勝其文。」疏曰：「按三正記〔一〕云：『質再而後始。』則虞質，夏文。殷質，周文。」盼遂案：「三教」即史記之「三統」。齊世篇引傳曰：「夏后氏之王教以忠。殷王之教以敬。周王之教以文。」此三教相違之説也。**政失，不相反襲也。**襲，因也。**譴告人君誤，不變其失，而襲其非，欲行譴告之教，不從如何？**「不」疑爲「相」字壞字。「相從如何」，爲反詰之詞，謂天「隨寒從温」也。「如何」二字，本書常語。此文用法，非其類，撿案全書自明。**管、蔡篡畔，周公告教之，至于再三。**尚書多方：「我惟時其教告之，我惟時其戰要囚之，（大傳：戰者，憚警之也。）至于再，至于三。」漢書梁懷王揖傳廷尉賞、大鴻臚由移書傳、相、中尉，引經與此同，無下「至于」二字，今文經然也。考今古文，并無多方爲告管、蔡之説，經云：「惟爾殷侯尹民，我惟大降爾命。」又云：「非我有周秉德不康寧，乃惟爾自速辜。」明非告管、蔡者，未知仲任所據。或直取經語爲文耳。**其所以告教之者，豈云當篡畔哉？人道善善惡惡，施善以賞，加惡以罪，天道宜然。刑賞**

〔一〕「云」上原本衍一「文」字，據禮記表記疏刪。

失實，惡也，爲惡氣以應之，惡惡之義，安所施哉？漢正首匿之罪，公羊閔元年傳注引律：「親親得相首匿。」鹽鐵論〔二〕文學曰：「自首匿相坐之法立，骨肉之恩廢，而刑罪多。」漢書宣帝紀地節四年詔：「自今子匿父母，妻匿夫，孫匿大父母，皆勿坐；其父母匿子，夫匿妻，大父母匿孫，罪殊死。」後漢書梁統傳梁上疏曰：「武帝重首匿之科，著知從之律。」師古、李賢注并云：「凡首匿者，言爲謀首而藏匿罪人。」方以智曰：「首匿，自首出其所匿也。首謂出首。」按方說，與下文「束罪人以詣吏」義合。**制亡從之法，**「亡從」未聞，據下文義，亡讀「毋」，從謂從犯，謂毋助人犯罪。一曰：即「知從」。「從」讀「縱」，放也。後漢書梁統傳：「武帝著知從之律。」晉書刑法志：「張湯、趙禹始作監臨部主見知故從之例。」**惡其隨非而與惡人爲羣黨也。**「惡人」，王本作「人人」，非。**如束罪人以詣吏，離惡人與異居，首匿、亡從之法除矣。狄牙之調味也，**狄牙即「易牙」。大戴禮保傅篇、法言問神篇、文選琴賦、北齊書顏之推傳并作「狄牙」。「狄」、「易」古通。「簡狄」，詩緯作「簡易」。**酸則沃之以水，淡則加之以鹹，水火相變易，故膳無鹹淡之失也。今刑罰（賞）失實，**「罰」當作「賞」。本文以刑賞寒温對言，上文云：「今刑賞失實，惡也。」（今本「賞失」誤倒。）又云：「刑賞失實，惡也。」句例正同。刑應寒，賞應温，下文「而又爲寒於

〔二〕「鹽」，原本作「監」，形近而誤，今改。

寒，爲温於温」，正承「刑」、「賞」爲文，是其切證。寒温篇：「變復之家以刑賞喜怒。」王本「賞」誤爲「罰」，是其比。不爲異氣以變其過，而又爲寒於寒，爲温於温，舊校曰：一有「寒温」字。此猶憎酸而沃之以鹹，惡淡而灌之以水也。由斯言之，譴告之言，疑乎？必信也？今熯薪燃釜，火猛則湯熱，火微則湯冷。夫政猶火，寒温猶熱冷也。顧可言人君爲政，賞罰失中也，逆亂陰陽，使氣不和，「顧」猶「但」也。據文，「也」字不當有。乃言天爲人君爲寒爲温以譴告之乎！宋殘卷、元本「之」作「人」，朱校同，并非也。

儒者之説又言：異虚篇云：「説災異之家。」「人君失政，天爲異；不改，災其人民；不改，乃災其身也。先異後災，災爲已至，異爲方來。注見前。先教後誅之義也。」

曰：此復疑也。以夏樹物，物枯不生；以秋收穀，穀棄不藏。夫爲政教，猶樹物收穀也。顧可言政治失時，氣物爲災；乃言天爲異以譴告之，不改，爲災以誅伐之乎！儒者之説，俗人言也。盛夏陽氣熾烈，陰氣干之，激射毄裂，盼遂案：「毄裂」即「劈歷」也，同聲之轉。倉頡篇曰：「霆，劈歷也。」説文：「震，劈歷振物者。」皆以言疾雷激射之狀。中殺人物，謂天罰陰過。詳雷虚篇。外一盼遂案：衍「一」字。聞若是，内實不然。「一」字不當有。寒温篇云：「外若相應，其實偶然。」自然篇：「外若有爲，内實自然。」句例正同。夫謂災異爲譴告誅伐，猶爲雷殺人罰陰過也。説見雷虚篇。「爲」讀作「謂」。非謂之言，不然之說也。

或曰：谷子雲上書陳言變異，明天之譴告，不改，後將復有，願貫械待時。後竟復然。漢書谷永傳：「永於天官、京氏易最密，故善言災異，前後所上四十餘事，略相反覆，專攻上身與後宮而已。」「貫械」，本傳未載。即不爲譴告，即，若也。舊校曰：一有「復告復」字。何故復有？承「後將復有」爲文。舊讀屬下，非也。子雲之言，故後有以示改也。「改」，疑爲「效驗」之「效」字。

曰：夫變異自有占候，陰陽物氣自有終始。履霜以知堅冰必至，天之道也。易坤卦初六爻曰：「履霜，堅冰至。」蔡邕釋誨曰：「君子推微達著，履霜知冰。」子雲識微，知後復然，借變復之說，以效其言，故願貫械以待時也。猶齊晏子見鉤星在房、心之間，則知地且動也。見變虛篇。使子雲見鉤星，則將復曰：「天以鉤星譴告政治，不改，將有地動之變矣。」然則子雲之願貫械待時，猶子韋之願伏陛下，以俟熒惑徙，見變虛篇。處必然之驗，故譴告之言信也。處，審度也。注詳本性篇。

予之譴告，何傷於義？

損皇天之德，使自然無爲轉爲人事，故難聽之也。稱天之譴告，譬天之聽察也，反以聽察傷損於天德。「何以知其聾也？以其聽之聰也。何以知其盲也？以其視之明也。何以知其狂也？以其言之當也。」此申不害語，見呂氏春秋任數篇。仲任謂道家言，蓋不害亦明黄、老者。夫言當、視〔明〕、聽聰明，此蒙上爲文，當作：「言當，視明，聽聰。」蓋傳寫誤倒。而道家謂之狂而盲聾。今言天之譴告，是謂天狂而盲聾也。

易曰：「大人與天地合其德。」乾卦文言。故太伯曰：「天不言，殖其道於賢者之心。」未詳何出。夫大人之德，則天德也；則，即也。賢者之言，則天言也。大人刺而賢者諫，禮運孔疏：「大人，天子也。」周禮秋官：「小司寇以三刺斷庶民獄訟之中，一曰訊羣臣，二曰訊羣吏，三曰訊萬民。」鄭注：「刺，殺也。」賈疏：「所刺不必是殺，兼輕重皆刺也。」禮記少儀曰：「爲人臣下者，有諫而無訕。」是則天譴告也，而反歸〔譴〕告於災異，「譴」字舊挩，今以意增。故疑之也。

六經之文，聖人之語，動言「天」者，欲化無道，懼愚者。之〔欲〕言非獨吾心，亦天意也。宋殘卷、元本「之」作「欲」，是也。朱校同。當據正。及其言天，猶以人心，非謂上天蒼蒼之體也。變復之家，見誣言天，「誣」字無義，當爲「諸」字形誤。災異時至，則生譴告之言矣。

驗古以知今，〔知〕天以人。孫曰：當作「驗古以今，知天以人」。今本誤倒，不可通矣。

暉按：孫説是也。漢書董仲舒傳云：「善言天者，必有徵於人；善言古者，必有驗於今。」李尋傳亦有「善言天者必有效於人」之語。**「受終于文祖」**，見書舜典。言舜受堯終帝之事於文祖也。史記五帝本紀曰：「文祖，堯太祖也。」鄭曰：「文祖者，五府之大名，猶周之明堂。」明堂乃尊祖配天之處，與史公説合。王莽以漢高祖廟爲文祖廟，是自比爲舜代堯。則其亦謂文祖爲太祖廟，如史公説。馬曰：「文祖，天也，天爲文，萬物之祖，故曰文祖。」按：仲任云：「受終于文祖，不言受終于天。」明與馬説異，亦謂爲堯太祖也。馬氏云：「天爲文，萬物之祖。」正仲任所謂「蒼蒼之體」者。皮錫瑞云：「仲任亦以文祖爲天，與馬氏同。」蓋未深考也。鄭氏「五府」之説，乃本書緯。尚書帝命驗曰：「五府，五帝之廟，蒼曰靈府，赤曰文祖。」又曰：「唐、虞謂之五府，夏謂之世室，殷謂之重屋，周謂之明堂，皆祀五帝之所也。文祖者，赤帝熛怒之府，名曰文祖。火精光明，文章之祖，故謂之文祖。」（見五帝紀索隱、集解。）是「文祖」爲赤帝之府。緯書説堯感赤帝精而生，故謂文祖爲堯太祖廟，與馬氏所謂「天」乃蒼蒼之體、萬物之祖者義自不同。皮氏謂史公以爲太祖，馬以爲天，其實爲一。亦非。盼遂案：論意謂文祖爲帝堯也，故下文即云「不言受終于天」也。而尚書堯典「受終於文祖」句，古來注者，馬融云「文祖，天也」；鄭玄注「文祖，五府之大名，猶周之名堂」；王肅注「文祖，廟名」；僞孔傳謂「文祖，堯文德之祖廟」，皆與仲任説異。論所據，殆歐陽三家書歟？ **不言受終于「天」，堯之心知天之意也。** 盼遂案：「知」字衍。上文「知天以人」，故此處「天」字上遂衍「知」字。**堯授之，天亦授之，百官臣子皆鄉與舜。**「鄉」讀「嚮」。**舜之授**

禹，禹之傳啓，皆以人心效天意。孟子萬章篇云：「天不言，以行與事示之而已矣。」亦即此義。**詩之「眷顧」，**見大雅皇矣。注初稟篇。**洪範之「震怒」，**洪範曰：「鯀陻洪水，汩陳其五行，帝乃震怒。」鄭曰：「帝，天也。」**皆以人身（心）效天之意。**「身」當作「心」，聲之誤也。謂以「人心」效「天意」。上文「舜之授禹，禹之傳啓，皆以人心效天意」，文意正同。上文「欲言非獨吾心，亦天意也」；又云「及其言天，猶以人心」；又云「堯之心，知天之意也」，并爲以「人心」效天意之義。人之身，非可以效天意也。**文、武之卒，成王幼少，周道未成，周公居攝，**類聚引元命包曰：「文王造之而未遂，武王遂之而未成，周公旦抱少主而成之。」**當時豈有上天之教哉？周公推心合天志也。**「心」上疑脱「人」字。**上天之心，在聖人之胸，及其譴告，在聖人之口。不信聖人之言，反然災異之氣，求索上天之意，何其遠哉？世無聖人，安所得聖人之言？**意林引作「安得知天」。御覽四〇一引作「安得知天變動」。**賢人庶幾之才，**注效力篇。**亦聖人之次也。**潛夫論考績篇曰：「聖人爲天口，賢人爲聖譯，是故聖人之言，天之心也；賢者之所説，聖人之意也。」義與此同。

論衡校釋卷第十五

變動篇

論災異者，已疑於天用災異譴告人矣。義詳譴告篇。更説曰：「災異之至，殆人君以政動天，天動氣以應之。譬之以物擊鼓，以椎扣鐘，扣，擊也。鐘，各本作「鍾」。下同。今從王本。鼓猶天，椎猶政，鐘鼓聲猶天之應也。人主爲於下，則天氣隨人而至矣。」漢書翼奉傳奉上封事曰：「臣聞人氣内逆，則感動天地。」即此義也。

曰：此又疑也。夫天能動物，物焉能動天？何則？人物繫於天，天爲人物主也。故曰：「王良策馬，車騎盈野。」非車騎盈野，而乃王良策馬也。天氣變於上，人物應於下矣。孫曰：王良，主天馬之星也。其動策馬，則車騎盈野。車騎盈野者，喻刀兵之亂也。「王良策馬，車騎盈野」，蓋占星家常語，而仲任引之。故云：「天氣變於上，人物應於下也。」史記天官書：「漢中四星曰天駟，旁一星曰王良。王良策馬，車騎滿野。」索隱曰：「春秋合誠圖云：『王良，主天馬也。』」正義曰：「王良五星，在奎北河中，天子奉御官也。其動策馬，則兵騎滿野。客星守之，津橋不通。金火守入，皆兵之憂。」又曰：「策一星，在王良前，主天子僕也。占以動搖移易在王良前，或居馬後，則爲策馬，策馬而兵動也。」**故天且雨，商羊起舞，〔非〕使天雨也。**尋上下文義，「使」上當脱「非」字。此文在明天能動物，物不能動天。今本脱「非」字，則謂商羊使天雨矣，殊失其義。**商羊者，知雨之物也，天且雨，屈其一足起舞矣。**説苑辨物篇：「齊有飛鳥一足，來下，止於殿前，舒翅而跳。齊侯大怪之，使人聘問孔子。孔子曰：『此名商羊，急告民趣治溝渠，天將大雨。』於是如之，天果大雨。孔子歸，弟子請問。孔子曰：『異時，小兒有兩兩相牽，屈一足而跳曰：天將大雨，商羊起舞。』」亦見家語辨政篇。並曰：「商羊，水祥也。」方以智曰：「臨海志有獨足鳥，聲如人，將雨轉鳴，是商羊也。」**故天且雨，螻蟻徙，丘蚓出，**東觀漢記曰：「螻封穴户，大雨將至。」**琴絃緩，固疾發，**春秋繁露同類相動篇：「天將陰雨，人之病故爲之先動，是陰相應而起也。」**此物爲天所動之驗也。故天且風，巢居之蟲動；且雨，穴處之物擾，**漢書翼奉傳：「巢居知風，穴處知雨。」師古曰：「巢居，鳥鵲之屬；穴處，狐狸之類。」易通卦驗曰：（御覽九二二。）「鵲，陽鳥，先物而動，先事而應，見於未風之象。」春秋漢含孳〔一〕曰：「穴藏先知雨，陰曀未集，魚已噞喁；巢居之鳥先知風，樹木未搖，鳥已翔。」韓詩薛君章句曰：

〔一〕「漢」，原本作「漠」，形近而誤，今改。

「鸖，水鳥，巢處知風，穴處知雨，天將雨而蟻出壅土，鸖鳥見之，長鳴而喜。」（並見文選張茂先情詩注。）風雨之氣感蟲物也。故人在天地之間，猶蚤虱之在衣裳之内，螻蟻之在穴隙之中。蚤虱螻蟻爲順逆横從，能令衣裳穴隙之間氣變動乎？蚤虱螻蟻不能，而獨謂人能，不達物氣之理也。

夫風至而樹枝動，樹枝不能致風。是故夏末蜻蛚鳴，寒螿啼，感陰氣也。御覽二二引舊注云：「蜻蛚，蟋蟀也。」月令曰：「季夏之月，蟋蟀居壁。」爾雅釋蟲曰：「蟋蟀，蛬也。」孫炎曰：「蜻蛚也，梁國謂蛬。」郭景純云：「今促織。」吕氏春秋季夏紀高注：「蟋蟀，蜻蛩，爾雅謂之暴。陰氣應，故居宇鳴以促織。」許慎淮南子説林篇注曰：「寒螿，蟬屬也。」（文選擣衣詩注。）月令：「孟秋之月，寒蟬鳴。」鄭注：「寒蟬，寒蜩，謂蜺也。」爾雅釋蟲：「蜺，寒蜩。」郭注：「寒螿也。似蟬而小，青赤。」吕氏春秋孟秋紀高注：「寒蟬，得寒氣鼓翼而鳴，時候應也。」按：方言、廣雅以爲「瘖蜩」。（廣雅作「闇」，字同。）然古傳記，並謂能鳴。郝懿行曰：「寒蟬閟響，當在深秋，涼風初至，方始有聲，故方言謂之瘖。」又按：淮南説林篇高注：「寒螿，（今作「將」，此依文選三一注引。）水鳥。」其義獨異。雷動而雉驚，發蟄而蛇出，孫曰：疑當作「雷動而雉發，驚蟄而蛇出。」暉按：孫説未是。御覽二二引作「雷動而雉驚，啓蟄而蛇出」。啓、發義同，明此文本作「發蟄」。大戴禮夏小正篇：「啓蟄，言始發蟄也。」是發蟄義猶「啓蟄」，不必改作「驚蟄」也。大戴禮夏小正曰：「雉震呴，正月必雷，雷不必聞，惟雉爲必聞之。何以謂之？雷則雉震呴，相識以雷。」説文亦云：「雷始動，雉鳴而句其頸。」月令：「孟春之月，蟄蟲始振。」呂覽高注：「蟄伏之蟲，乘陽始振動蘇生也。」**起〔陽〕氣也。**朱校元本、程本亦脱「陽」字。錢、黄、王本有「陽」字，御覽二二引同，今據增。「起」，御覽引作「感」，蓋以意改。盼遂案：「起」當爲「趨」之誤。下又脱一「陽」字。「趨陽氣也」，與上文「感陰氣也」爲對句。**夜及半而鶴唳，晨將旦而鷄鳴，**淮南説山篇云：「鷄知將旦，鶴知夜半。」注：「鶴夜半而鳴也。」春秋説題辭曰：（類聚九一。）「鷄爲積陽，南方之象，火陽精，物美上。故陽出鷄鳴，以類感也。」注云：「離爲日，積陽之象也。日將出，預喜於類見而鳴也。」春秋考異郵曰：（見修文御覽。）「鶴知夜半。」宋均注：「鶴，水鳥。夜半，水位。感其氣則益鳴也。」説題辭亦云：「鶴知夜半。」**此雖非變，天氣動物，物應天氣之驗也。顧可言寒温感動人君，人君起氣而以賞罰，**盼遂案：「起」亦「趨」之誤。趨，赴也，赴所期也。（釋名。）**迺言以賞罰感動皇天，天爲寒温以應政治乎！**

六情風家言，風至，爲盜賊者感應之而起，吴曰：五行大義云：「翼奉以風通六情。」此言「六情風家」，蓋即齊詩學也。翼奉上封事曰：「東方之情，怒也。怒行陰賊，亥卯主之。貪狼必待陰賊而後動，陰賊必待貪狼而後行。」五行大義引服虔左氏説曰：「風作木，木屬東方。」又曰：「怒爲風。」論衡風應盜賊之説，蓋本諸此。暉按：六情者，好惡喜怒哀樂也。漢書翼奉傳奉上封事曰：「北方之情，好也，好行貪狼，甲子主之。東方之情，怒也，怒行陰賊，亥卯主之。南方之情，惡也，惡行廉貞，寅午主之。西方之情，喜也，喜行寬大，己酉主之。上方之情，樂也，樂行姦邪，辰未主之。（上方，北與東。）下方（南與西。）之情，哀也，哀行公正，戌丑主之。」陳啓源毛詩稽古編曰：「後世風占有六情之説，蓋本於此。各以其日時與方，占風之來，以觀休咎。」**非盜賊之人精氣感天，使風至也。風至，怪（摇）不軌之心，**「怪」當作「摇」。孫校見下。盼遂案：「怪」當爲「感」之聲誤。怪、感同屬見母。上文「六情風家言，風至，爲盜賊者感應之而起，非盜賊之人精氣感天，使風至也」。此承述其文。孫人和疑爲「摇」之誤，非也。**而盜賊之操發矣。何以驗之？盜賊之人，見物而取，睹敵而殺，皆在徙倚漏刻之間，未必宿日有其思也，而天風已以貪狼陰賊之日至矣。**義見上。**以風占貴賤者，風從王相鄉來則貴，從囚死地來則賤。**孫曰：開元占經風占云：「凡吉祥之風，日色清明，風勢和緩，從歲月日時德上來，或乘王相上來，去地稍高，不揚塵沙，人心喜悦，是謂祥風，人君德令下施之應。凡凶災之風，日色白濁，天氣昏寒，風聲叫怒，飛沙捲塵，乘刑殺而至。當詳五音，定八方，觀其起止占之。」又云：「怒風起生，皆詳其五音，與歲月日時刑德合冲墓殺五行生尅王相囚死，以言吉凶。仍以六情推之，萬不失一。」**夫貴賤多少，斗斛故也。風至，而糴穀之人貴賤其價，**盼遂案：「糴」當爲「糶」。蓋糴穀之人無權能貴賤其價也。治期篇：「穀糶在市，一貴一賤。」知糴穀之人於穀價能貴之能賤之也。**天氣動怪（摇）人物者也。**孫曰：此文及下「登樹怪其枝」二語，「怪」字並不可通，疑「搖」字之誤。俗書「搖」作「⿰扌⿱夂土」，五音類聚又作「⿰扌⿱夕工」，作「⿰扌⿱夕正」，並與「怪」字形近。又按：上文「風至怪不軌之心」，「怪」亦難通，或亦「搖」字之誤。搖，動也。搖不軌之心，猶言動不軌之心也。**故穀價低昂，一貴一賤矣。**「一」猶「或」也。**天官之書，以正月朝，占四方之風。風從南方來者旱，從北方來者湛，東方來者爲疫，西方來者爲兵。**孫曰：史記天官書云：「凡候歲美惡，謹候歲始。歲始或冬至日，産氣始萌。臘明日，人衆卒歲，一會飲食，發陽氣，故曰初歲。正月旦，王者歲首。立春日，四時之卒始也。四始者，候之日。而漢魏鮮集臘明正月旦決八風。風從南方來，大旱。西南，小旱。西方，有兵。西北，戎菽爲，小雨，趣兵。北方，爲中歲。東北，爲上歲。東方，大水。東南，民有疾疫，歲惡。故八風各與其衝對，課多者爲勝。多勝少，久勝亟，疾勝徐。」仲任引天官之書，但云四方之風，故文多删節，然不得違乎論指。此云「從北方來者湛」，史記及漢書天文志並作「東方大水」。但水屬北方，論衡未必非也。**太史公實道，言以風占水旱兵疫者，人物吉凶統於天也。**「統」猶「本」也。

使物生者，春也；物死者，冬也，春生而冬殺也。天者盼遂案：此句當是「春生而冬殺者，天也」，方與上文「人物吉凶統于天也。使物生者，春也；物死者，冬也」三句文法一致。**如或欲春殺冬生，物終不死生，何也？物生統於陽，物死繫於陰也。故以口氣吹人，人不能寒；吁人，人不能温。使見吹吁之人，涉冬觸夏，將有凍暍之患矣。**「暍」讀作

「煬」。莊子徐无鬼釋文：「郭音羊。李云：『煬，炙也。』」寒温之氣，繫於天地，而統於陰陽，人事國政，安能動之？

且天本而人末也。登樹怪（搖）其枝，不能動其株。如伐株，萬莖枯矣。人事猶樹枝，能（寒）温猶根株也。吴曰：「能温」當作「寒温」。此涉上文「不能動其株」而誤。〔人〕生於天，含天之氣，以天爲主，猶耳目手足繫於心矣。孫曰：「生」上疑脱「人」字。此以耳目繫心，喻人之繫於天也。脱去「人」字，不可解矣。自然篇云：「人生於天地。」訂鬼篇云：「天能生人之體。」並其證。心有所爲，耳目視聽，手足動作。謂天應人，是謂心爲耳目手足使乎？旌旗垂旒，禮含文嘉曰：「禮：天子旗九仞十二旒，至地。諸侯七仞九旒，齊軫。卿大夫五仞七旒，齊轂。士三仞五旒，齊首。」（書鈔百二十。）旒綴於杆。舊校曰：「杆」宜讀「韜杠」之「杠」。儀禮鄉射記：「旌各以其物。無物，則以白羽與朱羽糅。杠長三仞，以鴻脰韜上二尋。」注：「杠，橦也。」後漢書馬融傳注：「橦者，旗之竿也。」「杠」、「杆」聲近字通。杆東則旒隨而西。苟謂寒温隨刑罰（賞）而至，「刑罰」當作「刑賞」，傳寫誤也。寒對「刑」言，温對「賞」言。寒温篇「變復之家，以刑賞喜怒」，王本誤作「刑罰」，正其比。是以天氣爲綴旒也。鉤星在房、心之間，崇文本作「房星」，誤。變虚、譴告、恢國篇並作「房、心」。地且動之占也。齊太卜知之，謂景公〔一〕：「臣能動地。」盼遂案：「臣」上宜有「曰」字。此敍事之體宜如此也。景公信之。見前變虚篇。夫謂人君能致寒温，猶齊景公信太卜之能動地。夫人不能動地，而亦不能動天。「而」猶「則」也。

夫寒温，天氣也。天至高大，人至卑小。篙（箸）不能鳴鍾，「篙」當作「箸」。刺船之篙，非不可以撞鍾。此文意明小不可以動大，故下云：「鍾長而篙（字亦誤。）短。」則「篙」字於義無取矣。感虚篇云：「夫以筯撞，所用擊之者小也。」干禄字書〔二〕：「箸」俗作「筯」。則此文「篙」字，蓋爲「箸」字形誤。又按：「篙」字下舊校曰：「或作筳。」（通津本、鄭本誤作「筳」，今從錢、王本。）漢書：「以蠡測海，以筳撞鐘。」離騷王注：「筳，小折竹也。」文選五臣注：「筳，竹筭也。」但筳、篙形不相近，疑非「筳」誤爲「篙」，蓋一本作「筳」耳。〔而〕螢火不（而）爨鼎者，「而」當在「不」字下，「而」讀作「能」，校者不明，妄乙之也。「篙不能鳴鍾，螢火不能爨鼎」，相對爲文。下文「鍾長而篙短，鼎大而螢小」，亦以對承此文。何也？鍾長而篙（箸）短，鼎大而螢小也。以七尺之細形，感皇天之大氣，其無分銖之驗，必也。

〔一〕「景公」下原本衍「曰」字，據通津草堂本删。

〔二〕「禄」，原本作「録」，形近而誤，今改。

占大將且入國邑，據下文「未入界，未見吏民，是非未察」，則州刺史、郡太守之事，非謂大將軍者。將謂州牧、郡守，本書屢見，乃當時常語。（累害篇：「進者争位，見將相毀。」又曰：「將吏異好，清濁殊操。」答佞篇：「佞人毁人於將前。」程材篇：「職判功立，將尊其能。」又云：「將有煩疑，不能效力。」超奇篇：「周長生在州爲刺史任安舉奏，在郡爲太守孟觀上書，事解憂除，州郡無事，二將以全。」齊世篇：「郡將撾殺非辜。」又後漢書第五倫傳：「等輩笑之曰：爾説將尚不下，安能動萬乘乎？」注：「將謂州將。」又曰：「會稽民常以牛祭神，前後郡將莫能禁。」）「大」字蓋後人不明「將」字之義而妄加者。氣寒，則將且怒；温，則將喜。夫喜怒起事而發，「起」猶「因」也。盼遂案：依上句「氣寒則將且怒」校之，則「喜」上脱「且」字，應補入。又案：「起」亦「趨」之誤字。未入界，未見吏民，是非未察，喜怒未發，而寒温之氣已豫至矣。怒喜致寒温，怒喜之後，氣乃當至。據變復家言，人君喜則温，怒則寒。是竟寒温之氣，使人君怒喜也。

或曰：「未至誠也。行事至誠，若鄒衍之呼天而霜降，杞梁妻哭而城崩，並見感虚篇。何天氣之不能動乎？」夫至誠，猶以心意之好惡也。盼遂案：「以」當是「似」之誤字。有果蓏之物，淮南時則訓高注：「有核曰果，無核曰蓏。」説文「蓏」字解云：「在木曰果，在地曰蓏。」在人之前，去口一尺，心欲食之，口氣吸之，不能取也；手掇掇，拾也。送口，然後得之。夫以果蓏之細，員圖易轉，「員」讀「圓」。廣雅釋詁曰：「圖，圓也。」去口不遠，至誠欲之，不能得也，況天去人高遠，其氣莽蒼無端末乎！盛夏之時，當風而立；隆冬之月，嚮日而坐。其夏欲得寒，而冬欲得溫也，御覽二二引無「而」字。至誠極矣。欲之甚者，至或當風鼓箑，嚮日燃爐，而天終不爲冬夏易氣，御覽二二引「而」上有「然」字，「氣」下有「者」字。七五七引同今本。寒暑有節，不爲人變改也。夫正欲得之而猶不能致，況自（以）刑賞意（喜）思（怒）不（而）欲求寒溫乎！文不可通。「自」當作「以」，「意思」當作「喜怒」，「不」當作「而」。「以」一作「㠯」，與「自」形近。「喜」隸書作「憙」，與「意」形近。「思」與「怒」形近。「不」、「而」草書形近。故並致誤。寒溫篇云：「喜怒發於胸中，然後行出於外，外成賞罰。賞罰，喜怒之效，故寒溫渥盛，凋物傷人。」又云：「京氏占寒溫以陰陽升降，變復之家以刑賞喜怒。」又上文云：「氣寒，則將且怒；溫，則將喜。」又云：「怒喜致寒溫。」此正力辯其妄，謂刑賞喜怒不能致寒溫也。

萬人俱歎，未能動天，一鄒衍之口，安能降霜？鄒衍之狀，孰與屈原？見拘之冤，孰與沈江？衍見拘，見感虛篇。原沈江，注書虛篇。離騷、楚辭悽愴，孰與一歎？史記屈原傳：「屈平憂愁幽思而作離騷，離騷者，猶離憂也。」屈原死時，楚國無霜，此懷、襄之世也。厲、武之時，卞和獻玉，刖其兩足，奉玉泣出，涕盡續之以血。韓非子和氏篇：

「楚人和氏，得玉璞楚山中，奉而獻之厲王。厲王使玉人相之。玉人曰：『石也。』王以和爲誑，而刖其左足。及厲王薨，武王即位，和又奉其璞而獻之武王。武王使玉人相之，又曰：『石也。』王又以和爲誑，而刖其右足。武王薨，文王即位，和乃抱其璞，而哭於楚山之下，三日三夜，泣盡而繼之以血。」盧文弨〔一〕韓非子拾補曰：「孫詒穀云：楚世家無厲王。後漢書孔融傳注引作武王、文王、成王，是也。疑今本誤。」王先慎曰：「御覽引亦並作武王、文王、成王。」按：淮南修務訓高注述此事云：「獻楚武王，刖其右足，及文王，遂爲剖之，果如和言。」覽冥訓注亦謂武王、文王、成王，與李賢注引韓非子同。孟子盡心下疏引韓詩，謂獻之武王，成王琢之。是並不云「厲王」。然新序雜事五則云厲王、武王、共王，與今本韓非子及論衡此文同。然則云「厲、武」者，據劉向爲説歟？琴操（類聚八三。）又云：「獻懷王，懷王死，子平王立，和復獻之。」其説妄謾無稽，已辨見孫星衍晏子音義。夫鄒衍之誠，孰與卞和？見拘之寃，孰與刖足？仰天而歎，孰與泣血？夫歎固不如泣，拘固不如刖，料計寃情，料，量也。衍不如和，當時楚地不見霜。李斯、趙高讒殺太子扶蘇，并及蒙恬、蒙驁。盼遂案：「蒙驁」當作「蒙毅」。據史記驁不與恬同禍。其時皆吐痛苦之言，事見史記李斯、蒙恬兩傳。按：驁乃恬大父。此文當謂「蒙毅」，誤爲驁也。恬弟毅爲胡亥所殺。與歎聲同，又禍至死，非徒〔見〕苟（拘）徙，「苟徙」二字無義。

〔一〕「弨」，原本作「紹」，形近而誤，今改。

「苟」爲「拘」字形誤。「徙」涉「徒」字譌衍，又脱「見」字。扶蘇、蒙恬自殺，鄒衍見拘，兩者相較，故云：「又禍至死，非徒見拘。」上文：「見拘之冤，孰與沈江；離騷、楚辭悽愴，孰與一歎。」又云：「見拘之冤，孰與刖足；仰天而歎，孰與泣血。」其立文正同。盼遂案：唐蘭云：「苟爲拘之誤。」「苟」或「茍」之形譌，漢律有茍人受錢科，解「茍」之字爲「止可」也。「止可」合爲「茍」字。玉篇：「茍，古文訶。」（王筠説文句讀説。）「訶」與「徙」正同類也。而其死之地，寒氣不生。秦坑趙卒於長平之下，四十萬衆，同時俱陷。注命義篇。當時啼號，非徒歎也。誠雖不及鄒衍，四十萬之冤，度當一賢臣之痛；入坑埳之啼，度過拘囚之呼，當時長平之下，不見隕霜。甫刑曰：「庶僇旁告無辜于天帝。」呂刑曰：「虐威，庶戮方告無辜于上。」僞孔傳：「三苗虐政作威，衆被戮者，方方各告無罪於天。」「戮」作「僇」，「方」作「旁」，「上」作「天帝」，并今文也。皮錫瑞曰：「『虐威』二字，疑今文尚書本無之。」此言蚩尤之民被冤，以三苗之民爲蚩尤者，今文説也。説詳非韓篇注。旁告無罪于上天也。以衆民之叫，不能致霜，鄒衍之言，殆虚妄也。

南方至熱，煎沙爛石，父子同水而浴；北方至寒，凝冰坼土，父子同穴而處。王制疏曰：「南方曰蠻者，風俗通云：『君臣同川而浴，極爲簡慢，蠻者慢也。』北方曰狄者，風俗通云：『父子嫂叔同穴無別，狄者辟也，其行邪辟。』」燕在北邊，鄒衍時，周之五月，正歲三月也。正歲，夏正也。周以十一月建子爲正，夏以十三月建寅爲正。中州内，正月二月霜雪時降；北邊至寒，三月下霜，未爲變也。此殆北邊三月尚寒，霜適自降，而衍適呼，與霜逢會。

傳曰：「燕有寒谷，不生五穀，鄒衍吹律，寒谷復温。」見劉向别録。注寒温篇。則能使氣温，亦能使氣復寒。盼遂案：「則」讀爲「既」。何知衍不令時人知己之寃，以天氣表己之誠，竊吹律於燕谷獄，齊曰：「谷」字疑涉上「寒谷」衍。令氣寒而因呼天乎？即不然者，「即」猶「若」也。霜何故降？

范雎爲須賈所讒，魏齊僇之，折幹摺脅。事見史記范雎傳。須賈，魏中大夫。魏齊，魏相，魏之諸公子。僇，僇辱也。史記云：「折脅摺齒。」張儀遊於楚，楚相掠之，被捶流血。史記本傳曰：「楚相亡璧，門下意張儀，共執之。掠笞數百，不服，醳之。」二子寃屈，太史公列記其狀。鄒衍見拘，雎、儀之比也，且子長何諱不言？案衍列傳，附見孟子傳。不言見拘而使霜降。僞書遊言，猶太子丹使日再中、天雨粟也。見感虚篇。由此言之，衍呼而降霜，虚矣！則杞梁之妻哭而崩城，妄也！亦辯見感虚篇。

頓牟叛，盼遂案：儒增篇亦作頓牟。案：頓牟即中牟之異稱。晉人中、頓互混，語音則然。趙襄子帥師攻之。軍到城下，頓牟之城崩者十餘丈，襄子擊金而退之。淮南子道應訓、韓詩外傳六、新序雜事四并作「中牟」。案：儒增篇云：「并費與頓牟。」是「頓牟」即「中牟」。「叛」者，淮南許注云：「中牟自入臣於齊也。」夫以杞梁妻哭而城崩，襄子之軍有哭者乎？秦之將滅，都門內崩；漢書劉向傳，向上封事曰：「秦始皇末，至二世時，都門內崩。」師古曰：「內嚮而崩。」説苑辨物篇謂在二世時。霍光家且敗，第牆自壞，漢書霍光傳云：「第門自壞。」誰哭於秦宮、泣於霍光家者？然而門崩牆壞，秦、霍敗亡之徵也。或時杞國且圮，盼遂案：依左襄公二十三年傳，「杞」當作「莒」。此鈔胥涉下文杞梁之妻而誤也。而杞梁之妻適哭城下，杞梁，齊大夫也。（左傳杜注、孟子告子下趙注。）伐莒戰死，齊侯歸，遇杞梁之妻於郊。見左襄二十三年傳。此云「杞國且圮」，下文云「魯君弔之途」，並妄説也。猶燕國適寒，而鄒衍偶呼也。事以類而時相因，聞見之者，或而然之。又（夫）城老牆朽，猶有崩壞。一婦之哭，崩五丈之城，是城則一指摧三仞之楹也。孫曰：下「城」字衍。暉按：「又」爲「夫」形譌。春秋之時，山多變。僖十四年，沙麓崩。（從穀梁、左氏説。公羊以爲河上邑。）成五年，梁山崩。山、城，一類也。哭能崩城，復能壞山乎？女然素縞而哭河，河流通，信哭城崩，固其宜也。孫曰：感虛篇亦説哭河事。事見穀梁成五年傳。此文「女」字殊不可解，豈涉上下「哭」字之誤而衍歟？案杞梁從軍死，不歸。謂不生還。其婦迎之，魯君弔於途，妻不受弔，棺歸於家，魯君就弔。見左氏傳。不言哭於城下。列女傳云：「枕其夫之屍於城下而哭。」本從軍死，從軍死不在城中，妻向城哭，非其處也。然則杞梁之妻哭而崩城，復虛言也。

因類以及，荆軻〔刺〕秦王，吴曰：「荆」下脱一「刺」字。孫曰：崇文本有「刺」字，蓋據别本校補。盼遂案：感虛篇「荆軻刺秦王」。白虹貫日；衛先生爲秦畫長平之計，太白食昴，並注感虛篇。復妄言也。夫豫子謀殺襄子，伏於橋下，襄子至橋心動；貫高欲殺高祖，藏人於壁中，高祖至柏人，亦動心。春秋大事表七之三：「今柏人故城，在直隸順德府唐山縣西二十里。」餘注感虛篇。二子欲刺兩主，兩主心動。實論之，尚謂非二子精神所能感也，「之」讀作「者」，「者」、「之」聲紐同。「實論者」，本書常語，仲任自謂也。謂非二子所感，義見感虛篇。道虛篇云：「實論者聞之，乃知不然。」雷虛篇：「實事者謂之不然。」感虛篇：「實論者猶謂之虛。」明雩篇：「實論者謂之未必真是。」立文正同。而況荆軻欲刺秦王，秦王之心不動，而白虹貫日乎？然則白虹貫日，天變自成，非軻之精爲虹而貫日也。鉤星在房、心間，地且動之占也。地且動，鉤星應房、心。已見前。夫太白食昴，猶鉤星在房、心也。謂衛先生長平之議，令太白食昴，疑矣！歲星害鳥尾，周、楚惡之；左襄二十八年傳：「裨竈曰：『今兹周王及楚子皆將死。歲棄其次，而旅於明年之次，以害鳥帑，周、楚惡之。』」杜曰：「旅，客處也。歲星棄星紀之次，客在玄枵。歲星所在，其國有福。失次於此，禍衡在南。南爲朱鳥，鳥尾曰帑。鶉火鶉尾，周、楚之分，故周王、楚子受其咎。」綝然之氣見，盼遂案：章太炎云：「左氏昭公十七年傳梓慎曰：『其居火也久矣，其與不然乎？』證以論衡此語，則『不然』者，『林然』之誤，借『林』爲『綝』。」（見太炎文録卷二俞先生傳。）宋、衛、陳、鄭災。見左昭十七、十八年傳。「綝然」未詳。案時周、楚未有非，而宋、衛、陳、鄭未有惡也。五行志曰：「董仲舒以爲象王室將亂，天下莫救，故災四國，言亡國四方也。又宋、衛、陳、鄭之君皆荒淫於樂，不恤國政，與周室同行。陽失節，則火災出，是以同日災也。劉向以爲皆外附於楚，亡尊周室之心，故天災四國。」皆災異譴告之説，故仲任不從。然而歲星先守尾，災氣署（著）垂於天，先孫曰：「署」當作「著」，形聲相近而誤。其後周、楚有禍，宋、衛、陳、鄭同時皆然。「然」讀「燃」。傳曰：「宋、衛、陳、鄭皆火。」此言天變在先，明非人動天。盼遂案：「然」疑爲「災」之誤。治期篇亦云「宋、衛、陳、鄭皆災」。歲星之害周、楚，天氣災四國也。何知白虹貫日，不致刺秦王；太白食昴，使長平計起也？「使」上「不」字省，見上文。盼遂案：「使」上宜有「非」字，上句「何知白虹貫日，不致刺秦王」有「不」字可證。

招致篇

盼遂案：此篇今缺，不知始于何時。唐馬總意林卷三引論衡曰：「亡獵犬于山林，大呼犬名，其犬則鳴號而應其主人。人犬異類而相應者，識其主也。」又引：「東風至，酒湛溢。案酒味從酸，東方木，其味酸，故酒湛溢。」又引：「將有赦，鑰動，感應也。」又引：「蠶合絲而商弦易，新穀登而舊穀缺。案子生而父母氣衰，新絲既登，故舊者自壞耳。」凡上四則，周氏廣業意林注定其爲招致篇佚文。案：此亦猶九鼎一臠，桂林一枝矣。

明雩篇

須頌篇曰：「治有期，亂有時，能以亂爲治者優，優者有之。建初孟年，無妄氣至，聖世之期也。皇帝敦德，救備其災，故順鼓、明雩，爲漢應變。」

變復之家，以久雨爲湛，「湛」注感虚篇。**久暘爲旱，**「暘」，日出也。「久暘」謂久不雨。**旱應亢陽，湛應沈溺。**春秋説曰：「人君亢陽致旱，沈溺致雨。」（見後順鼓篇。）案書篇云：「春秋公羊説，亢陽之節，足以復政。」春秋考異郵曰：「旱之言悍也，陽驕蹇所致也。」（御覽八七九。）洪範五行傳説同。并云：「持亢陽之節，暴虐於下，故旱災應也。」（合璧事類二十。）漢書五行志：「君炕陽而暴虐。」師古曰：「凡言炕陽者，枯涸之意，謂無惠澤於下也。」按：公羊僖九年傳：「震之者何？猶曰振振然。」何注：「亢陽之貌。」洪範五行傳：「魯宣公十年秋大旱，時公興師伐邾，取繹。夫伐國亢陽，應是大旱。」（御覽三五。）然則亢陽不止枯涸無惠之意，師古説未具。**或難曰：夫一歲之中，十日者一雨，五日者一風。雨頗留，湛之兆也；暘頗久，旱之漸也。湛之時，人君未必沈溺也；旱之時，未必亢陽也。人君爲政，前後若一，然而一湛一旱，時氣也。**「一」猶「或」也。**范蠡計然曰：**意林引范子曰：「計然者，葵丘濮上人也。姓辛，名文子。其先晉國公子。不肯自顯，天下莫知，故稱曰計然。」史記貨殖傳集解徐廣曰：「計然者，范蠡之師也，名研。」索隱以計倪與研是一人。周廣業曰：「計然自爲辛文子，而倪別是一人。」唐志農家：范子計然十五卷。注：「范蠡問，計然答。」「太歲在子(于)水，毀；金，穰；木，饑；火，旱。」孫曰：「子」當作「于」，字之誤也。此言太歲在于水則毀，在于金則穰，在于木則饑，在于火則旱。若作「在子」，不相貫矣。史記天官書：「察太歲所在，在金穰，水毀，木饑，火旱。此其大經也。」(漢書天文志「在」字不重。)越絕書計倪内經云：「太陰三歲處金，則穰；三歲處水，則毀；三歲處木，則康；(按「康」與「糠」同。)三歲處火，則旱。」史記貨殖列傳引計然曰：「故歲在金穰，水毀，木饑，火旱。」並其證。夫如是，水旱饑穰，有歲運也。歲直其運，氣當其世，變復之家，指而名之。人君用其言，求過自改。暘久自雨，雨久自暘，變復之家，遂名其功。人君然之，遂信其術。試使人君恬居安處，不求己過，天猶自雨，雨猶自暘。暘濟雨濟之時，濟，止也。字本作「霽」。說文：「霽，雨止也。从雨，齊聲。」洪範鄭注：「霽者，如雨之止，雲在上也。」霽本謂雨止，假「濟」爲之。此云「暘濟」者，引申之，凡「止」可曰「濟」。莊子齊物論：「厲風濟，則萬竅爲虛。」淮南天文訓：「大風濟。」則又謂風止爲「濟」也。人君無事，變復之家，猶名其術。是則陰陽之氣，以人爲主，不說(統)於天也。「說」當作「統」。變動篇云：「人物吉凶，統於天也。」又云：「寒温之氣，繫於天地而統於陰陽。」夫人不能以行感天，天亦不隨行而應人。義詳變動篇。

春秋魯大雩，旱求雨之祭也。桓公五年秋，大雩。公羊曰：「大雩者，旱祭也。」旱久不雨，禱祭求福，若人之疾病，祭神解禍矣，此變復也。變復，見感虛篇注。

詩云：「月離于畢，比滂沲矣。」見小雅漸漸之石。「比」作「俾」，音同。「離」讀「麗」。離畢謂宿畢也。餘注說日篇。書曰：「月之從星，則以風雨。」見洪範。注感虛篇。然則風雨隨月所離從也。房星四表三道，盼遂案：「房」當爲「畢」。此涉上篇多言房星而誤也。畢爲西方宿，房爲東方宿，各不相及，寧容溷視？又本篇皆就畢星立言，不應此處獨作房也。日月之行，出入三道。出北則湛，出南則旱。或言出北則旱，南則湛。天官書索隱引尚書運期授曰：「所謂房，四表之道。」宋均云：「四星間，有三道，日月五星所從出入也。」春秋佐助期曰：「房爲四表，布三公道，故昴畢爲天街。」（書鈔百五十。）隋書天文志曰：「房四星。下第一星，上將也。次，次將也。次，次相也。上星，上相也。南二星，君位。北二星，夫人位。又爲四表。中間爲天衢之大道，爲天闕，黃道之所經也。南間曰陽環，其南曰太陽。北間曰陰間，其北曰太陰。七曜由乎天衢，則天下平和。由陽道則主旱喪，由陰道則主水兵。」漢書天文志云：「月出房北爲雨，出房南爲旱。」或言北旱南湛，與漢、隋志異，未聞。盼遂案：此九字非本文，亦非自注語，或出後人誤沾耳。本篇屢言南則暘，北則雨，知仲任定從北湛南旱之說，不應於此處操兩可之說也。案月爲天下占，房爲九州候。盼遂案：「房」亦「畢」之誤字。下文孔子、子路以月離于畢而齎雨具，不作房星。又云「月離於畢爲雨占，天下共之」，又云「月畢天下占」，與此「爲九州候」同也。月之南北，非獨爲魯也。

孔子出，使子路齎雨具。有頃，天果大雨。子路問其故，孔子曰：「昨暮月離于畢。」後日，後日，猶他日也。月復離畢。孔子出，子路請齎雨具，孔子不聽。出果無雨。子路問其故，孔子曰：「昔日，月離其陰，故雨；昨暮，月離其陽，故不雨。」史記弟子傳有若傳亦述此事，但不言「子路」。家語弟子解又作「司馬期」。夫如是，魯雨自以月離，豈以政哉？如審以政，令月離于畢爲雨占，天下共之，魯雨，天下亦宜皆雨。六國之時，政治不同，人君所行，賞罰異時，必以雨爲應政，令月離六七畢星，然後足也。

魯繆公之時，歲旱。繆公問縣子：「天旱不雨，寡人欲暴巫，奚如？」檀弓下鄭注：「巫主接神，覬天哀而雨之。春秋傳説巫曰：『在女曰巫，在男曰覡。』」周禮：「女巫，旱暵則舞雩。」縣子不聽。不聽從其言。「欲徙市，奚如？」對曰：「天子崩，巷市七日；諸公(侯)薨，「公」，元本作「侯」，朱校同，是也。檀弓正作「侯」。巷市五日。檀弓作「三日」。爲之徙市，不亦可乎！」鄭曰：「徙市者，庶人之喪禮。今徙市，是憂戚於旱，若喪。」正義曰：「巷市者，以庶人憂戚，無復求覓財物，要有急須之物，不得不求，故於邑里之內而爲巷市。」案縣子之

言，從市得雨〔一〕**也。**案詩、書之文，月離星（畢）得雨。月離箕者風，離畢者雨，不當汎言「月離星得雨」。「離星」當作「離畢」。此即據「月離于畢」爲言。説日篇曰：「麗畢之時當得雨。」下文云：「肯爲從市故離畢之陰乎。」即承此爲文。是其證。**日月之行，有常節度，肯爲從市故，離畢之陰乎？夫月畢天下占，從魯之市，安耐移月？**「耐」、「能」古通。**月之行天，三十日而周。**白虎通日月篇：「日，日行一度；月，日行十三度。月及日爲一月，至二十九日未及七度；即三十日者，過行七度。」**一月之中，一過畢星，離陽則陽（暘），**吳曰：下「陽」字當作「暘」。「暘」、「雨」對文。**〔離陰則雨〕。**「離陽則暘」下，當脱「離陰則雨」句。此文意在月離畢陰，天則自雨，以明從市求雨之非。若只及「離陽則暘」，則此文義無所取，其證一。下文：「假令從市之感，能令月離畢陰，其時從市能得雨乎。」即據「離陰則雨」爲説。今本脱此四字，則使其義無屬，其證二。**假令從市之感，能令月離畢陽（陰），**「陽」當作「陰」。上文：「日月之行，有常節度，肯爲從市故，離畢之陰乎？」此文正與相應。意謂月離畢陰則雨，若從市能使月宿畢之陰，則可從市求雨。今譌作「畢陽」，則失其義。盼遂案：「陽」當爲「陰」之誤，上文皆作離畢之陰。**其時從市而得雨乎。**「而」讀「能」，「乎」當作「也」。盼遂案：「時」疑爲「將」之誤。**夫如縣子**

〔一〕「雨」，原本作「兩」，形近而誤，今改。

言，「如」下疑脱「是」字。未可用也。

董仲舒求雨，申春秋之義，亂龍篇作「雩」。設虛立祀。「虛」讀「墟」，爲四通之壇也。漢書本傳：「仲舒治國，以春秋災異之變，推陰陽所以錯行，故求雨，閉諸陽，縱諸陰。其止雨反是。」春秋繁露有求雨篇。父不食於枝庶，曲禮下曰：「支子不祭，祭必告于宗子。」天不食於下地，諸侯雩禮所祀，未知何神。月令：「仲夏之月，大雩帝，用盛樂，乃命百縣雩祀百辟卿士有益於民者，以祈穀實。」鄭注：「雩帝，謂爲壇南郊之旁，雩五精之帝，配以先帝也。百辟卿士，古者上公，若句龍、后稷之類也。天子雩上帝，諸侯以下雩上公。」左桓五年傳服虔注（見後漢書禮儀注。）曰：「大雩，夏祭天名。一説，大雩者，祭於帝而祈雨也。一説，郊祀天祈農事，雩祭山川而祈雨也。」賈逵注（見本疏。）曰：「言『大』者，别山川之雩，蓋以諸侯雩山川，魯得雩上帝，故稱『大』。」據此，則知天子祭天，諸侯祭上公山川。仲任云：「諸侯雩祭所祀，如天神也。」又云：「大雩所祭，豈祭山乎？」蓋以疑詞設難，非不明乎此也。如天神也，唯王者天乃歆，諸侯及今長吏，天不享也。神不歆享，安耐得神？如雲雨者（之）氣也，「者」，宋殘卷、元本作「之」，是也。朱校同。此文言：若所祭者是「雲雨之氣」，非言雲雨是「氣」也。今本作「者」，失之。下文「雲雨之氣，何用歆享」，即複述此語，是其證。雲雨之氣，何用歆享？觸石而出，膚寸而合，不崇朝而辨雨天下，泰山也。公羊僖三十一年傳文。注見説日篇。泰山雨天下，小山雨國邑。說日篇作「小山雨一國」。然則大雩所祭，豈祭山乎？假令審然，而不〔而〕得也。孫曰：「而不」當作「不而」。「不而得也」，即「不能得也」。仲任之意，假令大雩專爲祭山，則不能得雨也。故下文應之曰：「雨無形兆，深藏高山，人君雩祭，安耐得之。」今作「而不」者，亦後人不達古語而妄改之。何以效之？水異川而居，相高分寸，不決不流，不鑿不合。誠令人君禱祭水旁，能令高分寸之水流而合乎？夫見在之水，相差無幾，人君請之，終不耐行，況雨無形兆，深藏高山，人君雩祭，安耐得之？

夫雨水在天地之間也，猶夫涕泣在人形中也。或賚酒食，請於惠人之前，未（求）出其泣，「未」爲「求」形誤。宋、王本同。程本、崇文本作「求」，是也，當據正。惠人終不爲之隕涕。盼遂案：「未」疑爲「求」之誤。下文「泣不可請而出，雨安可求而得」，正承此求泣爲說也。夫泣不可請而出，雨安可求而得？雍門子悲哭，孟嘗君爲之流涕；注感虛篇。蘇秦、張儀悲說坑中，鬼谷先生泣下沾襟。注答佞篇。或者儻可爲雍門之聲，出蘇、張之說，以感天乎？天又耳目高遠，音氣不通。杞梁之妻，又已悲哭，天不雨而城反崩。注感虛篇。夫如是，竟當何以致雨？雩祭之家，何用感天？

案月出北道，離畢之陰，希有不雨。由此言之，北道，畢星之所在也。北道星肯爲雩祭之故下其雨乎？「星」上疑脫「畢」字。孔子出，使子路齎雨具之時，魯未必雩祭也。不祭，沛然自雨；不求，曠然自暘。夫如是，天之暘雨，自有時也。一歲之中，暘雨連屬。當其雨也，誰求之者？當其暘也，誰止之者？

人君聽請，以安民施恩，必非賢也。天至賢矣，時未當雨，僞請求之，故妄下其雨，盼遂案：「僞」當作「爲」，音於僞反。人君聽請之類也。變復之家，不推類驗之，空張法術，惑人君。或未當雨，而賢君求之而不得；盼遂案：「雨」下「而」字衍文。或適當自雨，惡君求之，遭遇其時。是使賢君受空責，而惡君蒙虛名也。

世稱聖人純而賢者駮，吳曰：潛夫論實貢篇云：「聖人純，賢者駮。」此蓋漢世傳語，故二王用之。汪繼培曰：「漢書梅福傳云：『一色成體謂之純，白黑雜合謂之駮。』」純則行操無非，無非則政治無失。然而世之聖君，莫有如堯、湯。堯遭洪水，湯遭大旱。如謂政治所致，堯、湯惡君也；如非政治，是運氣也。運氣有時，安可請求？世之論者，猶謂堯、湯水旱，水旱者，時也；「水旱」二字不當重出。其小旱湛，皆政也。假令審然，何用致湛？盼遂案：據上下文例，「湛」上應有「旱」字。此總承「堯遭洪水，湯遭大旱」立言，脱一「旱」字，則偏而不周矣。審以政致之，不脩所以失之，謂不脩政。而從（徒）請求，「從」字未妥，當爲「徒」形誤。安耐復之？「耐」、「能」古通。復，消復也。世審稱堯、湯水旱，天之運氣，非政所致。白虎通災變篇曰：「堯遭洪水，湯遭大旱，亦有譴告乎？堯遭洪水，湯遭大旱，命運時然。」夫天之運氣，時當自然，雖雩祭請求，終無補益。而世又稱湯以五過禱於桑林，感類篇亦作「五過」。當作「六過」，說詳感虛篇。盼遂案：「五過」當是「六過」之誤。本論感虛篇「湯禱於桑林，自責以六過」可證。後漢書鍾離意傳：「成湯遭旱，以六事自責。」亦不作五事。感類篇之「五過」，并宜據改。時立得雨。夫言運氣，則桑林之說絀；稱桑林，則運氣之論消。世之說稱者，竟當何由？救水旱之術，審當何用？

夫災變大抵有二：宋殘卷、朱校元本「抵」作「都」。有政治之災，有無妄之變。「無妄」注寒溫篇。政治之災，須耐求之。「求」謂立祀請求。求之雖不耐得，「耐」讀「能」。而惠愍惻隱之恩，不得已之意也。慈父之於子，孝子之於親，知病不祀神，疾痛不和藥。兩「不」字當作「必」。本書「必」、「不」常誤。盼遂案：二「不」字疑當爲「而」，形近之誤。或淺人誤涉下文多不字而改也。下文云「知病之必不可治，治之無益，然終不肯安坐待絕，猶卜筮求祟，召醫和藥」，即此「知病而求神，疾痛而和藥」之事也。又(夫)知病之必不可治，「又」，日鈔引作「夫」，是也。當據正。治之無益，然終不肯安坐待絕，猶卜筮求祟，召毉和藥者，惻痛慇懃，冀有驗也。既死氣絕，不可如何，升屋之危，以衣招復，儀禮士喪禮曰：「升自前東榮中屋，北面，招以衣，曰：皐某復。三，降衣于前。」禮記喪大記曰：「復，皆升自東榮中屋，履危，北面三號，捲衣投于前。唯哭先復，復而後行死事。」鄭注：「復，招魂復魄也。危，棟上也。

氣絕則哭，哭而復，復而不蘇，可以爲死事。」悲恨思慕，冀其悟也。雩祭者之用心，慈父孝子之用意也。無妄之災，百民不知，必歸於主。爲政治者，慰民之望，故亦必雩。

問：政治之災，無妄之變，何以別之？「問」下當有「曰」字。

曰：德酆政得，災猶至者，無妄也；德衰政失，變應來者，政治也。夫政治，舊校曰：一有「也治」字。則外雩而内改，以復其虧；無妄，則内守舊政，外脩雩禮，以慰民心。故夫無妄之氣，歷世時至，當固自一，不宜改政。何以驗之？周公爲成王陳立政之言曰：「時則物有間之，盼遂案：物謂災物或鬼物也。孔安國本尚書立政作「時則勿有間之」。傳云：「如是則勿有以代之。」不如王說之長。自一話一言，我則末，維成德之彥，以乂我受民。」見尚書立政篇。「物」作「勿」。王鳴盛曰：「據此，則『勿』當作『物』，謂災物也。劉逵吴都賦注引易无妄曰：『災氣有九，陽阨五，陰阨四，合爲九。一元之中，四千六百一十七歲，各以數至。』王充據此，以説此經，爲災物間至，不宜改政，此必晚周學者相傳古訓，當從之。僞傳出魏、晉人，擅改古訓，非也。」段玉裁曰：「論衡作『物』，此今文尚書也。訓爲災物，此今文尚書説也。作『勿』者，古文尚書也。」侯康曰：「仲任説此經，與古文絕殊，蓋以『物』爲『災物』。考僖公四年左傳：『必書雲物。』注：『雲物，氣色災變也。』又史記留侯世家：『然言有物。』漢書東平王宇傳：『或明鬼神，信物怪。』仲任以『物』爲災怪，義同於此。」段玉裁曰：「詳仲任意，於『末』字絕句。

『末』，無也，謂無非也。」暉按：段說是。江聲從仲任說，而乃沿舊讀，以「末」爲「終」，失之。又按：「之」讀「至」，謂災物乘間而至。彥，美士也。「乂」讀「艾」，爾雅釋詁云：「相也。」孫奕示兒編十三云：「立政曰：『以乂我受民。』論衡明雩篇引之曰：『以友我愛民。』」按：今本引與經同，孫志祖曰：「蓋明人所改。」周公立政，可謂得矣。知非常之物，不賑不至，段玉裁曰：「至」當作「去」，謂去非常之災異也。故敕成王自一話一言，政事無非，毋敢變易。然則非常之變，無妄之氣間而至也。水氣間堯，旱氣間湯。周宣以賢，遭遇久旱。注藝增篇。建初孟季（年），北州連旱，「季」當作「年」。「年」一作「季」，與「季」形近而誤。恢國、須頌并云：「建初孟年，無妄氣至。」對作篇云：「建初孟年，中州頗歉。」并一事也。北州謂兗、豫、徐三州。盼遂案：「孟季」當是「孟年」，形之誤也。「孟年」猶「元年」矣。亂龍篇有「季年」之言，與此正同例。後漢書楊終傳：「建初元年，大旱，穀貴。」又續漢書五行志注引孔叢曰：「建初元年，大旱，天子憂之。侍御史孔豐請如成湯省畋散積，減損衣食，天子從之。」殆即仲任此篇所言之事。顧章帝紀書此事於即位未改元年之時，云「京師及三州大旱，詔勿取兗、豫、徐州田租芻藁，以其見穀賑給貧民」云云，與諸書所紀建初元年實一事也。本論恢國篇亦有「建初孟年，無妄氣至」之言，與此文同，亦確證也。牛死民乏，放流就賤。聖主寬明於上，百官共職於下，太平之明時也。政無細非，旱猶有，氣間之也。聖主知之，不改政行，轉穀賑贍，損酆濟耗。斯見之審明，所以救赴之者得宜也。魯文公間歲大旱，僖公二十一年事也。此云「文公」，誤。臧文仲曰：「脩城郭，貶食省用，務嗇勸分。」左傳「嗇」作「穡」，字通。鄭玄兵禮注：「收斂曰穡。」文仲知非政，故徒脩備，脩城郭，爲守備。不改政治。變復之家，見變輒歸於政，不揆政之無非；見異懼惑，變易操行。以不宜改而變，秖取災焉。「秖」，朱校元本、程、鄭本同。錢、黄、王本并从「示」。

何以言必當雩也？

曰：春秋大雩，傳家在（左）宣〔丘明〕、公羊、穀梁無譏之文，孫曰：此節文不可通，且春秋宣公無大雩，疑當作「曰：春秋大雩，傳家左丘明、公羊、穀梁無譏之文」。「在」即「左」字之誤，「宣」涉上文「宣」字之譌而衍者，又脱去「丘明」二字，故文不成義。書虛篇云：「如經失之，傳家左丘明、公羊、穀梁何諱不言。」亦以「傳家左丘明、公羊、穀梁」並言，可證。當雩明矣。曾晳對孔子言其志曰：「暮春者，春服既成，冠者五六人，童子六七人，浴乎沂，風乎舞雩，詠而歸（饋）。」齊曰：「歸」當作「饋」。下文「詠而饋，詠歌饋祭也」，即釋此文。後人見與今本論語不合，因妄改「饋」爲「歸」。祭意篇誤同。孔子曰：「吾與點也。」見論語先進篇。魯設雩祭於沂水之上。鄭曰：「沂水出沂山，（水經沂水注。）在魯城南，雩壇在其上。」（禮記郊特牲正義。）皇疏引王弼曰：「沂水近孔子宅，舞雩壇在其上。」左昭二十五年傳杜注：「魯城南自有沂水，大沂水出蓋縣南，至下邳入泗。」正義引釋例土地名：「襄十八年，沂水出東莞蓋縣艾山南，經琅邪、東海，（案：今本釋例「南」上有「東」字。）至下邳縣入泗。此沂水出魯國魯縣西南入泗水。（案：今本作「東南入泗」。）是沂水有二也。」四書釋地、春秋地名考二並謂出魯縣尼丘山者，即論語所謂「浴乎沂」者。其出蓋縣臨樂山，即所謂大沂水，與此别。**暮者晚也，春謂四月也。**此據周正。集解包曰：「暮春者，季春三月也。」皇疏：「謂建辰夏之三月也。」故與此異。按：月令鄭注：「龍見而雩，雩之正，當以四月。」周禮春官司巫賈疏：「若四月正雩，非直有男巫女巫。按論語曾皙云：『春服既成，童子六七人，冠者五六人。』兼有此等。」是亦以暮春爲四月，以符龍見之期。公羊桓五年疏、月令疏亦以此爲魯人正雩，但并昧於節氣。龍見爲建巳之月，於夏正爲四月，於周正則爲六月，以龍見當周之四月，失之。**「春服既成」，謂四月之服成也。**包曰：「春服既成者，衣單袷之時也。」按：此文以周正釋暮春，則四月于夏正爲二月，非得和煦單衫。是包説不通於此。**冠者、童子，雩祭樂人也。**公羊桓五年何注：「使童男女各八人，舞而呼雩。」疏曰：「論語云：『冠者五六人，童子六七人。』與此異者，魯人正雩，故其數少，復不言男女。今此書見于經，非正雩也。凡脩雩者，皆爲旱甚而作之，故其數多，又兼男女矣。是以司巫職曰『若國大旱，則率巫而舞雩』是也。春秋説云『冠者七八人，童子八九人』者，蓋是天子雩也。」周禮春官司巫職：「司巫掌羣巫之政令，若國大旱，則帥巫而舞雩。」疏曰：「謂帥女巫。若四月正雩，非直有男巫女巫，按論語曾皙云：『春服既成，童子六七人，冠者五六人。』兼有此等。故舞師云：『教皇舞，帥而舞旱暵之事。』舞師謂（阮校「謂」當作「誨」。）野人能舞者，明知兼有童子冠者可知。」按：上引二事，皆以冠者童子爲樂人，其別據論語舊説，抑本仲任此文，今不可考。集解包説，謂冠者童子爲友朋，（從皇疏。）乃三家論之異。**「浴乎沂」，涉沂水也，象龍之從水中出也。**桂馥札樸曰：「論衡謂『浴乎沂』當爲『沿乎沂』，古人無入水浴體之事。」暉按：論衡無此説，論語筆解載韓愈曰：「『浴』當爲『沿』之誤也。周三月，夏之正月，安有浴之理哉。」武億曰：「筆解謂『浴』作『沿』，亦廣王氏之義。」桂氏蓋以筆解誤作論衡。凌曙羣書答問又據此文謂「浴」當爲「涉」之誤，亦非。「浴」，舊説有三：訓「浴」爲「涉」，涉水不浴，爲雩祭威儀，此仲任義也。蓋亦舊説，然書缺有間，今難詳究。相往水浴，濯洗逐風耳，此包氏義也。浴謂禊祓，此蔡邕義也。月令「暮春天子始乘舟」，蔡邕章句：「乘舟禊於名川也。論語『暮春浴乎沂』，自[一]上及下，古有此禮，今三月上巳祓於水濱，蓋出此也。」（見後漢書禮志[二]、宋書禮志。）論語發微曰：「浴言祓濯於沂水，而後行雩祭。」此又溝通王、蔡二説也。**「風乎舞雩」，風，歌也。**後漢書仲長統傳：「統欲卜居清曠以樂其志，論之曰：『諷於舞雩之下，詠歸高堂之上。』」注引論語。按：此「風」亦讀作「諷」，與統説合。集解包曰：「風涼於舞雩之下。」兩漢刊誤補遺十曰：「説者以爲風乾身，時尚寒，安得風乾身乎？

[一]「自」，原本作「泊」，據後漢書禮儀志注改。

[二]「禮」，原本作「體」，下「宋書禮志」同，形近而誤，今改。

充説與統合，包氏諸家其于本字誤矣。」困學紀聞七曰：「以『風』爲『諷』，則與『詠而歸』一意，當從舊説。」水經泗水注：「沂水出魯城東南尼丘山西北，北對稷門，亦曰雩門。門南隔水有雩壇，高三丈，曾點所欲風舞處也。」困學紀聞曰：「以酈注推之，則出魯門，即爲沂水，而舞雩又在沂水之南。」方輿紀要曰：「舞雩壇在曲阜城東南二里。」**「詠而饋」，詠歌饋祭也**，今本「饋」作「歸」。包曰：「歌詠先王之道，歸夫子之門。」釋文：「鄭本作『饋』，饋，酒食也。魯讀『饋』爲『歸』，今從古。」按：此作「饋」，從古論也。仲任今文家，本書多從魯論，如「子疾病」、（感虚篇。）「猶吾大夫高子也」、（别通篇。）「雖疏食菜根，瓜（魯讀爲「必」。）祭必齋如也」（祭意篇。）等是也。此文又從古，蓋范書所謂「不守章句」者。臧鏞堂曰：「説文解字：『饋，餉也。餽，吴人謂祭曰餽。』是古論『饋』本作『餽』也。」暉按：鄭曰：「饋，酒食也。」是讀「饋」本義。仲任曰：「饋，祭也。」是讀「饋」爲「餽」。祭爲「餽」字本義，古論只作「饋」。如「歸孔子豚」，「齊人歸女樂」，鄭并從古作「饋」。史記弟子傳「詠而歸」，徐廣曰：「一作饋。」史公采古論，故作「饋」。臧〔二〕氏疑古論本作「餽」，非也。王云「饋祭」，鄭謂「酒食」，義稍不同耳。又按：陳鱣、臧鏞堂以詠饋爲祓禊之禮，則又失之。以爲祓禊者，只見蔡邕月令章句。（已見前。）仲任則明謂雩祭，本文可按。鄭注論語説同。月令：「命有司祈祀山川百源，大雩帝，用盛樂。」鄭注：「自鞀鞞至柷敔皆作，曰盛樂。凡他雩用歌舞而已。」疏曰：

〔二〕「臧」，原本作「藏」，形近而誤，今改。下文「臧鏞堂」同此。

「女巫云：『旱暵則無雩。』是用歌舞。正雩則非唯歌舞，兼用餘樂。故論語云『舞雩，詠而歸』是也。」是亦以詠饋爲雩祭。翟灝曰：「自鄭讀『歸』爲『饋』，附和者以爲饋祭，後之儒者，遂以雩爲雩祭。」按仲任在鄭氏前，翟說亦非。論語發微謂：「詠是歌絲衣篇。雩爲靈星之祭。」歌詠而祭也。徐養原論語魯讀考曰：「充此論，乃古文說。」說論之家，以爲浴者，浴沂水中也；風，乾身也。集解包說如是。論語發微曰：「『說論之家』，當指魯論，當時今文魯論最盛也。」周之四月，正歲二月也，俞曰：包注以暮春爲季春三月，自是建辰之月。周頌臣工篇：「維暮之春。」鄭箋謂：「周之季春，於夏爲孟春。」則以爲建寅之月。而此乃以爲建卯之月。在夏正爲仲春，不得爲暮；在周正爲孟夏，并不得言春，雖漢人舊說，不敢從也。尚寒，安得浴而風乾身？此仲任駁論說也。由此言之，涉水不浴，雩祭審矣。桂馥札樸曰：論衡說論語「風乎舞雩」爲行雩祭，鄭注論語同。月令「大雩帝」，公羊傳「大雩」，疏並引論語「舞雩」、「冠者」、「童子」。案：大雩在四月，即周之六月，「龍見而雩」是也。其他爲旱修雩，多在秋冬，無暮春雩祭之禮。賈逵曰：「言大雩者，別於山川之雩。」豈山川之雩，不關龍見邪？暉按：公羊桓五年傳疏、周禮司巫疏並以論語「風乎舞雩」爲行雩祭。姚範以爲唐以前經師有此說。春秋左氏傳曰：「啓蟄而雩。」又曰：「龍見而雩。」啓蟄、龍見，皆二月也。俞曰：桓五年左傳：「啓蟄而郊，龍見而雩。」杜注：「龍見，建巳之月。」禮記月令篇：「仲夏之月，乃命百縣雩祀。」鄭注曰：「雩之正，當以四月，凡周之秋三月之中而旱，亦脩雩禮以求雨，因著正雩此月，失之矣。」然則正雩在建巳之月，而午未申三月不雨，亦得行雩禮，若卯月非雩時也。左傳言「啓蟄而郊」，此乃改爲「啓蟄而雩」，未知其説。先孫曰：左桓五年傳作「啓蟄而郊」，不云「雩」。仲任不知據何本。後祭意篇亦云：「二月之時，龍星始出，故傳曰：龍見而雩，龍星見時，歲已啓蟄而雩。」（此文有譌。疑當云：「故又曰啓蟄而雩。」今本捝五字耳。）論語發微曰：「以雩在正歲二月，非。蒼龍昏見東方，在正歲四月，始舉雩祭。故左傳『龍見而雩』，杜注以爲建巳。若啓蟄，則夏正郊天，而非雩。」暉按：杜注：「啓蟄，夏正建寅之月；龍見，建巳之月。」是啓蟄於夏正爲正月，於周正爲三月，龍見於夏正爲四月，於周正爲六月。仲任並云二月者，太初以後，以雨水爲正月中，驚蟄爲二月節，昧于曆法之變，誤沿當時俗習，故以啓蟄爲二月。龍見于夏正爲四月，誤以四月爲周正，故據夏正言二月也。後漢書禮儀志中注引左桓五年傳服虔注：「大雩，夏祭天名。雩，遠也，遠爲百穀求膏雨也。龍見而雩，龍，角亢也，謂四月昏，龍星體見，萬物始盛，待雨而大，故雩祭以求雨也。」

春二月雩，秋八月亦雩。春祈穀雨，秋祈穀實。

云「春二月雩」者，誤據「啓蟄而雩」、「龍見而雩」也。後漢書禮儀志：「自立春，至立夏，盡立秋，其旱也，公卿官長以次行雩禮求雨。」劉寶楠愈愚録二曰：「雩正祀在建巳月，左傳所謂『龍見而雩』。若春秋所書秋冬雩，皆因旱而請雨，非正祀也。今誤據漢儀，以爲二月八月有兩雩，並非。」又卷三云：「左桓五年傳：『凡祀，啓蟄而郊，龍見而雩。』郊，雩各別，不得以郊爲雩。且龍見在建巳月，非在二月。春秋所書秋雩，皆是因旱而雩，不得列爲正祀。

周正建子，而仍用夏令，不得以莫春爲周正。且周正三月，於夏爲正月，不得云周四月、夏二月。此皆論衡顯然之誤。而以論語曾點所言爲指雩祀，則確不可易。惟春旱用雩，未有證說。今案左氏云：（桓五年傳。）『秋大雩，書不時也。龍見而雩，過則書。』『不時』者，言非龍見之時。明此秋爲旱而請雨。故公羊直以爲旱，非有所譏禮之失也。（杜預經注，乃云「失龍見之時」。語不合。）雩正祀在四月，若春秋冬三時有旱，則亦用此雩禮行之。春秋於正不書，惟因旱而雩則書。是故雩而得雨則書雩，雩而不得雨則書旱，不書雩。左僖二十一年『夏大旱』，杜注：『雩不獲雨，故書曰旱。』然則凡書旱，皆爲雩不獲雨矣。又僖三年，正月不雨，夏四月不雨。二年，冬十月不雨。文二年云：『自十有二月不雨，至于秋七月。』十年、十三年並云：『正月不雨，至于秋七月。』公羊説僖公勤民，文公不勤民。此雖未用雩，然既書不雨，則皆可用雩矣。康成月令注：『周冬及春夏雖旱，禮有禱無雩。』然雩爲求雨，必先用禱。既用禱，安見爲不雩乎？秋旱可用雩，豈春夏冬旱，不可用雩乎？此説之不可通者。左襄五年傳正義引釋例曰：『始夏而雩者，爲純陽用事，防有旱災而祈之也。至于四時之旱，則又用此禮而求雨，故亦曰雩。』杜以四時求雨皆爲雩，則無禱、雩之分矣。董仲舒春秋繁露求雨篇備列春、夏、季夏、秋、冬雩祭之法，當是公羊家相傳如是。」**當今靈星，秋之雩也。**注祭意篇。**春雩廢，秋雩在，故靈星之祀，歲雩祭也。孔子曰：「吾與點也。」善點之言，欲以雩祭調和陰陽，故與之也。**集解周生烈曰：「善點之獨知時也。」皇疏：「言我志與點同，善其能樂道知時，逍遥游詠之至也。」邢疏：「吾與點之志，善其獨知時，而不求爲政也。」并與仲任説異。論語發微曰：「若以魯論所説，（按即集解包説。）則點有遺世之意，不特異三子，并與夫子問意反矣。」論語補疏亦謂邢疏失之，是也。當以仲任此説爲是。又按：此文訓「與」爲「許」，邢疏義同。皇疏謂「與點同」，則異。**使雩失正，點欲爲之，孔子宜非，不當與也。樊遲從游，感雩而問，刺魯不能崇德，而徒雩也。**論語顔淵篇：「樊遲從遊於舞雩之下，曰：『敢問崇德脩慝辨惑。』」皇疏：「舞雩之處，近孔子家。」按：即論語先進篇云「風乎舞雩」也。通志禮略第一注：「衛宏漢儀稱：『魯人爲雩壇，在城東南。論語：樊遲從遊于舞雩之下。』衛宏所説魯城東南，舊跡猶存。」公羊桓五年「秋大雩」，何注：「不地者，常地也。」疏曰：「謂在魯城南沂水上。」是舞雩爲魯雩常地，故樊遲感而刺魯。劉逢禄論語述何曰：「此章蓋在孫齊之年，春秋書：『上辛大雩，季辛又雩。』傳曰：『又雩者，非雩也，聚衆以逐季氏也。』樊遲欲究昭公喪亂之由。」宋翔鳳四書纂言曰：「此當是孔子自衛反魯，由後追前之言，時哀公亦欲去季氏，故舉昭公前事以危之。」今按二説，並謂舉昭公時事，疑近其實。樊遲蓋刺昭公也。**夫雩，古而有之，故禮曰：「雩祭（宗），祭水旱也。」**先孫曰：此祭法文。「雩祭」當作「雩宗」。（祭意篇引禮不誤。）鄭注：「『宗』當爲『禜』，字之誤也。『禜』之言『營』也。雩禜亦謂水旱壇也。」説文示部：「禜，設緜蕝以營，目禳風雨雪霜水旱厲疫于日月星辰山川也。」初學記二引三禮義宗曰：「雩，祈雨之祭。禜，止雨之祭。」**故有雩禮，**盼遂案：當是「古有雩禮」，始與下句相應。下文云：「大水，鼓用牲于社，亦古禮也。」亦者，亦此句也。**故孔子不譏，而仲舒申之。夫如是，雩祭，祀禮也。**

疑不當有「祀」字。宋殘卷「祭祀」二字倒，朱校同。雩祭得禮，則大水，鼓用牲于社，注見順鼓篇。亦古禮也。得禮無非，當雩一也。

禮：祭也社，報生萬物之功。先孫曰：「也」當爲「地」之壞字。暉按：「也」字疑衍。禮記郊特牲曰：「社所以神地之道也。地載萬物，取財於地，是以親地也，故教民美報焉。」土地廣遠，難得辨祭，「辨」讀「徧」。故立社爲位，主心事之。此今文說也。詳祭意篇。爲水旱者，陰陽之氣也，滿六合，難得盡祀，故脩壇設位，敬恭祈求，效事社之義，復災變之道也。推生事死，推人事鬼。陰陽精氣，儻如生人能飲食乎，故共馨香，奉進旨嘉，區區惓惓，冀見荅享。推祭社言之，當雩二也。

歲氣調和，災害不生，尚猶而雩。盼遂案：「尚猶而」三字當有誤。此處複語，非其所施。左傳僖公四年云：「一薰一蕕，十年尚猶有臭。」言十年且如有蕕氣未歇。「十年尚」連文，「猶有臭」連文，非以「尚猶」爲複語也。明論文之「尚猶」爲誤矣。（略本俞氏癸巳類稿說。）今有靈星，古昔之禮也。況歲氣有變，水旱不時，人君之懼，必痛甚矣。雖有靈星之祀，猶復雩，恐前不備，彤繹之義也。公羊宣八年傳：「繹者何？祭之明日也。」何注：「必繹者，尸屬昨日配先祖食，不忍輒忘，故因以復祭，禮則無有誤，敬慎之至。殷曰彤，周曰繹。繹者，據今日道昨日，不敢斥尊言之，文意也。彤者，彤彤不絕，據昨日道今日，斥尊言之，質意也。」冀復災變之虧，獲豐穰之報，三也。

禮之心悃愊，後漢書章帝紀：「悃愊無華。」注：「說文云：悃愊，至誠也。」樂之意歡忻。樂記曰：「樂者，樂也。」悃愊以玉帛效心，歡忻以鍾鼓驗意。論語陽貨篇子曰：「禮云，禮云，玉帛云乎哉？樂云，樂云，鍾鼓云乎哉？」集解鄭注：「玉，圭璋之屬。帛，束帛之屬。」雩祭請祈，人君精誠也。精誠在内，無以效外，故雩祀盡己惶懼，關納精心於雩祀之前，玉帛鍾鼓之義，四也。

臣得罪於君，子獲過於父，比自改更，且當謝罪。惶懼於旱，如政治所致，臣子得罪獲過之類也。默改政治，潛易操行，不彰於外，天怒不釋，故必雩祭。惶懼之義，五也。

漢立博士之官，漢官儀曰：「博士，秦官也。武帝初置五經博士，後增至十四人。」（後漢書朱浮傳注。）師、弟子相訶難，欲極道之深，形是非之理也。不出横難，不得從說；「從」讀「縱」。不發苦詰，不聞甘對。導才（米）低仰，欲求裨（粺）也；先孫曰：此文難通，疑當作：「導米低仰，欲求粺也。」後漢書和熹鄧皇后紀李注云：「導官，主導擇米，以供祭祀，謂導擇米粟簸揚低仰之，所以去粗糲求精粺也。」（說文米部云：「粺，毇也。」九章算術粟米篇云：「糲米三十，粺米二十七。」）「米」、「才」，「粺」、「裨」，形聲相近而誤。砥石劘厲，欲求銛也。銛，利也。

推春秋之義，求雩祭之説，實孔子之心，考仲舒之意。孔子既歿，仲舒已死，世之論者，孰當復問？唯若孔子之徒，仲舒之黨，爲能説之。

順鼓篇

伐鼓謂攻社，於義爲逆。告社爲順，故曰「順鼓」。

春秋之義，大水，鼓用牲于社。説者曰：「鼓者，攻之也。」或曰：「脅之。」脅則攻矣。孫曰：春秋莊二十五年六月辛未朔，日有食之，鼓用牲于社。秋，大水，鼓用牲于社，于門。公羊傳曰：「日食則曷爲鼓用牲于社？求乎陰之道也。以朱絲營社。或曰脅之。」（日食鼓用牲于社，與大水鼓用牲于社同意，前既明其義，後則略之，公羊省文之例也。）何注：「求，責求也。或曰者，或人辭，其義各異也。或曰脅之，與責求同義。朱絲營之，助陽抑陰也。」春秋繁露精華篇云：「大水者，陰滅陽也。陰滅陽者，卑勝尊也。日食亦然。皆下犯上，以賤傷貴者，逆節也。故鳴鼓而攻之，朱絲而脅之，爲其不義也。」説苑辨物篇云：「陽者，陰之長也。其在鳥則雄爲陽，雌爲陰；其在獸則牡爲陽，而牝爲陰；其在民則夫爲陽，而婦爲陰；其在家則父爲陽，而子爲陰；其在國則君爲陽，而臣爲陰。故陽貴而陰賤，陽尊而陰卑，天之道也。大水及日蝕者，皆陰氣太盛，而上減陽精。以賤乘貴，以卑陵尊，大逆不義，故鳴鼓而懾之，朱絲縈而劫之。」**陽（陰）勝，攻社以救之。**孫曰：「陽」當作「陰」，義見上條。暉按：禮記郊特牲曰：「社祭土，而立陰氣也。」陰勝故攻社。

或難曰：仲任難。攻社謂得勝負之義，未可得順義之節也。人君父事天，母事地。母之黨類爲害，可攻母以救之乎？以政令失道，陰陽繆盭者，人君也。「盭」，古「戾」字。不自攻以復之，反逆節以犯尊，天地安肯濟？「濟」讀「霽」，雨止也。使湛水害傷天，不以地害天，「使」，若也。「不」字難通，疑爲「夫」形誤。攻之可也。今湛水所傷，物也。萬物於地，卑也。害犯至尊之體，於道違逆。論春秋者，曾不知難。

案雨出於山，雨出於山，詳說日篇。流入於川，湛水之類，山川是矣。大水之災，不攻山川。社，土也。土地廣，難偏祭，乃立社，故云社土。五行之性，水土不同。以水爲害而攻土，土勝水，攻社之義，毋乃如今世工匠之用椎鑿也？以椎擊鑿，令鑿穿木。今儻攻土，令厭水乎？厭，厭勝也。

且夫攻社之義，以爲攻陰之類也。甲爲盜賊，傷害人民，甲在不亡，舍甲而攻乙之家，耐止甲乎？今雨者，水也。水在，不自攻水，而乃攻社。案天將雨，山先出雲，雲積爲雨，雨流爲水。然則山者父母，水者子弟也。重罪刑及族屬，罪父母子弟乎？罪其朋徒也？計山水與社，俱爲雨類也，孰爲親者？社，土也，五行異氣，相去遠。

殷太戊，桑穀俱生。或曰高宗。恐駭，盼遂案：「太戊」爲「大社」之誤。「或曰」二字又淺人於太戊誤後而沾之也。本論異虛篇「殷高宗之時，桑穀俱生於朝」，不作太戊。是仲任所據自與史記殷本紀有異。此篇上文就社立言，故云「殷太社桑穀俱生，高宗恐駭，」所以顯春秋攻社之非。後人習於史記，因改作太戊，則與攻社之事不應，故決其爲淺人所改，而又誤沾「或曰」二字也。側身行道，思索先王之政，興滅國，繼絶世，舉逸民，明養老之義，桑穀消亡，享國長久。注見異虛篇。此說者春秋〔者〕所共聞也。孫曰：當作：「此說春秋者所共聞也。」上文云：「論春秋者，曾不知難。」可證。暉按：「說春秋」，謂說春秋災異者。水災與桑穀之變何以異？殷王改政，春秋攻社，道相違反，行之何從？

周成王之時，天下(大)雷雨，偃禾拔木，雨得言「下」，雷不得言「下」。「下」當作「大」，形近而誤。金縢正作「天大雷電以風」。感類篇亦作「大」。後漢書周舉傳注引洪範五行傳曰：「周公死，成王不圖大禮，故天大雷雨。」並其證。又下文云：「大雨久湛，其實一也。」「大雨」即承此爲文，尤其切證。爲害大矣。成王開金縢之書，求索行事周公之功，金縢曰：「王與大夫盡弁以啓金縢之書，乃得周公所自以爲功代武王之說。」執書以泣遏(過)，雨止，風反，禾、大木復起。「遏」當作「過」，形近之譌也。此文原讀「執書以泣過，(句。)雨止，風反，禾、大木復起」。今本「過」誤作「遏」，則以「遏雨，止風，反禾」爲讀，非也。經只言「反風，禾盡起」，未有「止風反禾」之文。經作「執書以泣」，此作「泣過」者，感類篇云「見周公之功，執書泣過」，又云「成王覺悟，執書泣過」，又云「見公之功，執書泣過」，并爲「泣過」連文之證。經作「天乃雨反風」，此作「雨止風反」者，感類篇云「出郊觀變，天止雨反風」，琴操説金縢曰：「天乃反風霽雨。」雨止爲霽，與此文言「止雨」義合。蓋古文經「雨」字，而今文作「止雨」也。「禾、大木復起」者，經云「禾則盡起，凡大木所偃，盡起而築之」，感類篇云「天乃反風，偃禾復起」，又云「天止雨反風，禾盡起」，是「起」字以「禾」言，「反」字以「風」言，「止」字以「雨」言，則「遏」當爲「過」，屬上讀，明矣。皮錫瑞曰：「『遏』與『止』同義，蓋仲任所据今文作止雨也。」其説殊非。大雨久湛，其實一也。成王改過，春秋攻社，兩經二義，行之如何？

月令之家，盼遂案：詳商蟲篇。惟彼謂爲變復之家，謂「蟲食穀者，部吏所致也」。知月令家，即衍五行變復者也。蟲食穀稼，取蟲所類象之吏，笞擊僇辱，以滅其變。實論者謂之未必真是。辨詳商蟲篇。然而爲之，厭合人意。今致雨者，「令」，朱校元本作「令」。政也，吏也，不變其政，不罪其吏，而徒攻社，能何復塞？當作「何能復塞」。下文「擊鼓攻社，何而救止」，句例同。苟以爲當攻其類，衆陰之精，月也。方諸鄉月，水自下來。淮南天文訓：「月者，陰之宗也。故方諸見月，則津而爲水。」高注：「方諸，陰燧，大蛤也。熟摩令熱，月盛時以向月下，則水生，以銅盤受之，下水數滴。」許注：「諸，珠也。方，石也。以銅盤受之，下水數升。」錢塘補注：「方諸用金，亦有用石。依高注，方諸爲蚌。」月離于畢，出房北道，希有不雨。注明雩篇。月中之獸，兔、蟾蜍也。其類在地，螺與蚄也。吴曰：諸子傳記説此義者，通作「螺蚌」，唯此作「蚄」。「蚄」者蚌之異文，東旁轉陽，故字亦作「蚄」，而蚌字相承亦有并梗一切。類篇、集韻：「蚄、虸蚄，食苗蟲。」别是一義，非此所施。暉按：字彙補曰：「蚄疑即蚌字。」可引此文爲證。月毁於天，螺、蚄舀缺，盼遂案：「舀」當是「臽」之誤。臽、陷通用。同類明矣。注説日篇。雨久不霽，攻陰之類，宜捕斬兔、蟾蜍，椎被（破）螺、蚄，宋殘卷、錢、黄、王、崇文本「被」并作「破」，是也。鄭本誤同。盼遂案：「被」爲「破」之誤。「椎破」、「捕斬」對文。爲其得〔其〕實。孫曰：當作：「爲得其實。」本書常語。崇文局本作「爲得其實」，不誤。未知所據何本。蝗蟲時至，或飛或集，所集之地，穀草枯索。吏卒部民，塹道作埳，榜驅内於塹埳，杷蝗積聚以千斛數。正攻蝗之身，蝗猶不止，况徒攻陰之類，雨安肯霽？

尚書大傳曰：舊「大」作「太」，非。今從宋殘卷、崇文本正。「煙氛郊社不脩，山川不祝，盼遂案：「祝」當爲「祀」，形近而譌。風雨不時，霜雪不降，責於天公。臣多弑主，孽多殺宗，五品不訓，責於人公。城郭不繕，溝池不脩，水泉不隆，水爲民害，責於地公。」先孫曰：此引尚書大傳語。「不隆」當爲「不降」，二字聲類同，故伏傳「降」字多作「隆」。王應麟王會篇補注引大傳：「隆谷玄玉。」鄭注云：「『隆』讀如『龐降』之『降』。」是其證。孫曰：楊慎丹鉛總録二十六璅語類引書大傳曰：「太師，天公也。太傅，地公也。太保，人公也。煙氛郊社不脩，山川不祀，風雨不時，雪霜不降，責在天公。臣多弒主，孼多殺宗，五品不訓，責在人公。城郭不繕，溝池不脩，水泉不隆，責在地公。」與此微異。王者三公，各有所主；諸侯卿大夫，各有分職。大水不責卿大夫，而擊鼓攻社，何知(如)？吴曰：「何知」疑當作「何如」。論衡每以「何如」、「如何」、「奈何」爲徵詰之詞，此亦同例。蓋謂大水不責卿大夫而攻社，於義無取。

不然，魯國失禮，孔子作經，表以爲戒也。言孔子作春秋，書「大水鼓用牲於社」者，蓋譏魯國失禮，非謂當攻社以救災也。公羊高不能實，公羊傳謂：「求乎陰之道。」何注：「求，責求。」故云「不能實」。董仲舒不能定，繁露謂：「鳴鼓而攻之，爲其不義也。」故云「不能定」。故攻社之義，至今復行之。孫曰：通典云：「成帝五年六月，始命諸官止雨，朱繩乃縈社，（續漢書禮儀志注引漢舊儀，「五」作「二」，「乃」作「反」，并云：「後水旱常不和。」按：作「反」是。求雨反縈，止雨順縈，今反縈，故水旱不和。）擊鼓攻之。」御覽五百二十六引漢舊儀云：「五儀（疑有誤。）元年，儒術奏施行董仲舒請雨事，始令丞相以下求雨雪曝城南，舞童女禱天神五帝。五年，始令諸官止雨，朱繩縈社，擊鼓助之。」可知攻社遏止雨水，漢人多試行之，故仲任云云。使高尚生，仲舒未死，將難之曰：久雨湛水溢，誰致之者？使人君也，宜改政易行，以復塞之；如人臣也，宜罪其人，以過解天。如非君臣，陰陽之氣，偶時運也，擊鼓攻社，〔而〕何

〔而〕救止？當作「何而救止」。「而」、「能」古通。上文：「而徒攻社，何能復塞。」下文：「攻社，一人擊鼓，無兵革之威，安能救雨。」句例並同。今本由不達古語者妄乙也。春秋説曰：「人君亢陽致旱，沈溺致水。」夫如是，旱則爲沈溺〔亢陽〕之行，水則爲亢陽〔沈溺〕之操，當作「旱則爲亢陽之行，水則爲沈溺之操」，與上文義方相屬。明雩篇曰「旱應亢陽，湛應沈溺」，與此文義同。何乃攻社？

攻社不解，朱絲縈之，亦復未曉。説者以爲，社，陰；朱，陽也。水，陰也，以陽色縈之，助鼓爲救。春秋繁露止雨篇曰：「凡止雨之大體，女子欲其藏而匿也，丈夫欲其和而樂也。開陽而閉陰，闔水而開火，以朱絲縈社十周。」干寶曰：「朱絲縈社，社，太陰也。朱，火色也。絲，維屬。」（後漢禮儀志注。）夫大山失火，灌以壅（甕）水，先孫曰：「壅」當爲「甕」，形聲之誤，下同。衆知不能救之者，何也？火盛水少，熱不能勝也。今國湛水，猶大山失火也；以若繩之絲，縈社爲救，猶以壅（甕）水灌大山也。「猶」，錢、黄、王本並作「若」。原天心以人意，狀天治以人事，人相攻擊，氣不相兼，兵不相負，不能取勝。盼遂案：「負」讀爲「倍」，一聲之轉。與上句「氣不相兼」之「兼」字文義同也。古「負」讀若「倍」。穆天子傳「茅萯」，郭注「萯」音「倍」。漢書宣帝紀「萯陽宫」，李斐音「萯」爲「倍」。皆其證也。今一國水，使真欲攻陽（陰）以絶其氣，「陽」當作「陰」。社，陰也。水，陰也。大水陰勝，攻之以絶其氣。

悉發國人，操刀把杖以擊之，若歲終逐疫，注謝短篇。然後爲可。楚、漢之際，六國之時，兵革戰攻，力彊則勝，弱劣則負。攻社，一人擊鼓，無兵革之威，安能救雨？

夫一暘一雨，猶一晝一夜也；其遭若堯、湯之水旱，猶一冬一夏也。如或欲以人事祭祀復塞其變，冬求爲夏，夜求爲晝也。何以效之？久雨不霽，試使人君高枕安卧，雨猶自止。止久，至於大旱，試使人君高枕安卧，旱猶自雨。何則？暘（陽）極反陰，陰極反暘（陽）。孫曰：「暘」字並當作「陽」。本書「陰」與「陽」、「暘」與「雨」，相對而用，全不混亂，故知二「暘」字當作「陽」也。故夫天地之有湛也，何以知不如人之有水病也？其有旱也，何以知不如人有癉疾也？盼遂案：「人」下宜有「之」字，方與上句一律。癉疾者，旱疾也。見史記扁鵲倉公傳正義。禱請求福，終不能愈；變操易行，終不能救。使醫食藥，冀可得愈；宋殘卷作「衰」，朱校同。命盡期至，醫藥無效。堯遭洪水，春秋之大水也，聖君知之，不禱於神，不改乎政，使禹治之，百川東流。夫堯之使禹治水，猶病水者之使醫也。病水，謂人得水病。然則堯之洪水，天地之水病也；禹之治水，洪水之良醫也。說者何以易之？

攻社之義，於事不得。雨不霽，祭女媧，於禮何見？路史後紀二注曰：「董仲舒法，攻社不霽，則祀女媧。」伏羲、女媧，俱聖者也，舍伏羲而祭女媧，春秋不言。董仲舒之議，其故何哉？盼遂案：仲舒議上文不顯，蓋即「雨不霽，祭女媧」之語也，由下文「仲舒之意，殆謂女媧古婦人帝王者也」一段自明。此等處，須好學深思而後知也。復閲路史後紀卷二女皇氏篇注云：「董仲舒法，攻社不霽，則祀女媧。」自幸所見不誤。

夫春秋經但言「鼓」，豈言「攻」哉？說者見有「鼓」文，則言「攻」矣。夫鼓未必爲攻，說者用意異也。季氏富於周公，而求也爲之聚斂而附益之。孔子曰：「非吾徒也，小子鳴鼓攻之，可也。」「鼓」下元本有「而」字，朱校同。按：答佞有「而」字，與論語先進篇邢疏本合。皇疏本無「而」字，疑古本如是。攻者，責也，責讓之也。六國兵革相攻，不得難此。「季氏」以下，又一義也。訓「攻」爲「責」，與前文謂「攻擊」不同，故云「六國兵革相攻，不得難此」。疑「季氏」上，脱「或曰」二字。

此又非也。以卑而責尊，爲逆矣。或據天責之也。「或」下疑有「曰」字。王者母事地，母有過，子可據父以責之乎？下之於上，宜言諫。若事，若，順也。臣子之禮也；責讓，上之禮也。乖違禮意，行之如何？

夫禮以鼓助號呼，明聲響也。程、黄、錢、王本「明」作「鳴」。宋本同此。古者人君將出，撞鍾擊鼓，故警戒下也。必以伐鼓爲攻此社，「此」字衍。此則鍾聲鼓鳴攻擊上也。大水用鼓，或時再告社。「再」字疑誤。陰之太盛，雨湛不霽，陰盛陽微，非道之宜。口祝不副，以鼓自助，與日食鼓用牲于社，同一義也。俱爲告急，彰陰盛也。事大而急者用鍾鼓，小而緩者用鈴䇭(篍)，先孫曰：「䇭」非鈴之類，字當作「篍」。說文竹部云：「篍，吹筩也。」急就篇云：「箛篍起居課後先。」「篍」與「䇭」形近而誤。彰事告急，助口氣也。大(天)道難知，吳曰：「大」當作「天」，形近而誤。紀妖、訂鬼、讖日等篇並有「天道難知」語，應據正。（崇文局本校改作「天」。）大水久湛，假令政治所致，猶先告急，乃斯政行。盜賊之發，與此同操。盜賊亦政所致，比求闕失，猶先發告。鼓用牲于社，發覺之也。社者，衆陰之長，故伐鼓使社知之。說鼓者以爲「攻」之，故「攻母」、「逆義」之難，緣此而至。今言「告」以陰盛陽微，攻尊之難，奚從來哉？且告宜於用牲，用牲不宜於攻。告事用牲，禮也；攻之用牲，於禮何見？

朱絲如繩，示在暘(陽)也。暘(陽)氣實微，故用物微也。孫曰：二「暘」字并當作「陽」。上文云：「說者以爲，社，陰；朱，陽也。水，陰也，以陽色縈之，助鼓爲救。」故知二「暘」字當作「陽」也。投一寸之鍼，布一丸之艾於血脈之蹊，篤病有瘳。朱絲如一寸之鍼、一丸之艾也。

吳攻破楚，昭王亡走，申包胥間步赴秦，哭泣求救，卒得助兵，却吳而存楚。事見左定四年傳、說苑至公篇、新序節士篇。擊鼓之人，伐如何耳。盼遂案：「伐」當爲「誠」之誤。下句「使誠，若申包胥」，「誠」字即承此爲文也。使誠若申包胥，一人擊得。假令一人擊鼓，義不可通，文有挩誤。將耐令社與秦王同感，「耐」、「能」古通。以土勝水之威，却止雲雨。雲雨氣得與吳同恐，消散入山，百姓被害者，得蒙霽晏，晏，天無雲也。有楚國之安矣。

迅雷風烈，君子必變，雖夜必興，衣冠而坐，禮記玉藻文。懼威變異也。釋名釋言語曰：「威，畏也。」夫水旱，猶雷風也，雖運氣無妄，「無妄」，注寒温篇。欲令人君高枕幄（据）臥，舊校曰：「幄」字一本作「据」。吳曰：一本作「据」是也。「据」本作「據」。左氏僖五年傳：「神必據我。」杜解云：「據，安也。」「据」亦作「倨」。淮南子覽冥篇：「臥倨倨。」高注云：「倨倨臥，無思慮也。」上文云：「試使人君高枕安臥。」安、据義同。作「幄」者，「据」之形譌，義不可通。暉按：「欲」疑當作「設」。言若人君不鳴鼓告社，則非愛民之意。以俟其時，無惻怛憂民之心。堯不用牲，或時上世質也。倉頡作書，奚仲作車，可以前代之時無書、車之事，非後世爲之乎？時同作殊，事乃可難；異世易俗，相非如何？

〔世〕俗圖畫女媧之象，「世」字据宋本補。爲婦人之形，吳曰：北齊書祖珽傳云：「太姬雖云婦人，實是雄傑，女媧已來無有也。」然則以女媧爲婦人，自漢訖南北朝皆有其說。暉按：鄭注中候勑省圖引運斗樞：「伏犧、神農、女媧爲三皇。」（曲禮疏。）鄭注明堂位引春秋緯説同，未言女皇。說文女部："媧，古之神聖女，化萬物者也。"帝王世紀曰："女媧虵身人首，一曰女希，是爲女皇。"風俗通："女媧，伏希之妹。"（路史後紀二注。）又其號曰"女"。仲舒之意，殆謂女媧古婦人帝王者也。男陽而女陰，陰氣爲害，故祭女媧求福祐也。傳又言："共工與顓頊爭爲天子，不勝，怒而觸不周之山，使天柱折，地維絕。女媧消煉五色石以補蒼天，斷鼇之足以立四極。"注見談天篇。仲舒之祭女媧，殆見此傳也。本有補蒼天、立四極之神，天氣不和，陽道不勝，儻女媧以精神助聖王止雨湛乎！

論衡校釋卷第十六

亂龍篇

土龍以象類實，以禮示意。亂，終也。以終仲舒之説，故曰「亂龍」。或以此篇設十五證以明土龍之能致雨，與王氏全書徵實祛惑之旨不合。死僞篇：「董仲舒請雨之法，設土龍以感氣。夫土龍非實，不能致雨。仲舒用之致精誠，不顧物之僞真也。」王氏之意可見。故學者多疑其僞。暉按：此篇意在終仲舒之説，代子駿以應難，非仲任本旨所在。定賢篇云：「董仲舒信土龍之能致雲雨，蓋亦有以也。」案書篇云：「孔子終論，定於仲舒之言，其脩雩治龍，必將有義，未可怪也。」其列證十五，又有四義，即所謂「蓋亦有以也」、「必將有義」之意。明雩篇自「何以言必當雩也」以下，順鼓篇「用鼓告社」以下，并就仲舒設雩鼓社之義以求其説，與此篇文例正同。龍虛篇云：「雷龍同類，感氣相致。龍與雲同招，虎與風相致，故董仲舒雩祭之法，設土龍以爲感也。」則仲任於董氏之説，未全蔑棄。疑其僞作，非也。

董仲舒申春秋之雩，設土龍以招雨，其意以雲龍相致。春秋繁露求雨篇曰：「春旱求雨，以甲乙日，爲大青龍一，長八丈，居中央；爲小龍七，各長四丈，於東方，皆東鄉，其間相去八尺。夏求雨，以丙丁日，爲大赤龍一，長七丈，居中央；又爲小龍六，各長三丈五尺，於南方，皆南鄉，其間相去七尺。季夏，以戊己日，爲大黃龍一，長五丈，居中央；又爲小龍四，各長二丈五尺，於南方，皆南鄉，其間相去五尺。秋，以庚辛日，爲大白龍一，長九丈，居中央；爲小龍八，各長四丈五尺，於西方，皆西鄉，其間相去九尺。冬，以壬癸日，爲大黑龍一，長六丈，居中央；又爲小龍五，各長三丈，於北方，皆北鄉，其間相去六尺。」山海經曰：「大荒東北隅，有山名曰凶犂土丘，應龍處南極。殺蚩尤與夸父，不得復上，故下數旱。旱而爲應龍之狀，乃得大雨。」郭璞曰：「今之土龍本此。氣應自然冥感，非人所能爲也。」易曰：「雲從龍，風從虎。」易乾卦文言文。**以類求之，故設土龍，陰陽從類，雲雨自至。**

儒者或問曰：夫易言「雲從龍」者，謂真龍也，豈謂土哉？楚葉公好龍，墻壁槃盂皆畫龍。莊子曰：「葉公子高之好龍，屋室雕龍，盡寫以龍。於是天龍下之，窺頭於牖，拖尾於堂。葉公見之，失其魂魄。」（今本逸，見困學紀聞十。）亦見新序雜事五、申子。呂氏春秋分職篇高注：「葉公，楚葉縣大夫沈諸梁〔一〕子高也。」**必以象類爲若真是，則葉公之國常有雨也。易又曰「風從虎」，謂虎嘯而谷風至也。**注偶會篇。**風之與虎，亦同氣類。設爲土虎，置**

〔一〕「諸」字原本脱，據呂氏春秋高注補。

之谷中，風能至乎？夫土虎不能而致風，土龍安能而致雨？二「能」字并衍。「而」、「能」古通，本書多「而」、「能」互用。此「能」字，蓋「而」字旁注誤入正文。下文誤同。古者畜龍，乘車駕龍，路史後紀九上注引有「故今畫之」句。按不當有。又路史注曰：「大戴禮云：『春夏乘馬，秋冬乘龍。』龍，馬八尺者，王充説非也。」按：公羊隱元年傳注：「天子馬曰龍，高七尺以上。」仲任誤爲「雲龍」之「龍」。故有豢龍氏、御龍氏。注龍虛篇。夏后之庭，二龍常在，季年夏衰，二龍低伏。「低」當作「坻」，注龍虛篇。真龍在地，猶無雲雨，況僞象乎？禮，畫雷樽象雷之形，注雷虛篇。雷樽不聞能致雷，土龍安能而動雨？盼遂案：下「而」字疑係衍文。「能」即「而」也。淺人因上土虎句而沾此「而」字耳。頓牟掇芥，盼遂案：王筠菉友臆説云：「頓牟豈虎魄之異名邪？抑别自一物邪？是頓牟之爲物，宜存區蓋。」磁石引針，「針」，疑當作「鐵」。「針」作「鍼」，「鐵」或省作「鐵」，形近而誤。淮南道應訓：「投金鍼焉，則形見於外。」「鍼」今譌作「鐵」，是其比。呂氏春秋精通篇：「慈石召鐵，或引之也。」（意林引誤作「鍼」。）淮南説山訓：「慈石能引鐵。」又覽冥訓：「慈石之引鐵。」春秋繁露郊語篇：「慈石取鐵，頸金取火。」春秋考異郵：「承石取鐵，瑇瑁吸䄖。」承石，磁也。漢藝文志序醫經家：「慈石取鐵，以物相使。」並其證。但亦有作「針」者。本草經：（續博物志九。）「磁石引鍼，琥珀入芥。」皆以其真是，不假他類。他類肖似，不能掇取者，何也？氣性異殊，不能相感動也。劉子駿掌雩祭，典土龍事，桓君山亦難以頓牟、磁石不能真是，何能掇針取芥？子駿窮無以應。孫曰：劉昭續禮儀志注引桓譚新論云：「劉歆致雨，具作土龍，吹律，及諸方術，無不備設。譚問：『求雨所以爲土龍，何也？』曰：『龍見者，輒有風雨興起，以送迎之，故緣其象類而爲之。』」仲任所引，蓋本桓氏書，或即此節佚文也。子駿，漢朝智囊，筆墨淵海，窮無以應者，是事非議誤，不得道理實也。

曰：夫以非真難，是也；不以象類說，非也。夫東風至，舊校曰：一有「感」字。酒湛溢。〔按酒味酸，從意林作「從酸」。東方木也。其御覽無此字。味酸，故酒湛溢也〕。意林無「也」字。以上十七字，依意林及御覽八四五引補。周廣業意林注以爲招致篇逸文。孫曰：「按語以下，與淮南覽冥篇注正同，疑論衡本有舊注，而今本脱之。」暉按：本書多著「按」字，御覽引論衡他文「按」字以下，皆出正文，非爲注語。孫氏以爲舊注，疑難徵信。意林、御覽並引此文於「酒湛溢」下，明爲此篇逸文。周氏係之招致篇，亦非。疑此下尚有脱文。意林及御覽八一四引論衡云：「蠶合絲而商弦易，（御覽作「絶」。）新穀登而舊穀缺，（御覽無此句。）按子生而父母氣衰，（御覽無「母」字。）新絲既登，故體者自壞耳。」（意林無此二句。）或即此下逸文。淮南覽冥訓亦以「蠶珥絲而商弦絶」次於「酒湛溢」與「鯨魚死」之間。論衡多本淮南也。淮南覽冥訓高注：「東風，木風也。酒湛，清酒也。米物下湛，故曰湛。木味酸，酸風入酒，故酒酢而湛者沸溢，物類相感也。」王念孫曰：「『湛溢』二字當連讀，『湛』與『淫』同，『淫溢』猶『衍溢』也。酒性温，故東風至而酒爲之加長。春秋繁露同類相動篇曰：『水得夜，益長數分，東風而酒湛溢，故陽益陽而陰益陰也。』義與此同也。」鯨魚死，彗星出。淮南覽冥訓高注：「鯨魚，大魚。蓋長數里，死于海邊，魚之身賤也。彗星爲變異，人之害也。類相動也。」又天文訓許注：「鯨，海中魚之王也。」説文作「䲔」，云：「海大魚也。字或从『京』作『鯨』。」御覽引魏武四時食制曰：「東海大魚如山，長五六里，謂之鯨鯢。」春秋孔演圖曰：「海精，鯨魚也。」天道自然，非人事也。事與彼雲龍相從，同一實也。

日，火也；月，水也。水火感動，常以真氣，今伎道之家，鑄陽燧取飛火於日，注率性篇。盼遂案：「飛」字疑衍。下句「取水於月」與此對文，又下文屢言陽燧取火，皆無飛字，可證。作方諸取水於月，注順鼓篇。非自然也，而天然之也。「天」當作「人」。土龍亦非真，何爲不能感天？一也。

陽燧取火於天，五月丙午日中之時，消煉五石，鑄以爲器，盼遂案：此文五石殆與漢、晉間之五石散異類。趙翼陔餘叢考卷三十二琉璃條引此文云：「即琉璃也。」又云：「魏太武時，大月氏國人至京師，能鑄石爲五色琉璃，即五石之説也。」漢書西域傳：「罽賓國出流離。」顔注引魏略云：「大秦國出赤白黑黄青緑縹紺紅紫十種流離。」則又似在三國時。仲任所云五石，其殆琉璃之嚆矢歟？乃能得火。今妄取刀劍偃月之鉤，摩以向日，注率性篇。亦能感天。夫土龍既不得比於陽燧，當與刀劍偃月鉤爲比。盼遂案：「既」疑爲「即」之誤。王意謂土龍縱不得比于陽燧，亦當與刀劍等爲比也。二也。

齊孟常君程、錢、黄、王本並作「孟嘗」，是也。宋本同此。盼遂案：史記田文封孟嘗君，不作「常」，此誤。夜出秦關，關未開，客爲鷄鳴，而真鷄鳴和之。秦關，函谷關也。見史記本傳。夫鷄可以姦聲感，則雨亦可以僞象致。三也。

李子長爲政，欲知囚情，以梧桐爲人，象囚之形，鑿地爲⿰土舀（埳），以盧（蘆）爲槨（郭），臥木囚其中。囚罪正，則木囚不動；囚冤侵奪，木囚動出。不知囚之精神着木人乎？將精神之氣動木囚也？吴曰：虞喜志林云：「李子長欲知囚情，以梧桐爲人，蘆葦爲牢。當罪，木囚不動；或冤，木囚乃奪。」（據陶宗儀説郛本。）又按：太平廣記一百七十一引論衡，「李子長」作「李子萇」，「梧桐」作「梧櫝」，「象囚之形」作「象囚人形」。「鑿地爲⿰土舀，以蘆爲槨」，「⿰土舀」作「陷」，「盧」作「蘆」，「槨」作「郭」。「囚罪正，則木囚不動」，作「囚罪正是，木囚不動」。皆是也。當據改。「精神」作「天神」，疑廣記誤。暉按：吴氏謂「⿰土舀」當作「陷」，「盧」當作「蘆」，「槨」當作「郭」，並是也。「⿰土舀」，白帖四五引作「坎」，初學記二十作「牀」，酉陽雜俎十作「臼」，蓋並意引。御覽六四二作「埳」，（事類賦二五引同。）九五六作「陷」。（明鈔本從「土」。）則「⿰土舀」當作「埳」。本書从「舀」从「臽」之字多譌。「以盧爲槨」，酉陽雜俎引作「以蘆葦爲郭」，並足證成吴説。又按：「李子長」、「梧桐」，白帖、御覽、事類賦二五、酉陽雜俎引並與今本同。（初學記二十引作「梧樹」。）

「象因之形」，白帖、西陽雜俎、御覽六四二引并同。則廣記作「人」誤。「因罪正」四句，白帖作：「罪若正，木因不動；若有怨，木因即動。」初學記作：「罪正者，不動；寃者，木自動出。」雜俎作：「因當罪，木因不動；因或寃，木因乃奮起。」御覽六四二作：「罪正者，木因不動；因寃侵奪者，木因動出。」九五六作：「因罪若正，木因不動；若有寃，木因動出。」（事類賦引同。）諸類書引，互有出入，足明今本不誤。吳氏謂當據廣記改，非也。又按：「因之精神」，御覽九五六、事類賦引並作「人之精誠」，白帖引作「豈因之誠著木人也」。是所據本亦作「精誠」。疑當據改。（但御覽六四二引與今本同。）又「精神之氣」，御覽六四二引亦作「天神之氣」，與廣記同。夫精神感動木因，何爲獨不應從土龍？四也。癸巳存稿三：「以梧桐爲偶人，漢俗如此。說文：『偶，桐人也。』說文多言漢制。高誘說：『偶，相人也。』『相人偶』，見禮注，高說乃是『像人』。」

舜以聖德，入大麓之野，虎狼不犯，蟲蛇不害。尚書今文說也。注正說篇。禹鑄金鼎象百物，以入山林，亦辟凶殃。見左宣三年傳。注儒增篇。論者以爲非實。辯見儒增篇。然而上古久遠，周鼎之神，不可無也。夫金與土，同五行也，使作土龍者如禹之德，則亦將有雲雨之驗。五也。

頓牟掇芥，磁石、鉤象之石句有誤。非頓牟也，皆能掇芥。土龍亦非真，當與磁石、鉤象爲類。六也。

楚葉公好龍，墻壁盂樽皆畫龍象，真龍聞而下之。夫龍與雲雨同氣，故能感動，以類相從。葉公以爲畫致真龍，「以」字當在「畫」字下。盼遂案：「爲」借作「僞」。「僞畫」與「真龍」對文。上文「楚葉公好龍，墻壁樽盂皆畫龍象」，此「僞畫」之説也。下文「土龍何獨不能以僞致真」，尤爲佳證。今獨何以不能致雲雨？七也。

神靈示人以象，不以實，故寢卧夢悟見事之象。將吉，吉象來；將凶，凶象至。神靈之氣，雲雨之類。八也。

神靈以象見實，土龍何獨不能以僞致真也？盼遂案：上句「八」字當在「以僞致真」下。論中以象類説土龍凡十五事，此其第八也。如今文，則神靈、土龍與神荼、鬱壘頓成兩橛，而强爲一貫矣。上古之人，有神荼、鬱壘者，昆弟二人，性能執鬼，孫曰：御覽八百八十三、一千並引作「生而執鬼」。生、性同。能、而通。疑作「而」者，爲古本；作「能」者，後人校改也。（風俗通典祀篇作「性能執鬼」。）居東海度朔山上，立桃樹下，簡閲百鬼。鬼無道理，妄爲人禍，荼與鬱壘縛以盧（蘆）索，孫曰：「盧」當作「蘆」。謝短篇作「蘆索」，訂鬼篇及風俗通並作「葦索」，御覽八百八十三、一千並引「盧索」作「蘆索」。執以食虎。故今縣官縣官，謂天子也。注程材篇。斬桃爲人，立之户側；畫虎之形，著之門闌。注謝短篇、訂鬼篇。夫桃人，非荼、鬱壘也；畫虎，非食鬼之虎也，刻畫效象，冀以禦凶。今土龍亦非致雨之龍，獨信桃人、畫虎，不知土龍。九也。

此尚因緣昔書，不見實驗。魯般、墨子刻木爲鳶，蜚之三日而不集，注儒增篇。爲之巧也。使作土龍者若魯般、墨子，則亦將有木鳶蜚不集之類。夫蜚鳶之氣，雲雨之氣也。氣而蜚木鳶，「而」讀作「能」。盼遂案：「而」讀爲「能」。下「能」字疑本亦作「而」，讀者誤改之也。何獨不能從土龍？十也。

夫雲雨之氣也，知於蜚鳶之氣，盼遂案：「也」字涉上文「雲雨之氣也」句衍。或本在「蜚鳶之氣」下。未可以言。釣者以木爲魚，「以」，意林、御覽九三五引並作「刻」。丹漆其身，近（迎）之水流（浮）而擊之，「近之水流而擊之」，文不成詞。「近」當作「迎」，形近而誤。「之」字涉上下文衍。「流」當作「浮」，亦形近而誤。原文當作「迎水浮而擊之」。意林、御覽并引作「迎水浮之，起水動作」。（御覽無「起」字。）是其證。起水動作，魚以爲真，並來聚會。夫丹木，非真魚也，魚含血而有知，猶爲象至。雲雨之知，不能過魚，見土龍之象，何能疑之？十一也。

此尚魚也，知不如人。匈奴敬畏郅都之威，刻木象都之狀，交弓射之，莫能一中。見史記酷吏傳。不知都之精神在形象邪？亡也將匈奴敬鬼（畏）精神在木（人）

也？吴曰：「亡也」，「也」字衍。「亡」疑詞，爲下句首。「亡」在陽部，對轉「魚」，則爲「無」，爲「莫」，爲「模」。重言之曰「無慮」，曰「模慮」。省言之曰「亡」，曰「無」，曰「莫」。定賢篇云：「不知壽王不得治東郡之術邪？亡將東郡適當復亂，而壽王之治偶逢其時也？」句例正與此同。呂氏春秋審爲篇：「子華子曰：君將攫之乎？亡其不與？」愛類篇：「墨子曰：必得宋乃攻之乎？亡其不得宋且不義猶攻之乎？」「亡其」猶「亡將」矣。今人多以「抑」字爲之。唐人言「遮莫」，今人言「莫不是」，皆其遺語。暉按：「敬鬼」當作「敬畏」。「鬼」、「畏」形近而誤。上文云：「匈奴敬畏郅都之威。」可證。又按：「木」下脱「人」字。上文云：「不知因之精神著木人乎？」句意正同。又下文云：「如匈奴精在於木人。」即承此爲文，並其證。如都之精神在形象，天龍之神亦在土龍；如匈奴精在於木人，盼遂案：「精」上宜有「之」字，今脱。上文「都之精神」、「天龍之神」，下文「雩祭者之精」，皆有「之」字，可證。則雩祭者之精亦在土龍。十二也。

金翁叔，休屠王之太子也，與父俱來降漢。父道死，與母俱來，拜爲騎都尉。母死，武帝圖其母於甘泉殿上，署曰「休屠王焉提」。盼遂案：「焉提」即史、漢中之「閼氏。」閼、焉，氏、提，皆聲韻之轉。翁叔從上上甘泉，拜謁起立，向之泣涕沾襟，久乃去。見漢書金日磾傳。師古曰：「署題其畫。」錢大昕曰：「『焉提』即『閼氏』，古書『氏』、『是』通用。『提』从『是』，亦與『氏』通。」夫圖畫，非母之實身也，因見形象，涕泣輒下，思親氣感，不待實然也。夫土龍猶甘泉之圖畫也，雲雨見之，何爲不動？十三也。

此尚夷狄也。有若似孔子，孔子死，弟子思慕，共坐有若孔子之座。史記弟子傳：「孔子既没，弟子思慕。有若狀似孔子。弟子相與共立爲師，師之如夫子時也。」翟灝曰：「有若之似孔子，據檀弓，特其言耳；史乃以狀説之。徒以其狀，陽貨且似孔子矣，子夏等寧汙下若此乎？」按：史通暗惑篇、困學紀聞七亦並疑其事。孟子滕文公上：「孔子没，他日子夏、子張、子游以有若似聖人，欲以所事孔子事之。」趙注：「有若之貌似孔子，此三子者，思孔子而不可復見，故欲尊有若以作聖人，朝夕奉事之。禮如事孔子，以慰思也。」是漢儒并以狀説之。仲任意同。亦見講瑞篇。弟子知有若非孔子也，猶共坐而尊事之。雲雨之知，使若諸弟子之知，雖知土龍非真，然猶感動，思類而至。十四也。

有若，孔子弟子疑其體象，則謂相似。孝武皇帝幸李夫人，夫人死，思見其形。道士以術爲李夫人，自然篇作「王夫人」。史記封禪書：「齊人少翁以鬼神方見上，上有所幸王夫人。夫人卒，少翁以方，蓋夜致王夫人及竈鬼之貌云。天子自帷中望見之。」褚補武紀同。集解曰：「徐廣曰：『王夫人，齊懷王閎之母也。』」駰按：桓譚新論云：『武帝有所愛幸姬王夫人，窈窕好容，質性嫕佞。』」攷書鈔一三二引新論曰：「武帝所幸王夫人（文選潘安仁悼亡詩注、御覽六九九引並作「李夫人」，殊失其舊。封禪書索隱亦云新論作「王夫人」。）死，帝痛惜之。方士李少君言能致其神魂，乃夜設燭，張帳，令帝居於他帳中，遥望見好女似夫人。」漢書郊祀志、外戚傳、漢武故事、王子年拾遺記并作「李夫人」。通鑑十九作「王夫人」。考異曰：「漢書以此事置李夫人傳中，古今相承，皆以爲李夫人事。史記封禪書：『少翁見上，上有所幸王夫人卒。少翁以方，夜致王夫人之貌云。』按：李夫人卒時，少翁死已久。漢書誤也。」暉按：仲任述漢事，多本史記，則自然篇作「王夫人」是。此則後人妄改也。夫人步入殿門，武帝望見，知其非也，然猶感動，喜樂近之。使雲雨之氣，如武帝之心，雖知土龍非真，然猶愛好感起而來。十五也。

既效驗有十五，又亦有義四焉。

立春東耕，爲土象人，男女各二人，御覽二十、又五三七、事類賦五、日鈔引并無「人」字，疑是。秉耒把鋤；類聚三九引作「執耒鉗錢」，御覽二十引作「秉耒鉏」，並注云：「與『鋤』同。」五三七、事類賦五引作「秉耒耜」。或立土牛。〔象人、土牛〕，未必能耕也。孫曰：「立土牛」當作「立土象牛」，與上文「爲土象人」句意相同。此脱「象」字。「未必能耕也」，當作「土牛未必能耕也」，又脱「土牛」二字，故文義不明。類聚三十九、御覽五百三十八（當作七。）並引作「或立土牛象人，土牛未畢而耕也」。「土牛」二字未脱。「或立土牛」，作「或立土牛象人」，亦非也。惟事類賦四（當作五。）引作「或立土象牛」，不誤，當從之。至於類聚、御覽所引以「畢」爲「必」，假「而」爲「能」，蓋古本論衡如此，今乃淺人妄改者也。暉按：類聚、御覽引作「或立土牛。（句。）象人土牛，未畢而耕也」，（御覽二十引同。）當據補「象人土牛」句。「未必能耕也」，是承「爲土象人」、「或立土牛」兩層爲文。言土人與土牛，並不能耕。下文「與立土人、土牛，同一義也」，亦以「人」、「牛」並舉。「象人、土牛」，「象人」即承「爲土象人」，「土牛」即承「或立土牛」。類聚、御覽所引不誤。今本脱去「象人土牛」四字耳。孫氏誤以「或立土牛象人」句絶，而信事類賦之孤證，非也。**順氣應時，示率下也。**呂氏春秋季冬紀：「出土牛，以送寒氣。」高注：「出土牛，今之郡縣（今本誤作「令之鄉縣」。此依畢校。）得立春節出勸耕土牛於東門外是也。」畢曰：「續漢禮儀志亦於季冬出土牛。此云『立春節』，説又異也。」暉按：後漢書禮儀志上：「立春之日，京師百官，皆衣青衣，郡國縣道官，下至斗食令史，皆服青幘，立青旛，施土牛耕人于門外，以示兆民。」鹽鐵論授時篇云：「發春之後，懸青幡，築（此依書鈔百二十引，近本作「策」。）土牛。」是漢時于立春有出土牛事，故高、王云然。畢氏未深考也。隋禮儀志亦有立春出土牛事，蓋因漢制。**今設土龍，雖知不能致雨，亦當夏時，以類應變，與立土人、土牛同〔義〕。一〖義〗也。**以下文例之，「一」當在「義」字下。

盼遂案：文當是：「與立土人、土牛同義。一也。」此段爲四義之一。

禮，宗廟之主，以木爲之，長尺二寸，以象先祖。孝子入廟，主心事之，雖知木主非親，亦當盡敬，書鈔八十七引「禮云」，與此文同，未知何出。孔廣陶云：此文「禮」下脱「云」字，「廟」上脱「宗」字，下脱「之中」二字。**有所主事。**禮記曲禮下：「措之廟，立之主。」白虎通宗廟篇：「祭所以有主者，神無所依據，孝子以主繼心焉。主用木，木有終始，又與人相似也。蓋題之以爲記，欲令後可知也。方尺，或曰長尺二寸。孝子入宗廟之中，雖見木主，亦當盡焉。（依盧校本。）」公羊文二年傳注：「主狀正方，穿中央，達四方，天子長尺二寸，諸侯長一尺。」疏云：「孝經說文。」**土龍與木主同，雖知非真，示當感動，立意於象。二也。**「示」當作「亦」。「亦當感動」，與上「雖知木主非親，亦當盡敬」文例同。又「立」當作「示」。下文云：「以禮示意，有四義。」

塗車、芻靈，聖人知其無用，示象生存，不敢無也。檀弓下曰：「孔子謂爲明器者，知喪道也。備物而不可用也。塗車、芻靈，自古有之，明器之道也。」注：「芻靈，束茅爲人馬。謂之靈者，神之類。」周禮夏官校人賈疏：「古者以泥塗爲車。芻靈，謂以芻草爲人馬神靈。」**夫設土龍，知其不能動雨也，示若塗車、芻靈而有致。三也。**

天子射熊，諸侯射麋，卿大夫射虎豹，士射鹿豕，先孫曰：此文據儀禮。鄉射記：「天子熊侯，諸侯麋侯。大夫布侯，畫以虎豹。士布侯，畫以鹿豕。」與周禮司裘大射侯異也。吴曰：白虎通鄉射篇引含文嘉曰：「天子射熊，諸侯射麋，大夫射虎豹，士射鹿豕。」與鄉射記同。論衡亦本之禮緯，不必與周禮合。**示服猛也。**義不明。三也。儀禮鄉射記鄭注：「熊麋虎豹鹿豕，皆正面畫其頭於正鵠之處。射熊虎豹，不忘上下相犯；射麋鹿豕，志在君臣相養也。」此云「示服猛」，則義不同。白虎通鄉射篇曰：「天子所以射熊何？示服猛，遠巧佞也。熊爲獸猛巧者，非但當服猛也，示當服天下巧佞之臣也。諸侯射麋何？示遠迷惑人也，麋之言迷也。大夫射虎豹何？示服猛也。士射鹿豕何？示除害也。（説文矢部云：「爲田除害。」）各取德所能服也。」與此義同。**名布爲侯，示射無道諸侯也。**周禮天官司裘鄭注：「所射正謂之侯者，天子中之，則能服諸侯。諸侯以下中之，則得爲諸侯。」儀禮大射儀鄭注：「侯謂所射布也。尊者射之以威不寧，侯卑者射之以求爲侯。」與此文統謂射諸侯，其義不同。周禮司裘先鄭注：「射所以直己志，用虎熊豹麋之皮，示服猛討迷惑者。」疏云：「虎熊豹是猛獸，將以爲侯，侯則諸侯也，是示能伏得猛厲諸侯；麋者迷也，將以爲侯，示能討擊迷惑諸侯。」白虎通鄉射篇：「名布爲侯者何？明諸侯有不朝者，則當射之。」楚詞大昭王注：「侯謂所射布也。王者當制服諸侯，故名布爲侯而射之。」其義并與充説同也。**夫畫布爲熊麋之象，名布爲侯，禮貴意象，示義取名也。土龍亦夫熊麋布侯之類。四也。**

夫以象類有十五驗，盼遂案：「象類」下脱一「説」字。「以象類説」與下句「以禮示義」爲對文。夫以非難真是也，不以象類説非也，此正承用其説。**以禮示意有四義。仲舒覽見深鴻，立事不妄，設土龍之象，果有狀也。龍暫出水，雲雨乃至。古者畜龍、御龍，常存，**「常」上疑捝一「龍」字。**無雲雨。猶舊交相闊遠，卒然相見，歡欣歌笑，或至悲泣涕，偃**

伏少久，則示行各恍忽矣。易曰「雲從龍」，非言龍從雲也。雲（雷）樽刻雷雲之象，「雲樽」當作「雷樽」。雷虚篇：「刻尊爲雷之形。」儒增篇：「雷罇刻畫雲雷之形。」漢書文三王傳：「孝王有罍尊。」「罍」即「雷」字。應劭注：「詩云：『酌彼金罍。』罍畫雲雷之象，以金飾之也。」鄭氏曰：「上蓋，刻爲山雲雷之象。」並爲此文當作「雷樽」之證。上文「儒者或問曰：禮畫雷樽，象雷之形，雷樽不聞能致雷」。此即承彼爲文，以解儒問也。尤其切證。盼遂案：「雲樽」當是「雷樽」之誤，「雲樽」於古未聞。上文「禮畫雷樽象雷之形」，此宜據以改正。龍安肯來？夫如是，傳（儒）之者（之）何（問）可解，當作「儒者之問可解」。「儒」或作「傿」，與「傳」形近；「何」與「問」形近，故并致誤；「者之」二字誤倒，故文不成義。前文儒者難以「雲從龍」、「雷樽」，仲任一一破之，故曰「夫如是，儒者之問可解」也。盼遂案：「傳之者何」四字，當是「儒者之問」四字之倒譌。篇首儒者或問曰云云，此正應其文也。緣「儒」或作「傿」，形近於「傳」。「問」草書作「问」，易誤爲「何」矣。則桓君山之難可説也，則劉子駿不能對，劣也，劣則董仲舒之龍説不終也。論衡終之，故曰「亂龍」。〔亂〕者，終也。「亂」字，據崇文本增。意林引正有「亂」字。

遭虎篇

變復之家，謂虎食人者，功曹爲姦所致也。後漢書百官志：「郡縣有功曹史，主選署功勞。」其意以爲，功曹衆吏之率，虎亦諸禽之雄也。書鈔七七引「率」作「帥」，字通。又引「禽」作「獸」。按：本書禽獸字多互稱，説詳物勢篇注，非字誤也。功曹爲姦，采漁〔一〕於吏，故虎食人，以象其意。漢名臣奏張文上疏曰：「獸齧人者，象暴政若獸而齧人。京房易傳曰：『小人不義而反尊榮，則虎食人。』」（後漢書蔡邕傳注。）風俗通正失篇：「九江多虎，太守宋均移記屬縣曰：『夫虎豹在山，今數爲民害者，咎在貪殘（司馬彪續漢書同。范書作「咎在殘吏」。）居職使然。』」又光武問劉昆，虎北渡河，爲何政所致？是並以虎害爲政治所招致也。京房易傳曰：「君將無道，厥災狼食人。」東觀漢記載詔曰：「政失厥中，狼災爲應，至乃殘食孩幼。」（並見後漢五行志。）謂狼應災，亦此義也。

夫虎食人，人亦有殺虎。謂虎食人，功曹受取於吏，如人食虎，吏受於功曹也

〔一〕「漁」，原本作「魚」，據通津草堂本改。

乎？盼遂案：「乎」蓋衍字。論例以「也」爲「邪」。感應篇：「三王乎？周公也？」舊校云：「一本『也』下有『乎』字。」此亦淺人昧于論例而誤沾「乎」字。案世清廉之士，百不能一，居功曹之官，皆有姦心，私舊故可以倖；「以倖」，宋本作「所幸」，朱校元本同。苞苴賂遺，苞苴，饋遺也。禮記少儀注：「苞苴，謂編束萑葦以裹魚肉也。」饋遺貨賂，亦必裹以物，故云「苞苴」。小大皆有。必謂虎應功曹，是野中之虎常害人也。夫虎出有時，猶龍見有期也。陰物以冬見，陽蟲以夏出。出應其氣，氣動其類。參、伐以冬出，事類賦四引「伐」作「昴」。下同。心、尾以夏見。參、伐則虎星，心、尾則龍象。參、伐，西方宿。心、尾，東方宿。史記天官書：「東宮蒼龍，心爲明堂，尾爲九子。」索隱：「文耀鉤云：『東宮蒼帝，其精爲龍。』爾雅云：『大辰，房、心、尾也。』李巡曰：『大辰，蒼龍宿。』」天官書又曰：「西宮，參爲白虎，下有三星兑，曰罰。」索隱：「文耀鉤云：『西宮白帝，其精白虎。』」正義：「觜三星，參三星，外四星爲實沉，爲白虎形也。『罰』亦作『伐』。」集解：「孟康曰：『在參間。』」象出而物見，御覽二二、事類賦四引作「星出」。氣至而類動，天地之性也。動於林澤之中，遭虎搏噬之時，稟性狂勃，盼遂案：「勃」讀爲「悖」。勃、悖古同聲通用。莊子庚桑楚「徹志之勃」，釋文：「勃本又作悖。」貪叨飢餓，觸自來之人，安能不食？人之筋力，羸弱不適，「適」讀「敵」。巧便不知，「知」疑當作「如」，謂人之巧便不如虎也，與「不適」立文正同。作「知」，義難通。盼遂案：「知」當爲「如」之形誤。「不如」與「不適」意同。「適」通作「敵」。舍弟銘恕謂：「知讀詩萇楚『樂子之無知』。箋云：『知，匹也。』爾雅釋詁：『知，匹也。』詩芄蘭『能不我知』與『能不我甲』爲儷文。知亦訓匹。此『不知』與上句『不適』正爲對文。」故遇輒死。使孟賁登山，馮婦入林，亦無此害也。孟賁，衛勇士。或曰齊人。注詳累害篇。說苑謂其「陸行不避狼虎」。孟子盡心下「晉人有馮婦者，善搏虎。」趙注：「馮姓，婦名也。」

孔子行魯林中，檀弓下云：「過泰山側。」家語正論解云：「適齊，過泰山側。」新序雜事五云：「北至山戎氏。」注定賢篇。婦人哭，甚哀，使子貢問之：今檀弓作「使子路」。按：家語正作「子貢」，今本檀弓誤也。說詳阮元校勘記。「何以哭之哀也？」曰：「去年虎食吾夫，今年食吾子，是以哭哀也。」檀弓、家語並有「舅死於虎」，總三人。此與新序同。子貢曰：檀弓、新序並作「孔子」。家語同此。「若此，何不去也？」對曰：「吾善其政之不苛，吏之不暴也。」子貢還報孔子。檀弓、新序無此句。家語作「子貢以告孔子」。孔子曰：「弟子識諸！苛政暴吏，甚於虎也！」夫虎害人，古有之矣。政不苛，吏不暴，德化之足以却虎，然而二歲比食二人，林中獸不應善也。爲廉不應，姦吏亦不應矣。

或曰：「虎應功曹之姦，所謂不苛政者，非功曹也。婦人，廉吏之部也，部，所部也。凡州所監曰部。此據漢制言也。雖有善政，安耐化虎？」夫魯無功曹之官，功曹之官，相國是也。此以漢官況魯制。魯相者，殆非孔、墨，必三家也，三家，謂仲孫、叔孫、季孫也。爲相必無賢操。以不賢居權位，其惡，必不廉也。必以相國爲姦，令虎食人，是則魯野之虎常食人也。

水中之毒，不及陵上，陵上之氣，不入水中，各以所近，罹殃取禍。是故漁者不死於山，獵者不溺於淵。好入山林，窮幽測深，涉虎窟寢，虎搏噬之，何以爲變？魯公牛哀病化爲虎，搏食其兄。注無形篇。同變化者，不以爲怪，入山林草澤，見害於虎，怪之，非也。蝮蛇悍猛，亦能害人。名醫别録陶注云：「蝮蛇黄黑色，黄頷尖口，毒最烈。」類聚引廣志云：「蝮虵與土色相亂，長三四尺，其中人，以牙櫟之，裁斷皮出血，則身盡痛，九竅血出而死。」行止（山）澤中，（中）於蝮蛇，應何官吏？「止」當爲「山」字形譌。「行山澤中」，與下「行山林中」句法同。「中」字當重，本書重文屢脱。「中」，傷也。言毒篇云：「蝮蛇蜂蠆，犯中人身。」又云：「爲蝮所中。」並其義。盼遂案：「於」上疑脱一「害」字。此應上文「蝮蛇悍猛，亦能害人」而言也。蜂蠆害人，[入]「入」字涉「人」字譌衍，下同。毒氣害人，[入]言毒篇云：「太陽火氣，常爲毒也。」水火害人。人爲蜂蠆所螫，爲毒氣所中，爲火所燔，爲水所溺，又誰致之者？苟諸（謂）禽獸乃應吏政，「諸」爲「謂」字形譌。「苟謂禽獸，乃應吏政」，與下「苟謂食人，乃應爲變」文例同。行山林中，麋鹿野猪，牛象熊羆，豺狼蜼蠼，説文：「蜼，如母猴，卬鼻長尾。」又云：「玃，母猴也。」呂覽察傳篇云：「玃似母猴。」史記司馬相如傳上林賦：「蜼玃飛鸓。」索隱引郭璞曰：「玃色蒼黑，能玃搏人，故云玃也。」「蠼」、「玃」字通。皆復殺人。苟謂食人乃應爲變，蜡虱閩宝皆食人，「蜡」同「蚤」。「虱」同「蝨」。「閩」同「蟁」。「宝」同「蝱」。人身彊大，故不至死。倉卒之世，倉卒，謂喪亂也。穀食乏貴，「乏」舊作「之」，今從宋本正。百姓飢餓，自相啖食，厥變甚於虎，變復之家，不處苛政。

且虎所食，非獨人也，含血之禽，有形之獸，虎皆食之。〔食〕人謂應功曹之姦，孫曰：「人」上脱「食」字。食他禽獸，應何官吏？夫虎，毛蟲；人，倮蟲。見大戴禮易本命。毛蟲飢，食倮蟲，何變之有？四夷之外，大人食小人，虎之與蠻夷，氣性一也。平陸廣都，虎所不由也；山林草澤，虎所生出也。必以虎食人應功曹之姦，是則平陸廣都之縣，功曹常爲賢；山林草澤之邑，功曹常伏誅也。

夫虎食人於野，應功曹之姦，虎時入邑，行於民間，功曹游於閭巷之中乎？實説，虎害人於野，不應政，其行都邑，乃爲怪。

夫虎，山林之獸，不狎之物也，荀子臣道篇曰：「狎虎則危，災及其身。」楊注：「狎，輕侮也。」常在草野之中，不爲馴畜，猶人家之有鼠也，伏匿希出，非可常見也。命吉居安，鼠不擾亂；禄衰居危，鼠爲殃變。京房易傳曰：「臣私禄罔辟，厥妖鼠巢。誅不原情，厥妖鼠舞門。」黄鼠銜尾舞宫門中，爲燕王旦敗亡之象。并見漢書五行志。夫虎亦然也，邑縣吉安，長吏無患，虎匿不見；長吏且危，則虎入邑，行於民間。何則？長吏光氣已消，都邑之地，與野均也。推此以論，虎所食人，亦命時也。命訖時衰，光氣去身，視肉猶尸也，故虎食之。天道偶會，虎適食人，長吏遭惡，故謂爲變，應上天矣。變復家以虎變應姦吏。仲任意：吏惡與虎變相遭適耳。因相遭適，故誤謂虎應吏變。本書每以世儒謬説，由於不明兩事適偶之象，三增、九虚，立文多如此。此亦其例。則知「應上天矣」句，於義無施。宋殘卷、元本「矣」作「吏」，朱校同。疑此文當作「故謂爲變應吏」。「上天矣」三字並爲「吏」譌衍。

古今凶驗，非唯虎也，野物皆然。楚王英宫〔一〕樓未成，鹿走上堦，後漢書本傳未見。其後果薨。死於永平十四年。魯昭公旦（且）出，「旦」當作「且」，各本並譌。盼遂案：「旦」當爲「且」，形近而譌。鸜鴿來巢，其後季氏逐昭公，昭公奔齊，遂死不還。注偶會篇、異虚篇。賈誼爲長沙王傅，鵩鳥集舍，發書占之，曰：「主人將去。」其後遷爲梁王傅。懷王好騎，墜馬而薨；賈誼傷之，亦病而死。見史記、漢書本傳。昌邑王時，夷鴣鳥集宫殿下，盼遂案：「夷鴣鳥」，漢書五行志作「鵜鶘」。夷聲弟聲古通用。周禮序官薙氏注：「薙讀

〔一〕「宫」，原本作「官」，形近而誤，據通津草堂本改。

如鬌小兒頭之鬌。書或作夷」。又「雉」字説文古文作「⿰飠弟」，殷虚文字則皆作「雉」，從夷，知夷、弟古同聲，故可互用。王射殺之，漢書昌邑哀王傳：「見大鳥，飛集宮中。」五行志中之下：「有鵜鶘，或曰禿鶖，集殿下，王使人射殺之。」師古曰：「鵜鶘即汙澤也。一名淘河。腹下胡大如數升囊，好羣入澤中，抒水食魚，因名禿鶖，亦水鳥也。」按：夷鴣即鵜鶘。説文：「鴺胡，污澤也。从『鳥』，『夷』聲。『鴺』或从『弟』。」以問郎中令龔遂。龔遂對曰：「夷鴣野鳥，入宮，亡之應也。」其後昌邑王竟亡。五行志載劉向説。龔對無。此可補班書。盧奴令田光與公孫弘等謀反，先孫曰：「公孫弘」，元本作「桑弘羊」，是也。朱校元本同。暉按：後漢書虞延傳有幽州刺史公孫弘，與楚王英交通。盼遂案：此公孫弘，後漢書虞延傳所云「幽州從事，交通楚王英」者，非前漢平津侯也。章士釗云。其且覺時，宋殘卷、元本「且」作「旦」，朱校同。狐鳴光舍屋上，光心惡之。其後事覺，坐誅。會稽東部都尉禮文伯時，羊伏廳下，其後遷爲東萊太守。都尉王子鳳時，麕入府中，其後遷〔爲〕丹陽太守。孫曰：「遷」下脱「爲」字。此與上文「其後遷爲東萊太守」句例正同。類聚九十五、御覽九百零七引並有「爲」字。夫吉凶同占，遷免一驗，俱象空亡，精氣消去也。故人且亡也，野鳥入宅；城且空也，草蟲入邑。等類衆多，行事比肩，略舉較著，以定實驗也。

商（適）蟲篇

「商」，御覽九四四引作「適」，是也。篇末云：「天道自然，吉凶偶會，非常之蟲適生，貪吏遭署。人察貪吏之操，又見蟲災之生，則謂部吏之所爲致也。」即此「適蟲」之義。本書常以「遭」、「適」、「偶」、「會」對言，故以「遭虎」、「適蟲」題篇。「遭」、「適」義同。今本形譌作「商」，則無義矣。

變復之家，順鼓篇云：「月令之家。」**謂蟲食穀者，部吏所致也。貪則（狼）侵漁，**御覽九四四引作「吏貪狼所致也」。按：「貪則」當作「貪狼」，「貪狼」、「侵漁」立文相同。「侵漁」，謂侵奪百姓，若漁者之取魚。貪狼亦謂其貪若狼。漢書翼奉傳：「好行貪狼。」孟康曰：「貪而無厭，故爲貪狼。」盼遂案：「則」當爲「賊」，形近之譌。「賊」从「則」聲，或亦聲誤。**故蟲食穀。**孫曰：漢書五行志引京房易傳云：「臣安祿，兹謂貪，厥災蟲，蟲食根。德無常，兹謂煩，蟲食葉。不絀無德，蟲食本。與東作爭，兹謂不時，蟲食節。蔽惡生孽，蟲食心。」即蟲應貪吏之說也。暉按：說文虫部：「蟊，蟲食苗根者，吏抵冒取民財則生。蟘，蟲食苗葉者，吏乞貣則生。螟，蟲食穀心者，吏冥冥犯法，即生螟。」春秋考異郵曰：「貪擾生蝗。」（後漢書五行志注。）五行傳曰：「貪利傷人，則蝗蟲損稼。」（後漢書和帝紀注。）漢名臣奏張文上疏曰：「春秋義曰：蝗者貪擾之氣所生。天意若曰：『貪狼之人，蠶食百姓，若蝗食禾稼而擾萬民。』」（後漢書蔡邕傳注。）後漢書五行志曰：「光和元年，詔策問曰：『連年蝗蟲，至冬踊，其咎焉在？』蔡邕對曰：『河圖祕徵篇曰：帝貪則政暴而吏酷，酷則誅深必殺，主蝗蟲，蝗蟲貪苛之所致也。』」據以上諸文，蟲應貪吏，當時諸儒通説也。朱曰：詩小雅大田鄭箋孔疏引李巡、孫炎説，並以蟲災爲政貪所致云。郝懿行爾雅釋蟲疏曰：「許慎、李巡、孫炎並言政惡吏貪所致，大意皆本漢五行志、京房易傳而爲説。然水旱災厲，天道難詳，論衡商蟲篇辨之，當矣。」**身黑頭赤，則謂武官；頭黑身赤，則謂文官。**御覽引作「文吏」。按：下文「使」字，宋本、宋殘卷、朱校元本并作「吏」，疑此文本作「文吏」，與御覽引同。「官」字涉上「武官」譌衍。今本因改「吏」作「使」，以屬下讀。沈欽韓左傳補注曰：「文吏者，習文法之事，若功曹五官掾史等。武吏者，劾捕之事，若督盜賊游擊等。」**使加罰於蟲所象類之吏，則蟲滅息，不復見矣。**

夫頭赤則謂武吏，頭黑則謂文吏所致也，時或頭赤身白，頭黑身黄，或頭身皆黄，或頭身皆青，或皆白若魚肉之蟲，言白如此蟲。是應篇云：「魚肉之蟲，集地北行。」并未聞也。**應何官吏？時或白布豪民、猾吏**「或」，錢、黄、王、崇文本並作「謂」，非。「白布」義不明，或云：猶布衣也。**被刑乞貸者，**「被」猶「加」也。盼遂案：「白布」，連綿字，凶横恣縱之意，與跋扈、拖扈諸詞，蓋同一聲韻之轉。**威勝於官，取多於吏，**後漢書桓譚傳譚上疏曰：「今富商大賈，多放錢貨，中家子弟，爲之保役，趨走與臣僕等勤，收税與封君比入。」即此所謂。**其蟲形象何如狀哉？蟲之滅也，皆因風雨。**吾鄉老農云：夏月西風暴雨殺蟲。**案蟲滅之時，則**

吏未必伏罰也。陸田之中時有鼠，鼠，田鼠，即鼢鼠、鼷鼠也。見爾雅釋獸。水田之中時有魚蝦蟹之類，皆爲穀害。或時希出而暫爲害，或常有而爲災，等類衆多，應何官吏？

魯宣公履畝而稅，公羊何注：「履踐案行，擇其善畝穀最好者稅取之。」應時而有蝝生者，或言若蝗。孫曰：漢書五行志云：「宣公十五年冬，蝝生。劉歆以爲，蝝，蚍蠹之有翼者，食穀爲災，黑眚也。董仲舒、劉向以爲，蝝，螟始生也。一曰螟始生。（近人葉德輝謂下螟字當作「蝗」，是也。左傳釋文云：蝝，董仲舒言蝗子。）是時民患上力役，解於公田，宣是時初稅畝，稅畝就民田畝擇美者，稅其什一，亂先王制，而爲貪利，故應是而蝝生，屬蠃蟲之孽。」蝗時至，蔽天如雨，集地食物，不擇穀草。察其頭身，象類何吏？變復之家，謂蝗何應？建武三十一年，蝗起太山郡，西南過陳留、河南，遂入夷狄。所集鄉縣，以千百數，後漢書光武紀、古今注并只言是年大蝗，未紀其狀。此可補其缺。盼遂案：續漢書五行志注引古今注云：「建武三十一年，郡國大蝗。」較論衡爲略。當時鄉縣之吏，未皆履畝。蝗食穀草，連日老極，或蜚徙去，或止枯死，當時鄉縣之吏，未必皆伏罪也。夫蟲食穀，自有止期，猶蠶食桑，自有足時也。生出有日，死極有月，期盡變化，不常爲蟲。使人君不罪其吏，蟲猶自亡。夫蟲，風氣所生，蒼頡知之，故「凡」、「蟲」（「虫」）爲「風」之字。「蟲」當作

「虫」。孔廣森大戴禮易本命篇補注引作「虫」，蓋以義正。說文風部云：「風，八風也。从『虫』，『凡』聲。風動蟲生，故蟲八日而化。」春秋考異郵曰：「風之爲言萌也。其立字，『虫』動於『凡』中者爲風。」（古微書引。）此文「『凡』、『虫』爲『風』」，即言「風」字从「虫」，「凡」聲。「虫」、「蟲」字不同，許慎分別部居。說文虫部曰：「物之微細，或行或飛，或毛或蠃，或介或鱗，以『虫』爲象。」蟲部曰：「蟲，有足謂之蟲，無足謂之豸，从三虫。」後人相承以「虫」爲「蟲」，或寫「蟲」作「虫」，故此誤「虫」爲「蟲」，遂使「凡」下从「蟲」，不成「風」字矣。取氣於風，故八日而化。春秋考異郵曰：「二九十八，主風，精爲蟲，八日而化。」（御覽九四四。）大戴禮易本命曰：「二九十八，八主風，風主蟲，故蟲八日化也。」（「日」，今誤「月」。）亦見淮南地形訓。生春夏之物，或食五穀，或食衆草。食五穀，吏受錢穀也；其食他草，受人何物？

倮蟲三百，人爲之長。見大戴禮易本命篇。由此言之，人亦蟲也。人食蟲所食，蟲亦食人所食，俱爲蟲而相食物，何爲怪之？設蟲有知，亦將非人曰：「女食天之所生，吾亦食之，謂我爲變，不自謂爲災。」凡含氣之類，所甘嗜者，口腹不異。人甘五穀，惡蟲之食〔之〕；「之食」，宋殘卷、朱校元本作「食之」，是也。「惡」音烏故切，下同。自生天地之間，惡蟲之出。設蟲能言，以此非人，亦無以詰也。夫蟲之在物間也，知者不怪；其食萬物也，不謂之災。

甘香渥味之物，蟲生常多，故穀之多蟲者，粢也。爾雅釋草：「粢，稷。」程瑶田九穀考以稷爲高粱。郝懿行爾雅疏：「黍爲大黄米，稷爲穀子，其米爲小米，然稷又包高粱，高粱謂之木稷，亦謂之蜀黍。蜀黍假黍爲名，高粱假稷爲名。蓋稷米之精者稱粱，粱亦大名，故高粱與穀子通矣。」**稻時有蟲，麥與豆無蟲。必以有蟲責主者吏，是其粢鄉部吏常伏罪也。神農、后稷藏種之方，煮馬屎以汁漬種者，令禾不蟲。**孫曰：漢書藝文志農家：神農二十篇。班氏自注云：「六國時諸子疾時怠於農業，道耕農事，託之神農。」顔師古曰：劉向別録云：「疑李悝及商君所説。」后稷無書，此云「有藏種之方」者，蓋亦農家所依託也。（吕氏春秋上農、任地二篇皆引后稷。疑戰國時農家欲伸己説，託於后稷也。）仲任見農家之書，故轉引之。賈思勰齊民要術卷一引氾勝之曰：「驗美田至十九石，中田十三石，薄田一十石。尹澤取減法，神農復加之。骨汁糞汁種種，剉馬骨、牛羊猪麋鹿骨一斗，以雪汁三斗煑之，三沸，取汁以漬附子。率汁一斗，附子五枚。漬之五日，去附子。擣麋鹿羊矢，分等置汁中，熟撓和之，候晏温，又溲曝，狀如后稷法，皆溲，汁乾，乃止。若無骨，煑繰蛹汁和溲。如此，則以區種之。大旱澆之。其收至畝百石以上，十倍於后稷。此言馬蠶，皆蟲之先也。及附子令稼不蝗蟲。」與仲任所引相近，蓋皆因於周禮草人糞種之法也。**如或以馬屎漬種，其鄉部吏，鮑焦、陳仲子也。**鮑焦非其世，不爽行以毁廉，稿死於洛水之上。見韓詩外傳一、新序節士篇。陳仲子見孟子，亦見前刺孟篇。**是故后稷、神農之術用，則其鄉吏**據上文，「吏」上疑脱「部」字。**何（可）免爲姦。**吴曰：「何」當作「可」，形近而誤。

崇文局本改作「可」。何則？蟲無從生，上無以察也。

蟲食他草，平事不怪，盼遂案：「平事」當是「平常」之誤。食五穀葉，乃謂之災。桂有蠹，桑有蝎，桂中藥，而桑給蠶，南方草木狀曰：「桂有三種：葉如柏葉，皮赤者，爲丹桂；葉似柿葉者爲菌桂；葉似枇杷葉者爲牡桂。」説文：「梫，桂也。桂，南方木，百藥之長。」爾雅釋木：「梫，木桂。」郭注：「今南人呼桂厚皮者爲木桂。桂樹葉似枇杷而大，白華，華而不著子，叢生巖嶺，枝葉冬夏常青，間無雜木。」郭氏讚云：「桂生南裔，氣王百藥。」（類聚八九引。）范成大桂海虞衡志曰：「桂，南方奇木，上藥也，出於賓宜州。凡木，葉心皆一縱理，獨桂有兩文，形如圭，製字者意或出此。葉味辛甘，與皮無別，而加芳，美人喜咀嚼之。」方以智曰：「菌桂一曰筒桂，以其皮嫩而卷成筒。醫所用肉桂、桂心，皆版桂也。尸子言『桂，春華秋英』，正謂此。俗以八月黄花者爲桂。此古所謂木犀者也。」漢書南越王傳：「獻桂蠹一器。」應劭曰：「桂樹中蝎蟲也。」師古曰：「此蟲食桂，故味辛，而漬之以蜜食之也。」大業拾遺録云：「桂蠹，紫色，香卒有味，噉之，去陰痰之疾。」（事文類聚後集四九。）方以智曰：「桂蠹，桂樹所生之蟲，大如指，色紫而青，蜜漬之，可爲珍味。」廣東新語謂漢趙佗獻文帝者即此。」爾雅釋蟲：「蝎，桑蠹。」郭注：「即蛣蝠。」郝疏曰：「亦即蝤蠐。」其用亦急，與穀無異。蠹蝎不爲怪，獨謂蟲爲災，不通物類之實，闇於災變之情也。穀蟲曰蠱，蠱，左昭元年傳：「穀之飛，亦爲蠱。」杜注：「穀久積則變爲飛蟲，名曰蠱。」惠棟補注：「外傳云：『蠱之慝，穀之飛實生之。』」史記秦本紀正義顧野王云：「穀皆積變爲飛蠱也。」

任昉述異記：「晉末，荆州久雨，粟化爲蠹蟲害民。」**蠹若蛾矣。**元本作「夫」，朱校同。疑是「蚨」字。**粟米饐熱生蠹。**說文：「饐，飯傷溼也。」字林：「饐，飯傷熱溼也。」葛洪字苑：「饐，餿臭也。」（爾雅釋文。）今語亦言餿，讀若蘇。饐本謂食饐臭，此文施其義於穀粟。下文「溫溼饐餲」同。爾雅釋器：「食饐謂之餲。」論語鄉黨篇孔注：「饐餲，臭味變也。」**夫蠹食粟米，不謂之災，蟲食苗葉，歸之於政。如說蟲之家，謂粟輕苗重也。**

蟲之種類，衆多非一。魚肉腐臭有蟲，醯醬不閉有蟲，飯溫濕有蟲，書卷不舒有蟲，衣襞不懸有蟲，漢書揚雄傳注：「襞，疊衣也。」爾雅釋蟲：「蟫，白魚也。」郭注：「衣書中蟲。」**蝸（瘑）疽螥（瘡）螻（瘻）蠘（癥）蝦（瘕）有蟲。**先孫曰：此當作「瘑疽瘡瘻癥瘕」。玉篇疒部云：「瘑、疽，瘡也。」說文疒部云：「瘻，頸腫也。」（山海經郭注云：「瘻癰屬中多有蟲。」）瘕，女病也。急就篇顔注云：「瘕癥也。」暉按：史記倉公傳：「臨菑女子薄吾病甚，意診其脈曰：蟯瘕。蟯瘕爲病，腹大，上膚黄麤，循之戚戚然。飲以芫華一撮，即出蟯可數升。病蟯得之於寒溼，寒溼氣宛篤不發，化爲蟲。」是瘕之蟲爲蟯也。餘未聞。**或白或黑，或長或短，大小鴻殺，不相似類，皆風氣所生，並連以死。生不擇日，若生日短促，**若，或也。**見而輒滅。變復之家，見其希出，出又食物，則謂之災。災出當有所罪，則依所似類之吏，順而說之。**

人腹中有三蟲，三國志魏志華佗傳：「漆葉青黏散：漆葉屑一升，青黏屑十四兩，以是爲率。言久服去三蟲，利五藏。」據神農本草經、名醫别録，三蟲乃濕熱所化之蟲，天門冬、白殭蠶、胡粉、貫衆、檳榔，並主殺三蟲者。下地之澤，其蟲曰蛭。蛭食人足，爾雅釋蟲：「蛭蝚，至掌。」郝疏：「説文：『蛭蝚，至掌也。』本草『水蛭』。别録：『一名蚑，一名至掌。』然則釋魚『蛭蟣』，即是物也。然水族而在釋蟲者，陶注本草有『山蚑』，唐本注有『草蛭，在深山草木』。蜀本注有『石蛭』、『泥蛭』。論衡云：『下地之澤，其蟲曰蛭，蛭食人足。』此則蛭屬有在草泥山石間者，並能齧人手足，恐人不識，是以爾雅疏『至掌』之稱矣。」三蟲食腸。順説之家，將謂三蟲何似類乎？先孫曰：「將謂」，元本作「輕與」。以上下文校之，「輕」疑「蛭」之形誤。暉按：宋殘卷、朱校元本亦作「輕與」。凡天地之間，陰陽所生，蛟（蚑）蟯之類，孫曰：「蛟」當作「蚑」。説文：「蚑，徐行也。凡生之類，行皆曰蚑。」淮南原道訓：「澤及蚑蟯。」注：「蟯，微小之蟲。」蜫蠕之屬，説文：「䖵，蟲之總名也，讀若昆。」蜫俗字。蟲動曰蠕。含氣而生，開口而食。食有甘不，淮南覽冥篇注：「甘猶嗜也。」「不」同「否」。同心等欲，彊大食細弱，知慧反頓愚。楊曰：「頓」讀如「鈍」。盼遂案：「皮」當是「飯」之壞字，與上句「食」字相對爲文。論語「飯疏食飲水」，寧戚歌「長夜飯牛何時旦」，以「飯」爲動字。此正相同。他物小大連相齧噬，不謂之災，獨謂蟲食穀物爲應政事，失道理之實，不達物氣之性也。

然夫蟲之生也，必依温濕。温濕之氣，常在春夏。秋冬之氣，寒而乾燥，蟲未曾生。若以蟲生，罪鄉部吏，是則鄉部吏貪於春夏，廉於秋冬，雖盜跖之吏，以秋冬署，蒙伯夷之舉矣。「舉」讀作「譽」。夫春夏非一，而蟲時生者，温濕甚也，甚則陰陽不和。陰陽不和，政也，徒當歸於政治，而指謂部吏爲姦，失事實矣。何知蟲以温濕生也？以蠱蟲知之。穀乾燥者，蟲不生；温濕饐餲，注見上文。蟲生不禁。言不能禁止蟲生也。藏宿麥之種，烈日乾暴，「暴」讀「曝」。下同。投於燥器，則蟲不生。如不乾暴，閘喋之蟲，漢書司馬相如傳：「唼喋菁藻。」注：「唼喋，銜食也。」「唼喋」、「閘喋」，聲近義通。生如雲煙。盼遂案：「閘喋」讀爲「唼喋」。「唼喋」者，食吸之聲也。見史記司馬相如傳正義。亦瑣細之貌，淮南子覽冥訓「而不嗳喋苛事也」。作「嗳喋」同。又案：「蟲」當是「蠱」之殘。下文「以蠱閘喋，准況衆蟲」，則此當作「蠱」，明矣。以蠱閘喋，崇文本改「蠱」作「蟲」，非。准況衆蟲，温濕所生，明矣。

詩云：「營營青蠅，止于藩。愷悌君子，無信讒言。」見小雅青蠅。馮登府曰：「魯詩作『至於藩』。見漢書昌邑王傳。」此據魯詩也，當與昌邑王傳同，「止」當作「至」，「無」當作「毋」。此後人據毛詩校改。讒言傷善，青蠅汚白，同一禍敗，詩以爲興。此魯詩説也。鄭箋：「蠅之爲蟲，汚白使黑，汚黑使白，喻佞人變亂善惡也。」陳喬樅曰：「亦用魯訓之義。」昌邑王夢西階下有積蠅矢，明旦召問郎中龔遂。遂對曰：「蠅者，讒人之象也。夫矢積於階下，王將用讒臣之言也。」見漢書昌邑王傳。由此言之，蠅之爲蟲，應人君用讒，何故不謂蠅爲災乎？如蠅可以爲災，夫蠅歲生，世間人君常用讒乎？

案蟲害人者，莫如蚊虻，蚊虻歲生。如以蚊虻應災，世間常有害人之吏乎？必以食物乃爲災，人則物之最貴者也，蚊虻食人，尤當爲災。必以暴生害物乃爲災，暴，猝也。夫歲生而食人，與時出而害物，災孰爲甚？人之病疥，亦希非常，疥蟲何故不爲災？

且天將雨，螘出蚋蜚，螘，蟻也。說文：「蜹，秦、晉謂之蜹，楚謂之蟁。」蜹，蚋同。爲與氣相應也。或時諸蟲之生，自與時氣相應，如何輒歸罪於部吏乎？天道自然，吉凶偶會，非常之蟲適生，貪吏遭署，人察貪吏之操，又見災蟲之生，則謂部吏之所爲致也。

講瑞篇須頌篇云：「古今聖王不絕，則其符瑞亦宜累屬。符瑞之出，不同於前，或時已有，世無以知，故有講瑞。」

儒者之論，自說見鳳皇騏驎而知之。「而」、「能」古通。何則？案鳳皇騏驎之象。又春秋獲麟文曰：「有麐而角。」見公羊哀十四年傳。王本、崇文本「麐」並作「麞」，蓋據下文改。疑是。後文亦云：「魯之獲麟云：『有麞而角。』」考工記畫繢之事，鄭注：「齊人謂麇爲獐。」公羊傳釋文：「麐本又作麇，皆九倫反，麞也。」獐、麞字同。麞而角者，則是騏驎矣。盼遂案：春秋文作麐，論文作麞者，說文鹿部：「麇，麞也。」麐、麇同字，故作麞者，文言之；麞者，質言之也。其見鳥而象鳳皇者，則鳳皇矣。黄帝、堯、舜、周之盛時，皆致鳳皇。朱校元本「之」作「文」。竹書：「黄帝五十七年，秋七月庚申，鳳凰至。」白虎通曰：「黄帝之時，鳳皇蔽日而至，止於東園，食常竹實，栖常梧桐。」尚書中候握河紀：「堯即位七十年，鳳凰止庭。」雒書靈準聽：「舜受終，鳳凰儀，黄龍感。」周語內史過曰：「周之興也，鸑鷟鳴於岐山。」韋注：「鸑鷟，鳳之別名。」孝宣帝之時，鳳皇集于上林，後又於長樂之宮東門樹上，高五尺，文章五色。漢書宣帝紀鳳皇二次集上林，一在元康四年，一在神爵四年。本書宣漢篇同。集長樂宮東門樹上，宣帝紀在五鳳三年，宣漢篇在四年。周獲麟，麟似麞而角；即春秋獲麟。武帝之麟，亦如麞而角。史記郊祀：「郊雍，獲一角獸，若麟然。」注異虛篇。如有大鳥，文章五色；獸狀如麞，首戴一角，考以圖象，驗之古今，則鳳麟可得審也。

夫鳳皇，鳥之聖者也；騏驎，獸之聖者也；五帝、三王、皐陶、孔子，人之聖也。十二聖，相各不同，見骨相篇。而欲以麞戴角則謂之騏驎，相與鳳皇象合者謂之鳳皇，如何？夫聖鳥獸毛色不同，猶十二聖骨體不均也。戴角之相，猶戴午（干）也。「午」當作「干」，下同，說詳骨相篇。顓頊戴午（干），堯、舜必未然。「必未然」，朱校元本作「未必然」，與下「未必戴角」語氣一貫，疑是。今魯所獲麟戴角，即後所見麟未必戴角也。如用魯所獲麟，求知世間之麟，則必不能知也。何則？毛羽骨角不合同也。假令不（合）同，或時似類，未必真是。「不同」，當作「合同」，涉上文誤也。此反承上文。仲任意：即有合同者，不過體貌相似，實性自別。下文即申此義。奇怪篇云：「空虛之象，不必實有。假令有之，時特熊羆先化爲人，乃生二卿。」變虛篇：「此非實事也。假使真然，不能至天。」是應篇云：「屈軼之草，或時實有，而虛言能指。假令能指，或時草性見人而動，則言能指。」祭意篇：「實論以爲人死無知，其精不能爲鬼。假使有之，與人異食。」立文與此正同。虞舜重瞳，王莽亦重瞳；晉文駢脅，張儀亦駢脅。漢書王莽傳：「莽露眼赤睛。」餘見骨相篇。盼遂案：骨相篇作「重耳仳脇，張儀仳脇」。駢與仳雙聲字。如以骨體毛色比，則王莽，虞舜；而張儀，晉文也。有若在魯，最似孔子。孔子死，弟子共坐有若，問以道事，有若不能對者，見史記弟子傳。何也？體狀似類，實性非也。今五色之鳥，一角之獸，或時似類鳳皇騏驎，其實非真，而説者欲以骨體毛色定鳳皇騏驎，誤矣。是故顔淵庶幾，論語：「回也其庶乎。」不似孔子；有若恒庸，反類聖人。由是言之，或時真鳳皇騏驎，骨體不似；恒庸鳥獸，毛色類真。知之如何？

儒者自謂見鳳皇騏驎輒而知之，「而」讀「能」，下同。則是自謂見聖人輒而知之也。皋陶馬口，孔子反宇，見骨相篇。設後輒有知而絶殊，盼遂案：「知而」即「知能」也。論中「才能」、「知能」之「能」皆作「能」，不作「而」，惟動字作「而」。此文疑本是「知能」，由淺人改之也。下文「聖人賢人亦有知而絶殊，骨無異者」，與此文同誤。宜加省改。馬口反宇，尚未可謂聖。「輒」字涉上文衍。「而」讀「能」。下文云：「聖人賢者，亦有知而絶殊，骨無異者。」「後」，元本作「復」，朱校作「使」。何則？十二聖相不同，前聖之相，難以照後聖也。骨法不同，姓名不等，身形殊狀，生出異土，雖復有聖，何如知之？盼遂案：以上文「知之如何」句例之，此處亦當是「知之如何」。「知之如何」者，言知之之道奈何也，所以起下文。桓君山謂楊子雲曰：「如後世復有聖人，徒知其才能之勝己，多不能知其聖與非聖人也。」子雲曰：「誠然。」此文疑出新論，孫馮翼輯本無。夫聖人難知，知能之美若桓、楊者，「知」讀作「智」。尚復不能知，世儒懷庸庸之知，齎無異之議，見聖不能知，可保必也。夫不能知聖，則不能知鳳皇與騏驎。世人名鳳皇騏驎，何用自謂能〔知〕之乎？「能」下脱「知」字。上文云：「儒者之論，自説見鳳凰麒驎而知之。」又云：「儒者自謂見鳳皇麒驎輒而知之。」並其證。今脱「知」字，則語意未足。夫上世之名鳳皇騏驎，聞其鳥獸之奇者耳。「耳」，朱校作「其」，屬下讀。毛角有奇，又不妄翔苟遊，與鳥獸争飽，則謂之鳳皇騏驎矣。類聚引樂汁圖曰：「鳳皇鷄頭燕喙，蛇頸龍形，麟翼魚尾，五采。」説文：「鳳，麐前鹿後，蛇頸魚尾，龍文龜背，燕頷鷄喙，五色備舉。」韓詩外傳：「鳳象，鴻前而麟後，蛇頸而魚尾，龍文而龜身，燕頷而鷄喙。」説苑辨物篇、京房易傳（史記司馬相如傳正義。）説略同。山海經南山經：「鳳皇首文曰德，翼文曰順，背文曰義，（今本「順」作「義」，「義」作「禮」。此依王引之校。）膺文曰仁，腹文曰信。」公羊哀十四年傳注：「麟狀如麕，一角而戴肉，設武備而不爲害。」周南麟之趾鄭箋：「麟角之末有肉。」京房易傳：（左哀十四年疏。）「麟，麕身，牛尾，狼額，馬蹄，有五采，腹下黄，高丈二。」説苑辨物篇：「麒麟，含仁懷義，音中律吕，行步中規，折旋中矩，擇土而踐，位平然後處，不羣居，不旅行。」以上諸説，皆極言鳳皇騏驎毛角性識之奇者。然並誇飾虚增，不足信也。

世人之知聖，亦猶此也。聞聖人人之奇者，身有奇骨，知能博達，則謂之聖矣。及其知之，非卒見暫聞而輒〔而〕名之爲聖也。「輒而」，「輒能」也。後人不達古語，妄乙。與之偃伏，從文〔之〕受學，然後知之。吴曰：「「文」當作「之」。下文云：「不從之學。」與此相應。何以明之？子貢事孔子，一年自謂過孔子，二年自謂與孔子同，三年自知不及孔子。當一年二年之時，未知孔子聖也，三年之後，然乃知之。未知何本。以子貢知孔子，三年乃定，世儒無子貢之才，其見聖人，不從之學，任倉卒之視，無三年之接，自謂知聖，誤矣。少正卯在魯，與孔子並。劉子心隱篇云：「與孔子同時。」淮南氾論訓注：「少正，官。卯，其名也。魯之諂人。」按：康誥有「少正」。左傳鄭有「少正公孫僑」。則少正官，其姓未聞。孔子之門，三盈三虛，唯顏淵不去，顏淵獨知孔子聖也。夫門人去孔子歸少正卯，不徒不能知孔子之聖，又不能知少正卯〔之佞〕，孫楷第劉子新論校釋曰：「卯」下脱「之佞」二字。下文云：「夫才能知佞若子貢。」「知佞」二字無義，當即「之佞」之誤，傳寫誤置於下耳。劉子心隱云：「非唯（孫校增。）不知仲尼之聖，亦不知少正卯之佞。」正有「之佞」二字，是其證。暉按：孫校增「之佞」二字是也，劉子即本此文。下文「知佞」二字，謂即此「之佞」之誤，非也。説見下。門人皆惑。子貢曰：「夫少正卯，魯之聞人也，〔夫〕子爲政，何以先〔誅〕之？」「子」上脱「夫」字。子貢稱其師，不得直言「子」也。荀子宥坐篇、尹文子聖人篇、説苑指武篇、劉子心隱篇並有「夫」字，是其證。「何以先之」，語意不明，當作「何以先誅之」。荀子宥坐篇：「夫子爲政而始誅之，得無失乎？」尹文子聖人篇：「夫子爲政而先誅，得無失乎？」並有「誅」字。説苑指武篇：「夫子始爲政，何以先誅之？」句例正同，尤其切證。劉子心隱篇與此誤同。孔子曰：「賜退！非爾所及！」夫才能知佞若子貢，尚不能知聖，「才能知佞」，疑當作「才能之美」。「知」、「之」聲誤。「佞」俗作「侫」，「美」形譌爲「妾」，再誤爲「佞」。上文「知能之美若桓、楊者，尚復不能知」，何例正同，是其證。世儒見聖，自謂能知之，妄也。

夫以不能知聖言之，則亦知其不能知鳳皇與騏驎也。使鳳皇羽翮長廣，騏驎體高大，則見之者以爲大鳥巨獸耳，何以別之？如必〔以〕巨大別之，則其知聖人亦宜以巨大。孫曰：「必」下脱「以」字。下文云：「必以附從效鳳皇，是用和多爲妙曲也。」句意相同。本書反詰之詞，或用「如」，或用「如以」，或用「必以」，或用「如必以」，其例甚多。春秋之時，鳥有爰居，魯語：「海鳥爰居，止於魯東門之外，三日，臧文仲命國人祭之。」左文二年傳仲尼曰：「臧文仲祀爰居，不知也。」莊子至樂篇釋文引司馬彪曰：「爰居一名雜縣，舉頭高八尺。樊光注爾雅云：『形似鳳凰。』」不可以爲鳳皇；長狄來至，不可以爲聖人。長狄，注語增篇。然則鳳皇騏驎與鳥獸等也，世人見之，何用知之？如以中國無有，從野外來而知之，公羊傳云：「麟非中國之獸也。」説文云：「天老曰：『鳳出於東方君子國。』」則是鸜鵒同也。鸜鵒，非中國之禽也；公羊昭二十五年傳：「有鸜鵒來巢，何以書？記異也。何異爾？非中國之禽也。」穀梁傳：「來者，來中國也。」注：「鸜鵒不渡濟，非中國之禽，故曰來。」禮緯稽命徵：「孔子謂子夏曰：鸜鵒至，非中國之禽也。」春秋考異郵：「鸜鵒者，飛行屋於陽，夷狄之鳥，穴居於陰。」（並見御覽九二三。）漢書五行志引劉向說：「鸜鵒，夷狄穴居之禽，來至中國。」仲任此文，蓋隱據諸說。左氏傳云：「有鸜鵒來巢，書所無也。」杜注：「此鳥穴居，不在魯界，故曰來巢。非常，故書。」是不以爲夷狄禽也。五經異義：先、後鄭從左氏說，許慎從二傳說。鳳皇騏驎，亦非中國之禽獸也。皆非中國之物，儒者何以謂鸜鵒惡，如劉向、何休謂鸜鵒爲臣逐君之象。鳳皇騏驎善乎？

或曰：「孝宣之時，鳳皇集于上林，羣鳥從上（之）以千萬數。孫曰：「從上」無義，「上」當作「之」，此涉「上林」而誤。下文云：「如見大鳥來集，羣鳥附之，則是鳳皇。」「羣鳥附之」與「羣鳥從之」，其義一也。注見後宣漢篇。以其衆鳥之長，聖神有異，故羣鳥附從。說文：「鳳飛，則羣鳥從以萬數。」如見大鳥來集，羣鳥附之，則是鳳皇。鳳皇審，則〔騏驎〕定矣。」「鳳皇審，則定矣」，文不成義，當作「則麒麟定矣」。意謂見有羣鳥附從，則爲鳳皇，然則麒麟亦可據此定之。下文云：「鳳皇與麒麟同性，鳳皇見，羣鳥從，麒麟見，衆獸亦宜隨。」據此爲說。夫鳳皇與騏驎同性，鳳皇見，羣鳥從，騏驎見，衆獸亦宜隨。案春秋之麟，不言衆獸隨之。宣帝、武帝皆得騏驎，宣帝時，九真獻麟，見後注。武帝得麟，注見前。無衆獸附從之文。如以騏驎爲人所獲，附從者散；鳳皇人不獲，自來蜚翔，附從可見。書曰：「蕭韶九成，鳳皇來儀。」見皋陶謨。（謌孔本，見益稷謨。）以鳳皇爲瑞應，今文說也。齊世篇云：「無嘉瑞之應，若叶和萬國、鳳皇來儀之類。」又云：「有虞氏之鳳皇，宣帝以五致之矣。」其義並同。馬注以鳥獸爲筍簴，乃古文說。風俗通聲音篇：「其形參差，象鳳之翼。」與馬義近。鄭注：「簫韶，舜所制樂，樂備作，謂之成，簫韶作九備，而鳳皇乃來儀，止巢乘匹。」（公羊哀十四年疏。）則亦用今文說也。大傳曰：「鳳皇在列樹。」大傳曰：「舜好生惡殺，鳳皇巢其樹。」（玉海一九九。）不言羣鳥從也。豈宣帝所致者異哉？

或曰：「記事者失之。唐、虞之君，鳳皇實有附從。上世久遠，記事遺失；經書之文，未足以實也。」夫實有而記事者失之，亦有實無而記事者生之。夫如是，儒書之文，難以實事。案附從以知鳳皇，未得實也。且人有佞猾而聚者，鳥亦有佼黠而從羣者。當唐、虞之時，鳳愨愿；宣帝之時，佼黠乎？何其俱有聖人之德行，動作之操不均同也？

無鳥附從，或時是鳳皇；羣鳥附從，或時非也。君子在世，清節自守，不廣結從，「從」疑當作「徒」。定賢篇云：「廣交多徒。」盼遂案：章士釗云：「從爲徒之誤。」是也。作「從」則與下文「人不附從」相複。出入動作，人不附從。豪猾之人，任使（俠）用氣，「使」疑爲「俠」形誤。史記游俠傳：「解父以任俠。」又季布傳：「爲氣任俠。」「任俠」當時常語。「用氣」猶「任氣」。自紀篇：「世祖勇任氣。」「任」亦「用」也。季布傳集解孟康曰：「信交道曰任。」如淳曰：

「相與信爲任，同是非爲俠。或曰：『任氣力也；俠，甹也。』」玉篇人部：「任俠，以權力俠輔人也。」説文：「甹，俠也，三輔謂輕財者爲甹。」按：「任俠」當從許説。往來進退，錢、黃、王本衍「進退」二字。士衆雲合。夫鳳皇，君子也，必以隨多者效鳳皇，錢、黃、王、崇文本並脱「必以」二字。是豪黠爲君子也。歌曲彌妙，和者彌寡；行操益清，交者益鮮。鳥獸亦然。必以附從效鳳皇，是用和多爲妙曲也。龍與鳳皇爲比類。宣帝之時，黃龍出于新豐，宣漢篇云：「甘露元年。」羣蛇不隨。神雀、鸞鳥，皆衆鳥之長也，漢書宣帝紀：「神爵集雍。」注晉灼曰：「漢注：大如鷃爵，黃喉，白頸，黑背，腹斑文也。」説文：「鸞，赤神靈之精也。赤色五采，鷄形，鳴中五音，頌聲作則至。」周書王會解孔注：「鸞，大於鳳，亦歸於仁義者也。」類聚引決疑注云：「象鳳，多青色者，鸞也。」其仁聖雖不及鳳皇，然其從羣鳥亦宜數十。信陵、孟嘗，食客三千，稱爲賢君；漢將軍衛青及將軍霍去病，門無一客，亦稱名將。並見史記本傳。太史公曰：「盜跖横行，聚黨數千人；伯夷、叔齊，隱處首陽山。」見史記伯夷列傳。鳥獸之操，與人相似。人之得衆，不足以別賢，以鳥附從審鳳皇，如何？

或曰：「鳳皇騏驎，太平之瑞也。太平之際，見來至也。公羊哀十四年傳：「麟者，仁獸也，有王者則至，無王者則不至。」注：「上有聖帝明王，天下太平，然後乃至。」援神契曰：『德至鳥獸，則鳳皇翔，麒麟臻。』」然亦有未太平而來至也。鳥獸奇骨異毛，卓絶非常，則是矣，何爲不可知？」鳳皇騏驎，通常以太平之時來至者？「通」當作「曷」。「曷」一作「遏」，與「通」形近而誤。例見説日篇。春秋之時，騏驎嘗嫌於〔不〕王孔子而至。「王」上脱「不」字。孔子不王，見偶會篇、問孔篇、刺孟篇、定賢篇。孔子當王而不王，故麟爲不王孔子而至。公羊哀十四年傳：「麟者，仁獸也，有王者則至，無王者則不至。有以告者曰：『有麕而角者。』孔子曰：『孰爲來哉？孰爲來哉？』」何注：「見時無聖帝明王，怪爲誰來。」即此文所據。後指瑞篇曰：「儒者説之，以爲天以驎命孔子，孔子不王之聖也。夫驎爲聖王來，孔子自以不王，而時王魯君，無感驎之德，怪其來而不知所爲，故曰：『孰爲來哉？孰爲來哉？』知其不爲治平而至，爲己道窮而來。」亦即此義。今脱「不」字，則失之遠矣。光武皇帝生於濟陽，鳳皇來集。見吉驗篇。夫光武始生之時，成、哀之際也，哀帝建平元年十二月生。時未太平，而鳳皇至。如以是爲光武有聖德而來，是則爲聖王始生之瑞，不爲太平應也。嘉瑞或應太平，或爲始生，其實難知。獨以太平之際驗之，如何？

或曰：「鳳皇騏驎，生有種類，若龜龍有種類矣。龜故生龜，龍故生龍，形色小大，不異於前者也。見之父，察其子孫，何爲不可知？」夫恒物有種類，瑞物無種適生，「瑞物」，宋本作「瑞祐」。按：「瑞物」二字亦見下文。故曰「德應」，龜龍然也。言常龜有種，其神靈者則不然。人見「神」龜「靈」龍，而別之乎？「而」讀「能」。宋元王之時，漁者網得神龜焉，漁父不知其神也。莊子外物篇：「宋元君夜半而夢人被髮闚阿門，曰：『予自宰路之淵，予爲清江使河伯之所，漁者余且得予。』元君覺，使人占之，曰：『此神龜也。』君曰：『漁者有余且乎？』左右曰：『有。』君曰：『令余且會朝。』明日，余且朝。君曰：『漁何得？』對曰：『且之網，得白龜焉，其圓五尺。』」方今世儒，漁父之類也。以漁父[而]不〔而〕知神龜，則亦知夫世人[而]不〔而〕知靈龍也。「而不」，並當作「不而」。「不而」猶「不能」也。淺者妄乙。上文「以不能知聖言之，則亦知其不能知鳳皇與麒麟也」，句例正同。盼遂案：「而」，古「能」字。此文當是「不而知神龜」、「不而知靈龍也」。

龍或時似蛇，蛇或時似龍。韓子曰：「馬之似鹿者千金。」見韓非子外儲説左上。注詳非韓篇。良馬似鹿，神龍或時似蛇。如審有類，形色不異。王莽時，有大鳥如馬，五色龍文，與衆鳥數十，「十」，朱校元本作「千」，下同。疑是。集于沛國蘄縣。漢書本傳未見。宣帝時，鳳皇集于地，高五尺，注見前。與言「如馬」，身高同矣；盼遂案：宋刻殘本，「高五尺」作「高五赤」，此古本也。古書「尺」字多借用「赤」，如穆天子傳、齊民要術、説文繫傳、師曠禽經、楊慎赤牘清裁等，皆有其例。「赤子」本與「丈夫」爲對文，亦叚「赤」爲「尺」之例。盼遂有赤子解一文，詳其事。文章五色，與言「五色龍文」，物色均矣；「衆鳥數十」，與言「俱集」、「附從」等也。「十」，元本作「千」，「言」作「之」，朱校同。孫曰：「言」字無義，當從元本作

「之」，草書形近而誤。暉按：孫説非也。此以王莽時大鳥與宣帝時鳳皇相較爲文。「衆鳥數十」，即複述上文「與衆鳥數十集於沛國蘄縣」。「俱集」，謂宣帝時，鳳皇集上林，羣鳥從之以千萬數。（亦見前文。）兩相比較，故云：「與言俱集、附從等也。」上文「與言如馬」，「與言五色龍文」，句例正同。若作「衆鳥數十與之俱集」，則「等」字於義無著矣。如以宣帝時鳳皇體色、衆鳥附從安（案）知鳳皇，「安」爲「案」之壞字。上文「案附從以知鳳凰，未得實也。」盼遂案：「安」者，於是也，則也。詳王氏經傳釋詞。則王莽所致鳥，鳳皇也。如審是，王莽致之，是非瑞也。如非鳳皇，體色、附從，何爲均等？

且瑞物皆起和氣而生，生於常類之中，而有詭異之性，則爲瑞矣。故夫鳳皇之至也，猶赤烏之集也。赤烏，武王瑞應，見初稟篇。謂鳳皇有種，赤烏復有類乎？嘉禾、醴泉、甘露，宋殘卷有「出而美甘也，皆泉露之所生出，非天上有甘露之種，地下有醴泉之類乎」二十八字，朱校元本同。按：此涉下文衍，非今本脱也。嘉禾生於禾中，與禾中異穗，盼遂案：下「中」字涉上文「禾中」而衍。謂之嘉禾。醴泉、甘露，出而甘美也，先孫校元本作「美甘」。按：即據上衍文云然。皆泉、露〔之所〕生出，先孫校元本「露」下有「之所」二字。按：亦即據上衍文云然。尋此文有「之所」二字義長，蓋此文衍出時，尚未脱誤，今據增。非天上有甘露之種，地下有醴泉之類，聖治公平，而乃沾下產出也。漢儒通謂甘露沾下，味甜。

醴泉從地中出。是應篇謂醴泉即甘露。盼遂案：「而乃」二字互倒，應乙作「乃而」。「乃而」者，「乃能」也。蓂莢、朱草，蓂莢，詳見是應篇。朱草，注初禀篇。亦生在地，宋、元本、宋殘卷「在」作「出」，朱校同。集於衆草，無常本根，暫時産出，旬月枯折，故謂之瑞。夫鳳皇騏驎，亦瑞也，何以有種類？

案周太平，越常獻白雉。注異虚篇。白雉，生短（雉）〔生〕而白色耳，先孫曰：「生短」當作「雉生」，謂白雉猶常雉，但生而毛色白耳，非別有種類也。爾雅釋鳥：「雗雉鵫雉。」郭注：「今白鵫也。江東呼白雗亦名白雉。」抱朴子曰：「白雉有種，南越尤多。」郝疏：「此則越裳所獻，自其土貢，非以爲瑞而珍之。」非有白雉之種也。魯人得戴角之麞，謂之騏驎，亦或時生於麞，非有騏驎之類。由此言之，鳳皇亦或時生於鵠鵲，毛奇羽殊，出異衆鳥，則謂之鳳皇耳，安得與衆鳥殊種類也？有若曰：「騏驎之於走獸，鳳皇之於飛鳥，太山之於丘垤，河海之於行潦，類也。」見孟子公孫丑篇。然則鳳皇騏驎，都與鳥獸同一類，體色詭耳！安得異種？同類而有奇，奇爲不世，不世難審，識之如何？

堯生丹朱，舜生商均。商均、丹朱，堯、舜之類也，骨性詭耳。盼遂案：「骨」當爲「情」之爛訛。上文「體色詭耳」，下句「知德殊矣」，與此「情性」爲對文。此言堯、舜與丹朱、商均特情性不同，與骨格無與也。鯀生禹，瞽瞍生舜。舜、禹，鯀、瞽瞍之種也，知德殊矣。試種嘉禾之實，不能得嘉禾。恒見粢粱之粟，莖穗怪奇。盼遂案：與下文不接，此處疑有脱誤。人見叔梁紇，不知孔子父也；見伯魚，不知孔子之子也。張湯之父五尺，湯長八尺，湯孫長六尺。亦見齊世篇。按：此乃張蒼也。史記、漢書任敖傳並同。仲任誤記。盼遂案：楊樹達云：「張湯爲張蒼之誤。史、漢湯傳不見此事，惟史記、漢書任敖傳記張蒼父長不滿五尺，蒼長八尺，蒼子復長八尺，及孫類長六尺餘。則此湯爲蒼誤無疑。蓋仲任家貧無書，從市肆借讀，又蒼、湯音近，故誤記蒼爲湯爾。」孝宣鳳皇高五尺，所從生鳥謂鳳皇母。或時高二尺，後所生之鳥或時高一尺，安得常種？種類無常，故曾晳生參，氣性不世，顏路出回，古今卓絶。馬有千里，不必騏驎（驥）之駒；孫曰：「騏驎」當作「騏驥」。（詳前説日篇）鳥有仁聖，不必鳳皇之鶵。山頂之溪，不通江湖，然而有魚，水精自爲之也。廢庭壞殿，基上草生，地氣自出之也。按溪水之魚，殿基上之草，無類而出，瑞應之自至，天地未必有種類也。

夫瑞應猶災變也。瑞以應善，災以應惡，善惡雖反，其應一也。災變無種，瑞應亦無類也。陰陽之氣，天地之氣也，遭善而爲和，遇惡而爲變，豈天地爲善惡之政，更生和變之氣乎？然則瑞應之出，殆無種類，因善而起，氣和而生。亦或時政平氣和，衆物變化，猶春則鷹變爲鳩，秋則鳩化爲鷹，月令：「仲春之月，鷹化爲鳩。」注：「鳩，搏穀也。」疏：「周書時訓：『驚蟄之日，桃始華；又五日，倉庚鳴；又五日，鷹化爲鳩。至秋則鳩化爲鷹。』故王制云：『鳩化爲鷹，然後設罻羅。』司裘注：『中秋鳩化爲鷹。』夏小正云：『正月鷹化爲鳩，五月鳩化爲鷹。』」類聚九一引京房易占云：「七月鳩化爲鷹。」蛇鼠之類輒爲魚鼈，蛇變鼈，今俗猶云。蝦蟇爲鶉，雀爲蜃蛤。注無形篇。物隨氣變，不可謂無。黄石爲老父，授張良書，去復爲石也，見史記留侯世家。儒知之。「儒」下疑有「者」字。或時太平氣和，麞爲騏驎，鵠爲鳳皇。是（因）故氣性，「是」，宋殘卷、朱校元本作「因」，是也。謂就其舊有氣性，隨和氣變化。隨時變化，豈必有常類哉？褒姒，玄黿之子，二龍漦也。晉之二卿，熊羆之裔也。吞燕子、薏苡、履大跡之語，「玄黿」以下，並見奇怪篇。世之人然之，獨謂瑞有常類哉？以物無種計之，以人無類議之，以體變化論之，鳳皇騏驎生無常類，則形色何爲當同？

案禮記瑞命篇云：大戴禮逸篇名。「雄曰鳳，雌曰皇。雄鳴曰即即，雌鳴（曰）足足。」朱校元本、程本亦無下「曰」字。今據王本、崇文本增。御覽引韓詩外傳云：「鳳鳴，雄曰節節，雌曰足足。」白虎通、（今本佚，據抱經堂本輯。）廣雅釋蟲、宋書符瑞志説並同。「即即」並作「節節」。説文鬯部：「爵，所以飲器，象雀者，取其鳴節節足足也。」然則不限於鳳皇鳴也。困學紀聞八疑爵即鳳皇，未是。盼遂案：以上句〔二〕「雄鳴曰即即」例之，則「足」上宜補「曰」字。詩云：「梧桐生矣，于彼高岡。鳳皇鳴矣，于彼朝陽。菶菶萋萋，噰噰喈喈。」見大雅卷阿。毛傳：「山東曰朝陽。菶菶萋萋，梧桐盛也。雝雝喈喈，鳳皇鳴也。」宋殘卷作「唪唪啛啛」，朱校同，蓋涉「噰噰喈喈」而誤。毛詩「梧桐生矣」、「鳳皇鳴矣」二句，與此文次異。陳喬樅曰：「初學記引此四語，亦同論衡。考說苑辨物篇引此詩『鳳皇鳴矣』六句，高誘呂覽開春論注引『鳳皇鳴矣，於彼高岡』二句，（暉按：周語韋注引同。）仍與毛詩合，疑論衡及初學記所引，或記憶之誤，偶倒其文也。」瑞命與詩，俱言鳳皇之鳴，瑞命之言「即即足足」，詩云「雍雍喈喈」，此聲異也。使聲審〔異〕，則形不同也；使〔聲〕審同，詩與禮異。下「審」字，元本作「聲」，朱校同。孫曰：「使聲審」下，脫「異」字。「使審同」，疑當作「使聲審同」。世傳鳳皇之鳴，故將疑焉。

案魯之獲麟，云「有麞而角」。言「有麞」者，色如麞也。麞色有常，麞似麋而黃黑色，比鹿爲小。若烏色有常矣。武王之時，火流爲烏，云「其色赤」。注初稟篇。赤非烏之色，故言「其色赤」。如似麞而色異，亦當言其色白若黑。「若」猶「或」也。今成事色同，成事，謂已成事也。注詳書虛篇。故言「有麞」。麞無角，有異於故，故言「而角」也。

〔二〕「以上句」，原本作「上句以」，今乙。

夫如是，魯之所得驎者，若麞之狀也。武帝之時，西巡狩，得白驎，一角而五趾。注異虚篇。角或時同，言「五趾」者，足不同矣。魯所得麟，云「有麞」，不言色者，麞無異色也。武帝云「得白驎」，色白不類麞，故〔不〕言「有麞」，吴曰：當作「故不言有麞」。脱「不」字。正言「白驎」，色不同也。孝宣之時，九真貢，獻驎，狀如麞而兩角者，宣漢篇：「元康四年，九真獻麟。」指瑞篇云：「宣帝時，騏麟一至。」本篇上文亦云：「宣帝得麒麟。」按：漢書宣帝紀神爵元年詔曰：「迺者元康四年，九真獻奇獸。」注蘇林曰：「白象也。」晉灼曰：「漢注：駒形，麟色，牛角，仁而愛人。」此文正與漢注狀相似，當時必有謂爲麟者。西都賦云：「其中乃有九真之麟。」故仲任云然。蘇林謂是白象，非也。吾友崔垂言文選釋名考曰：「孟堅所稱之『麟』，即宣帝紀所言之『獸』。尒疋釋獸：『麐，麕身，牛尾，一角。』陸璣毛詩草木鳥獸魚蟲疏云：『麐，麕身，牛尾，馬足，黄色，圓蹄，一角，端有肉。』而此言『兩角』，其與禹域所固有者不同，明甚。明馬歡〔一〕瀛涯勝覽云：『阿丹國有麒麟，前足高九尺餘，後足高六尺餘，項長，頭昂至一丈六尺，傍耳生二短肉角，牛尾，鹿身。』法儒G. Ferrand氏考定『麒麟』爲東非阿丹灣索馬利語『giri』之音譯。『giri』之言長頸鹿。疑九真之麟，亦『giri』音譯之渻稱。長頸鹿形略似鹿，頸長，顛至趾高丈餘，牝牡皆有兩

〔一〕「歡」，原本作「觀」，形近而誤，今改。

短角，形如截木，外被皮膚，尖端簇生短毛，頭小眼大，耳短脣修，尾細長，全體毛色橙赤，黑紋斑駁，腹下色淡黄，性温順，步行迅速，產于非洲。考説文云：『麟，大麚也。』麕身，牛尾，狼額，馬蹄，五彩，腹下黄，高丈二。正與長頸鹿之狀合。且説文又有『麐』字以當一角之麟，可知漢時海運已通，九真得長頸鹿于海外而獻之，中國遂傳來其名矣。」盼遂案：「麐」當爲「鹿」之累增，下文「春秋之麟如麞，宣帝之麟言如鹿，鹿與麞，大小相倍，體不同也」，正承此句而言。孝武言一，角不同矣。春秋之麟如麞，宣帝之麟言如鹿，如麞而兩角，正似鹿，蓋述當時語也。鹿與麞，小大相倍，麞比鹿小。體不同也。

夫三王之時，三王，謂魯哀、孝宣、孝武也。麟毛色、角趾、身體高大不相似類。推此准後世，麟出必不與前同，明矣。夫騏驎，鳳皇之類，騏驎前後體色不同，而欲以宣帝之時所見鳳皇，高五尺，文章五色，準前況後，當復出鳳皇，「當」讀「儻」，下同。謂與之同，誤矣。後當復出見之鳳皇騏驎，必已不與前世見出者相似類，而世儒自謂見而輒〔而〕知之，奈何？「而輒」當作「輒而」，「而」讀「能」。上文「儒者自謂見鳳皇麒麟輒而知之」，是其證。

案魯人得麟，不敢正名麟，曰「有麞而角」者，時誠無以知也。武帝「得麟」二字省，見上。使謁者終軍議之，終軍曰：「野禽并角，漢書終軍傳、異虛篇並作「野獸」。此作

「禽」，非誤文也。注詳物勢篇。**明天下同本也。**」「明天下同本也」，當作「明同本也」。通津本「天下」二字雙行，可知此文原以「明同本也」四字爲句，校者妄依誤本剜補耳。宋殘卷作「明本同大也」，（朱校元本作「明本高大也」，則又妄改「同」爲「高」。）「大」字涉「本」字誤衍，「同本」二字誤倒，尚無「天下」二字，可證今本之誤。漢書終軍傳、前漢紀十二并作「明同本也」，是其證。後指瑞篇亦作「明同本也」，無「天下」二字，尤其切證。（異虚篇作「象天下合同爲一也」，乃隱括軍意，非引其原語，故文與此異。）**不正名麟，而言「野禽」者，終軍亦疑無以審也。當今世儒之知，不能過魯人與終軍，其見鳳皇騏驎，必從而疑之非恒之鳥獸耳，**盼遂案：「疑」讀爲儀禮士相見禮「不疑君」之「疑」。鄭注：「疑，度之也。」周禮司服：「爲大夫士疑衰。」鄭注：「疑之言擬也。」釋名釋喪制廿七：「疑，儗也。儗于吉也。」是古人多以「疑」爲比擬。論亦謂世儒見鳳驎，比度之爲非恒之鳥獸也。**何能審其鳳皇騏驎乎？**

以體色言之，未必等；以鳥獸隨從多者〔言之〕，未必善；「多者」下脱「言之」二字。「以鳥獸隨從多者言之」，上下文例正同。**以希見言之，有鸜鵒來；**宋殘卷「來」作「嗛」，朱校同。疑「嗛」爲「巢」字之譌，當作「鸜鵒來巢」。宋、元本脱「來」字，今本脱「巢」字。**以相奇言之，聖人有奇骨體，賢者亦有奇骨。聖賢俱奇，人無以別。由賢聖言之，聖鳥聖獸，亦與恒鳥庸獸俱有奇怪。聖人賢者，亦有知而絕殊，**「而」、「能」古通。**骨無異者；聖賢鳥**

獸，亦有仁善廉清，體無奇者。世或有富貴不聖，身有骨爲富貴表，不爲聖賢驗。然則鳥亦有五采，獸有〔一〕角，而無仁聖者。宋殘卷「無」在「有」字下，朱校同。「獸有角」，當作「獸有一角」。下文云：「鳳皇騏驎以仁聖之性，無一角五色表之，世人不之知。」可證。盼遂案：「角」上應有「一」字。「一角」與「五采」同一文法。夫如是，上世所見鳳皇騏驎，何知其非恒鳥獸？今之所見鵲麞之屬，安知非鳳皇騏驎也？

方今聖世，堯、舜之主，流布道化，仁聖之物，何爲不生？或時以有鳳皇騏驎，「以」、「已」通。亂於鵠鵲麞鹿，世人不知。美玉隱在石中，楚王令尹不能知，故有抱玉泣血之痛。謂卞和也。注變動篇。今或時鳳皇騏驎以仁聖之性，隱於恒毛庸羽，無一角五色表之，世人不之知，猶玉在石中也，何用審之？爲此論草於永平之初，論衡造於永平末。蓋草於初年，故稿已成。時未有瑞，其孝明宣惠，衆瑞並至。如永平十一年漅湖出黃金。十七年，神雀羣集，芝生前殿。宣漢篇：「孝明時，致麒麟、甘露、醴泉、神雀、白雉、紫芝、嘉禾，金出鼎見，離木復合。」至元和、章和之際，孝章耀德，天下和洽，嘉瑞奇物，同時俱應，鳳皇騏驎，連出重見，東觀漢記：鳳皇百三十九見，騏驎五十一見。餘詳年譜。盛於五帝之時。此篇已成，故不得載。

或問曰：「講瑞謂鳳皇騏驎難知，世瑞不能別。今孝章之所致鳳皇騏驎，不可得知乎？」曰：五鳥之記：「四方中央皆有大鳥，其出，衆鳥皆從，小大毛色類鳳皇。」實難知也。說文鳥部：「五方神鳥：東方發明，南方焦明，西方鸕鷞，北方幽昌，中央鳳皇。」後漢書五行志引樂叶圖徵說：「五鳳（當作「五鳥」，因中央者，方名鳳皇。）皆五色，爲瑞者一，爲孽者四。」注引叶圖徵曰：「似鳳有四，並爲妖。一曰鸕鷞，鳩喙，圓目，身義，戴信，嬰禮，膺仁，負智，至則旱役之感也。二曰發明，鳥喙，大頸，大翼，大脛，身仁，戴智，嬰義，膺信，負禮，至則喪之感也。三曰焦明，長喙，疏翼，圓尾，身義，戴信，嬰仁，膺知，負禮，至則水之感也。四曰幽昌，鋭目，小頭，大身，細足，脛若鱗葉，身智，戴信，負禮，膺仁，至則旱之感也。」隋書經籍志梁有樂五鳥圖一卷，亡。五鳥，即謂五方神鳥。此「五鳥記」，蓋緯書也。故夫世瑞不能別。別之如何？以政治、時王之德。不（夫）及唐、虞之時，其鳳皇騏驎，目不親見，「不」疑爲「夫」字形譌。「及」字後人妄增。「目不親見」，謂不能親見唐、虞之瑞。下文「唐、虞之瑞，必真是者」，與之正反相承。意謂：唐、虞之瑞，雖目不親見，然據唐、虞之德，其瑞必真。以明別瑞當以政治與王德也。今本誤作「時王之德，不及唐、虞之時」，則與上下義違。上文云：「方今聖世，堯、舜之主。」又云：「孝章耀德，鳳皇麒麟連出重見，盛於五帝之時。」下文云：「孝宣比堯、舜，天下太平。」仲任進化論者，不重古非今。其義屢見本書。其證一。依今本，則「唐、虞之時」四字，屬上爲文，遂使「其鳳皇麒麟，目不親見」句，於義無指矣。其證二。然而唐、虞之瑞，必真是者，堯之德明也。孝宣比堯、舜,天下太平,萬里慕化,仁道施行,鳥獸仁者,感動而來,瑞物小大、毛色、足翼必不同類。以政治之得失,主之明闇,準況衆瑞,無非真者。事或難知而易曉,其此之謂也。又以甘露驗之。甘露,和氣所生也。露無故而甘,是應篇謂甘露有二,爲瑞應者則味甘。和氣獨已至矣。和氣至,甘露降,德洽而衆瑞湊。案永平以來,訖於章和,甘露常降,永平十七年,樹葉有甘露。建初四年,甘露降五縣。元和二年,甘露降自京都。故知衆瑞皆是,而鳳皇騏驎皆真也。

論衡校釋卷第十七

指瑞篇

離騷王注：「指，語也。」盼遂案：篇中「天地之間常有吉凶，吉凶之物來至，自當與吉凶之人相逢遇矣」數語，即仲任本篇大旨。

儒者説鳳皇騏驎爲聖王來，墨子備城門篇：「禽滑釐問於子墨子曰：由聖人之言，鳳鳥之不出，諸侯畔殷、周之國。」荀子哀公篇曰：「古之王者，其政好生惡殺，鳳在列樹，麟在郊野。」春秋繁露曰：「恩及羽蟲，則麒麟至。」公羊哀十四年何注：「上有聖帝明王，天下太平，然後乃至。」説苑辨物篇：「凡六經帝王之所著，莫不致四靈焉，德盛則以爲畜，治平則時氣至。」諸儒多有此説，或阿世主，或規時政，非實然也。**以爲鳳皇騏驎，仁聖禽也，**大雅卷阿毛傳：「鳳皇，靈鳥，仁瑞也。」五行傳及左氏説皆云：「貌恭體仁，則鳳皇翔。」公羊哀十四年傳：「麟者，仁獸也。」説文同。公羊何注：「狀如麕，一角而戴肉，設武備而不爲害，所以爲仁也。麟者木精。」按：召南麟之趾毛傳：「麟信而應禮。」左哀十四年傳服虔注：「麟，中央土獸，土，爲信。」（禮運疏。）異義云：「公羊説，麟，木精；左氏説，麟，中央軒轅大角之獸。（禮運疏。）」是左氏、毛氏以麟屬中央，土精，信獸。公羊屬木，木性仁，故爲仁獸。仲任從公羊也。鄭玄駁異義云：「洪範，五行事，二曰言，言作從，從作乂。乂，治也。言於五行屬金。孔子時，周道衰亡，已有聖德，無所施用，作春秋以見志，其言可從，（「可」誤「少」，從召南麟之趾疏正。）以爲天下法，故應以金獸性仁之瑞。」（禮運疏。）云「性仁」，與公羊説同。公羊云屬木，鄭云屬金者，禮運疏：「麟屬東方，取其性仁，則屬木也。故公羊説：『麟者，木精。』鄭云：『金九以木八爲妻。』金性義，木性仁，得陽氣，性似父，得陰氣，性似母。麟，毛蟲，得木八之氣，而性仁。」屬金屬木，未知仲任所居。麟獸，通言禽者，詳物勢篇注。思慮深，避害遠，中國有道則來，無道則隱。公羊哀十四年傳：「麟非中國之獸也。有王者則至，無王者則不至。」注：「辟害遠也。」楚詞惜誓王注：「麒麟，仁智之獸，遠見避害，常藏不見，有聖德之君，乃肯來出。」稱鳳皇騏驎之仁知者，欲以褒聖人也，非聖人之德，不能致鳳皇騏驎。原儒説之意。此言妄也。

夫鳳皇騏驎聖，聖人亦聖。聖人恓恓憂世，鳳皇騏驎亦宜率教。聖人游於世間，鳳皇騏驎亦宜與鳥獸會，何故遠去中國，處於邊外？豈聖人濁，鳳皇騏驎清哉？何其聖德俱而操不同也？如以聖人者當隱乎，十二聖宜隱；十二聖，見骨相篇。如以聖者當見，鳳驎亦宜見。如以仁聖之禽，思慮深，避害遠，則文王拘於羑里，注累害篇。孔子厄於陳、蔡，注逢遇篇。非也。文王、孔子，仁聖之人，憂世憫民，不圖利害，故其有仁聖之知，遭拘厄之患。凡人操行，能脩身正節，不能禁人加非於己。

案人操行，莫能過聖人，聖人不能自免於厄，而鳳驎獨能自全於世，「能」下舊校曰：一有「而」字。孫曰：據原校，知古本論衡作「獨而」。「獨而」即「獨能」也。淺人不達，改「而」爲「能」。校者不慎，又混合「能而」二字。原校所云，蓋即誤合之本也。是鳥獸之操，賢於聖人也。且鳥獸之知，不與人通，何以能知國有道與無道也？人同性類，好惡均等，尚不相知，鳥獸與人異性，何能知之？人不能知鳥獸，鳥獸亦不能知人，兩不能相知，鳥獸爲愚於人，何以反能知之？儒者咸稱鳳皇之德，欲以表明王之治，反令人有不及鳥獸，論事過情，使實不著。

且鳳驎豈獨爲聖王至哉？孝宣皇帝之時，鳳皇五至，齊世篇亦云。注見下。騏驎一至，元康四年。注講瑞篇。神雀、黃龍、甘露、醴泉，莫不畢見，故有五鳳、神雀、甘露、黃龍之紀。文選兩都賦序：「神雀、五鳳、甘露、黃龍之瑞，以爲年紀。」注：「漢書宣帝紀曰：『神雀元年。』應劭曰：『前年（按：元康四年。）神雀集長樂宮，故改年也。』又曰：『五鳳元年。』應劭曰：『先者，鳳皇五至，因以改元。』又甘露元年詔曰：（按：是二年。）『乃者鳳皇至，甘露降。』故以名元年。又曰：『黃龍元年。』應劭曰：『先是，黃龍見新豐，（按：在甘露元年。）因以改元焉。』」吳仁傑兩漢刊誤補遺曰：郊祀志明言「帝幸河東，祠后土，有神爵集，改元爲神爵」。劭乃舉前年長樂宮事，非是。紀載改元之詔曰：「幸萬歲宮，神爵翔集，其以五年。（元康。）爲神爵元年。」按黄圖，萬歲宮在汾陰，正祠后土也。此詔上文云：「神爵仍集。」謂二年集雍，三年集泰山，四年集長樂也。又歷敍金芝奇獸白虎威鳳珍祥之象，末乃言萬歲宮神爵，則冠元之意，在此不在彼。郊祀志〔一〕曰：「上自幸河東之明年正月，鳳皇集祋祤。後間歲，鳳皇、神爵、甘露降集京師。其冬，鳳皇集上林。明年正月，改元曰五鳳。」論衡曰：「孝宣皇帝之時，鳳皇五至。」應劭説似本此。然以宣紀考之，亦不甚合。宣紀：本始元年正月，鳳皇集膠東。四年五月，鳳皇集北海、安丘、淳于。地節二年四月，鳳皇降魯。元康元年三月，詔曰：「迺者鳳皇集泰山、陳留。」二年三月以鳳皇、甘露降集，賜天下爵，吏三級，民一級。神爵二年詔曰：「迺者鳳皇、甘露降集京師。」四年冬十月，鳳皇十一集杜陵。十二月鳳皇集上林。是綜改元前計之，實不止五至。至於五鳳之名，殆取五方神鳥之義，見説文鳥部鷫字解，而非取於五至也。暉按：吴氏以「五鳳」爲五方神鳥之義。攷五鳥，一爲瑞，四爲孽，唯中央者得有鳳名，見後漢書五行志。則吴説疑非。蓋鳳至雖不止五，而可以「五」言之，如論語「九合諸侯」之例，「三」、「九」、「五」、「七」，以舉成數，於傳有之。宣漢篇言宣帝時鳳皇五六至，則仲任亦知其實至不只五也。而必以五至釋「五鳳」者，必當時冠元之義如此。仲任漢人，得知其實，未可駁議。郊祀志：「明年（五鳳三年。）幸河東，祠后土，赦天下。後間歲，改元爲

〔一〕「祀」，原本作「記」，形近而誤，今改。

甘露。其夏，黃龍見新豐。後間歲，上郊泰畤。後間歲，改元爲黃龍。」宣紀師古注：「漢注云：『此年二月，黃龍見廣漢郡，故改元。』然則應説非也。見新豐者，於此五載矣。」劉攽兩漢刊誤曰：「宣帝率四年改元，而郊祀志先言改元甘露，其夏，黃龍見新豐，其下乃云：『後間歲，改元黃龍。』然後又云：『正月復幸甘泉。』然則宣帝自追用五年前黃龍改元爾，若是年黃龍見，史官焉得不書？漢注未可據也。」吴仁傑亦不從漢注説。使鳳驎審爲聖王見，則孝宣皇帝聖人也；如孝宣帝非聖，則鳳驎爲賢來也。爲賢來，則儒者稱鳳皇騏驎，失其實也。鳳皇騏驎爲堯、舜來，亦爲宣帝來矣。夫如是，爲聖且賢也。齊曰：「且」下當有「爲」字。儒者説聖太隆，則論鳳驎亦過其實。

春秋曰：「西狩獲死驎，見魯哀十四年。臧氏經義雜記十六曰：「今三傳本無『死』字。而公羊傳云：『顏淵死，子曰：噫！天喪予。子路死，子曰：噫！天祝予。西狩獲麟，孔子曰：吾道窮矣。』注云：『時得麟而死，此亦天告夫子將没之徵。』則此傳本作『西狩獲死麟』，與上『顏淵死〔一〕』、『子路死』一例。『吾道窮矣』，與上『天喪予』、『天祝予』一例。」人以示孔子。孔子曰：『孰爲來哉？孰爲來哉？』反袂拭面，泣涕沾襟。」公羊傳「襟」作「袍」。疏曰：「『袍』亦有

〔一〕「死」，原本作「孔」，據上文改。

作『衿』字者。」經義雜記六曰：「當作『裣』。『衿』、『襟』皆俗字。作『袍』，非也。據此文，是仲任所見之傳亦作『裣』。」經義述聞曰：論衡蓋據嚴氏春秋，故與何本異。儒者說之，以爲天以麟命孔子，孔子不王之聖也。「聖」，宋殘卷、元本作「瑞」，朱校同。夫麟爲聖王來，孔子自以不王，宋殘卷「不」作「來」，朱校元本同。疑是「未」字。而時王魯君無感麟之德，怪其來而不知所爲，故曰：「孰爲來哉？孰爲來哉？」知其不爲治平而至，爲己道窮而來，望絕心感，故涕泣沾襟。公羊哀十四年傳何注：「見薪采者獲麟，夫子知其將有六國爭彊從橫相滅之敗，秦、項驅除積骨流血之虞，然後劉氏乃帝，深閔民之離害甚久，故豫泣也。」經義雜記曰：「何說妖妄之至。當從此文引儒者說：『爲己道窮而來，望絕心感，故涕泣沾襟。』服注左傳亦云：『麟爲仲尼至。』（見春秋正義。）仲任遠在何劭公之前，所引蓋西漢公羊說也。」以孔子言「孰爲來哉」，知麟爲聖王來也。曰：前孔子之時，世儒已傳此說。孔子聞此說，而希見其物也，見麟之至，怪所爲來。實者，麟至無所爲來，常有之物也，行邁魯澤之中，而魯國見其物，遭獲之也。孔子見麟之獲，獲而又死，則自比於麟，自謂道絕不復行，將爲小人所徯獲也。吴曰：「徯」假爲「係」。「徯獲」猶言「係累」。淮南子本經篇：「徯人之子女。」高注云：「徯，繫囚之繫。」是其證。故孔子見麟而自泣者，宋殘卷、元本作「自知」，朱校同。據其見得而死也，非據其本所爲來也。然則麟之至也，自與獸會聚也，其死，人殺之也。使驎有知，爲聖王來，時無聖王，何爲來乎？思慮深，避害遠，何故爲魯所獲殺乎？夫以時無聖王而驎至，知不爲聖王來也；盼遂案：此句宜改作「知其思慮不能深也」，與上下文方一貫。上下文皆以「思慮深」與「避害遠」連言，此處單言「避害遠」，於文爲不類。改訂後，爲「夫以時無聖王而驎至，知其思慮不能深也；爲魯所獲殺，知其避害不能遠也」，然後文法一致。爲魯所獲殺，知其避害不能遠也。聖獸不能自免於難，聖人亦不能自免於禍。禍難之事，聖者所不能避，而云鳳驎思慮深，避害遠，妄也。

且鳳驎非生外國也，中國有聖王乃來至也。齊曰：上「也」字衍。生於中國，長於山林之間，性廉見希，人不得害也，則謂之思慮深，避害遠矣。生與聖王同時，行與治平相遇，世間謂之聖王之瑞，爲聖來矣。剥巢破卵，鳳皇爲之不翔；焚林而畋，漉池而漁，龜龍爲之不遊。史記孔子世家、説苑權謀篇、淮南本經訓、家語困誓篇並有此文。鳳皇，龜龍之類也，皆生中國，與人相近。巢剥卵破，屏竄不翔；林焚池漉，伏匿不遊。無遠去之文，何以知其在外國也？龜龍鳳皇，同一類也。盼遂案：「鳳皇」疑爲「鳳驎」之誤。上下屢以「鳳驎」連言。希見不害，謂在外國，龜龍希見，亦在外國矣。孝宣皇帝之時，鳳皇、騏驎、黄龍、神雀皆至。其至同時，則其性行相似類，則其生出宜同處矣。龍不生於外國，外國亦有龍；鳳驎不生外國，外國亦有鳳驎。然則中國亦有，未必外國之鳳驎也。人見鳳驎希見，則曰在外國；見遇太平，則曰爲聖王來。

夫鳳皇騏驎之至也，猶醴泉之出，朱草之生也。醴泉，見是應篇。朱草，注初禀篇。謂鳳皇在外國，聞有道而來，醴泉、朱草何知，而生於太平之時？醴泉、朱草，和氣所生，然則鳳皇騏驎，亦和氣所生也。和氣生聖人，聖人生於衰世。二句不當有，涉下文衍也。物生爲瑞，人生爲聖，同時俱然，時其長大，相逢遇矣。衰世亦有和氣，和氣時生聖人。聖人生於衰世，衰世亦時有鳳驎也。孔子生於周之末世，騏驎見於魯之西澤；光武皇帝生於成、哀之際，鳳皇集於濟陽之地。見吉驗篇。聖人聖物，生於盛、衰世。「世」上疑有「之」字。盼遂案：上文累言「衰世」，明此「盛」字衍文。聖王遭〔出，聖物遭見〕，見聖物，猶吉命之人逢吉祥之類也，其實相遇，非相爲出也。「聖王遭」下，舊校曰：一有「出聖物遭」字。暉按：一本有此四字是也。此文當作「聖王遭出，聖物遭見，見聖物，猶吉命之人逢吉祥之類也」。「見」字涉重文脱。仲任意：聖王聖物，兩相遭適。今本作「聖王遭見聖物」，只舉其一端，非其旨也。初禀篇：「吉人舉事無不利者，出門聞吉，顧睨見善，吉物動飛，而聖人遇也。」即其義。

夫鳳驎之來，與白魚赤烏之至，無以異也。魚遭自躍，王舟逢之；火偶爲烏，王仰見之。見初禀篇。非魚聞武王之德，而入其舟；烏知周家當起，集於王屋也。謂鳳驎爲聖王來，是謂魚烏爲武王至也。王者受富貴之命，故其動出，見吉祥異物，見則謂之瑞。瑞有小大，各以所見，定德薄厚。若夫白魚、赤烏，小物，小安之兆也；鳳皇、騏驎，大物，太平之象也。故孔子曰：「鳳鳥不至，河不出圖，吾已矣夫。」見論語子罕篇。不見太平之象，自知不遇太平之時矣。

且鳳皇騏驎何以爲太平之象？鳳皇騏驎，仁聖之禽也，仁聖之物至，天下將爲仁聖之行矣。尚書大傳曰：「高宗祭成湯之廟，有雉升鼎耳而鳴。」「鳴」當作「雊」。異虛篇、御覽九一七、類聚九十引大傳并作「雊」。書序亦作「雊」。說文：「雊，雄雉鳴也。」又「之廟」二字，大傳無。異虛同此。高宗問祖乙（己）。孫曰：異虛篇作「祖己」，類聚、御覽、記纂淵海等書引尚書大傳並作「祖己」。此「乙」字乃「己」字形近之譌。祖乙（己）曰：『遠方君子殆有至者。』」祖乙（己）見雉有似君子之行，雉性耿介，有似於士，故云：「有似君子之行。」說詳異虛篇。今從外來，則曰「遠方君子將有至者」矣。夫鳳皇騏驎猶雉也，其來之象，亦與雉同。

孝武皇帝西巡狩，得白驎，一角而五趾；注異虛篇。又有木，枝出復合於本（末）。枝生於本，而復合於本，於理難通。「本」，宋殘卷作「末」，朱校元本同，是也。漢書終軍傳：「時又得奇木，其枝旁出，輒復合於木上。」（前漢紀十二無「木」字。）上即「末」也。「末」、「本」

形誤。**武帝議問羣臣。謁者終軍曰：「野禽并角，明同本也；衆枝内附，**獸皆兩角，今獨一，故云「并」。後漢書明帝紀注：「内附，謂木連理也。」**示無外也。如此瑞者，外國宜有降者。是若應，殆且有解編髮、削左衽、襲冠帶而蒙化焉。」**孫曰：漢書終軍傳「是若應」作「若此之應」。此當作「若是應」，文誤倒也。「如此瑞者，外國宜有降者」十字，漢書所無。細閲之，此二句與「若是應」二語意複，不當有也。此蓋論衡舊注混於正文，又錯入於上也。（論衡有注，説見前亂龍篇。）「如此瑞者」，解「若是應」句也。（論衡多瑞應連文，故以瑞解應。）「外國宜有降者」，解「殆且有解編髮、削左衽、襲冠帶而蒙化焉」句也。暉按：孫説非也。「瑞」與「應」有别。物遭和氣而生爲瑞。瑞以應善，災以應惡。本書屢見此義，不可以瑞應連文，即謂於義一也。應有二義：一應既往者，應往善以生瑞，應往惡以生災。一應未來者，禎瑞災孽之象見於前，而吉凶驗於後。（仲任雖不信感應，而常言太平之象，變亂之妖。）此文「是若應」之「應」，即謂應驗此瑞。「外國宜有降者」，是言此瑞之象，「是若應」云云，是據瑞象以推知將來之吉驗也，於義不複。「如此瑞者」二句，非是注文。仲任述漢事，多不同漢書。班著漢書，與王作論衡同時，仲任不得據以爲文。據終軍傳改此，失之。**其後數月，越地有降者，匈奴名王亦將數千人來降，**漢書武紀：「元狩二年，夏，南越獻馴象、能言鳥。秋，匈奴昆邪王殺休屠王，并將其衆合四萬餘人來降。」此事距元年十月獲白麟，只數月耳。**竟如終軍之言。終軍之言，得瑞應之實矣。**

推此以況白魚赤烏，猶此類也。魚，木（水）精；白者，殷之色也。「木」當作「水」，形近之誤。儀禮有司徹疏引中候云：「魚者水精，隨流出入，得申朕意。」鄭注：「春秋緯璇璣樞曰：『魚無足翼，紂如魚乃討之。』是也。紂雖有臣，無益於股肱，若魚雖有翼不能飛。」蓋仲任亦本緯説。漢書終軍傳張晏注：「周，木德也。舟，木也。殷，水德。魚，水物。魚躍登舟，象諸侯順周，以紂畀武王也。」雖以魚爲水物，與此義近，然不取魚無足翼之説，而肊造木德水德之義，臣瓚、師古非之，是也。烏者，孝鳥；赤者，周之應氣也。據上文例，上「者」字不當有。書鄭注：（詩思文疏。）「燎後五日，而有火爲烏。天報武王以此瑞。」書説曰：「烏有孝名，武王卒父大業，故烏瑞臻。赤，周之正。」先得白魚，後得赤烏，殷之統絶，色移在周矣。據魚烏之見，以占武王，則知周之必得天下也。世見武王誅紂，出遇魚烏，則謂天用魚烏命使武王誅紂。事相似類，其實非也。仲任以爲王者生禀吉命，不再受命。辨詳初禀篇。

春秋之時，鸜鵒來巢，占者以爲凶。夫野鳥來巢，魯國之都且爲丘墟，昭公之身且出奔也。後昭公爲季氏所攻，出奔於齊，死不歸魯。注偶會篇、異虚篇。賈誼爲長沙太傅，服鳥集舍。發書占之，云：「服鳥入室，主人當去。」其後賈誼竟去。見史、漢賈生傳。野鳥雖殊，其占不異。夫鳳驎之來，與野鳥之巢，服鳥之集，無以異也。「後昭公」以下，宋本、宋殘卷、朱校元本作「服鳥入室，主人當去，其後賈誼竟去。夫鳳驎之來，與野鳥巢，服鳥之集，無以異他禍福。（元本作「禍」。）後昭公爲季氏所攻，出奔於齊，死不歸魯。賈誼爲長沙太傅，服鳥集舍，發書占之云，野鳥雖殊，其占不異」。又無下文「是」字。並非，今本不誤。是鸜鵒之巢，服鳥之集，偶巢適集，占者因其野澤之物，巢集城宮之内，則見魯國且凶、傳(傅)舍人不吉之瑞矣。「傳舍」，王本同。崇文本作「傅舍」，是也。謂太傅舍，當據正。盼遂案：「舍」當爲「主」之誤。「主人」即斥長沙太傅賈誼矣。非鸜鵒服鳥知二國禍將至，而故爲之巢集也。

王者以天下爲家。家人將有吉凶之事，而吉凶之兆豫見於人。「而」猶「則」也。知者占之，則知吉凶將至，非吉凶之物有知，故爲吉凶之人來也。猶蓍龜之有兆數矣。龜兆蓍數，常有吉凶，吉人卜筮與吉相遇，凶人與凶相逢，非蓍龜神靈，知人吉凶，出兆見數以告之也。虛居卜筮，前無過客，「虛居」謂平居無事。「客」字疑誤。猶得吉凶。然則天地之間，常有吉凶，吉凶之物來至，自當與吉凶之人相逢遇矣。或言天使之所爲也。如山陽侯天使遺書趙襄子也。夫巨大之天使，「使」字句。或屬下讀，非。細小之物，音語不通，情指不達，何能使物？物亦不爲天使，其來神怪，若天使之，則謂天使矣。

夏后孔甲畋于首山，天雨晦冥，入于民家，主人方乳。或曰：「后來，之子必大貴。」或曰：「不勝，之子必有殃。」「首山」，注詳書虛篇。夫孔甲之入民室也，偶遭雨而廕庇也,「偶」,崇文本作「遇」,非。非知民家將生子,而其子必凶,盼遂案:「凶」上當有「吉」字。下文「人占則有吉凶矣」,正承此文。吉者承上「后來,之子必大貴」言,凶者承上「不勝,之子必有殃」言也。奪一「吉」字,遂嫌不完。爲之至也。既至,人占則有吉凶矣。夫吉凶之物見於王朝,若入民家,猶孔甲遭雨入民室也。孔甲不知其將生子,爲之故到,謂鳳皇諸瑞有知,應吉而至,誤矣。

是應篇

須頌篇曰：「俗儒好長古而短今，言瑞則渥前而薄後。是應實而定之，漢不爲少。漢有實事，儒者不稱。」

儒者論太平瑞應，皆言氣物卓異，朱草、醴泉、翔鳳（風）、甘露、景星、嘉禾、萐脯、蓂莢、屈軼之屬；

孫曰：「翔鳳」當作「翔風」，（「翔」與「祥」同。）字之誤也。（下文「鳳翔甘露」，當作「風翔露甘」。）「翔風」與「甘露」，平列言之。下文云：「其盛茂者，致黃龍、騏驎、鳳皇。」可知此處不當言「翔鳳」矣。此一證也。下文云：「言其鳳翔甘露，風不鳴條，雨不破塊，可也；言其五日一風，十日一雨，褒之也。」「風」、「雨」正承「風」、「露」言之，可知「鳳翔」當作「風翔」。此二證也。下文又云：「翔風起，甘露降。」正以「翔風」、「甘露」並言。此三證也。類聚九十八引「翔鳳」正作「祥風」，下文「鳳翔甘露」正作「風祥露甘」。此四證也。尚書中候曰：「堯即位七十載，朱草生郊。」大戴明堂篇：（孔補注本，合盛德篇。）「朱草日生一葉，至十五日生十五葉。十六日，一葉落，終而復始。」大傳曰：「德先地序，則朱草生。」瑞應圖曰：「朱草亦曰朱英。」斗威儀：「人君乘土而王，其政太平，而遠方獻其朱英。」白虎通封禪篇：「朱草者，赤草也，可以染絳，別尊卑也。」餘注初禀篇。孝經援神契：「德至八方，則祥風至。」禮稽命徵：「出號令合民心，則祥風至。」（類聚一。）禮斗威儀曰：「君乘火而王，其政頌平，則祥風至。」宋均注：「即景風也。」（文選東都賦注。）禮運疏引援神契：「德及於地，則嘉禾生。」詩含神霧：「堯時嘉禾七莖，三十五穟。」（路史後紀十注。）白虎通封禪篇：「嘉禾者，大禾也。成王時有三苗異畝而生，同爲一穟。大幾盈車，長幾充箱。」帝王世紀曰：「堯時景星曜於天，甘露降於地，朱草生於郊，鳳皇止於庭，嘉禾孳於畝，醴泉湧於山。」（類聚十一。）餘注見下文。**又言山出車，**禮運曰：「山出器車。」孔疏：禮斗威儀云：「其政太平，山車垂鉤。」注云：「山車，自然之車，垂鉤不揉治而自圓曲。」援神契（類聚七一。）曰：「德至山陵，則山出根車。」注：「根車，應載養萬物也。」**澤出舟（馬），**「舟」當作「馬」，傳寫之誤。類聚九十八引正作「馬」。援神契曰：「德至山陵，則澤出神馬。」（文選曲水詩序注。）**男女異路，**王制曰：「道路男子由右，婦人由左，車從中央。」公羊定十四年何注：「孔子由大司寇攝相事，男女異路，道不拾遺。」**市無二價，耕者讓畔，行者讓路，頒白不提挈，**王制：「輕任并，重任分，斑白不提挈。」注：「雜色曰斑。」「頒」讀「斑」。家語好生篇：「西伯，仁人也。其境耕者讓畔，行者讓路。其邑男女異路，斑白不提挈。」淮南泰族篇：「孔子爲魯司寇，市不豫賈，斑白者不戴負。」**關梁不閉，道無虜掠，風不鳴條，雨不破塊，五日一風，十日一雨；**西京雜記董仲舒曰：「太平之時，風不搖條，開甲破萌而已。雨〔一〕不破塊，津莖潤葉而已。」徐整長曆曰：（御覽三七。）

〔一〕「雨」，原本作「兩」，形近而誤，今改。

「黃帝時，風不鳴條，雨不破塊。」搜神記四：「文王以太公爲灌壇令，期年，風不鳴條。」鹽鐵論水旱篇曰：「周公之時，風不鳴條，雨不破塊，旬而一雨，雨必以夜。」京房易傳曰：「太平之時，十日一雨，凡歲三十六雨，此休徵時若之應。」（初學記。）其盛茂者，致黃龍、騏驎、鳳皇。孝經援神契曰：「德至水泉，則黃龍見者，君之象也。」孫氏瑞應圖曰：「黃龍者，四龍之長，四方之正色，神靈之精也。能巨細，能幽明，能短能長，乍存乍亡。王者不漉池而漁，則應和氣而遊於池沼。」

夫儒者之言，有溢美過實。瑞應之物，或有或無。夫言鳳皇、騏驎之屬，大瑞較然，不得增飾；其小瑞徵應，恐多非是。夫風氣雨露，本當和適，言其鳳（風）翔甘露〔甘〕，此文當作「風翔露甘」。「翔」同「祥」。當據類聚九八引正。風不鳴條，雨不破塊，可也；言其五日一風，十日一雨，褒之也。風雨雖適，不能五日十日正如其數。言男女不相干，市價不相欺，可也；言其異路，無二價，褒之也。太平之時，豈更爲男女各作道哉？不更作道，一路而行，安得異乎？太平之時，無商人則可，如有，必求便利以爲業，買物安肯不求賤？賣貨安肯不求貴？有求貴賤之心，必有二價之語。此皆有其事，而褒增過其實也。

若夫萐脯、蓂莢、屈軼之屬，殆無其物。何以驗之？說以實者，四字有誤。太平無有此物。

儒者言萐脯生於庖廚者，孫曰：「儒者言」下脱「太平時」三字。下文云：「夫太平之氣雖和，不能使廚生肉萐，以爲寒涼。」正承此言。若無「太平時」三字，則仲任詰難之語，無所屬矣。書鈔一百四十五、類聚七十二引並有「泰平時」三字。暉按：此承上文「儒者論太平瑞應」云云爲文，書鈔、類聚通上文引之，故有「泰平時」三字，非今本脱也。書鈔、類聚引「脯」作「莆」，類聚九八引上文亦作「莆」。羅泌路史後紀十注：「倚翣，萐莆也。冬死夏生，俗作萐脯。謂肉物者，妄。」按：此文本作「萐脯」。下文言「肉萐」，明爲肉質，與他書以爲樹名不同。説文草部：「萐莆，瑞艸也。堯時生於庖廚，扇暑而涼。」白虎通封禪篇曰：「孝道至，則萐莆生庖廚。萐莆者，樹名也。其葉大於門扇，不摇自扇，於飲食清涼，助供養也。」續博物志卷二：「萐莆者，其狀如蓬，枝多葉少，根〔一〕如絲，葉如扇，不摇自動風生，主庖廚清涼，驅殺蟲蠅，以助供養〔二〕。」類聚十一引帝王世紀云：「堯時生萐莆。」**言廚中自生肉脯，薄如萐形，摇鼓生風，寒涼食物，使之不臰。**

夫太平之氣雖和，不能使廚生肉萐，以爲寒涼。若能如此，則能使五穀自生，不須人爲之也。能使廚自生肉萐，何不使飯自蒸於甑，火自燃於竈乎？凡生萐者，欲以風吹食物也，何不使食物自不臰？何必生萐以風之乎？上「何」字疑當作「而」。**廚**

〔一〕「根」上原本衍一「根」字，據續博物志刪。
〔二〕「助供養」，原本作「供養助」，據續博物志改。

中能自生萐，則冰室何事而復伐冰以寒物乎？人夏月操萐，萐，扇也。須手搖之，然後生風。從手握持，「從」讀「縱」。下同。以當疾風，萐不鼓動。言萐脯自鼓，可也，須風乃鼓，不風不動。從手風來，自足以寒廚中之物，何須萐脯？世言燕太子丹使日再中，天雨粟，烏白頭，馬生角，廚門象生肉足。疑當作「木象」。宋殘卷「象」下有「夫」字，「足」作「萐」。朱校元本同。「夫」疑爲「木」字形誤，文又誤倒。「足」、「萐」形近，又涉上文諸「萐」字而誤。感虛篇正作「廚門木象生肉足」。盼遂案：「象」上脱「木」字，宜依感虛篇〔二〕補。史記刺客列傳索隱引論衡作「廐門木烏生肉足」。古「烏」、「象」字形極似。其上亦有「木」字。若風俗通卷二作「廚人生害（「害」亦「肉」之誤字。）足，井上株木跳度瀆」，則又異矣。論之既虛，見感虛篇。則萐脯之語，五應之類，「日再中」以下五應也。謂語萐脯者，其虛與同。恐無其實。

儒者又言，古者蓂莢夾階而生，月朔〔一〕日一莢生，「朔日」，宋殘卷作「一日」，朱校元本同，是也。一日一莢生，故至十五日得十五莢。若只每月朔日生一莢，焉得有十五莢？校者見下文「來月朔，一莢復生」，則以爲其生在每月朔，而妄改此文爲「朔日」，悖謬甚矣。白虎通封禪篇正作「月一日一莢生」。（路史注引帝王世紀作「每月朔則生一莢」，疑非原文。）至十五日而十

〔二〕「虛」，原本作「應」，形近而誤，今改。

五莢；於十六日，日一莢落，至月晦，莢盡。來月朔，一莢復生。王者南面視莢生落，則知日數多少，不須煩擾案日曆以知之也。援神契曰：「德及於地，蓂莢起。」（禮運疏。）白虎通封禪篇：「日曆得其分度，則蓂莢生於階間。蓂莢，樹名也。月一日一莢生，十五日畢，至十六日一莢去，故夾階而生，以明日月也。」初學記引帝王世紀曰：「蓂莢一名曆莢，一名仙茆。」述異記曰：「堯爲仁君，歷草生階。」尚書帝命驗曰：「舜受命，蓂莢孳。」（文選曲水詩序注。）路史餘論七曰：「蓂莢，曆莢也。世紀云：『堯時蓂莢夾階而生，每月朔則生一莢，至月半而十五莢，十六日後，日落一莢，至晦而盡。若月小盡，則餘一莢，厭而不落。王者以之占曆。應和氣而生。舜亦如之。一名仙茅。』故田俅子云：『堯爲天子，蓂莢生於庭，爲帝成曆。』瑞應圖云：『葉圓而五色，日生一莢，至十六，則落一莢，及晦而盡。』白虎通義云：『攷曆得度則生。』書中候摘落戒云：『堯、舜時皆有之。周公攝政七年又生。』亦見伏書大傳。或云：『朱草。』大戴禮云：『朱草日生一葉，至十五日後，日落一葉，周而復始。』按：孝經援神契云：『朱草生，蓂莢孳。』則二物也。注：『朱草者，百草之精，狀如小桑，栽長三四尺，枝莖如珊瑚，生名山石岩之下，刺之如血，其葉生落隨月晦朔，亦如蓂莢。』則蓂莢之類耳。三禮義宗云：『朱草，赤草也。可以染絳，爲服以別尊卑。王者施德有常，則應德而生。』則非蓂莢矣。」

夫天既能生莢以爲日數，何不使莢有日名，王者視莢之字，則知今日名乎？徒知日數，不知日名，猶復案曆然後知之，是則王者視日，則更煩擾不省，蓂莢之生，安能爲福？

夫蓂〔莢〕，草之實也，疑當作「蓂莢，草之實也」。因其有莢，故謂草之實，故下文以豆莢相比。説文：「莢，艸實也。」廣雅釋草：「豆角謂之莢。」今本脱「莢」字，則不當言「草之實」矣。是其證。猶豆之有莢也，春夏未生，其生必於秋末。冬月隆寒，霜雪霣零，萬物皆枯，儒者敢謂蓂莢達冬獨不死乎？如與萬物俱生俱死，莢成而以秋末，是則季秋得察莢，春夏冬三時不得案也。且月十五日生十五莢，於十六日莢落，二十一日六莢落，落莢棄殞，不可得數，猶當計未落莢以知日數，是勞心苦意，非善祐也。崇文本「祐」作「祜」，非。

使莢生於堂上，人君坐户牖間，望察莢生，以知日數，匪謂善矣。宋殘卷「匪」作「豈」，朱校元本同。疑「蓋」字之誤。盼遂案：「匪」疑爲「叵」之誤。叵者，遂也。後漢書隗囂傳：「帝知其終不爲用，叵欲討之。」班超傳：「超欲因此叵平諸國。」李賢注皆云：「叵猶遂也。」是後漢人多以「叵」爲「遂」矣。今云「夾階而生」，生於堂下也。王者之堂，墨子稱堯、舜〔堂〕高三尺，劉先生曰：「堯、舜高三尺」不詞，「高」上當有「堂」字。藝文類聚六十三、御覽百七十六引並作「堂高三尺」，是其明證。暉按：初學記二四引亦有「堂」字。史記李斯傳、太史公自序引墨子亦有此文。今見墨子閒詁附録。儒家以爲卑下。假使之然，高三尺之堂，蓂莢生於階下，王者欲視其蓂，不能從户牖之間見也，須臨堂察之，乃知蓂數。夫起視堂下之蓂，孰與懸[曆]日〔曆〕於扆坐，「曆日」當作「日曆」。上文「不須煩擾案日曆以知之也」，類聚六三、御覽一七六引並作「日曆」，俱其證。爾雅釋宫：「户牖之間謂之扆。」禮記曲禮下：「天子當扆而立。」傍顧輒見之也？天之生瑞，欲以娱王者，須起察乃知日數，是生煩物以累之也。

且蓂，草也。王者之堂，旦夕所坐，古者雖質，宫室之中，草生輒耘，安得生蓂而人得經月數之乎？且凡數日一二者，欲以紀識事也。古有史官典曆主日，王者何事而自數蓂？堯候四時之中，命曦、和察四星以占時氣。堯典：「乃命羲、和，敬授人時。分命羲仲，宅嵎夷，日中星鳥，以殷仲春。申命羲叔，宅南交，敬致日永星火，以正仲夏。分命和仲，宅西曰昧谷，宵中，星虚，以殷仲秋。申命和叔，宅朔方，日短星昴，以正仲冬。」此文以「曦、和」即是羲仲、羲叔，乃和仲、和叔四人者，今文説也，與鄭、馬古文説不同。鄭、馬以「羲氏掌天官，和氏掌地官，四子掌四時」。（羲仲、和仲等四人。）説詳皮錫瑞今文尚書考證。「候四時之中」，謂仲春仲夏也。今文四仲並作「中」。「羲、和」，今文作「曦、和」。皮錫瑞曰：「羲、和本日御之名，今文从『日』作『曦』者，蓋因此也。」四星至重，猶不躬視，而自察蓂以數日也？「而」猶「乃」。「也」讀「邪」。

儒者又言，太平之時，屈軼生於庭之末，若草之狀，主指佞人。佞人入朝，屈軼庭末以指之，聖王則知佞人所在。田俅子曰：「黄帝時有草生於帝庭階，若佞臣入朝，則草指之，名曰屈軼，是以佞人不敢進。」（文選曲水詩序注。）博物志曰：「一名指佞草。」

夫天能故生此物以指佞人，不使聖王性自知之，或佞人本不生出，宋殘卷「或」作「若」，朱校元本同。必復更生一物以指明之，何天之不憚煩也？聖王莫過堯、舜，堯、舜之治，最爲平矣。即屈軼已自生於庭之末，「即」猶「若」也。佞人來，輒指知之，則舜何難於知佞人，而使臯陶陳知人之術？經曰：「知人則哲，惟帝難之。」尚書臯陶謨文。注詳問孔篇、答佞篇〔一〕。人含五常，音氣交通，且猶不能相知。屈軼，草也，安能知佞？如儒者之言，是則太平之時，草木踰賢聖也。獄訟有是非，人情有曲直，何不并令屈軼指其非而不直者，必苦心聽訟，三人斷獄乎？「聽」下舊校曰：一有「獄」字。按：此文有誤。

故夫屈軼之草，或時無有而空言生，或時實有而虚言能指。假令能指，或時草性見人而動，古者質朴，見草之動，則言能指；能指，則言指佞人。司南之杓，投之於地，其柢指南。宋殘卷「杓」作「酌」，朱校元本同，非也。御覽七六二引作「勺」。又七六二及

〔一〕「篇」，原本誤作「答」，今改。

九四四引「柢」作「柄」。按：説文：「杓，科柄也。」是「杓」即「柄」。又云：「勺，所以挹取也。科，勺也。」是「勺」即「斗」，「杓」爲「斗柄」。若依御覽引作「其柄指南」，則與上「杓」字義複。「司南之杓」，字當作「杓」，不當從御覽作「勺」。（御覽九四四引同今本。）知者，「司南」謂司南車也。鬼谷子曰：「鄭人取玉，必載司南。」（宋書禮志。）韓非子有度篇：「立司南以端朝夕。」舊注：「司南，即指南車。」後漢書輿服志：「聖人觀於天，視斗周旋，魁方杓曲，以攜龍角，爲帝車。」注引孝經援神契曰：「斗曲杓橈，象成車。」是「司南之杓」，象天文之杓也。疑今本「杓」字、「柢」字不誤。**魚肉之蟲，集地北行，夫蟲之性然也。**御覽九四四引作「自然之性也」。**今草能指，亦天性也。聖人因草能指，宣言曰：「庭末有屈軼，能指佞人。」百官臣子懷姦心者，則各變性易操，爲忠正之行矣。猶今府廷畫臯陶、觟䚦（𧣾）也。**孫曰：「䚦」當作「𧣾」。（本書「虒」旁，多壞作「虎」。）開元占經獸占引「觟𧣾」作「獬豸」，事類賦二十二引作「獬廌」，説文作「解廌」，此作「觟𧣾」，並音近古通。暉按：白帖九八、合璧事類別集七六引作「獬廌」。初學記二九引作「解豸」。稽瑞、御覽六四三、又八九〇、又九〇二引作「獬豸」。路史餘論四引作「解廌」。廣韻十二蟹獬字注云：「字林〔一〕、字樣俱作『解廌』，廣雅作『貐䝟』，陸作『獬豸』。」又云：「『廌』，解廌。『豸䝟』，同上。」按：廣雅今無「貐䝟」二字。淮南主術訓：「楚文王好服獬冠。」御覽、韻會引並作「觟冠」。

〔一〕「字林」，原本誤作「林字」，今乙。

餘見下注。

儒者説云：觟䚦（䚦）者，一角之羊也，〔青色四足，或曰似熊，能知曲直〕，性知（識）有罪。白帖引「一角之羊也」下，有「青色」以下十二字。「性知」作「性識」。合璧事類別集引亦有「或曰似熊，能知曲直，性識有罪」三句。路史引作「如羊而一角，青色四足，性知曲直，識有罪，能觸不直」。御覽八九〇引「性知」亦作「性識」。當據補正。皋陶治獄，其罪疑者，令羊觸之。有罪則觸，無罪則不觸。稽瑞引「不」作「否」，無「觸」字。明鈔本御覽六四三亦無。「觸」字疑衍。斯蓋天生一角聖獸，助獄爲驗，故皋陶敬羊，起坐事之。白帖、稽瑞、御覽八九〇、又六四三、合璧事類、路史引「起」並作「跪」。按：「跪」、「起」於義一也。蓋一本作「跪」。小雅四牡：「不遑啓處。」毛傳：「啓，跪也。」爾雅訓同。釋名曰：「啓，起也，啓一舉體也。」古人坐則屈膝著席，形與跪似，惟跪則前聳其體，坐則下其臀，由坐而起，必先舉體，舉體則先跪矣，故跪、啓、起義同。説文：「跽，長跪也。㠱，長踞也。」廣雅云：「啓，踞也。」跽、㠱、啓、踞一聲之轉，其義并相近也。此則神奇瑞應之類也。説文廌部：「解廌，獸也，佀牛一角。古者決訟令觸不直者。古者神人目廌遺黄帝，（絫評曰解廌，單評曰廌。）帝曰：『何食何處？』曰：『食薦，夏處水澤，冬處松柏。』」廣韻：「解廌，仁獸，似牛一角。」後漢書輿服志：「法冠一曰柱後，執法者服之，侍御史、廷尉正監平也。或謂之獬豸冠。獬豸，神羊，能別曲直，楚王嘗獲之，故以爲冠。」注引異物志曰：

「東北荒中有獸名獬豸，一角，性忠，見人鬬，則觸不直者，聞人論則咋不正者。」楚執法者所服也。」董巴曰：「獬豸，神羊也。」（御覽二二七。）金樓子曰：「神獸若羊，名曰獬豸。」漢書司馬相如傳注張揖曰：「解廌似鹿而一角，人君刑罰得中則生於朝廷，主觸不直者。」隋書禮儀志引蔡邕曰：「獬豸如麟一角。」神異經曰：「東北荒中有獸，如牛一角，毛青四足，似熊，見人鬬則觸不直，聞人論則咋不正，名曰獬豸。故立獄皆東北，依所在也。」蘇氏演義（路史餘論四引。）云：「毛青四足似熊。」田俅子曰：「堯時有獬廌，緝其皮毛爲帳。」（引同上。）按：以上諸文，或以似牛，或以似羊，或以似鹿，或以似麟，或以似熊，蓋皆隨意狀之，實不相戾。云似熊者，與此文合。羅泌曰：諸説皆非，解廌蓋羊耳，羊性自知曲直。若齊莊公之臣王國卑與東里檄訟，三年而不斷，乃令二人共一羊盟，二子相從刲羊，以血灑社。讀王國之辭已竟，東里辭未半，羊起觸之，齊人以爲有神。（按：此事見墨子明鬼篇。）則其性也。王充之言，吾不謂然。暉按：仲任亦以爲天性然耳。

曰：夫觟䚦（𧤗）則復屈軼之語也。羊本二角，觟䚦（𧤗）一角，體損於羣，不及衆類，何以爲奇？鼈三足曰能，龜三足曰賁。見爾雅釋魚。案能與賁不能神於四足之龜鼈，一角之羊何能聖於兩角之禽？狌狌知往，乾鵲知來，鸚鵡能言，並注龍虛篇。天性能一，不能爲二。或時觟䚦（𧤗）之性徒能觸人，未必能知罪人，皋陶欲神事助政，惡受罪者之不厭服，因觟䚦（𧤗）觸人則罪之，欲人畏之不犯，「欲人畏之不犯」，宋殘卷作「斯欲人刑之不犯」。元本作「斯欲刑之不犯」，朱校同。受罪之家，没齒無怨言也。夫物性各自有所知，宋殘卷「各自有」三字作「之」，朱校元本同。如以鮭鯱（䲔）能觸謂之爲神，「如」上，宋殘卷有「時有」二字，朱校元本有「時」字。則狌狌之徒，皆爲神也。巫知吉凶，占人禍福，無不然者。如以鮭鯱（䲔）謂之巫類，則巫何奇而以爲善？斯皆人欲神事立化也。

師尚父爲周司馬，鄭曰：（詩大明疏。）「師尚父，文王于磻溪所得聖人呂尚，立以爲太師，號曰尚父。」大明毛傳：「尚父，可尚可父。」劉向別録曰：「師之，尚之，父之，故曰師尚父。」（史記齊世家注。）**將師伐紂，到孟津之上**，類聚七十一引六韜曰：「武王伐殷，先出於河，呂尚爲後將，以四十七艘船濟於河。」**杖鉞把旄，號其衆曰：「倉光（兕）！倉光（兕）！」（倉兕）者，水中之獸也**，元本「光」作「兕」，下并同。孫曰：元本作「倉兕」，是也。史記齊太公世家、郭璞山海經序並作「蒼兕」。「光」乃「兕」字之譌。（下文諸「蒼光」同。）「光」、「兕」形不甚相近，蓋「光」或「光」字形近之誤也。（呂氏春秋精通篇「兕」誤作「先」，與此可以互證。）日本山井鼎毛詩考文云：「『兕觥』，古本作『光』。」毛詩釋文云：「兕」本又作「光」。漢孔宙碑「兕」作「光」。魏劉懿墓誌作「兕」。唐等慈寺碑作「兕」。論衡原文疑當作「兕」，寫者或作「光」、「光」、「兕」、「兕」等字。校者不達，遂誤爲「光」耳。類聚九十五引此文亦作「蒼兕」。劉先生曰：御覽三百七、八百九十引此文，「光」亦並作「兕」。可證孫說。暉按：類聚五八引亦作「倉兕」。又按：「號」謂呼號。鄭注：

「號令之，軍法重者。」（周本紀集解。）非仲任之義。此文謂令急渡，故呼倉兕以懼之。則原文當作「倉兕！倉兕！倉兕者，水中之獸也」。今本因重文脱一「倉兕」耳。御覽八九〇引作「渡孟津，杖鉞，呼曰：『蒼兕！蒼兕！』按：蒼兕，水獸也」。史記齊世家：「左杖黄鉞，右把白旄，以誓曰：『蒼兕！蒼兕！』」並其證。馬云：「蒼兕，主舟楫官名。」（史記齊世家索隱。）臧琳經義雜記一曰：「郭氏山海經序曰：『鈞天之庭，豈伶人之所躡？無航之津，豈蒼兕之所涉？』蒼兕與伶人相對，是郭氏亦同馬説，謂無涯之水，非世間主舟楫官所能涉也。蓋蒼兕本水獸，善覆船，故以此名官，欲令居是官者，盡其職，常以蒼兕爲警也。論衡是應篇云：『尚父威衆，欲令急渡，不急渡，蒼兕害汝。』此蓋今文家説，失呼而令之之旨矣。」善覆人船。因神以化，欲令急渡，不急渡，倉光（兕）害汝，則復鮭鯱（鯱）之類也。河中有此異物，時出浮揚，一身九頭，人畏惡之，未必覆人之舟也。御覽八九〇引有「亦謂蒼雉」四字。按：史記齊世家：「蒼兕。」索隱云：「本或作蒼雉。」疑御覽引舊注。尚父緣河有此異物，因以威衆。威，畏也。夫鮭鯱（鯱）之觸罪人，猶倉光（兕）之覆舟也，蓋有虚名，無其實效也。人畏怪奇，故空褒增。

又言太平之時有景星。禮運疏引斗威儀曰：「德至八極，則景星見。」禮稽命徵曰：「作樂制禮得天心，則景星見。」（類聚一。）尚書中候曰：隋書經籍志：「尚書中候五卷，鄭玄注。」

「堯時景星見於軫。」孫曰：類聚一、開元占經客星占、御覽七、又八十、又八百七十二，引尚書中候並作「景星出翼」。此作「軫」。翼、軫同朱鳥宿，躔次並當荆州，故或云「景星出於翼」，或云「出於軫」也。暉按：路史後紀十注引書中候曰：「堯即政七十載，德政清平，比隆伏羲，景星出翼、軫。」正以翼、軫並言。

夫景星，或時五星也。史記天官書：「天精而見景星。景星者，德星也。其狀無常，常出於有道之國。」隋志：「景星如半月，生於晦朔，助月爲明。或曰：星大而中空。或曰：有三星，在赤方氣與青方氣相連，黄星在赤方氣中，（按：史記集解孟康曰：「赤方中有兩黄星，青方中有一黄星，凡三星，合爲景星。」）亦名德星。」孫氏瑞應圖曰：「景星者，大星也。王者不敢私人則見。」（類聚一。）白虎通封禪篇曰：「景星者，大星也，月或不見，景星常見，可以夜作，有益於人民也。」按：仲任不以爲另有景星，疑即五星之一。五星：歲星，熒惑，鎮星，太白，辰星也。**大者，歲星、太白也。**於五星爲大。**彼或時歲星、太白行於軫度，古質不能推步五星，不知歲星、太白何如狀，見大星則謂景星矣。**

詩又言：「東有啓明，西有長庚。」見小雅大東。**亦或時復歲星、太白也。或時昬見於西，或時晨出於東，詩人不知，則名曰啓明、長庚矣。**孫曰：詩大東傳：「日既入謂明星爲長庚，日旦出謂明星爲啓明。」史記天官書索隱引韓詩云：「太白晨出東方爲啓明，昬見西方爲長庚。」仲任所云，固舊義也。爾雅釋天：「明星謂之啓明。」孫炎注：「明星，太白也。晨出東方，高三舍，命曰啓明。昏出西方，高三舍，命曰太白。」（據史記天官書索隱引正。）劉寶楠愈愚録二曰：「史記天官書：『太白其他名明星。』又云：『以攝提格之歲，與營室晨出東方，至角而入。與營室夕出西方，至角而入。與角晨出，入畢。與角夕出，入畢。與畢晨出，入箕。與畢夕出，入〔一〕箕。與箕晨出，入柳。與箕夕出，入柳。與柳晨出，入營室。與柳夕出，入營室。凡出入東西各五，爲八歲，二百二十日，復與營室晨出東方。其大率，歲一周天。其始出東方，行遲，率日半度，一百二十日，必逆行一二舍。上極而反，東行，行日一度半，一百二十日入。其庳，近日，曰明星，柔。高，遠日，曰大囂，剛。其始出西，行疾，率日一度半，百二十日。上極而行遲，日半度，百二十日，旦入，必逆行一二舍而入。其庳，近日，曰太白，柔。高，遠日，曰大相，剛。』此言太白晨昏出入甚詳。又天官書：『歲星以五月與胃昴畢晨出曰開明。』此但言其晨出，不言其夕出，則别是一星。而後人疑爲詩之啓明，又避諱改『啓』作『開』也。王充論衡是應篇解啓明長庚，兼取歲星太白，正坐此失。」然則長庚與景星同，皆五星也。太平之時，日月精明。五星，日月之類也。太平更有景星，可復更有日月乎？詩人，俗人也；中候之時，質世也，俱不知星。王莽之時，太白經天，精如半月，漢書本傳未見。書鈔百五十引東觀漢記曰：「光武破

〔一〕「入」字原本脱，據史記天官書補。

二公，與朱伯然書曰：「交鋒之月，神星晝見，太白清明。」或即仲任所指。二公，王尋、王邑也，與光武戰於昆陽。使不知星者見之，則亦復名之曰景星。

爾雅釋四時章曰：「春爲發生，夏爲長嬴，宋殘卷作「養」，朱校元本同。按：爾雅正作「嬴」。秋爲收成，冬爲安寧。四氣和爲景星。」見爾雅釋天篇祥章。爾雅章目，皆題上事，仲任失檢，誤爲出四時章也。「四氣」，今本爾雅作「四時」。白帖一、類聚一、文選新刻漏銘注引爾雅、尸子仁意篇並作「四氣」，與此文同。則古本爾雅如是。開成石經已誤作「四時」矣。「景星」，爾雅作「景風」，尸子作「永風」，錢坫爾雅古義曰：「古『永』、『景』字通。『景風』作『景星』，王充之誤。」郝疏曰：論衡所據本作「景星」。夫如爾雅之言，景星乃四時氣和之名也，恐非着天之大星。爾雅之書，五經之訓故，「故」讀「詁」。說文：「詁，訓故言也。」儒者所共觀察也，而不信從，更謂大星爲景星，豈爾雅所言景星，與儒者之所說異哉？

爾雅又言：「甘露時降，萬物以嘉，謂之醴泉。」見爾雅釋天篇祥章。「甘露」作「甘雨」。邢疏引尸子仁意篇：「甘雨時降，萬物以嘉，高者不少，下者不多，此之謂醴泉。」與爾雅文同，正作「甘雨」。阮元據此文，謂爾雅今本非。醴泉乃謂甘露也。今儒者說之，謂泉從地中出，其味甘若醴，周禮鄭注：「醴，今甜酒。」故曰醴泉。白虎通封禪篇：「甘露者，美露也。降則物無不盛者也。醴泉者，美泉也。狀若醴酒，可以養老。」禮運：「地出醴泉。」司馬相如上林賦：「醴泉涌於清室，通川過於中庭。」援神契：「德至深泉，則醴泉湧。」（禮運疏。）春秋曆命序：「成、康之際，醴泉踊。」（文選東都賦注。）尚書中候：「醴泉出山。」（路史後紀十注。）莊子秋水篇釋文引李曰：「醴泉，泉甘如醴。」凡此諸說，皆分甘露、醴泉爲二，以醴泉爲從地出。蓋當時圖緯盛行，陋儒久忘雅訓。講瑞篇云：「非天上有甘露之種，地下有醴泉之類。」亦不從俗儒說也。二說相遠，實未可知。案爾雅釋水泉章：「〔泉〕一見一否曰瀸。檻泉正出。正出，涌出也。沃泉懸出。懸出，下出也。」宋殘卷「泉」在「章」字下，朱校元本同，是也。此文正出爾雅釋水，「一見」上正有「泉」字。今本「章」、「泉」二字誤倒，則「一見一否」句無主詞矣。郭注：「瀸，纔有貌。」「檻」作「濫」，此借字也。說文：「濫，濡上及下也。」李巡注：「水泉從下上出曰涌。」公羊昭五年傳：「濆泉者，直泉也。直泉者，涌泉也。」釋名曰：「縣出曰沃，泉水從上下，有所灌沃也。」是泉出之異，輒有異名。使太平之時，更有醴泉從地中出，當於此章中言之，何故反居釋四時章中，言甘露爲醴泉乎？若此，儒者之言醴泉從地中出，又言甘露其味甚甜，未可然也。

儒曰：「道至大（天）者，日月精明，星辰不失其行，朱曰：御覽十一引「大」作「天」。援神契曰：（禮運疏。）「德及於天，斗極明，日月光，甘露降。」即王說所本，當以作「天」爲是。暉按：朱說是也。類聚二、事文類聚五亦並引作「天」，足證朱說。白虎通封禪篇曰：「德至天，則斗極明，日月光，甘露降。」亦其證。　翔風起，甘露（雨）降。「甘露」當作「甘雨」，涉上下諸「甘露」而誤。下文「雨霽而陰曀者，謂之甘雨」，即釋此「甘雨」之義。此文以甘雨非謂雨水味甘，證明甘露亦非味甘，故下文有「推此以論」云云。若此文亦作「甘露」，則無所據以推論矣。御覽十一、事文類聚五并引作「甘雨降」，是其證。　雨濟（霽）而陰一（曀）者謂之甘雨，孫曰：「濟」當作「霽」，「一」當作「曀」。說文：「霽，雨止也。曀，陰而風也。」今「霽」作「濟」者，聲之誤也。「曀」作「一」者，蓋「曀」壞爲「壹」，又轉寫爲「一」耳。類聚二、御覽十一引「濟」正作「霽」，「一」正作「曀」。劉先生曰：類聚九十八引作「若甘露霽而陰翳者」，文雖小異，而「濟」、「一」之爲誤字，益明矣。暉按：事文類聚五引作「雨霽而陰曀者」，足證今本之誤。　非謂雨水之味甘也。推此以論，甘露必謂其降下時，適潤養萬物，未必露味甘也。亦有露甘味如飴蜜者，俱太平之應，文選魏都賦注、御覽十二、又八七二、事類賦三引「太平」上并有「王者」二字。　非養萬物之甘露也。非爾雅所言者。何以明之？案甘露如飴蜜者，着於樹木，不着五穀。東觀漢記：「永平十七年正月，樹葉有甘露。」彼露味不甘者，其下時，土地滋潤流濕，萬物洽沾濡溥。由此言之，爾雅且近得實。緣爾雅之言，驗之於物，案味甘之露下着樹木，察所着之樹，不能茂於所不着之木。然今之甘露，殆異於爾雅之所謂甘露。欲驗爾雅之甘露，以萬物豐熟，災害不生，此則甘露降下之驗也。甘露下，是則醴泉矣。

治期篇

須頌篇云：「儒者稱聖過實，稽合於漢，漢不能及。非不能及，儒者之説使難及也。實而論之，漢更難及。穀熟歲平，聖王因緣以立功化，故治期之篇，爲漢激發。」盼遂案：須頌篇云：「治期之篇，爲漢激發。治有期，亂有時，能以亂爲治者優，優者有之。」又案：此篇與偶會篇宗旨相通。

世謂古人君賢，則道德施行，施行則功成治安；人君不肖，則道德頓廢，頓廢則功敗治亂。古今論者，莫謂不然。何則？見堯、舜賢聖致太平，桀、紂無道致亂得誅。如實論之，命期自然，非德化也。

吏百石以上，若升食以下，先孫曰：此當作「吏百石以下，斗食以上」。今本「下」、「上」互易，又譌「斗」爲「升」，遂不可通。漢書百官公卿表云：「縣百石以下，有斗食佐史之秩，是爲少吏。」顔注引漢官名秩簿云：「斗食，月俸十一斛。」是也。汪繼培潛夫論箋曰：「漢隸『斗』作『斤』，『斤』、『升』字形近，往往致誤。」（交際篇。）居位治民，爲政布教，教行與止，民治與亂，皆有命焉。或才高行潔，居位職廢；或智淺操洿，治民而立。上古之黜陟幽明，考功，堯典：「三載考績，三考黜陟幽明。」（僞孔本，見舜典。）大傳曰：「三歲而小考者，正職而行事也；九歲而大考者，黜無職而賞有功也。一之三以至九，天數窮矣，陽德終矣，積不善至於幽，六極以類降，故絀之；積善至於明，五福以類升，故陟之。」史公云：「三歲一考功，三考絀陟，遠近衆功咸興。」以「絀陟」絶句，訓「幽明」爲遠近，非仲任之義。據有功而加賞，案無功而施罰。是考命而長禄，洪範：「五福，五曰考終命。」孔傳：「各成其短長之命以自終，不横夭。」「禄」謂禄命。非實才而厚能也。論者因考功之法，據效而定賢，效，事效。則謂民治國安者，賢君之所致；民亂國危者，無道之所爲也。故危亂之變至，論者以責人君，歸罪於爲政不得其道。人君受以自責，愁神苦思，撼動形體，而危亂之變，終不減除。空憒人君之心，使明知之主，虚受之責，世論傳稱，使之然也。

夫賢君能治當安之民，不能化當亂之世。良醫能行其針藥，使方術驗者，遇未死之人，得未死之病也。如命窮病困，則雖扁鵲末如之何。夫命窮病困之不可治，猶夫亂民之不可安也；藥氣之愈病，猶教導之安民也。皆有命時，不可令勉力也。公伯寮愬子路於季孫，子服景伯以告孔子，孔子曰：「道之將行也與，命也！道之將廢也與，命也！」見論語憲問篇。由此言之，教之行廢，國之安危，皆在命時，非人力也。

夫世亂民逆，國之危殆，災害繫於上天，賢君之德，不能消卻。詩道周宣王遭大旱矣。道，稱也。詩曰：「周餘黎民，靡有孑遺。」見大雅雲漢。注詳藝增篇。言無有可

（孑）遺一人不被害者。「可」爲「孑」字形誤。藝增篇引此詩釋之曰：「言無有孑遺一人不愁痛者。」宣王賢者，嫌於德微；嫌，疑也。仁惠盛者，莫過堯、湯，堯遭洪水，湯遭大旱。水旱，災害之甚者也，而二聖逢之，豈二聖政之所致哉？天地歷數當然也。意林引作「天理歷數自然耳」。疑「天地」當作「天理」。上文云：「世亂民逆，國之危殆，災害繫於上天。」下文：「昌衰興廢，皆天時也。」且此文屢以禍亂歸之「命時」，「命」亦即天命，是其義無取於「地」。洪範：「五紀：五曰厤數。」王肅曰：「日月星辰所行布而數之，所以紀度數也。」（書疏。）論語堯曰篇曰：「咨，爾舜，天之歷數在爾躬。」皇疏：「歷數，謂天位列次也。」則歷數不當言「地」，明矣。漢律曆志：十九歲爲一章，四章爲一部，二十部爲一統，三統爲一元。則一元有四千五百六十歲。初入元一百六歲，有陽九，謂旱九年；次三百七十四歲，陰九，謂水九年。以一百六歲並三百七十四歲，爲四百八十歲；次四百八十歲，有陽九，謂旱九年；次七百二十歲，陰七，謂水七年；次七百二十歲，陽七，謂旱七年；次六百歲，陰五，謂水五年；次六百歲，陽五，謂旱五年。次四百八十歲，陰三；次四百八十歲，陽三。從入元至陽三，除去災歲，總有四千五百六十年。其災歲兩個陽九年，一個陰九年，一個陰陽各七年，一個陰陽各五年，一個陰陽各三年，災歲總有五十七年。並前四千五百六十年，通爲四千六百一十七歲。此一元之氣終矣。即仲任所謂歷數當然者。以堯、湯之水旱，準百王之災害，非德（政）所致。「德」當作「政」，下同。災害本非德所致，不待仲任辯之。上文云：「故危亂之變至，論者以責人君，歸罪於爲政不得其道。」此文正駁其義。

上文云：「水旱，災害之甚者也，而二聖逢之，豈二聖政之所致哉？天地歷數當然也。」此文即據以立論。意謂：二聖災害，既非政之所致，則百王災害，亦非政所致矣。今作「非德所致」，遂與上文二聖災害非政所致之義了不相涉，則不得以二聖準百王矣。又下文云：「堯之洪水，湯之大旱，皆有遭遇，非政惡之所致。堯、湯證百王，百王遭變，非政所致。」立文正與此同。並其〔一〕證。非德（政）所致，則其福祐，非德所爲也。盼遂案：「非德」二字，涉上句「非德所致」而衍。

賢君之治國也，猶慈父之治家。慈父耐平教明令，〔不〕耐使子孫皆爲孝善。吴曰：「耐使子孫」句上脱一「不」字。意林引云：「猶慈父治家，亦不能使子孫皆孝也。」尋檢文義，當有「不」字。子孫孝善，是家興也；百姓平安，是國昌也。昌必有衰，興必有廢。下「必」字，宋殘卷作「則」，朱校元本同。興昌非德所能成，然則衰廢非德所能敗也。盼遂案：「敗」當爲「救」，形近而譌，應上「賢君之德不能消卻」之言，亦與上句「興昌非德所能成」相對。昌衰興廢，皆天時也。此善惡之實，未言苦樂之效也。家安人樂，富饒財用足也。案富饒者命厚所致，非賢惠所獲也。人皆知富饒居安樂者命禄厚，而不知國安治化行者歷數吉也。故世治非賢聖之功，衰亂非無道之致。國當衰亂，賢聖不能盛；時

〔一〕「其」，原本作「共」，形近而誤，今改。

當治,惡人不能亂。世之治亂,在時不在政;國之安危,在數不在教。賢不賢之君,明不明之政,無能損益。

世稱五帝之時,天下太平,家有十年之蓄,人有君子之行。或時不然,世增其美;亦或時〔然〕,〔非〕政〔所〕致。「亦」下舊校曰:一有「然」字。暉按:「然」字當在「或時」下,「或時」與「亦或時」平列,本書常語。「然」與「不然」正反相承。蓋舊校所據本「然」字誤倒,今本則刊落矣。宋殘卷「政」下有「所」字,朱校元本同。按:有「所」字是也。此文當作「亦或時然,非政所致」。宋、元本已脱「非」字矣。此文意謂:世稱五帝之盛,其説不然。若然,亦非政治所致。下文「五帝致太平,非德所就,明矣」,正與此文相應。若脱「非」字,則與治期之旨戾矣。盼遂案:此數語文義與上下不貫,疑有脱誤。何以審之?夫世之所以爲亂者,不以賊盜衆多,兵革並起,民棄禮義,負畔其上乎?若此者,由穀食乏絶,不能忍饑寒。夫饑寒並至而能無爲非者寡,然則温飽並至而能不爲善者希。孫曰:「能不」當作「不能」,文誤倒也。傳曰:「倉廩實,民知禮節;衣食足,民知榮辱。」讓生於有餘,爭起於不足。注問孔篇。穀足食多,禮義之心生;禮豐義重,平安之基立矣。故饑歲之春,不食親戚;親戚,謂父母也。穰歲之秋,召及四鄰。不食親戚,惡行也;召及四鄰,善義也。爲善惡之行,不在人質性,在於歲之饑穰。由此言之,禮義之行,在穀足也。案穀成敗，自有年歲。年歲水旱，五穀不成，非政所致，時數然也。鹽鐵論水旱篇：「大夫曰：太歲之數，在陽爲旱，在陰爲水，六歲一饑，十二歲一荒，天道固然，殆非獨有司之罪也。」袁準正書：「太歲在酉，乞漿得酒，太歲在巳，販妻鬻子。則知災祥有自然之理。」（施元之注蘇詩次韻孔毅父久旱引意林。）范蠡計然謂「太歲在于水毀，金穰，木饑，火旱」，即仲任所謂時數也。必謂水旱政治所致，不能爲政者莫過桀、紂，桀、紂之時，宜常水旱。案桀、紂之時，無饑耗之災。災至自有數，或時返在聖君之世。實事者説堯之洪水，湯之大旱，皆有遭遇，非政惡之所致。此義亦見明雩篇。説百王之害，疑當作「災害」。獨謂爲惡之應，此見堯、湯德優，百王劣也。審一足以見百，明惡足以照善。堯、湯證百王，至百王遭變，「至」字衍。非政所致。以變見而明禍福，此句非其次，疑是下文羼入也。此文以「百王遭變，非政所致」證「五帝太平，非德所就」，意正相貫。若有此句，則義斷矣。五帝致太平，非德所就，明矣。

人之温病而死也，先有凶色見於面部。其病，遇邪氣也。其病不愈，至於身死，命壽訖也。國之亂亡，與此同驗。有變見於天地，猶人温病而死，色見於面部也。有水旱之災，猶人遇氣而病也。災禍不除，至於國亡，猶病不愈，至於身死也。論者謂變徵政治，賢人温病色凶，可謂操行所生乎？謂水旱者無道所致，賢者遭病，可謂無狀所得乎？謂亡者爲惡極，賢者身死，可謂罪重乎？夫賢人有被病而早死，惡人有完彊而老壽，人之病死，不在操行爲惡也。然則國之亂亡，不在政之是非。惡人完彊而老壽，非政平安而常存。由此言之，禍變不足以明惡，福瑞不足以表善，明矣。

在天之變，日月薄蝕。四十二月日一食，五[十]六月月亦一食。胡先生曰：「五十六月」，當作「五六月」。說日篇曰：「大率四十一二月，日一食；百八十日，月一食。蝕之皆有時。」故改正。西漢天文家測定五個月又二十三分之二十爲一個月蝕之限，故知「五十六月」必誤也。暉按：宋殘卷作「五月六月」，朱校元本同。宋、元本衍「月」字，今本則妄改作「十」也。盼遂案：「五十六月」當是「五六月」，「十」衍字也。說日篇云：「大率四十一二月日一食，百八十日月一食。」百八十日，即六個月的日數也。宋本作「五月六月月亦一食」，亦謂五個月或六個月也。食有常數，不在政治。百變千災，皆同一狀，未必人君政教所致。歲〔星〕害鳥帑，周、楚有禍；此文亦見變動篇，據補「星」字。綝然之氣見，宋、衛、陳、鄭皆災。並注變動篇。當此之時，六國政教未必失誤也。歷陽之都，一夕沈而爲湖，注命義篇。當時歷陽長吏未必誑妄也。成敗繫於天，吉凶制於時。人事未爲，天氣已見，非時而何？五穀生地，一豐一耗；穀糴在市，一貴一賤。「一」猶「或」也。豐者未必賤，耗者未必貴。

豐耗有歲，貴賤有時。時當貴，豐穀價增；時當賤，耗穀直減。夫穀之貴賤不在豐耗，猶國之治亂不在善惡。

賢君之立，偶在當治之世，德自明於上，民自善於下，世平民安，瑞祐並至，世則謂之賢君所致。無道之君，偶生於當亂之時，世擾俗亂，災害不絶，遂以破國亡身滅嗣，世皆謂之爲惡所致。若此，明於善惡之外形，不見禍福之内實也。禍福不在善惡，善惡之證不在禍福。長吏到官，未有所行，政教因前，無所改更，然而盜賊或多或寡，災害或無或有，夫何故哉？長吏秩貴，當階平安以升遷；或命賤不任，當由危亂以貶詘也。以今之長吏，況古之國君，安危存亡，可得論也。偶會篇：「命當貴，時適平；時當亂，禄遭衰。治亂成敗之時，與人興衰吉凶適相遭遇。」亦「治期」之旨。

論衡校釋卷第十八

自然篇

盼遂案：篇末云：「天地安能爲氣變？然則氣變之見，殆自然也。變自見，色自發，占候之家，因以言也。」

天地合氣，萬物自生，猶夫婦合氣，子自生矣。此義亦見物勢篇。萬物之生，含血之類，知飢知寒。見五穀可食，取而食之；見絲麻可衣，取而衣之。或説以爲天生五穀以食人，生絲麻以衣人。此謂天爲人作農夫桑女之徒也，不合自然，故其義疑，未可從也。試依道家論之。

天者，普施氣萬物之中，穀愈飢而絲麻救寒，故人食穀、衣絲麻也。夫天之不故生五穀絲麻以衣食人，由其有災變不欲以譴告人也。「由」讀作「猶」。物自生，而人衣食之；氣自變，而人畏懼之。以若説論之，「若」猶「此」也。厭於人心矣。厭，合也。如天瑞爲故，自然焉在？無爲何居？何以〔知〕天之自然也？吳曰：「何以」下疑脱一字。劉先生曰：「何以」下當敚「知」字，下文「何以知天無口目也」，正與此文一例。盼遂案：「何以」下脱一「知」字，據下文「何以知天無口目也」句可證。吴氏舉正疑而不能訂補，失之。以天無口目也。案有爲者，口目之類也。口欲食而目欲視，有嗜欲於内，發之於外，口目求之，得以爲利，欲之爲也。今無口目之欲，於物無所求索，夫何爲乎？何以知天無口目也？以地知之。地以土爲體，土本無口目。天地，夫婦也，地體無口目，亦知天無口目也。使天體乎？宜與地同。仲任意，天是體。見談天篇。使天氣乎？氣若雲煙，雲煙之屬，安得口目？

或曰：「凡動行之類，皆本無有爲。孫曰：「無」字涉上下文諸「無」字而衍。盼遂案：「有」衍文。此言「皆本無爲」，故下言「動則有爲」也。孫氏舉正謂「無」係衍字，則與文義乖剌矣。有欲故動，動則有爲。今天動行與人相似，安得無爲？」曰：天之動行也，施氣也，體動氣乃出，物乃生矣。由人動氣也，體動氣乃出，子亦生也。夫人之施氣也，非欲以生子，氣施而子自生矣。天動不欲以生物，而物自生，此則自然也。施氣不欲爲物，而物自爲，此則無爲也。謂天自然無爲者何？氣也。宋本、朱校元本「自然」作「有爲」。疑此文原作：「謂天有爲，如何？無爲者氣也。」或意天動如人，是有爲，故此云「謂天有爲，如何」。「如何」，反詰之詞，本書常語。上文云：「施氣不欲爲物，而物自爲，此則無爲也。」故此云：「無爲者氣也。」下文「無爲無事」云云，正釋此無爲爲氣之義。蓋「如」字脱，「何」字又錯入

「者」字下，校者則妄改「有爲」爲「自然」矣。恬澹無欲，無爲無事者也，老聃得以壽矣。莊子大宗師：「夫道有情，有信，無爲，無形。彭祖得之，上及有虞，下及五伯。」道虛篇不信此說，前後乖戾。老聃稟之於天，使天無此氣，老聃安所稟受此性？師無其說而弟子獨言者，未之有也。或復於桓公，復，白也。公曰：「以告仲父。」左右曰：「一則仲父，二則仲父，爲君乃易乎！」桓公曰：「吾未得仲父，故難；已得仲父，何爲不易？」注語增篇。夫桓公得仲父，任之以事，委之以政，不復與知。皇天以至優之德，與王政〔隨〕而譴告人（之），「政」下脱「隨」字。「人」爲「之」字形誤。下文「謂天與王政，隨而譴告之，是謂天德不若曹參厚，而威不若汲黯重也」，句例正同，是其證。譴告篇曰：「天不告以政道，令其覺悟，而顧隨刑賞之誤，爲寒温之報。」又云：「人君失政，不以他氣譴告變易，反隨其誤，就起其氣。」即此文「與王政隨而譴告之」之義。今本脱「隨」字，則「與」字於義無着。則天德不若桓公，而霸君之操過上帝也。

或曰：「桓公知管仲賢，故委任之；如非管仲，亦將譴告之矣。使天遭堯、舜，必無譴告之變。」曰：天能譴告人君，則亦能故命聖君，擇才若堯、舜，受（授）以王命，孫曰：「受」當作「授」。盼遂案：説文：「受，相付也。」即「付與」之意。授从受从手，乃後起累增字。「受以王命」與下句「委以王事」文法正同。委以王事，勿復與知。今則不然，生庸庸之君，失道廢德，隨譴告之，何天不憚勞也？曹參爲漢相，縱酒歌樂，不聽政治。其子諫之，笞之二百。惠帝命參子窋諫之。見漢書曹參傳。當時天下無擾亂之變。淮陽鑄僞錢，時更立五銖錢，民多盜鑄者。吏不能禁。汲黯爲太守，不壞一鑪，不刑一人，高枕安臥，而淮陽政清。見漢書本傳。夫曹參爲相，若不爲相；汲黯爲太守，若郡無人。然而漢朝無事，淮陽刑錯者，錯，廢也。參德優而黯威重也。計天之威德，孰與曹參、汲黯？而謂天與王政，隨而譴告之，是謂天德不若曹參厚，而威不若汲黯重也。蘧伯玉治衛，淮南主術訓云「爲相」也。子貢使人問之：淮南云：「往觀之。」「何以治衛？」對曰：「以不治治之。」夫不治之治，無爲之道也。

或曰：「太平之應，河出圖，洛出書。注感虛篇。不畫不就，不爲不成。天地出之，有爲之驗也。張良遊泗水之上，遇黃石公，授太公書。紀妖篇作「下邳泗上」。宋、孫、吴並謂「泗」爲「汜」之誤。暉按：此文「泗」亦當作「汜」。後漢書郡國志下邳注引戴延之西征記曰：「有沂水自城西，西南注泗，別下迴城南亦注泗。舊有橋處，張良與黃石公會此橋。」水經注：「沂水於下邳縣北，西流分爲二：一水於城北，西南入泗水；一水逕城東，屈從縣南，亦注泗，謂之小沂水，水上有橋，徐泗間以爲圯。昔張子房遇黃石公於圯上，即此處。」是張良與黃石公會於小沂水上，非於泗水也。小沂水別沂水而復注泗，故曰汜水。說文：「汜，水別後入水也。」驗符篇曰：

「汜橋老父遺張良書。」（今誤作「圯橋」。宋云「圯」亦「橋」，非也。）汜水上橋也。則此文「泗水」當作「汜水」。蓋天佐漢誅秦，故命令神石爲鬼書授人，復爲有爲之效也。」曰：此皆自然也。夫天安得以筆墨而爲圖書乎？天道自然，故圖書自成。晉唐叔虞、舊校曰：一有「生」字。魯成季友生，文在其手，故叔曰虞，季曰友。左昭元年傳：「武王邑姜方震大叔，夢帝謂己：『余命而子曰虞，將與之唐。』及生，有文在其手，曰『虞』，遂以命之。」左昭三十二年傳：「成季有，文姜之愛子，始震而卜，卜人謁之曰：『生有嘉聞，其名曰友，爲公室輔。』及生，如卜人之言，有文在其手曰『友』，遂以名之。」左隱元年傳疏：「古文『虞』作『𤆍』，手文容或似之。其『友』固當有似之者。」宋仲子生，有文在其手，曰：「爲魯夫人。」注異虛篇。三者在母之時，文字成矣，而謂天爲文字，在母之時，天使神持錐筆墨刻其身乎？自然之化，固疑難知，外若有爲，內實自然。是以太史公紀黃石事，疑而不能實也。見史記留侯世家。實，定也。趙簡子夢上天，見一男子在帝之側。後出，見人當道，則前所夢見在帝側者也。事詳紀妖篇。論之以爲趙國且昌之狀（妖）也。「論」上疑脱「實」字。變動篇：「實論之，尚謂非一二子精誠所能感也。」句例同。「之」猶「者」。「實論者」，仲任自謂，例詳變動篇。簡子夢上天，爲且昌之妖，義詳紀妖篇。「狀」當作「妖」。「妖」或作「祆」，與「狀」形近，又涉下文「且興之象」之「象」字而誤。紀妖篇論此事曰：「是皆妖也。其占皆如當道言，所見於帝前之事，所見當道之人，妖人也。」即此義。下文「妖氣爲鬼，鬼象人形」，即承此言之。奇怪篇：「簡子所射熊羆，二卿祖當亡，簡子當昌之妖也。」今「妖」誤作「秋」，可與此文互證。黄石授書，亦漢且興之象也。義詳紀妖篇。妖氣爲鬼，鬼象人形，自然之道，非或爲之也。

草木之生，華葉青葱，皆有曲折，象類文章，謂天爲文字，復爲華葉乎？宋人或刻木爲楮葉者，「木」，列子説符篇作「玉」，韓非喻老篇、淮南泰族訓並作「象」。「楮」下舊校曰：「一本作『約』。」按：作「楮葉」不誤。三年乃成。孔子曰：「使〔天〕地三年乃成一葉，則萬物之有葉者寡矣。」劉先生曰：「孔子」，列子説符篇、韓非子喻老篇、淮南泰族篇並作「列子」。又案：「地」上當有「天」字，列子、韓非子、淮南子並作「天地」。上文「謂天爲文字，復爲華葉乎」，皆其證。如孔子之言，萬物之葉自爲生也。自爲生也，「也」字宋本無。故能並成。如天爲之，其遲當若宋人刻楮葉矣。觀鳥獸之毛羽，毛羽之采色，通（遏）可爲乎？「通」字無義，當爲「遏」，讀作「曷」。説日篇：「遏能見其中有物曰烏乎？遏能見其足有三乎？」兩「遏」字，今並誤作「通」，是其比。鳥獸未能盡實。實，定也。春觀萬物之生，秋觀其成，天地爲之乎？物自然也？如謂天地爲之，爲之宜用手，天地安得萬萬千千手，並爲萬萬千千物乎？諸物在天地之間也，猶子在母腹中也。母懷子氣，十月而生，鼻口耳目，髮膚毛理，血脉脂腴，骨節爪齒，自然成腹中乎？母爲之也？偶人千萬，偶人，象人也。不名爲人者，何也？鼻口耳目非性自然也。武帝幸王夫人，王夫人死，盼遂案：「王夫人」當是「李夫人」之誤。本書亂龍篇紀此事正作「李夫人」。漢書外戚傳：「李夫人死，方士少翁致其神。」此仲任所本。惟史記封禪書作王夫人事，後學逕據史記，改本文爲王夫人矣。思見其形。亂龍篇作「李夫人」。此文是也。注詳彼篇。道士以方術作夫人形，道士，齊人李少翁也。形成，出入宫門。武帝大驚，立而迎之，忽不復見。蓋非自然之真，方士巧妄之僞，故一見恍忽，消散滅亡。有爲之化，其不可久行，猶王夫人形不可久見也。道家論自然，不知引物事以驗其言行，宋本作「行言」，疑當作「所言」。「行」、「所」形誤。故自然之説未見信也。

然雖自然，亦須有爲輔助。老子曰：「聖人輔萬物之自然而不敢爲。」即此義。耒耜耕耘，因春播種者，人爲之也。及穀入地，日夜長夫（大），人不能爲也。「夫」，程、錢、黄本同。當從王本、崇文本作「大」。或爲之者，敗之道也。宋人有閔其苗之不長者，就而揠之，明日枯死。此本孟子公孫丑篇。趙曰：「揠，挺拔之，欲亟長也。」陳士元孟子雜記曰：「揚雄方言云：『揠，拔也。東齊海、岱之間曰揠。』又小爾雅云：『拔心曰揠。』」左宣十二年傳注：「閔，憂也。」夫欲爲自然者，宋人之徒也。

問曰：「人生於天地，天地無爲，人稟天性者，亦當無爲，而有爲，何也？」曰：

至德純渥之人，稟天氣多，故能則天，自然無爲。稟氣薄少，不遵道德，不似天地，故曰不肖。不肖者，不似也。禮記雜記下鄭注：「肖，似也。言不如人也。」説文：「肖，骨肉相似也。不似其先，故曰不肖。」風俗通曰：「生子鄙陋，不似父母，曰不肖。」（意林引。）刑法志：「夫人宵天地之額，有生之最靈者也。」應劭注：「宵，類也，頭圜象天，足方象地。」孟康注：「宵，化也，言稟天地氣化而生也。」并與仲任之義不同。不似天地，不類聖賢，故有爲也。天地爲鑪，造化爲工，注物勢篇。稟氣不一，安能皆賢？賢之純者，黄、老是也。黄者，黄帝也；老者，老子也。齊曰：「黄、老」，漢世通語，文中無爲自釋，疑後人注語誤入正文。黄、老之操，身中恬澹，其治無爲，正身共己「共」讀「恭」。而陰陽自和，無心於爲而物自化，無意於生而物自成。

易曰：「黄帝、堯、舜垂衣裳而天下治。」見易繫辭。垂衣裳者，垂拱無爲也。孔子曰：「大哉，堯之爲君也！惟天爲大，惟堯則之。」注初稟篇。又曰：「巍巍乎！舜、禹之有天下也，而不與焉。」注語增篇。周公曰：「上帝引佚。」上帝，謂舜、禹也。注語增篇。盼遂案：「舜、禹」當爲「虞舜」，聲誤而又倒植也。上下文皆以黄帝、堯、舜連言，無與禹事，明「禹」爲誤。下文「舜、禹承安繼治」，「舜、禹承堯之安」，二「禹」字亦「虞」之誤。本論語增篇引經曰：「上帝引佚，謂虞舜也。」亦不及禹。益可證此處之失。舜、禹承安繼治，任賢使能，恭己無爲而天下治。舜、禹承堯之安，堯則天而行，不作功邀名，無爲之化自成，故曰：「蕩蕩乎，民無能名焉！」論語泰伯篇述孔子語。皇疏引王弼曰：「蕩蕩，無形無名之稱也。則天成化，道同自然，百姓日用而不知其所以然，夫又何可名也？」與仲任義合。集解包氏說，非其義。年五十者擊壤於塗，不能知堯之德，注感虛篇。蓋自然之化也。易曰：「大人與天地合其德。」乾卦文言。黄帝、堯、舜，大人也，其德與天地合，故知無爲也。天道無爲，故春不爲生，而夏不爲長，秋不爲成，冬不爲藏。陽氣自出，物自生長；陰氣自起，物自成藏。汲井決陂，灌溉園田，物亦生長。霈然而雨，物之莖葉根垓（荄）莫不洽濡。「垓」，元本作「荄」，朱校同。孫曰：「垓」字當從元本作「荄」。程量澍澤，孰與汲井決陂哉？故無爲之爲大矣。本不求功，故其功立；本不求名，故其名成。沛然之雨，功名大矣，而天地不爲也，氣和而雨自集。

儒家說夫婦之道，取法於天地。知夫婦法天地，不知推夫婦之道，以論天地之性，可謂惑矣。夫天覆於上，地偃於下，偃，仰也。下氣烝上，上氣降下，萬物自生其中間矣。當其生也，天不須復與也，由子在母懷中，父不能知也。物自生，子自成，天地父母，何與知哉？及其生也，人道有教訓之義。天道無爲，聽恣其性，故放魚於川，縱獸於山，從其性命之欲也。不驅魚令上陵，不逐獸令入淵者，老子曰：「不致魚於木，沉鳥於冰。」何哉？拂詭其性，失其所宜也。夫百姓，魚獸之類也，上德治之，若烹小鮮，見老子。謂勿撓也。與天地同操也。商鞅變秦法，欲爲殊異之功，不聽趙良之議，以取車裂之患，事詳史記本傳。德薄多欲，君臣相憎怨也。道家德厚，下當其上，上安其下，孫曰：「當」讀爲「向」。樂記：「樂行而民鄉。」呂氏春秋音初篇注：「鄉，仰也。」「鄉」與「向」同。純蒙無爲，何復譴告？故曰：「政之適也，君臣相忘於治，魚相忘於水，獸相忘於林，人相忘於世，故曰天也。」未知何出。莊子大宗師曰：「孔子曰：魚相造乎水，人相造乎道。相造乎水者，穿池而養給；相造乎道者，無事而定生。故曰：魚相忘乎江湖，人相忘乎道術。」與此文義近。淮南俶真訓亦云：「魚相忘於江湖，人相忘於道術。」孔子謂顏淵曰：「吾服汝，忘也；汝之服於我，亦忘也。」莊子田子方篇、淮南齊俗訓並有此文。郭向曰：「服者，思存之謂也。甚忘，謂過去之速也。言汝去，忽然思之，恒欲不及。」許慎曰：「孔子謙，自謂無知而服回，此忘行也。」按：仲任意，讀若「人相忘於道術」之「忘」，較郭、許說義長。以孔子爲君，顏淵爲臣，尚不能譴告，況以老子爲君，文子爲臣乎？藝文志：文子九篇。注云：「老子弟子，與孔子並時。」今本十二篇，僞書也。以文子爲計然者，非。老子、文子，似天地者也。淳酒味甘，飲之者醉不相知；薄酒酸苦，賓主嚬蹙。夫相譴告，道薄之驗也。謂天譴告，曾謂天德不若淳酒乎？

禮者，忠信之薄，亂之首也。出老子。相譏以禮，故相譴告。三皇之時，坐者于于，行者居居，乍自以爲馬，乍自以爲牛。莊子應帝王篇：「泰氏其臥徐徐，其覺于于，一以己爲馬，一以己爲牛。」郭向曰：「夫如是，又奚是人非人之有哉？斯可謂出於非人之域。」釋文司馬彪曰：「于于，無所知貌。」淮南覽冥篇：「臥倨倨，興盱盱，」（「盱」今譌「眄」，依王念孫校。）一自以爲馬，一自以爲牛。」高注：「倨倨，臥無思慮也。盱盱然，視無智巧貌也。」「居」與「倨」，「于」與「盱」，并聲近義同。純德行而民瞳矇，「純」，朱校元本、程本同。錢、黃、王、崇文本作「繩」，非。曉惠之心未形生也。「惠」讀「慧」。當時亦無災異。如有災異，不名曰譴告。何則？時人愚惷，不知相繩責也。末世衰微，上下相非，災異時至，則造譴告之言矣。夫今之天，古之天也。非古之天厚而今之天薄也。譴告之言生於今者，人以心准況之也。誥誓不及五帝，要盟不及三王，交質子不及五伯，此文出荀子大略篇、穀梁隱八年傳。范甯曰：「五帝謂黄帝、顓頊、帝嚳、帝堯、帝舜也。誥誓，尚書六誓、七誥是其遺文。五帝之世，道化淳備，不須誥誓，而信自著。」楊倞曰：「誥誓，以言辭誡約也。禮記云：『約信曰誓。』又曰：『殷人誓而民始畔。』」「要盟」，荀子、穀梁作「盟詛」。公羊莊十三年傳：「要盟可犯。」何注：「臣約其君曰要，彊見要脅而盟。」曲禮下：「涖牲曰盟。」鄭注：「涖，臨也。坎用牲，臨而讀其盟書。」左氏說以太平之時有盟詛之禮。此公羊、穀梁義也。見異義。（曲禮下疏。）范甯曰：「三王謂夏、殷、周也。」五伯，穀梁作「二伯」。伯讀「霸」。孫盛曰：「五帝無誥誓之文，三王無盟祝之事，然則盟誓之文，始自三季；質任之作，起於周微。」（魏志高柔傳注。）德彌薄者信彌衰。鹽鐵論詔聖篇：「夏后氏不信言。殷誓，周盟，德信彌衰。」心險而行詖，則犯約而負教。教約不行，則相譴告。譴告不改，舉兵相滅。由此言之，譴告之言，衰亂之語也，而謂之上天爲之，斯蓋所以疑也。

且凡言譴告者，以人道驗之也。人道，君譴告臣，上天譴告君也，謂災異爲譴告。夫人道，臣亦有諫君，以災異爲譴告，而王者亦當時有諫上天之義，「而」猶「則」也。其效何在？苟謂天德優，人不能諫，優德亦宜玄默，不當譴告。萬石君子有過，不言，對案不食，漢書石奮傳：「萬石君子孫有過失，不誚讓，爲便坐，對案不食，然後諸子相責，因長老肉袒固謝罪改之。」至優之驗也。夫人之優者，猶能不言，皇天德大，而乃謂之譴告乎？夫天無爲，故不言。災變時至，氣自爲之。夫天地不能爲，亦不能知也。腹中有寒，腹中疾痛，人不使也，氣自爲之。夫天地之間，猶人背腹之中也，謂天爲災變，凡諸怪異之類，無小大薄厚，皆天所爲乎？牛生馬，桃生李，如論者之言，天神入牛腹中爲馬，把李實提桃間乎？牢曰：「子云：『吾不試，故藝。』」見論語子罕篇。集解鄭曰：「牢，弟子子牢也。試，用也。言孔子自云：我不見用，故多能伎藝也。」又曰：「吾少也賤，故多能鄙事。」子罕篇述孔子語。人之賤不用於大者，類多伎能。天尊貴高大，安能撰爲災變以譴告人？且吉凶蜚色見於面，人不能爲，色自發也。孫曰：自紀篇云：「人面色部七十有餘，頰肌明潔，五色分別，隱微憂喜，皆可得察，占射之者，十不失一。」荀子非相篇云：「相人之形狀顔色，而知其吉凶妖祥。」潛夫論相列篇云：「夫骨法爲禄相表，氣色爲吉凶候。」皆吉凶蜚色之説也。天地猶人身，氣變猶蜚色。人不能爲蜚色，天地安能爲氣變？然則氣變之見，殆自然也。變自見，色自發，占候之家，因以言也。

夫寒温、譴告、變動、招致，四疑皆已論矣。譴告於天道尤詭，故重論之，論之所以難別也。「也」猶「者」也。説合於人事，不入於道意。從道不隨事，雖違儒家之説，合黃、老之義也。

感類篇

陰陽不和，災變發起，或時先世遺咎，或時氣自然。賢聖感類，慊懼自思，災變惡徵，何爲至乎？引過自責，恐有罪，畏慎恐懼之意，未必有其實事也。何以明之？以湯遭旱自責以五過也。明雩篇亦作「五過」。感虚篇作「六過」。注詳彼篇。聖人純完，行無缺失矣，何自責有五過？然如書曰：「湯自責，天應以雨。」蓋出商書。説詳感虚篇注。湯本無過，以五過自責，天何故雨？以無過致旱，亦知自責不能得雨也。盼遂案：文當是：「使以過致旱，不知自責，亦能得雨也。」下文「旱不爲湯至，雨不應自責」，即總結此文。由此言之，旱不爲湯至，雨不應自責。然而前旱後雨者，「雨」下舊校曰：一有「之」字。自然之氣也。感虚、明雩並見此義。此言，書之語也。雨不應禱，時氣自然，蓋本於舊傳，故云：「此言，書之語。」難之曰：書言「天應以雨」，故難之。春秋大雩，義見明雩。董仲舒設土龍，義見亂龍。皆爲一時間也。一時不雨，恐懼雩祭，求陰請福，憂念百姓也。湯遭旱七年，以五過自責，謂何時也？夫遭旱一時，輒自責乎？旱至七年，乃自責也？謂一時輒自責，舊校曰：一有「也」字。按：當作「如謂一時輒自責也」。本書屢見此句例。七年乃雨，天〔之〕應之誠，「天應之誠」，當作「天之應誠」。感虛篇曰：「湯用七尺之形，形中之誠，自責禱謝，安能得雨耶？」即此義。何其留也？始（如）謂七年乃自責，憂念百姓，何其遲也？「始」，元本作「如」。朱校作「始」，與先孫〔一〕所見本不同。孫曰：當從元本作「如」。不合雩祭之法，不厭憂民之義，書之言，未可信也。由此論之，周成王之雷風發，亦此類也。

金縢曰：「秋大熟未穫，天大雷電（雨）以風，王引之經義述聞三曰：古文「雷電」，今文作「雷雨」。今本「雷雨」作「雷電」，乃後人據古文改之。下文「雷雨」字凡數十見。又曰：「雷爲天怒，雨爲恩施，使天爲周公怒，徒當雷不當雨，今雷雨俱至，天怒且喜乎？」則此文本作「雷雨」，非作「雷電」，明矣。禾盡偃，大木斯拔，邦人大恐。」「邦」當作「國」。仲任習今文者。今本淺人據古文改之。當此之時，周公死。儒者說之，以爲成王狐疑於〔葬〕周公。孫曰：「周公」上脫「葬」字。金縢雷風偃禾拔木之事，今文家謂周公已死，成王欲以天子禮葬之，以周公非天子，恐越禮也；又欲以人臣之禮葬之，恐不足以表周公之功。狐疑之間，天爲雷雨以彰周公。古文家謂周公未死，居攝之時，管、蔡流言，成王狐疑於周公，天乃爲雷雨以警悟成王。二說不相同

〔一〕「先孫」二字，原本誤倒，今乙正。

也。此所言者，乃今文家説也。若去「葬」字，似成王不悦於周公而狐疑之，與古文家説相混殽矣。且下文申明其意云：「欲以天子禮葬公，公人臣也；欲以人臣禮葬公，公有王功。狐疑於葬周公之間，天大雷雨，動怒示變，以彰聖功。」則此文有「葬」字，殆無疑矣。**欲以天子禮葬公，公人臣也；欲以人臣禮葬公，公有王功。狐疑於葬周公之間，天大雷雨，動怒示變，以彰聖功。**臧氏經義雜記曰：「此今文尚書説。」大傳曰：「周公致政，封魯三年之後，周公老於豐，心不敢遠成王而欲事文、武之廟，然後周公卒，曰：『吾死必葬於成周。』示天下臣於成王。成王曰：『周公生欲事宗廟，死欲聚骨於畢。』畢者，文王之墓也。周公死，成王欲葬之於成周，天乃雷雨以風，禾盡偃，大木斯拔，國人大恐。王與大夫開金縢之書，執書以泣曰：『周公勤勞王家，予幼人，弗及知。』乃不葬於成周，而葬之於畢，示天下不敢臣，所以明有功，尊有德。」**古文家以武王崩，周公居攝，管、蔡流言，王意狐疑周公，周公奔楚，**盼遂案：據仲任此言，是古文尚書金縢篇「周公居東二年」，東者爲奔楚也。而史記以居東爲畢定諸侯，馬融言辟東都，鄭康成言出處東國，墨子耕柱言東處於商蓋，越絶書言出巡狩於邊，琴操言奔魯，傳聞不同。今案：流言時，商奄未滅，東都未營，未命伯禽爲公後，公歸無所，故知是奔楚也。譙周言：「史記由秦燔書，説金縢事，失其本末。」案：蒙恬時，秦未燔書。恬言周公奔楚，不容失其本末。又左傳昭公七年：「將如楚，夢襄公祖。」梓慎曰：『襄公之適楚也，夢周公祖而行。』子服惠伯曰：『先君未嘗適楚，故周公祖以道之。襄公適楚矣，而祖以道君。』」然則襄公曾適楚，故祖以導昭公，以見周公曾適楚，故祖以導襄公。不應梓愼、子服惠伯、蒙恬三周人説周事，反不如譙周也。史記魯世家云：「成王少時病，周公揃爪沈河祝神，藏册於府。及成王用事，人或譖周公。公奔楚。成王發府，見禱書，乃泣反公。」蒙恬列傳云：「成王有病，周公揃爪沈河，書藏記府。及成王治國，有賊臣言周公欲爲亂者，公走而奔於楚。」此記府禱書，與金縢祝册，自別爲一書，成王同時見之。史世家兩言見者，非也。（本條取癸巳類稿周公奔楚義。）故天雷雨，以悟成王。鄭曰：「武王崩，周公爲冢宰。三年服終，將欲攝政，管、蔡流言，即避居東都。成王多殺公之屬黨，公作鴟鴞之詩，救其屬臣，請勿奪其官位土地。及遭風雷之異，啓金縢之書，迎公來反，反乃居攝，後方始東征管、蔡。」（書疏。）中論智行篇：「武王崩，成王幼，周公居攝。管、蔡啓殷畔亂，周公誅之。成王不達，周公恐之。天乃雷電風雨，以彰周公之德，然後成王寤。」并古文説。師伏堂筆記二：「魯世家載奔楚事，或本蒙恬。論衡載古文説，葢出衛、賈古文。西漢以前，無避居東都説。毛詩雖古文，亦以『居東』即『東征』。」盼遂案：論衡列舉金縢兩説，而於後説斥爲古文家，則前説決爲今文家矣。史記魯世家紀此事，亦兩説並舉。而前漢人多從今文家説。（如伏生大傳、白虎通等。）惟孔安國本尚書止載管、蔡流言一事，鄭康成遵用之，後人遂以古文爲定説矣。夫一雷一雨之變，或以爲葬疑，或以爲信讒，二家未可審。且訂葬疑之説。

秋夏之際，陽氣尚盛，未嘗無雷雨也，顧其拔木偃禾，頗爲狀耳。狀，雨雷狀。經義雜記引「狀」上增「變」字，非。盼遂案：「狀」疑「奘」之脱譌，或即「壯」之形誤。當雷雨時，成王感懼，開金縢之書，見周公之功，執書泣過，自責之深。自責適已，天偶反風，書家則謂天爲周公怒也。千秋萬夏，不絶雷雨。苟謂雷雨爲天怒乎？是則皇天歲歲怒也。正月陽氣發泄，雷聲始動，秋夏陽至極而雷折。苟謂秋夏之雷舊校曰：一有「陽至極」字。爲天大怒，正月之雷天小怒乎？雷爲天怒，雨爲恩施。使天爲周公怒，徒當雷，不當雨。今〔雷〕雨俱至，盼遂案：「雨」上當有「雷」字。故下句言「天怒且喜乎。」上下文皆以雷雨連言，此不應獨偏舉也。惟雷且雨，故言俱。若一「雨」字，不得言「俱」也。天怒且喜乎？「雨」上脱「雷」字。經義述聞引增「雷」字，是也。「子於是日也，哭則不歌。」見論語述而篇。邢疏本無「也」字，皇本同此。鄭志引論語「哭」字亦屬下讀。周禮：「子、卯稷食菜羹。」禮記玉藻文。注：「忌日貶也。」疏：「紂以甲子死，桀以乙卯亡。以其無道被誅，後王以爲忌日。稷食者，食飯也。以稷穀爲飯，以菜爲羹而食之。」云出周禮，未聞。哀樂不並行。哀樂不並行，喜怒反并至乎？

秦始皇帝東封岱嶽，雷雨暴至。史記始皇紀：「二十八年，始皇上泰山，立石封祠祀。下，風雨暴至，休於樹下。」劉媪息大澤，雷雨晦冥。見史記高祖紀。始皇無道，自同前聖，治亂自謂太平，天怒可也。劉媪息大澤，夢與神遇，覩精也。是生高祖，何怒於生聖人而爲雷雨乎？堯時大風爲害，堯激大風於青丘之野。「激」，朱校元本、程本同。錢、黃、王、崇文本作「繳」，是也。淮南本經訓：「堯時九嬰大風皆爲民害，堯乃使羿繳大風於青丘之野。」注：「大風，風伯也，能壞人屋舍。繳遮使不爲害也。一曰：以繳繫矢射殺也。」海外東經：「青丘國在朝陽北。」逸周書王會解孔晁曰：「青丘，海東地名。」服虔注漢書司馬相如傳曰：「青丘國，在海東三百里。」舜入大麓，烈風雷雨。書今文說。見後正説篇。堯、舜世之隆主，何過於天，天爲風雨也？大旱，春秋雩祭；又董仲舒設土龍，以類招氣。如天應雩、龍，必爲雷雨。何則？秋夏之雨，與雷俱也。必從春秋、仲舒之術，則大雩、龍，求[怒]天〔怒〕乎？孫曰：「怒天」疑當作「天怒」。師曠奏白雪之曲，雷電下擊；鼓清角之音，風雨暴至。注感虛篇。苟爲盼遂案：「爲」與「謂」字通用。雷雨爲天怒，天何憎於白雪、清角，而怒師曠爲之乎？此雷雨之難也。

又問之曰：仲任問。「成王不以天子禮葬周公，天爲雷風，偃禾拔木。成王覺悟，執書泣過，天乃反風，偃禾復起。何不爲疾反風以立大木，必須國人起築之乎？」金縢曰：「二公命邦人凡大木所偃，盡起而築之。」今文「邦」作「國」。「築」，馬、鄭、王并作「筑」。（爾雅釋言：「筑，拾也。」鄭、馬、王訓作「拾」，則知本作「筑」。從王鳴盛說。）書疏引鄭、王說：「築，拾也。禾爲大木所偃者，起其木，拾下禾，無所亡失。」馬云：「築，拾也。」見釋文。是古文經作「筑」。「起筑」，謂「起其木，拾下禾」。古文說也。據仲任此文，則謂築大木，與鄭、馬、王說異。皮錫瑞曰：「此今文說也。」按：說文木部：「築，擣也。」釋名釋言語：「篤，築也，築堅實也。」是今文經作「築」。僞孔傳云：「木有偃拔，起而立之，築有其根。」即本此文。應曰：「天不能。」曰：「然則天有所不能乎？」應曰：「然。」難曰：仲任難。「孟賁推人，人仆；接人而起，接人立。當作「接人人立」，與「推人人仆」句法同。「而起接」三字涉上下文衍。盼遂案：「起」字蓋涉下文「不能復起」之「起」而衍。此文當是「孟賁推人而人仆，接人而人立」，傳鈔者傎亂之耳。天能拔木，不能復起，是則天力不如孟賁也。秦時三山亡，注說日篇。猶謂天所徙也。夫木之輕重，孰與三山？能徙三山，不能起大木，非天用力宜也。如謂三山非天所亡，然則雷雨獨天所爲乎？」

問（應）曰：「問曰」當作「應曰」，傳寫誤也。上文「難曰：孟賁推人人仆」云云，下文「難之曰：伊尹相湯伐夏」云云，并仲任詰難之詞，若此着「問曰」二字，則不知誰問。若謂仲任問，則上文「難曰」云云，於下無以應；下文「難之曰」云云，於義無屬，不得自言自難也。若謂或問，檢尋此文，乃自出旨意，并引經證，非問語也。且此篇凡著「問曰」者，仲任語也，不得獨以此「問曰」二字系之或問，使與全篇文例不合。上文仲任難，此乃或答，下文「難之曰」，又據此以難也。此篇以一難一應爲文，則此當作「應曰」，明矣。「天之欲令成王以天子之禮葬周公，以公有聖德，以公有王功。公羊僖三十一年傳注：「武王既沒，成王幼少，周公居攝，行天子事，制禮作樂，致太平，有王功。」**經曰：『王乃得周公死（所）自以爲功代武王之説。』**「死」，金縢作「所」，二字形近而誤，非異文也。臧氏經義雜記引改作「所」，是也。元本正作「所」，朱校同。陳壽祺曰：「古文『所』字，今文作『死』。」非也。金縢：「周公曰：『未可以戚我先王。』公乃自以爲功。」又云：「王與大夫盡弁，以啓金縢之書，乃得周公所自以爲功，代武王之説。」按：仲任讀「功」爲功德之「功」。順鼓篇曰：「成王開金縢之書，求索行事周公之功。」本篇上文云：「成王感懼，開金縢之書，見周公之功，執書泣過。」又下文云：「開匱得書，見公之功，覺悟泣過。」又云：「武王夢帝予其九齡，其天已予之矣，武王已得之矣，何須復請？周公因必效之夢，請之於天，功安能大乎？」并其證。史記周本紀云：「周公乃祓齋，自爲質，以代武王。」魯世家前作「質」，後作「功」。江聲、孫星衍并據史記謂「自以爲功」，言以身爲質也。按：訓「功」爲「質」者，蓋古文説。此文若訓「質」，則不可解。此蓋今文説也。皮錫瑞曰：「今文『功』作『質』。」豈歐陽、夏侯之異，故仲任與史公説不同歟？江聲曰：「得周公所藏請命册書，及命龜書。」盼遂案：「死」當爲「所」之誤。草書「所」爲「[illegible]」，與「死」形近故也。書金縢正作「所」。**今天動威，以彰周公之德也。」**「威」，朱校元本同。王本、崇文本誤「感」。

難之曰：「伊尹相湯伐夏，爲民興利除害，致天下太平。湯死，復相大甲。大甲佚豫，放之桐宮，攝政三年，乃退復位。孟子萬章上：「伊尹相湯，以王於天下。湯崩，太丁未立，外丙二年，仲壬四年，太甲顛覆湯之典刑，伊尹放之於桐。三年，太甲悔過，自怨自艾，於桐處仁遷義，三年，以聽伊尹之訓己也，復歸於亳。」鄭曰：（史殷紀集解。）「桐，地名也。有王離宮焉。」史公亦云：「桐宮。」並與仲任合。僞孔以爲湯葬地，非也。周公曰：『伊尹格于皇天。』見尚書君奭。格，至也。孫星衍曰：「湯得伊尹輔佐，成功，升配于天。」按：漢儒并謂伊尹也，孔彪碑云：「伊尹之休，格于皇天。」漢書王莽傳：「伊尹、周公咸有聖德，假于皇天。」可證。孫説非。江聲謂「升封於天」，亦非。謂伊尹功德升格皇天也。天所宜彰也。伊尹死時，天何以不爲雷雨？」應曰：「以百雨（兩）篇曰：先孫曰：「百雨」當作「百兩」。漢書儒林傳云：「世所傳百兩篇者，出東萊張霸，分析二十九篇以爲數十。又采左氏傳、書敍爲作首尾，凡百二篇。」（亦見後佚文篇。）『伊尹死，大霧三日。』」孫曰：御覽十五引帝王世紀云：「帝沃丁八年，伊尹卒，年百有餘歲。天霧三日。（暉按：水經泗水注、初學記二引并作「大霧三日」。「天」字誤。）沃丁葬以天子之禮，祀以太牢，親自臨喪三年，以報大德焉。」此謂伊尹病卒而大霧也。竹書紀年：「太甲元年，伊尹放太甲于桐，乃自立。七年，王潛出，自桐殺伊尹。天大霧三日，乃立其子伊陟、伊奮，命復其父之田宅，而中分之。」抱朴子良規篇云：「伊尹終於受戮，大霧三日。」（陸機豪士賦序云：「伊尹抱明允以嬰戮。」亦謂伊尹被戮。）此並謂伊尹被戮而大霧也。蓋百兩篇傳在民間，人習其説，侈張其辭。竹書本魏、晉間人僞撰，此亦襲舊説也。大霧三日，亂氣矣，廣韻十遇引元命包曰：「陰陽氣亂爲霧。」非天怒之變也。東海張霸造百雨（兩）篇，其言雖未可信，且假以問：先孫曰：「東海張霸」下十八字，審校文義，似是仲任自注之語。蓋此書本有自注，今本皆與正文淆亂，不可析別矣。暉按：先孫説非。此文不誤。書鈔一五一引作：「東海張霸造百兩篇曰：伊尹死，大霧三日。」盼遂案：此十八字爲上文百兩篇之附注。「天爲雷雨以悟成王，成王未開金匱，雷〔雨〕止乎？「雷」下脱「雨」字，下同。下文「已開金匱，雷雨止也」，與此正反爲文。又「由此言之，成王未覺悟，雷雨止也」，承此爲文。並作「雷雨」，是其證。已開金匱，雷雨乃止也？」應曰：「未開金匱，雷〔雨〕止也。開匱得書，見公之功，覺悟泣過，決以天子禮葬公。出郊觀變，皮錫瑞曰：「今文説，王出郊，爲郊祭，因郊祭止天變，遂賜魯郊。史記魯世家、洪範五行傳、白虎通封公侯篇、喪服篇、公羊僖三十一年傳解詁，其説皆同。仲任以出郊爲觀變，不以爲郊祭，三家異説不同。」按：竹書云：「秋大雷電以風，王逆周公于郊。」則亦以郊爲近郊，非郊祭也。但謂郊迎周公，又近古文説也。徐時棟煙嶼樓讀書志力闢郊祭之非，而信郊迎周公之説，於今古文進退無據。天止雨反風，宋本作「乃雨」，非也。古文「天乃雨」今文作「止雨」。説詳王氏經義述聞、皮氏今文尚書考證。禾盡起。由此言之，成王未覺悟，雷雨止矣。」難曰：「伊尹〔死〕，霧三日。孫曰：「伊尹」下，脱「死」字。天何不三日雷雨，須成王覺悟乃止乎？須，待也。太戊之時，桑穀生朝，七日大拱。太戊思政，桑穀消亡。注異虚篇。宋景公時，熒〔惑〕守心，孫曰：「熒」下脱「惑」字。出三善言，熒惑徙舍。注變虚篇。使太戊不思政，景公無三善言，桑穀不消，熒惑不徙。此與變虛、異虛之旨相背。何則？災變所以譴告也，所譴告未覺，災變不除，天之至意也。此又與譴告、自然之旨相違。易稽覽圖曰：「凡異所生，災所起，各以政變之則除。其不可變，則施之亦除。」鄭玄注云：「改其政者，謂失火令，則行水令；失土令，則行木令；失金令，則行火令，則災除去也。不可變，謂殺賢者也。施之者，死者不可復生，封禄其子孫使得血食，則災除也。」（後書郎顗傳注。）今天怒爲雷雨，以責成王，成王未覺，雨雷之息，何其早也？」

又問曰：「禮，諸侯之子稱公子，諸侯之孫稱公孫，見儀禮喪服傳。「諸侯之孫」作「公子之子」，義同。皆食采地，殊之衆庶。何則？公子公孫，親而又尊，得體公稱，又食采地，名實相副，猶文質相稱也。天彰周公之功，令成王以天子禮葬，何不令成王號周公以周王，副天子之禮乎？」應曰：「王者，名之尊號也，人臣不得名也。」難曰：「人臣猶得名王，禮乎？「王」，元本作「大」，朱校同。「猶得」二字空缺。按：此文難通，疑有脱誤。武王伐紂，下車追王大王、王季、文王。禮記大傳曰：「牧之野，武王之大事也。既事而退，柴於上帝，祈於社，設奠於牧室。遂率天下諸侯，執豆籩，逡奔走，追王大王亶父、王季歷、文王昌。不以卑臨尊也。」逸周書世俘解：「王烈祖自太王、太伯、虞公、王季、文王、邑考，以列升。」（張惠言曰：「追王太王、王季、文王，以太伯、虞公、邑考配也。」）孔叢子居衛篇申祥問曰：

「殷人有契至湯而王，周人自棄至武王而王。周，譽之後也。周人追王太王、王季、文王，而殷人獨否，何也？」並與仲任説同，皆謂文王是追王。獨中庸云：「武王未受命，周公成文、武之德，追王太王、王季。」似文王已自稱王，故追王不及之。其實不然。説詳劉氏愈愚録卷二。三人者，諸侯，亦人臣也，以王號加之。何爲獨可於三王，不可於周公？天意欲彰周公，豈能明乎？豈以王迹起於三人哉？鄭志答趙商問曰：「曲禮：『已孤暴貴，不爲父作謚。』而武王即位，追王太王、王季、文王，改謚爵，何也？」答曰：「周道之基，隆於二代，功德由之，王迹興焉。凡爲人父，豈能盡賢乎？若夏禹、殷湯，則不追謚耳。」然而王功亦成於周公。江起岷山，流爲濤瀨。相濤瀨之流，相，視也。孰與初起之源。秬鬯之所爲到，白雉之所爲來，並注異虛篇。三王乎？周公也？「公」下舊校曰：一有「乎」字。周公功德盛於三王，不加王號，豈天惡人妄稱之哉？周衰，六國稱王，齊、秦更爲帝，齊湣王爲東帝。秦昭王爲西帝。當時天無禁怒之變。周公不以天子禮葬，天爲雷雨以責成王，何天之好惡不純一乎？」

又問曰：「魯季孫賜曾子簀，曾子病而寢之。童子曰：『華而睆者，大夫之簀。』而曾子感慙，命元易簀。檀弓上：「曾子寢疾病，樂正子春坐於牀下，曾元、曾申坐於足，童子隅坐而執燭。童子曰：『華而睆，大夫之簀與？』子春曰：『止。』曾子聞之，瞿然曰：『呼。』曰：

『華而睆，大夫之簀與？』曾子曰：『然。斯季孫之賜也，我未之能易也，元起易簀！』曾元曰：『夫子之病，革矣，不可以變，幸而至於旦，請改易之。』曾子曰：『爾之愛我也，不如彼。君子之愛人也以德，細人之愛人也以姑息，吾何求哉？吾得正而斃焉，斯已矣。』舉扶而易之，反席未安而没。」注：「元，曾參之子。華，畫也。簀謂牀笫也。説者以睆爲刮節目。字或爲刮。」蓋禮，大夫之簀，士不得寢也。今周公，人臣也，以天子禮葬，魂而有靈，將安之不也？」「而」猶「若」。「不」讀「否」。應曰：「成王所爲，天之所予，何爲不安？」難曰：「季孫所賜大夫之簀，豈曾子之所自制乎？何獨不安乎？子疾病，子路遣門人爲臣。病間，曰：『久矣哉，由之行詐也！無臣而爲有臣。吾誰欺？欺天乎？』見論語子罕篇。集解鄭曰：「孔子嘗爲大夫，故子路欲使弟子行其臣之禮也。」孔曰：「病少差曰間。」孔子罪子路者也。「罪」，元本作「非」，朱校同。己非人君，舊校曰：一有「也」字。盼遂案：「也」字宜在「君」下。舊校云：「一有也字。」所見乃未誤本。子路使門人爲臣，非天之心，而妄爲之，是欺天也。周公亦非天子也，以孔子之心況周公，周公必不安也。季氏旅於太山，孔子曰：『曾謂泰山不如林放乎？』見論語八佾篇。集解馬曰：「旅，祭名也。禮，諸侯祭山川在其封内者也。今陪臣祭泰山，非禮也。」包曰：「神不享非禮，林放尚知問禮，泰山之神反不如林放耶？欲誣而祭之也？」鄭曰：「林放，魯人也。」以曾子之細，猶却非禮，周公至聖，豈安天子之葬？曾謂周公不如曾子乎？由此原之，周公不安也。大人與天地合德，周公不安，天亦不安，何故爲雷雨以責成王乎？」

又問曰：「死生有命，富貴在天。武王之命，何可代乎？」應曰：「九齡之夢，天奪文王年以益武王。禮記文王世子：「文王謂武王曰：『女何夢矣？』武王對曰：『夢帝與我九齡。』文王曰：『古者謂年齡，齒亦齡也。我百，爾九十，吾與爾三焉。』文王九十七乃終，武王九十三而終。」克殷二年之時，九齡之年未盡，詩豳譜疏引鄭曰：「文王十五生武王，九十七而終，終時武王年八十三矣；於文王受命爲七年。後六年伐紂，後二年有疾，疾瘳後二年崩，崩時年九十三矣。」律曆志曰：「文王十五而生武王，受命九年而崩，崩後四年而武王克殷，克殷之歲，八十六矣。」與鄭説相差三年，未知仲任何居。武王不豫，「不豫」注福虚篇。則請之矣。書疏引鄭曰：「周公內知武王有九齡之命，又有文王曰『吾與爾三』之期，今必瘳，不以此終。」與此因有九齡之夢則請之説相合。人命不可請，獨武王可。非世常法，故藏於金縢；不可復爲，故掩而不見。」難曰：「九齡之夢，武王已得文王之年未？」應曰：「已得之矣。」難曰：「已得文王之年，命當自延。克殷二年，雖病猶將不死，周公何爲請而代之？」應曰：「人君爵人以官，儀禮士冠禮：「以官爵人。」疏曰：「爵者，位次高下之稱也。」議定，未之即與，曹下案目，然後可諾。天雖奪文王年以益武王，猶須周公請，乃能得之。命數精微，非一卧之夢所能得也。」應曰：「九齡之夢能得也。」此九字不當有。本篇以一難一應爲文。此以兩「應曰」相次，文殊不通。疑是注語，誤入正文。原作「非九齡之夢所能得也」。以「九齡之夢」釋「一卧之夢」，羼入正文後，淺人則妄改之。盼遂案：此九字衍文。蓋係讀是書者於上文「應曰：人君爵人以官」一段之撮要語誤羼正文也，亟宜刊去。難曰：「九齡之夢，文王夢與武王九齡，據文王世子，武王夢，非文王也。文王曰：「我百，爾九十，吾與爾三焉。」非與武王九齡也。此説訛誤。武王夢帝予其九齡，其天已予之矣，武王已得之矣，何須復請？人且得官，先夢得爵，其後莫舉，謂無薦者。猶自得官。何則？兆象先見，其驗必至也。古者謂年爲齡，已得九齡，猶人夢得爵也。周公因必效之夢，請之於天，功安能大乎？」羅泌路史發揮四夢齡篇謂王充不信金縢之事，而信九齡之説，非也。

又問曰：「功無大小，德無多少，人須仰恃賴之者，廣雅釋詁：「賴，仰恃也。」則爲美矣。使周公不代武王，武王病死，周公與成王而致天下太平乎？」「而」讀「能」。應曰：「成事，周公輔成王而天下不亂。使武王不見代，遂病至死，周公致太平何疑乎？」難曰：「若是，武王之生無益，其死無損，須周公功乃成也。周衰，諸侯背畔，管仲九合諸侯，一匡天下。孔子曰：『微管仲，吾其被髮左衽矣。』見論語憲問篇。使無管仲，不合諸侯，夷狄交侵，中國絶滅，此無管仲有所傷也。程量有益，管仲之功，偶於周公。管仲死，桓公不以諸侯禮葬，以周公況之，天亦宜怒，微雷薄雨不至，何哉？豈以周公聖而管仲不賢乎？ 盼遂案：章士釗云：「不爲衍字。」是也。夫管仲爲反坫，有三歸，孔子譏之，以爲不賢。 論語八佾篇：「子曰：『管仲之器小哉！』或曰：『管仲儉乎？』曰：『管氏有三歸，官事不攝，焉得儉乎？』曰：『然則管仲知禮乎？』曰：『邦君爲兩君之好，有反坫，管氏亦有反坫，管氏而知〔一〕禮，孰不知禮也？』」翟灝曰：「禮記、韓非子、論衡所識譏管之語，均與論語不同。」按：禮記雜記云：「孔子曰：管仲旅樹而反坫，賢大夫也，而難爲上。」韓非子外儲說左下：「管仲父庭有陳鼎，家有三歸。孔子曰：良大夫也，其侈逼上。」正與此文謂譏管仲僭禮說同。 論語謂「小器」，此云「不賢」者，管子中匡篇曰：「施伯謂魯侯曰：管仲者，天下之賢人也，大器也。」故此文於論語小器，變言「不賢」。過庭録據史記管晏傳贊及新序雜事篇，謂「小器」乃孔子惜其遇桓公至於伯而不能以王，非也。若惜其不能以王，則不當以反坫、三歸譏之。反坫、三歸，諸侯之禮； 集解包曰：「三歸者，娶三姓女也。婦人謂嫁爲歸。」鄭曰：「反坫，反爵之坫也，在兩楹之間。若與鄰國君爲好會，其獻酢之禮，更酌，酌畢，則各反爵於坫上。」皇疏：「禮：諸侯一娶，三國九女。以一大國爲正夫人。正夫人之兄弟女一人，又夫人之妹一人，謂之姪娣，隨夫人來，爲妾。又二小國之女來媵，媵亦有姪娣自隨。既每國三人，三國故九人也。大夫婚

〔一〕「知」，原本作「能」，據論語改。

不越境，但一國娶三女，以一爲正妻，二人姪娣，從爲妾也。管仲是齊大夫，而一娶三國九人，故云有三歸也。」按：此云「諸侯之禮」，是亦謂三歸爲娶三國女也。後儒據管子、晏子、韓非子、説苑謂三歸爲臺名、地名，又謂臺即府庫之屬，并與此義不合。論語發微曰：「包氏説，是魯論所傳。時説苑未出，韓非子及晏子春秋俱未顯，説經家皆不用，故班氏作漢志（地理志。）亦云『取三歸』。説本戰國策。（周策。）」然則仲任亦本魯論舊説也。敬孚類稿曰：説苑善説篇以三歸爲臺名，朱子本之。劉向乃本國策周文君事，而誤以三歸繫于築臺之下，故以爲臺名。何晏、國策、韓非、晏子、史、漢并不然。天子禮葬，王者之制，皆以人臣，俱不得爲。大人與天地合德，孔子，大人也，譏管仲之僭禮；皇天欲周公之侵制，非合德之驗，書家之説，未可然也。」

以見鳥跡而知爲書，見蜚蓬而知爲車，天非以鳥跡命倉頡，以蜚蓬使奚仲也。奚仲感蜚蓬，而倉頡起鳥跡也。注謝短篇。晉文反國，命徹麋墨，舅犯心感，辭位歸家。吳曰：韓非子外儲説左上云：「文公反國，至河，令手足胼胝、面目黧黑者，後之。咎犯聞而夜哭，再拜而辭。」此云「麋墨」者，「麋」假爲「黴」，麋、黴同部，聲近。淮南子説山篇云：「文公棄荏席，後黴黑，咎犯辭歸。」「麋墨」即「黴黑」也。暉按：説苑復恩篇亦作「黧黑」。麋黑謂人顏色。淮南高、許注謂卧席之黑，非是。夫文公之徹麋墨，非欲去舅犯；舅犯感慙，自同於麋墨也。宋華臣弱其宗，臣侵易其兄子臯比之室。華臣，華元之子。使家賊六人，以鈹殺華吳於宋命合左師之後。吳曰：此約左氏襄十七年傳文。傳曰：「殺諸盧門合左師之後。」杜解：「盧門，宋城門。合，向戌邑。後，屋後。」此文作「殺華吳於宋命合左師之後」，「命」字即「合」字之誤而衍。華吳，皋比家宰。左師，向戌也。洪亮吉左傳詁曰：「鈹，劍屬。」左師懼曰：「老夫無罪。」其後左師怨咎華臣，華臣備之。國人逐瘈狗，洪亮吉曰：「說文：『狾，狂犬也。』春秋傳曰：狾犬入華臣氏之門。』案：今本作『瘈』。說文：『瘈，小兒瘈，瘲病也。』此非其義。當從『狾』爲是。漢書五行志及字林亦皆作『狾』。廣雅：『狾，狂也。』與說文同。呂覽胥時篇：『鄭子陽之難，狾狗潰之。』義亦同。」然則論衡此文，後人據左傳妄改也。瘈狗入華臣之門。吳曰：傳曰「瘈狗入於華臣氏」。此作「瘈狗入於華臣之門」。臧琳經義雜記云：「說文引春秋傳曰：『狾狗入於華臣氏之門。』論衡與說文同有『之門』二字。」華臣以爲左師來攻己也，踰墻而走。夫華臣自殺華吳而左師懼，國人自逐瘈狗而華臣自走，成王之畏懼，猶此類也。心疑於不以天子禮葬公，卒遭雷雨之至，則懼而畏過矣。夫雷雨之至，天未必責成王也。雷雨至，成王懼以自責也。夫感則蒼頡、奚仲之心，懼則左師、華臣之意也。懷嫌疑之計，遭暴至之氣，以類之驗見，則天怒之效成矣。見類驗於寂漠，猶感動而畏懼，況雷雨揚軒（軯）䡾之聲，「軒」當作「軯」。說詳雷虛篇。「䡾」，鄭本作「⿰車益」，是也。盼遂案：章士釗云：「軒當爲軯之誤。軯䡾，震雷聲也。」成王庶幾能不怵惕乎？迅雷風烈，孔子必變。禮，君子聞雷，雖夜，衣冠而坐，所以敬雷懼激氣也。注雷虛篇。聖人君子，於道無嫌，然猶順天變動，況成王有周公之疑，「有」下疑脱「葬」字。古文家謂「王意狐疑周公」，今文家以爲「狐疑於葬周公」。此篇只訂葬疑之説，此文當言「成王有葬周公之疑」。今脱「葬」字，則與古文説相混。聞雷雨之變，安能不振懼乎？「振」讀「震」。然則雷雨之至也，殆且自天氣；成王畏懼，殆且感物類也。

夫天道無爲。如天以雷雨責怒人，則亦能以雷雨殺無道。古無道者多，可以雷雨誅殺其身，必命聖人興師動軍，頓兵傷士。難以一雷行誅，難，重難也。輕以三軍尅敵，何天之不憚煩也？或曰：「紂父帝乙，射天毆地，游涇（河）、渭之間，雷電擊而殺之。「涇、渭」當作「河、渭」。史記殷本紀：「帝武乙無道，爲偶人，謂之天神。與之搏，令人爲行。天神不勝，乃僇辱之。爲革囊，盛血，仰而射之，命曰射天。武乙獵於河、渭之間，暴雷，武乙震死。」即此文所本。竹書：「武乙三十五年畋于河、渭，大雷震死。」史記封禪書索隱：「武乙射天，後獵於河、渭而震死。」並作「河、渭」，是其證。又按：此謂「紂父帝乙」，非也。武乙後有太丁，有帝乙，方及紂。是雷擊死乃紂曾祖武乙，非紂父帝乙。郊祀志曰：「武丁後五世，帝乙嫚神而震死，後三世，帝紂淫亂。」雖言「帝乙」，（封禪書作「帝武乙」，前漢紀二四亦作「帝乙」。）而其世系不誤。仲任蓋因武乙譌爲帝乙，而誤謂紂父也。梁玉繩瞥記亦辯之。斯天以雷電誅無道也。」

帝乙之惡，孰與桀、紂？鄒伯奇案書篇云：「東番人。」著有元思及檢論，見案書、對作篇。錢大昕養新録十二云：「太平御覽引鄒子曰：『朱買臣孜孜脩學，不知雨之流麥。』（按：見御覽十。）伯奇豈即鄒子之字耶。」王應麟亦謂漢時别有鄒子。論桀、紂惡恢國篇「惡」上有「之」字。不如亡秦，亡秦不如王莽，然而桀、紂、秦、莽之地（死），「地」，朱校元本作「死」，是也。當據正。不以雷電。盼遂案：「地」當爲「死」，形近而誤。此句應上文「雷電擊殺帝乙」而言也。孔子作春秋，采毫毛之善，貶纖介之惡，采善不踰其美，貶惡不溢其過。責小以大，夫人無之。「夫」，元本作「天」，朱校同。成王小疑，天大雷雨。如定以臣葬公，其變何以過此？洪範稽疑，稽，考也。疑事考之於蓍龜。不悟災變者，人之才不能盡曉，天不以疑責備於人也。成王心疑未決，天以大雷雨責之，殆非皇天之意。書家之説，恐失其實也。

齊世篇

須頌篇云："今上（章帝）即命，未有褒載，故有齊世、宣漢、恢國、驗符。"盼遂案：篇首云："聖人之德，前後不殊，則其治世，古今不異。上世之天，下世之天也。上世之民，下世之民也。"此數語是齊世命名之義。

語稱上世之人，侗長佼好，侗亦長也。注氣壽篇。說文："姣，好也。""佼"，假字。堅强老壽，百歲左右；此儒者之說。見氣壽篇。下世之人，短小陋醜，夭折早死。洪範鄭注：（史宋世家集解。）"未冠曰短，未婚曰折。"大戴禮盛德篇："聖王之盛德，人民不疾。"韓詩外傳三："太平之時，無瘖、㾓、跛、眇、尪、蹇、侏儒、折短。"董仲舒曰："堯、舜行德，則民仁壽；桀、紂行暴，則民鄙夭。"何則？上世和氣純渥，婚姻以時，人民禀善氣而生，生又不傷，骨節堅定，故長大老壽，狀貌美好。下世反此，故短小夭折，形面醜惡。此言妄也。

夫上世治者，聖人也；下世治者，亦聖人也。聖人之德，前後不殊，則其治世，古今不異。上世之天，下世之天也，天不變易，氣不改更。上世之民，下世之民也，俱禀元氣。後漢書郎顗傳注："元謂天。春秋演孔圖曰：『正氣爲帝，間氣爲臣，宫商爲佐，秀氣爲民。』"元氣純和，古今不異，則禀以爲形體者，何故不同？夫禀氣等，則懷性均；

懷性均，則形體同；形體同，則醜好齊；醜好齊，則夭壽適。一天一地，並生萬物。萬物之生，俱得一氣。氣之薄渥，萬世若一。帝王治世，百代同道。人民嫁娶，同時共禮，雖言男三十而娶，女二十而嫁，法制張設，未必奉行。周禮地官媒氏：「令男三十而娶，女二十而嫁。」王肅、（見媒氏賈疏。）譙周、范寧（見穀梁文十二年傳。）皆以三十、二十之限爲不然。仲任謂「未必奉行」，蓋意亦與同。何以效之？以今不奉行也。禮樂之制，存見於今，今之人民，肯行之乎？今人不肯行，古人亦不肯舉。以今之人民，知古之人民也。

〔人，物也〕；物，亦物也。孫曰：當作「人，物也；物，亦物也」，脱「人物也」三字。下文以物形不異證人形不異，故此云：「人，物也；物，亦物也。」若作「物亦物也」，則文義無所屬矣。蓋人與物本無異也。仲任屢用此語。論死篇云：「人，物也；物，亦物也。」四諱篇云：「人，物也；子，亦物也。」並其證。人生一世，壽至一百歲。生爲十歲兒時，所見地上之物，生死改易者多。下文言「無以異」，此不當言「改易者多」，疑有誤。至於百歲，臨且死時，所見諸物，與年十歲時所見，無以異也。使上世下世，民人無有異，使，若也。「無」字衍。下文「使氣有異」，句例同。則百歲之間，足以卜筮。句難通。六畜長短，五穀大小，昆蟲草木，金石珠玉，蜎蜚蠕動，「蜎」當作「鵑」。爾雅釋蟲：「蜎，蠉，井中小赤蟲也。」說文：「蜎，肙也。」肉部云：「肙，小蟲也。」「肙」、「蜎」古今字。則「蜎」與「蜚」義不相屬。淮南本經訓：「翾飛蠕動。」（今譌作「蠉」，從類聚十一引。）說文：「翾，小飛也。」「翾」或作「鵑」。此文「鵑」誤作「蜎」，淮南「翾」誤作「蠉」，正其比。一曰：「蜎」、「鵑」字通。元命包、（文選頭陀寺碑注。）陸賈新語、白虎通並作「蜎」。吳禪國山碑作「蠉」。**蚑行喙息，**王念孫曰：「蚑者，行貌也。喙者，息貌也。謂蚑蚑而行，喙喙而息。廣雅：『喘，喙，息也。』喙息，猶言喘息。」**無有異者，此形不異也。古之水火，今之水火也。今氣爲水火也，使氣有異，則古之水清火熱，而今水濁火寒乎？**

人生長六七尺，大三四圍，面有五色，周禮天官疾醫注：「五色，面貌青赤黃白黑也。」**壽至於百，萬世不異。如以上世人民，侗長佼好，堅彊老壽，下世反此，則天地初立，始爲人時，長可如防風之君，**注語增篇。**色如宋朝，**論語雍也篇：「宋朝之美。」左定十四年傳注：「朝，宋公子，舊通于南子。」**壽如彭祖乎？**注道虛篇。**從當今至千世之後，人可長如莢英，色如嫫母，**注逢遇篇。**壽如朝生乎？**朝生謂朝蜏，朝生暮死之蟲也。生水上，狀似蠶蛾。**王莽之時，長人生長一丈，名曰霸出。**先孫曰：漢書王莽傳云：「有奇士，長丈，大十圍，自謂巨毋霸，出於蓬萊東南，五城西北昭如海濱。」「出」下疑有捝文。**建武年中，潁川張仲師長一（二）丈（尺）二寸。**孫曰：御覽三七八引纂文云：「漢光武時，潁川張仲師長二尺二寸。」注云：「亦出王充論衡。」纂文所云「二尺二寸」，疑有脫文。暉按：初學記十九短人類引何承天纂文曰：「漢光武時，潁川張仲師長二尺。」此文「一丈」二字，當據改作「二尺」。御覽引纂文注云：「亦出論衡。」明其文相同。初學記引入短人類，則不得作「一丈」，明矣。作「二尺」者，省「二寸」二字耳。御覽引作「二尺二寸」不誤。下文云：「俱在今世，或長或短。」短即指張仲師也。續博物志三云：「長二寸。」殊不近理。當有誤。梁書劉杳傳：「沈約曰：『何承天纂文載張仲師事，此何所出？』杳曰：『仲師長尺二寸，出論衡。』約取書檢按，一如杳言。」南史劉懷珍傳同。又疑原作「一尺二寸」。**張湯八尺有餘，其父不滿五尺。**亦見講瑞篇。**俱在今世，或長或短，儒者之言，竟非誤也。**盼遂案：「非」疑爲「大」，形近而誤。**語稱上世使民以宜，傴者抱關，侏儒俳優。**傴，背僂也。抱關，守門者。侏儒，短人。俳優，倡戲也。禮記王制：「瘖、聾、跛、躃、斷者、侏儒、百工，各以其器食之。」注：「器，能也。」晉語：「戚施植鎛，蘧除蒙璆，侏儒扶廬，矇瞍循聲，聾聵司火，其童昏嚚瘖僬僥官司所不材，宜於掌土。」淮南齊俗訓：「伊尹之興土功也，修脛者使之跖钁，强脊者使之負土，眇者使之凖，傴者使之塗，各有所宜，而人性齊矣。」並爲使民以宜之說。**如皆侚長佼好，安得傴、侏之人乎？**

語稱上世之人，質朴易化；下世之人，文薄難治。故易曰：「上古之時，結繩以治，後世易之以書契。」見易繫辭。**先結繩，易化之故(效)；後書契，難治之驗也。**「故」當爲「效」字形誤。本書多以「效」、「驗」對言。譴告篇：「豈道同之效、合德之驗哉？」薄葬篇：「儒家無無知之驗，墨家有有知之效。」故夫宓犧之前，人民至質朴，卧者居居，坐者于于，注自然篇。羣居聚處，知其母不識其父。至宓犧時，人民頗文，知欲詐愚，勇欲恐怯，彊欲凌弱，衆欲暴寡，故宓犧作八卦以治之。書鈔歲時部引尸子曰：「伏羲始畫八卦，别八節，而化天下。」白虎通號篇曰：「古之時，未有三綱六紀，民人但知其母，不知其父，能覆前而不能覆後。卧之詓詓，起之吁吁，飢即求食，飽即棄餘，茹毛飲血，而衣皮葦。於是伏羲仰觀象於天，俯察法於地，因夫婦，正五行，始定人道，畫八卦，以治天下，（「天」字今本脱，依惠定宇校增。下同。）天下伏而化之。」至周之時，人民文薄，八卦難復因襲，故文王衍爲六十四首，盼遂案：「首」猶「耑」也，章也。「六十四首」，六十四章也。左傳魯襄公二十三年：「季孫召外史掌惡臣，而問盟首焉。」杜注：「盟首，載書之章首也。」史記田儋傳：「蒯通論戰國之權變爲八十一首。」後世復以詩一章或文一章爲一首。則此六十四首，非僅言重卦而已，殆斥卦辭爲説也。極其變，使民不倦。白虎通五經篇：「文王所以演易何？商王受不率仁義之道，失爲人法矣，己之調和陰陽尚微，故演易所以使我得卒至于太平，日月之光明則如易矣。」至周之時，人民久薄，孫曰：「久薄」當作「文薄」，「文」、「久」形近之譌。人民文薄者，言人民浮蕩無質朴之風也。上文云：「上世之人，質朴易化，下世之人，文薄難治。」又云：「至周之時，人民文薄。」下文云：「孔子知世浸弊，文薄難治。」又云：「下世何以文薄。」又云：「則謂上世質朴，下世文薄矣。」又云：「然而於質朴文薄之語者。」又云：「世人見當今之文薄也。」又云：「下世文薄。」對作篇云：「周道不弊，則民不文薄；民不文薄，則春秋不作。」並其切證。暉按：若作「文薄」，則與上文「至周之時，人民文薄」義複。承上爲文，故云「久薄」。疑今本不誤。前言「文薄」，後言「久薄」，相較之詞也。白虎通崩薨篇曰：「夏、殷彌文，齊之以器械；至周大文，緣夫婦生時同室，死同葬之。」其立文正同。故孔子作春秋，采毫毛之善，貶纖介之惡，稱曰：「周監於二代，郁郁乎文哉！吾從周。」見論語八佾篇。論語發微曰：「春秋王者繼文王之體，守文王之法度。（公羊文九年傳。）隱元年春王正月，傳曰：『王者孰謂，謂文王也。』何休說：『以上繫王於春，知謂文王也。文王，周始受命之王，天之所命，故上繫天端。方陳受命制正月，故假以爲王法。不言謚者，法其生不法其死，與後王共之，人道之始也。』按：此知春秋雖據魯新周，然必託始於文王，故孔子曰：『文王既没，文不在兹乎。』以是知『周監於二代，郁郁乎文哉』，謂文王之法度也。自杞、宋不足徵，乃據魯作春秋；魯，周公之後。周公成文、武之德，而制作明備，孔子從而損益之，故曰『從周』。從周者，即監二代之義，謂將因周而損益之也。」按：此文以孔子作春秋與文王衍易并爲救世文薄以極其變，下引「吾從周」之言，則其義當如宋氏發微説也。孔子知世浸弊，文薄難治，故加密致之罔，設纖微之禁，檢狎（柙）守持，先孫曰：「狎」當爲「柙」。法言君子篇云：「蠢迪檢柙。」李注：「檢柙，猶隱括也。」（説文木部云：「柀，檢柙也。」）暉按：隱栝，矯制衺曲之器也，假作「隱括」。後漢書仲長統傳注：「檢柙，謂規矩也。」義同。盼遂案：「檢狎」當爲「檢押」，漢人常語。揚雄法言君子敍目：「蠢迪檢柙。」李軌注：「檢柙，猶隱括也。」漢書雄傳顔注同。「檢柙」與「守持」文義一致。備具悉極。此言妄也。

上世之人，所懷五常也；下世之人，亦所懷五常也。俱懷五常之道，共稟一氣而生，上世何以質朴？下世何以文薄？彼見上世之民，飲血茹毛，無五穀之食，後世穿地爲井，耕土種穀，飲井食粟，有水火之調；又見上古巖居穴處，衣禽獸之皮，後世易以宮室，有布帛之飾，則謂上世質朴，下世文薄矣。

夫器業變易，性行不異，然而有質朴、文薄之語者，世有盛衰，衰極久有弊也。譬猶衣食之於人也，初成鮮完，始熟香潔，少久穿敗，連日臭茹矣。文質之法，古今所共。一質一文，一衰一盛，古而有之，非獨今也。何以效之？傳曰：「夏后氏之王教以忠。上教以忠，君子忠，其失也，小人野。鄭玄曰：「忠，質厚也。野，小禮節也。」救野莫如敬，殷王之（王）教以敬。當作「殷之王教以敬」，與上下文一律。白虎通三教篇作「殷人之王教以敬」，可證。「之王」二字誤倒。盼遂案：據上文「夏后氏之王」，下文「周之王」例，則此句應是「殷之王教以敬」。（見史記高祖紀集解。下同。）上教用敬，君子敬，其失也，小人鬼。鄭玄曰：「多威儀，如事鬼神。」救鬼莫如文，故周之王教以文。上教以文，君子文，其失也，小人薄。鄭玄曰：「文，尊卑之差也。薄，苟習文法，無悃誠也。」救薄莫如忠。」孫曰：此引傳説三教，出於史記高帝紀贊及元命苞。史記「薄」作「僿」。徐廣曰：「僿」一作「薄」。索隱曰：鄒本作「薄」。仲任所見與鄒本同。表記疏引元命包「薄」作「蕩」。蕩、薄義相近也。暉按：説苑修文篇、白虎通三教篇亦有此文。承周而王者，當教以忠。夏所承唐、虞之教薄，故教以忠。唐、虞以文教，則其所承有鬼失矣。世人見當今之文薄也，狎侮非之，則謂上世朴質，下世文薄，猶家人子弟不謹，則謂他家子弟謹良矣。

語稱上世之人，重義輕身，遭忠義之事，得己所當赴死之分明也，則必赴湯趨鋒，死不顧恨。故弘演之節，注儒增篇。陳不占之義，韓詩外傳：（御覽四一八引，今本佚。）「崔杼殺莊公，陳不占聞君難，將死之。食則失哺，上車失軾。僕曰：『雖往，其有益乎！』不占曰：『死君，義也，無勇，私也，不以私害公。』遂往，聞戰鬬之聲，遂駭而死。」亦見新序義勇篇。行事比類，行事，故事也。書籍所載，亡命捐身，衆多非一。今世趨利苟生，棄義妄得，不相勉以義，不相激以行，義廢身不以爲累，行隳事不以相畏。此言妄也。

夫上世之士，今世之士也，俱含仁義之性，則其遭事，並有奮身之節。古有無義之人，今有建節之士，善惡雜廁，何世無有？述事者好高古而下今，貴所聞而賤所見。辨士則談其久者，文人則著其遠者。近有奇而辨不稱，今有異而筆不記。若夫琅邪兒子明，歲敗之時，兄爲飢人所（欲）食，「所」當作「欲」。「爲飢人所食」，則已食矣，與下文「兩舍不食」，義相乖戾。意林引作「兄曾爲飢人欲食」，當據正。自縛叩頭，代兄爲食。餓（飢）人美其義，上文言「飢人」，此不當變言「餓人」。意林引作「飢人善其義」，當據正。兩舍不食。孫曰：後漢書趙孝傳：「齊國兒萌子明，梁郡車成子威二人，兄弟並見執於赤眉，將食之，萌、成叩頭，乞以身代，賊哀而兩釋焉。」暉按：東觀漢記：「倪萌字子明，齊國臨淄人。孝友敦篤，不好榮貴，常勤身田農。遭歲倉卒，兵革并起，人民饑餓，相啖。與兄俱出城採疏，爲赤眉賊所得，欲殺啖之。萌詣賊叩頭，言兄年老羸瘠，不如萌肥健，願代兄。賊義而不啖，命歸求豆來贖兄。萌歸，不能得豆，復自縛詣賊，賊遂放之。」此云琅邪人，蓋以與臨淄處地甚近而誤。兄死，收養其孤，愛不異於己之子。歲敗穀盡，不能兩活，餓殺其子，活兄之子。臨淮許君叔周廣業意林注：「名荊。」按：許荊見後漢書循吏傳。字少張，會稽陽羨人。周説誤也。亦養兄孤子，歲倉卒之時，餓其親子，活兄之子，與子明同義。會稽孟章父英，爲郡決曹掾。郡將撾殺非辜，事至覆考。英引罪自予，卒代將死。章後復爲郡功曹，從役攻賊，兵卒比敗，錢、黄、王、崇文本作「北敗」。爲賊所射，以身代將，卒死不去。御覽四二一引會稽典録：「孟英字公房，上虞人，爲郡掾史。王憑坐罪未應死，太守下縣殺憑。憑家詣闕稱寃，詔書下州檢栲。英出定文書，悉著英名。楚毒慘至，辭色不變。言太守病，不關衆事，英以冬至日入占病，因竊印以封文書，下縣殺憑，非太守意也。繫歷冬夏，肉皆消爛，遂不食而死。」三國志吴志虞翻傳注引會稽典録：「決曹掾上虞孟英三世死義。」此弘演之節、陳不占之義何以異？當今著文書者，肯引以爲比喻乎？ 比喻之證，上則求虞、夏，下則索殷、周，秦、漢之際，功奇行殊，猶以爲後，又況當今在百代下，言事者目親見之乎？

畫工好畫上代之人，秦、漢之士，功行譎奇，不肯圖今世之士者，盼遂案：「不肯圖」三字宜重書。此本以「秦、漢之士，功行譎奇，不肯圖」爲句，「不肯圖今世之士者」爲句。上文「秦、漢之際，功奇行殊，猶以爲後，」知當時畫工，以秦、漢之士爲今世而不肯圖也。尊古卑今也。貴鵠賤雞，鵠遠而鷄近也。使當今說道深於孔、墨，名不得與之同；立行崇於曾、顏，聲不得與之鈞。何則？世俗之性，賤所見，貴所聞也。有人於此，立義建節，實核其操，古無以過，爲文書者，肯載於篇籍，表以爲行事乎？作奇論，造新文，不損於前人，好事者肯舍久遠之書，而垂意觀讀之乎？ 楊子雲作太玄，造法言，張伯松伯松名竦，見漢書陳遵傳。張敞傳云：「敞孫竦，王莽時至郡守，封侯。」按：莽傳：「封竦爲淑德侯。」不肯壹觀。與之併肩，故賤其言。使子雲在伯松前，伯松以爲金匱矣。金匱，太公書名。漢書楊雄傳贊桓譚謂嚴尤曰：「凡人賤近而貴遠，親見子雲禄位容貌不能動人，故輕其書。若遭遇時君，更閲賢智，爲所稱善，則必度越諸子矣。」意與此同。劉晝新論曰：「張伯松遠羨仲舒之博，近道子雲之美，豈非貴耳而賤目耶？」御覽引揚雄方言曰：「雄以此篇目煩，示其成者張伯松。伯松曰：「是懸諸日月不刊之書也。」又書鈔一百歎賞類引楊雄答劉歆書：「張伯松不好雄賦頌之文，然亦有以奇之。雄以此篇目頻示之，伯松曰：是懸諸日月不刊之書也。」此乃伯松奇賞子雲。又晏殊類要二十一引方言曰：「張伯松言楊子雲爲玄經，由（同猶。）是鼠坻之與牛場也。如其用，則實五穀（字誤。）飽邦民；否則，爲柢糞弃之於道矣。」

語稱上世之時，聖人德優，而功治有奇，故孔子曰：「大哉，堯之爲君也！唯天爲大，唯堯則之。蕩蕩乎民無能名焉！巍巍乎其有成功也！煥乎其有文章也！」見論語泰伯篇。邢、皇疏本「章」下并無「也」字。七經考文曰：「一本有。」按：漢書儒林傳敍傳、陳書文學傳序、唐文粹柳冕答孟判官書引論語，「章」下並有「也」字，與此同。舜承堯，不墮洪業；禹襲舜，不虧大功。其後至湯，舉兵伐桀，武王把鉞討紂，無巍巍蕩蕩之文，而有動兵討伐之言。蓋其德劣而兵試，武用而化薄。化薄，不能相逮之明驗也。及至秦、漢，朱校元本無「漢」字，疑是。下文「秦以得天下」，亦只以「秦」承之。兵革雲擾，戰力角勢，秦以得天下。既得天下，無嘉瑞之美，若「叶和萬國」、注儒增篇。「鳳皇來儀」之類，注講瑞篇。非德劣不及、功薄不若之徵乎？此言妄也。

夫天地氣和，即生聖人，聖人之治，即立大功。和氣不獨在古先，則聖人何故獨優？朱校元本「則」作「之」，是以「古」字句絶。世俗之性，好褒古而毁今，少所見而多所聞，又見經傳增賢聖之美，孔子尤大堯、舜之功，又聞堯、禹禪而相讓，「堯、禹」當作「堯、舜」。下文云：「堯、舜之禪，湯、武之誅。」又云：「堯、舜在殷、周，亦誅而不讓。」盼遂案：「禹」爲「舜」之誤字。上下文皆堯、舜連言，且禹亦非禪讓，書中無以堯、禹連言者，益明此文之誤。湯、武伐而相奪，則謂古聖優於今，功化渥於後矣。夫經有褒增之文，世有空加之言，讀經覽書者所共見也。孔子曰：「紂之不善，不若是之甚也。是以君子惡居下流，天下之惡皆歸焉。」子貢語，見論語子張篇。語增篇亦引作「孔子曰」。世常以桀、紂與堯、舜相反，稱美則説堯、舜，言惡則舉紂、桀。孔子曰：「紂之不善，不若是之甚也。」則知堯、舜之德，不若是其盛也。

堯、舜之禪，湯、武之誅，皆有天命，非優劣所能爲，人事所能成也。使湯、武在唐、虞，亦禪而不伐；堯、舜在殷、周，亦誅而不讓。蓋有天命之實，而世空生優劣之語。經言「叶和萬國」，時亦有丹朱（水）；「朱」爲「水」字形誤。丹朱，堯子，不得與「叶和萬國」相較，又與下文「兵皆動而並用」義不相屬。此文謂雖經言堯、舜太平，而實有兵禍。恢國篇曰：「堯有丹水之師，舜時有苗不服。」是其義。「鳳皇來儀」，時亦有有苗。並注儒增篇。兵皆動而並用，則知德亦何優劣而小大也？

世論桀、紂之惡，甚於亡秦，實事者謂亡秦惡甚於桀、紂。秦、漢善惡相反，猶堯、舜、桀、紂相違也。亡秦與漢，皆在後世，亡秦惡甚於桀、紂，則亦知大漢之德不劣於唐、虞也。唐之「萬國」，謂叶和萬國。固增而非實者也。義詳藝增篇。有虞之「鳳皇」，謂鳳皇來儀。宣帝已五致之矣。注指瑞篇。孝明帝符瑞並至。注講瑞篇。夫德優故有瑞，瑞鈞則功不相下。宣帝、孝明如劣，不及堯、舜，何以能致堯、舜之瑞？光武皇帝龍興鳳舉，取天下若拾遺，何以不及殷湯、周武？世稱周之成、康，不虧文王之隆，注儒增篇。舜巍巍不虧堯之盛功也。方今聖朝，聖朝，謂章帝也。錢、黄、王、崇文本作「聖明」，非。承光武，襲孝明，有浸酆溢美之化，無細小毫髮之虧，上何以不逮舜、禹？下何以不若成、康？世見五帝、三王事在經傳之上，而漢之記故尚爲文書，「尚」下舊校曰：一有「書」字。則謂古聖優而功大，後世劣而化薄矣。

論衡校釋卷第十九

宣漢篇

詩淇澳釋文引韓詩曰：「宣，顯也。」恢國篇曰：「宣漢之篇，高漢於周，擬漢過周。」須頌篇曰：「宣漢之篇，論漢已有聖帝，治已太平。」

儒者稱五帝、三王致天下太平，漢興已來，未有太平。彼謂五帝、三王致太平，漢未有太平者，見五帝、三王聖人也，聖人之德，能致太平；謂漢不太平者，漢無聖帝也，賢者之化，不能太平。又見孔子言：「鳳鳥不至，河不出圖，吾已矣夫！」見論語子罕篇。方今無鳳鳥、河圖，瑞頗未至悉具，故謂未太平。此言妄也

夫太平以治定爲效，百姓以安樂爲符。疑當作「以百姓安樂爲符」。符謂太平之符。下文云：「百姓安者，太平之驗也。」是其證。「百姓以安樂爲符」，文殊無義，蓋淺人援上句例妄乙。孔子曰：「脩己以安百姓，堯、舜其猶病諸！」見論語憲問篇。病，難也。百姓安者，太平之驗也。夫治人以人爲主，百姓安，而陰陽和；陰陽和，則萬物育；萬物育，則奇瑞出。視今天下，安乎？危乎？安則平矣，瑞雖未具，無害於平。故夫王道定

事以驗，立實以效，效驗不彰，實誠不見。時或實〔一〕然，錢、黃、王、崇文本「或」作「哉」，非。證驗不具，是故王道立事以實，不必具驗。聖主治世，期於平安，不須符瑞。

且夫太平之瑞，猶聖主（王）之相也。吴曰：「主」當作「王」。下文云：「聖王骨法未必同。」聖王骨法未必同，宋、元本「骨」作「國」，朱校同。先孫曰：疑「圖」之誤。暉按：今本不誤。太平之瑞何爲當等？彼聞堯、舜之時，鳳皇、景星皆見，鳳皇注講瑞篇。景星注是應篇。河圖、洛書皆出，中候握河紀：「堯時受河圖，龍銜赤文緑色。」（禮運疏。）後漢書襄楷傳注引尚書中候：「舜沈璧於清河，黄龍負圖出水。」以爲後王治天下，當復若等之物，乃爲太平。「復」下疑挩「有」字。下文：「未必謂世當復有鳳皇與河圖也。」用心若此，猶謂堯當復比齒，舜當復八眉也。「比」，路史後紀十注引作「仳」，是也。骨相篇云：「帝嚳駢齒。」駢、仳字通。言聖相各異，堯不當類帝嚳，舜亦不當似堯。夫帝王聖相，前後不同，則得瑞古今不等。而今王無鳳鳥、河圖，爲未太平，妄矣。孫曰：「爲」當作「謂」。上文云：「夫方今無鳳鳥、河圖，瑞頗未至悉具，故謂未太平。此言妄也。」下文云：「況至三百年，謂未太平，誤也。」並其證。暉按：「爲」讀作「謂」，本書常見此例。

〔一〕「或實」，原本作「實或」，據通津草堂本乙。

孔子言鳳皇、河圖者，假前瑞以爲語也，未必謂世當復有鳳皇與河圖也。夫帝王之瑞，衆多非一，或以鳳鳥、麒麟，或以河圖、洛書，或以甘露、醴泉，或以陰陽和調，或以百姓乂安。五行志應劭注：「艾，治也。」説文辟部：「嬖，治也，从辟，乂聲。」乂、艾並以聲假。今瑞未必同於古，古應未必合於今，孫經世曰：「未必，不必也。」遭以所得，未必相襲。何以明之？以帝王興起，命祜（祐）不同也。「祜」爲「祐」形誤。下文：「高祖、光武初起之祐。」恢國篇：「堯母感於赤龍，及起不聞奇祐。」並其證。初稟篇云：「非天之命，昌熾祐也。」命、祐對言，命謂初稟天命，祐謂興起之瑞，義詳彼篇。盼遂案：「祜」當爲「祐」，形近而譌。祐者，助也。命祐者，天所命祐助之事，如鳳鳥、麒驎、河圖、洛書、周之烏魚、漢之大蛇皆是。周則烏、魚，見初稟篇。漢斬大虵。見吉驗篇。推論唐、虞，猶周、漢也。知其亦不襲同。初興始起，事效物氣，無相襲者，太平瑞應，何故當鈞？以已至之瑞，效方來之應，猶守株待兔之蹊，藏身破置之路也。守株待兔，見韓非子五蠹篇。「蹊路」二字誤。

天下太平，瑞應各異，猶家人富殖，物不同也。或積米穀，或藏布帛，或畜牛馬，或長田宅。夫樂米穀不愛布帛，歡牛馬不美田宅，則謂米穀愈布帛，牛馬勝田宅矣。今百姓安矣，符瑞至矣，朱校元本無此四字。終謂古瑞河圖、鳳皇不至，鄭本作「致」，非。謂之未安，是猶食稻之人，入飯稷之鄉，不見稻米，謂稷爲非穀也。周禮夏官職方氏：

「揚州、荆州其穀宜稻。雍州、冀州其穀宜黍稷。」

實者，天下已太平矣。未有聖人，何以致之？未見鳳皇，何以效實？問世儒不知聖，何以知今無聖人也？世人見鳳皇，何以知之？既無以知之，何以知今無鳳皇也？講瑞篇極明此義。委不能知有聖與無，又不能別鳳皇是鳳與非，則必不能定今太平與未平也。

孔子曰：「如有王者，必世然後仁。」見論語子路篇。集解孔曰：「三十年曰世，如有受命王者，必三十年仁政乃成也。」三十年而天下平。盼遂案：「三十年而天下平」七字爲釋上句之語，仲任喜于文中解經，語尾定有也字。疑此「平」下脱一「也」字。漢興，至文帝時，二十餘年。賈誼創議，以爲天下洽和，當改正朔、服色、制度，定官名，興禮樂。文帝初即位，謙讓未遑。見漢書本傳。師古曰：「皇，暇也，自以爲不當改。」藝文志陰陽家：「五曹官制五篇。」班注：「漢制，似賈誼所條。」本傳曰：「迺草具其儀法，色上黄，數用五，爲官名，悉更奏之。」此五曹官制，蓋其所條定官名也。禮記大傳鄭注：「服色，車馬也。」疏：「正謂年始，朔謂月初，周子，殷丑，夏寅，是改正也。周夜半，殷鷄鳴，夏平旦，是易朔也。」夫如賈生之議，文帝時已太平矣。漢興二十餘年，應孔子之言「必世然後仁」也。漢一代(世)之年數已滿，太平立矣，賈生知之。「一代」當作「一世」。唐人避「世」作「代」，今本沿之。況至今且三百年，謂未太平，誤也。今謂章帝也。且孔子所謂一世，三十年也。漢家三百歲，十帝耀德，未平如何？河圖曰：（後漢書曹褒傳元和二年詔。）「赤九會昌，十世以光，十一以興。」李賢注：「九謂光武，十謂明帝，十一謂章帝也。」夫文帝之時，固已平矣，歷世持平矣。盼遂案：「持平」當是「治平」。論例皆作「治平」。此亦係唐人避高宗諱而改也。本篇專言漢太平之事，故此云「治平」。作「持平」，則不相應。至平帝時，前漢已滅，光武中興，復致太平。

問曰：「文帝有瑞，可名太平，光武無瑞，謂之太平，如何？」曰：夫帝王瑞應，前後不同，雖無物瑞，百姓寧集，風氣調和，是亦瑞也。何以明之？帝王治平，升封太山，告安也。注書虛篇。秦始皇升封太山，遭雷雨之變，注感類篇。治未平，氣未和。光武皇帝升封，天晏然無雲，孫曰：後書光武紀：「中元元年二月辛卯，柴望岱宗，登封太山。」初學記五、御覽三九引袁山松後漢書：「光武封泰山，雲氣成宮闕。」暉按：光武紀只言「登封太山」，「天無雲」未著。後漢紀八：「中元元年二月辛卯，上登封于太山，事畢，乃下。是日山上雲氣成宮闕，百姓皆見之。」又應劭漢官儀引馬第伯封禪儀記曰：「建武三十二年，車駕正月二十八日發雒陽宮，二月九日到魯，遣守謁者郭堅伯將徒五百人治泰山道。車駕十九日之山虞，國家居亭，百官布野。此日山上雲氣成宮闕，百官並見之。二十一日夕牲時，白氣廣一丈，東南極望致濃

厚。時天清和無雲。」（據後漢書祭祀志〔一〕注、初學記十三、容齋隨筆引。）建武三十二年，即中元元年。范史本紀建武止三十一年。次年改爲中元，直書爲中元元年。尊楗閣碑及蜀郡治道記并云：「建武中元二年。」是雖别爲中元，猶冠以「建武」。又後漢書祭祀志載封禪後赦天下詔，明言以建武三十二年爲建武中元元年。故漢官儀以中元元年事屬之建武也。**太平之應也，**瑞命篇曰：（祭祀志注。）「岱嶽之瑞，以日爲應也。」時天清無雲，則日應也，故云。**治平氣應。光武之時，氣和人安，物瑞等至。人氣已驗，論者猶疑。孝宣皇帝元康二年，鳳皇集於太山，後又集于新平。**漢書宣紀：「元康元年三月詔曰：『迺者鳳皇集泰山、陳留。』二年三月，以鳳皇、甘露集，賜吏民爵。」與此文異。又「集新平」，未詳。**四年，神雀集於長樂宮，或集于上林，**宣紀元康四年三月詔曰：「迺者神爵五采，以萬數，集長樂、未央、北宮、高寢、甘泉泰畤殿中，及上林苑。」三輔黄圖曰：「長樂宮，本秦之興樂宮也。」三輔舊事、宮殿疏皆曰：「興樂宮，秦始皇造，漢修飾之。周回二十里，前殿東西四十九丈七尺，兩序中三十五丈，深十二丈。**九真獻麟。**宣紀神爵元年詔：「迺元康四年，九真獻奇獸。」即此。注詳講瑞篇。**神雀二年，鳳皇、甘露降集京師。**宣紀神爵二年春二月詔曰：「迺者正月乙丑，鳳皇、甘露降集京師，羣鳥從以萬數。」**四**

〔一〕「祀」，原本作「禮」，據後漢書改。

年，鳳皇下杜陵及上林。宣紀：「冬十月，鳳皇十一集杜陵。十二月，鳳皇集上林。」五鳳三年，帝祭南郊，神光並見，或興子（于）谷，燭燿齋宮，十有餘日（刻）。吳曰：此文應據宣紀改「子」爲「于」，改「日」爲「刻」。師古曰：燭亦照也。刻者，以漏言時也。明年，祭后土，靈光復至，至如南郊之時。按：云「明年」，則五鳳四年也，宣紀無此事。下文云：「其年三月，鸞鳳集長樂宮東門中樹上。」宣紀在五鳳三年。據此文則在四年，亦與漢書異。甘露、神雀降集延壽萬歲宮。宣紀未見。秦、漢瓦當文字載有「延壽萬歲」瓦當，即此宮物也。或以爲萬歲殿或延壽觀瓦，據此文足證其非。其年三月，鸞鳳集長樂宮東門中樹上。宣紀在五鳳三年。彼文云：「三月辛丑，鸞鳳集長樂宮東闕中樹上，飛下止地，文章五色，留十餘刻，吏民並觀。」講瑞篇亦作「門中」。甘露元年，黃龍至，見于新豐，宣紀云：「夏四月。」醴泉滂流。宣紀甘露二年正月詔：「迺者黃龍登興，醴泉滂流。」是亦述去年事也。彼鳳皇雖五六至，注指瑞篇。或時一鳥而數來，或時異鳥而各至，麒麟、神雀、黃龍、鸞鳥、甘露、醴泉，祭后土天地之時，神光靈耀，可謂繁盛累積矣。孝明時雖無鳳皇，亦致麟、甘露、醴泉、神雀、白雉、紫芝、嘉禾，盼遂案：「麟」上宜有「麒」字。恢國篇「孝明麒麟、神雀、甘露、醴泉、白雉、黑雉、芝草、連木、嘉禾」，有「麒」字。金出鼎見，離木復合。後漢書明帝紀：永平六年二月，王雒山出寶鼎，廬江太守獻之。十一年，灤湖出黃金，廬江太守以獻。時麒麟、白雉、醴泉、嘉禾，所在出焉。

十七年正月，甘露降於甘陵。是歲甘露仍降，樹枝内附，芝草生殿前，神雀五色，翔集京師。五帝、三王，經傳所載瑞應，莫盛孝明。如以瑞應效太平，宣、明之年，倍五帝、三王也。夫如是，孝宣、孝明，可謂太平矣。

能致太平者，聖人也，世儒何以謂世未有聖人？天之稟氣，豈爲前世者渥，後世者泊哉？周有三聖，文王、武王、周公，並時猥出。漢亦一代也，何以當少於周？周之聖王，何以當多於漢？漢之高祖、光武，周之文、武也。文帝、武帝、宣帝、孝明、今上，今上，章帝。下同。過周之成、康、宣王。非以身生漢世，可褒增頌歎，以求媚稱也。核事理之情，定説者之實也。

俗好褒遠稱古，講瑞上世爲美，論治則古王爲賢，以文例求之，「瑞」下疑脱「則」字。睹奇於今，終不信然。使堯、舜更生，恐無聖名。獵者獲禽，觀者樂獵，不見漁者，之心不顧也。「之」疑是「人」字之誤，「顧」當作「願」，並形誤也。言觀獵者，見其獲禽，則好之。不見漁者，則不知其能得魚，故人心不願也。下文：「觀於齊不虞魯，遊於楚不懽宋。」不虞、不懽、不願，義並同。又下文：「遊齊、楚不願宋、魯也。」並其證。盼遂案：「之」字衍文。下文有「觀獵不見漁」句，則此文當解爲觀者所以樂獵而不見漁者，以其心不願也。是故觀於齊不虞魯，「虞」讀「娛」。遊於楚不懽宋。唐、虞、夏、殷，同載在二尺四寸，二尺四寸，經簡也。注詳謝短篇。儒者推讀，朝夕講習，盼遂案：「推」疑爲「㩅」之誤。方言十三：「抽，讀也。」「抽」與「㩅」同字，與「推」字形近致誤。不見漢書，謂漢劣不若。亦觀獵不見漁，游齊、楚不願宋、魯也。使漢有弘文之人，經傳漢事，則尚書、春秋也。儒者宗之，學者習之，將襲舊六爲七，史記司馬相如傳載封禪文曰：「雜薦紳先生之略術，使獲耀日月之末光絶炎，以展采錯事，猶兼正列其義，校飭厥文，作春秋一藝，將襲舊六爲七，攄之無窮。」集解：「春秋者，正天時，列人事，諸儒既得展事業，因兼正天時，列人事，敍述大義爲一經。」「今漢書增一，仍舊六爲七也。」爲此文所本。今上上[王]至高祖，孫曰：「王」字即「上」字之誤而衍。皆爲聖帝矣。觀杜撫、班固等所上漢頌，後漢書儒林傳：「杜撫字叔和。」班固傳：「肅宗雅好文章，每行巡守，固輒獻上賦頌。」頌功德符瑞，汪濊深廣，滂沛無量，踰唐、虞，入皇域。

三代隘辟，厥深洿沮也。「殷監不遠，在夏后之世。」見詩大雅蕩篇。且舍唐、虞、夏、殷，近與周家斷量功德，實商優劣，周不如漢。何以驗之？

周之受命者，文、武也，漢則高祖、光武也。文、武受命之降怪，不及高祖、光武初起之祐。孝宣、明之瑞，「明」上當有「孝」字。美於周之成、康、宣王。孝宣、孝明符瑞，唐、虞以來，可謂盛矣。今上即命，奉成持滿，四海混一，天下定寧。物瑞已極，人應訂隆。盼遂案：「訂隆」當是「斯隆」之誤。「斯」字草書作「」，因誤作「訂」。唐世黎民雍

熙，潛夫論本政篇：「稷、禼、皋陶聚，而致雍熙。」後漢書方術傳第五倫令班固爲文薦謝夷吾曰：「臣聞堯登稷、契，政隆太平；舜用皋陶，政致雍熙。」今亦天下脩仁，歲遭運氣，穀頗不登，明雩篇云：「建初孟年，北州連旱。」蓋即此。恢國篇、須頌篇并云：「建初孟年，無妄氣至。」即所謂運氣也。盼遂案：「穀頗不登」者，穀無不登也。漢人「頗」字多用作稍少之義，獨仲任常用爲鮮少之義。本篇而外，如論死篇：「能使滅灰更爲然火，吾乃頗疑死人能復爲形。」「頗疑」即「無疑」也。「穀頗不登」，與下句「迴路無絶道之憂，深幽無屯聚之姦」，正同一語法矣。「頗」亦「無」也。迴路無絶道之憂，深幽無屯聚之姦。周家越常獻白雉，注異虚篇。方今匈奴、善鄯、哀牢貢獻牛馬。周時僅治五千里内，注藝增篇。漢氏廓土，收（牧）荒服之外。「收」當作「牧」，形近而誤。別通篇云：「漢氏廓土，牧萬里之外。」漢書王莽傳：「漢家地廣二帝三王，廓土遼遠，州牧行部，遠者三萬餘里。」注服虔曰：「唐、虞及周，要服之内方七千里，夏、殷方三千里，漢地南北萬三千里。」牛馬珍於白雉，近屬不若遠物。古之〔二〕戎狄，今爲中國；古之躶人，今被朝服；玉藻鄭注：「朝服，冠玄端素裳也。」古之露首，今冠章甫；章甫，殷冠也。古之跣跗，今履商（高）舄。吴曰：「商」當作「高」，形近之譌也。超奇篇有吴君商，孫詒讓據

〔二〕「古之」二字原本脱，據通津草堂本補。

案書篇改「商」爲「高」，是也。此文誤與彼同。王莽好高冠厚履。杜氏幽求亦有「高冠厚舄」之語。（見御覽六九七引。）「高」、「厚」義同。盼遂案：「商」疑「絇」之誤。禮書言絇履者多矣。後漢書明帝紀「帝及公卿列侯始服冠冕衣裳玉佩絇屨以行事」，明後漢崇絇舃矣。以盤石爲沃田，以桀暴爲良民，夷埳坷爲平均，化不賓爲齊民，不賓，謂不賓服者。淮南原道篇注：「齊於凡民，故曰齊民。」俶真訓注同。漢書如淳注：「齊，等也，無有貴賤，謂之齊民。」非太平而何？

夫實德化則周不能過漢，論符瑞則漢盛於周，度土境則周狹於漢，漢何以不如周？獨謂周多聖人，治致太平？儒者稱聖泰隆，使聖卓而無跡；廣雅：「踔，絶也。」卓、踔聲義同。稱治亦泰盛，使太平絶而無續也。

恢國篇

須頌篇曰："恢國之篇，極論漢德非徒實然，乃在百代之上。"盼遂案：篇首云："恢論漢國，在百代之上，審矣。"

顏淵喟然歎曰："仰之彌高，鑽之彌堅。"見論語子罕篇。此言顏淵學於孔子，積累歲月，見道彌深也。宣漢之篇，高漢於周，擬漢過周，論者未極也。"者"猶"之"也。恢而極之，彌見漢奇。夫經熟講者，要妙乃見；國極論者，恢奇彌出。恢論漢國，在百代之上，審矣。何以驗之？

黃帝有涿鹿之戰；史記五帝紀："黃帝與炎帝戰於阪泉，與蚩尤戰於涿鹿。"刑法志："黃帝有涿鹿之戰，以定火災。"注謂"炎帝火行"。賈子新書制不定篇："黃帝行道，而炎帝不聽，故戰涿鹿之野。"梁履繩左通補釋（僖二十五年。）曰：以涿鹿即阪泉，非也。當以史記爲定。蚩尤乃神農時諸侯，（本莊子釋文。）與炎帝之後自別。故秦策："黃帝伐涿鹿而禽蚩尤。"莊子盜跖篇："黃帝與蚩尤戰於涿鹿之野。"可證。堯有丹水之師；舜時有苗不服；並注儒增篇。夏啓有扈叛逆；書序："啓與有扈戰於甘之野。"呂氏春秋先己篇："夏后伯啓（舊本誤作夏后相，孫星衍今古文尚書注疏謂即伯禹，非。）與有扈戰於甘澤而不勝。"淮南齊俗訓："昔有扈氏爲義而亡。"

注：「有扈，夏啓之庶兄也。以堯、舜與賢，禹獨與子，故伐啓，啓亡之。」史夏本紀：「有扈不服，啓伐之。」諸說並謂啓伐之也。墨子明鬼篇引夏書禹誓曰：「大戰於甘，誓於中軍，曰：『有扈氏威侮五行，怠棄三正，予共行天之罰。』」吕氏春秋召類篇：「禹攻曹、魏、屈驁、有扈以行其教。」説苑政理篇：「昔禹與有扈氏戰。」此則謂禹伐之也。蓋舊説有二，此則取前説。高宗伐鬼方，三年尅之；易既濟九三爻辭。鬼方，或謂在南方，或謂西方，或謂北方，今不能定。沈濂懷小編二曰：「西南北三方荒遠之夷，無不可被以鬼方之名，自不必專屬一方。」此説甚通。周成王管、蔡悖亂，周公東征。史記：「管、蔡、武庚等，果率淮夷而反，周公乃奉成王命，興師東伐。」前代皆然，漢不聞此。高祖之時，陳狶反，彭越叛，治始安也。史記高紀：十年，趙相國陳狶反代地。十一年，梁王彭越謀反，廢遷蜀，復欲反。孝景之時，吴、楚興兵，怨鼂錯也。史記景帝紀：「三年，吴王濞、楚王戊反，發兵西鄉。」鼂錯傳：「錯請諸侯之罪過，削其地，收其枝郡。」諸侯皆諠譁疾錯，吴、楚七國反，以誅錯爲名。」匈奴時擾，正朔不及，天荒之地，王功不加兵，今皆內附，貢獻牛馬。此則漢之威盛，莫敢犯也。

紂爲至惡，天下叛之。武王舉兵，皆願就戰，語增篇云：「武王有八百諸侯之助。」此文謂助武王戰，非謂就紂戰，疑此文原作「皆願助戰」。八百諸侯，不期俱至。項羽惡微，號而用兵，而、能古通。盼遂案：論言項羽之惡微小，而羽又號能用兵也。俗讀爲一句者，誤也。

與高祖俱起，威力輕重，未有所定，則項羽力勁。折鐵難於摧木。高祖誅項羽，折鐵；武王伐紂，摧木。然則漢力勝周多矣。凡克敵，一則易，二則難。湯、武伐桀、紂，一敵也；高祖誅秦殺項，兼勝二家，力倍湯、武。武王爲殷西伯，臣事於紂。以臣伐周，齊曰：「周」當作「君」，形近又涉上下文「周」字而誤。夷、齊恥之，扣馬而諫，武王不聽，不食周粟，餓死首陽。見史記伯夷傳。高祖不爲秦臣，光武不仕王莽，誅惡伐無道，無伯夷之譏，可謂順於周矣。

丘山易以起高，淵洿易以爲深。起於微賤，無所因階者難；襲爵乘位，尊祖統業者易。堯以唐侯入嗣帝位，注吉驗篇。舜以司徒因堯授禪，淮南齊俗訓：「堯之治天下也，舜爲司徒。」堯典曰：「慎徽五典。」皮錫瑞曰：「鄭注云：『五典，五教也，蓋試以司徒之職。』是也。」禹以司空緣功代舜，堯典：「伯禹作司空。」尚書刑德放曰：「禹長於地理水泉九州，得括地象圖，故堯以爲司空。」湯由七十里，文王百里，武王爲西伯，襲文王位。三郊孫曰：文選陸佐公石闕銘注引作「文王百里爲西伯，武王襲文王」是也。暉按：上文亦有「武王爲殷西伯」句。「襲文王位」，程本作「襲承帝位」。宋本同此。「三郊」字誤。盼遂案：唐蘭云：「三郊二字衍文。」五代之起，皆有因緣，力易爲也。高祖從亭長泗上亭長。提三尺劍取天下，光武由白水袁山松後漢書：（御覽九十。）「世祖以渺渺之胤，起於白水之濱。」東觀漢記云：「光武皇考封南陽之白水鄉。」水經沔水注：「白水北有白水陂，其陽有光武故宅，所謂白水鄉。」奮威武〔帝〕海内，孫曰：類聚十二引作「帝海内」，有「帝」字，「海内」不屬下爲句，義較長。暉按：當据補「帝」字。「帝海内」與「取天下」相對爲文。無尺土所因，一位所乘，直奉天命，推自然。此則起高於淵洿，爲深於丘山也。比方五代，孰者爲優？

傳書或稱武王伐紂，太公陰謀，書鈔一一四、御覽三百十六、又八七〇、又九八五引並作「太公陰謀書稱：（御覽三一六、又九八五無「稱」字。）武王伐紂」，無「傳書或稱」四字，疑是。此事蓋出太公陰謀也。語增篇正謂出陰謀之書。但據意林、御覽四九四引，則今本不誤，未能諟定。食小兒以丹，令身純赤，長大，教言殷亡。殷民見兒身赤，以爲天神，及言殷亡，皆謂商滅。兵至牧野，晨舉脂燭。通典引衛公兵法守城門篇云：「脂油燭炬，燃燈秉燭，用備非常。」姦謀惑民，權掩不備，惑民，謂食小兒丹。權掩不備，謂掩人不備也。周之所諱也，世謂之虚。漢取天下，無此虚言。武成之篇，言周伐紂，血流浮杵。注語增篇。以武成言之，食兒以丹，晨舉脂燭，殆且然矣。漢伐亡新，光武將五千人，王莽遣二公將三萬人，戰于昆陽，俞曰：二公者，王莽大司徒王尋、大司空王邑也。袁宏後漢紀載此事，亦屢言二公，殆由東漢時侈言光武昆陽之戰，以爲美談，人所熟習，故於尋、邑止言二公，不舉其名也。暉按：王莽傳云：「邑與司徒尋過昆陽，昆陽時已降漢，漢兵守之。嚴尤、陳茂與二公會，二公縱兵圍昆陽。」蔡邕光武濟陽宮碑：「帝乃龍見白水，淵躍昆、滍，破前隧之衆，殄二公之師。」此「二公」并謂尋、邑也。盼遂案：「三」當爲「百」之壞字。後漢書光武紀：「莽遣王尋、王邑將兵百萬，其甲士四十二萬。」雷雨晦冥，前後不相見。漢兵出昆陽城，擊二公軍，一而當十，二公兵散。錢、黄、王、崇文本作「敗」。朱校元本同此。東觀記：「帝選精兵三千人，從城西水上奔陣，尋、邑兵大奔北，於是殺尋。而昆陽城中兵亦出，中外並擊。會天大雷風，暴雨下如注，水潦成川，滍水盛溢，邑大衆遂潰，赴水溺死者以數萬。」天下以雷雨助漢威敵，孰與舉脂燭以人事諭取殷哉？

或云：「武王伐紂，紂赴火死，武王就斬以鉞，懸其首於大白之旌。」逸周書克殷解：「武王既以虎賁戎車馳商陣，商師大敗，商辛奔内，登於廩臺之上，屏遮而自燔於火。武王乃手太白，以麾諸侯，遂揖之。武王先入，適王所，乃剋射之，三發而後下車，斬之以黄鉞，折懸諸太白。適二女之所，乃既縊，王又射之。」荀子正論篇、解蔽篇亦見此事，云：「縣之赤旆。」楊注：禮記明堂位説旗曰：「殷之大白，周之大赤。」則史記云「懸之太白旗」，非是。齊宣王憐釁鍾之牛，睹其色之觳觫也。見孟子梁惠王篇。趙注：「觳觫，牛當到死地處恐貌。」新鑄鐘，殺牲以血塗其釁郄，因以祭之，曰釁。」廣雅釋詁曰：「𣩵殐，死也。」楚莊王赦鄭伯之罪，盼遂案：東漢避明帝諱「莊」之字曰「嚴」。此宜作楚嚴王，而後人回改之。見其肉袒而形暴也。鄭伯，襄公。事見左宣十二年傳。君子惡〔惡〕，不惡其身。吳曰：此文當作：「君子惡惡，不惡其身。」各本誤脱一「惡」字。紂屍赴於火中，所見悽愴，非徒色之觳觫，袒之暴形也。就斬以鉞，懸乎其首，何其忍哉？高祖入咸陽，閻樂誅二世，項羽殺子嬰，高祖雍容入秦，不戮二屍。光武入長安，劉聖公已誅王莽，東觀漢記曰：「劉玄，字聖公，光武族兄也。」漢書王莽傳曰：「莽之漸臺，商人杜吳殺之。」乘兵即害，不刃王莽之死。先孫曰：死、尸通。不刃，謂不戮尸也。元本作「不忍」，非。夫斬赴火之首，與貫被刃者之身，德虐孰大也？豈以羑里之恨哉？紂拘文王於羑里。以人君拘人臣，其逆孰與秦奪周國、莽酖平帝也？注語增篇。鄒伯奇論桀、紂之惡不若亡秦，亡秦不若王莽。注感類篇。然則紂惡微而周誅之痛，秦、莽罪重而漢伐之輕，寬狹誰也？

高祖母妊之時，蛟龍在上，夢與神遇。注吉驗篇。好酒貫〔貰〕飲，錢、王、黄、崇文本作「貰飲」，是。吉驗篇亦云「貰酒」。盼遂案：「貫」當爲「貰」，形近而誤。漢書高帝紀：「高祖好酒及色，常從王媪、武負貰酒。」顔注：「貰，賒也。」此論所本。酒舍負讎。「負」讀「倍」。吉驗篇曰：「酒售數倍。」史高紀集解如淳曰：「讎亦售。」索隱曰：「既貰飲，且讎其數倍價。」按此文，知小司馬説非。盼遂案：「負」古音如「倍」，恒與「倍」通用。此「負讎」即史記高祖紀所謂「每酤留飲，酒讎數倍」也。及醉留卧，其上常有神怪。夜行斬虵，虵嫗悲哭。與呂后俱之田廬，時自隱匿，光氣暢見，呂后輒知。始皇望見東南有天子氣。亦見吉驗篇。及起，五星聚於東井。史記天官書曰：「漢之興，五星聚於東井。」又陳餘傳甘公曰：「漢王之入關，五星聚東井之時，東井者，秦分也，先至必王。」漢書高紀應劭注：「東井，秦之分野，五星所在，其下當有聖人以義取天下。占見天文志。」楚望漢軍，雲氣五色。注吉驗篇。光武且生，鳳皇集於城，嘉禾滋於屋。皇妣之身，讀作「㑗」。夜半無燭，空（宮）中光明。「空」，類要九引作「宮」，是也。吉驗篇：「室內自明。」初稟篇：「內中光明。」水經濟水注：「光明照室。」宮，濟陽宮也。初者，蘇伯阿望舂陵氣，鬱鬱蔥蔥。光武起，過舊廬，見氣憧憧上屬於天。並注吉驗篇。五帝三王初生始起，不聞此怪。堯母感於赤龍，注奇怪篇。及起，不聞奇祐。禹母吞薏苡，注奇怪篇。將生（王），得玄圭。類要九引「生」作「王」，是。玉海二百引誤同。諸書無禹生得玄圭說。禹貢：「禹錫玄圭，告厥成功。」夏本紀：「帝錫禹玄圭，告成功於天下。」即此云「將王得玄圭」也。僞孔傳、史記正義並謂帝堯賜之。按此以爲瑞應，則謂天也。尚書旋機鈐曰：「禹開龍門，導積石，玄珪出，刻曰：延喜王受德，天賜佩。」鄭注：「禹功既成，天出玄圭賜之，占者以德佩，禹有治水之功，故天佩以玄玉。」魏曹植畫贊曰：「天錫玄圭，奄有萬邦。」并同此說。皮錫瑞曰：或以爲帝錫，蓋三家尚書不同。契母咽鷰子，注奇怪篇。湯起，白狼銜鉤。尚書璇璣鈐曰：「湯受金符帝籙，白狼銜鉤入殷朝。」（類聚十二。）田俅子曰：「商湯爲天子都於亳，有神手牽白狼，口銜金鉤而入湯庭。」（類聚九九。）帝王世紀曰：「湯時有神牽白狼銜鉤入殷朝者，乃東觀沉璧於洛，獲黄魚黑玉之瑞，於是始受命稱王。」（合璧事類七。）抱朴子對俗篇：「白狼知殷家之興。」后稷母履大人之跡，注奇怪篇。文王起，得赤雀，武王得魚、烏。注初禀篇。皆不及漢太平之瑞。

黄帝、堯、舜，鳳皇一至。注講瑞篇。凡諸衆瑞，重至者希。漢文帝黄龍、十五年見成紀。玉棓（桮）。先孫曰：驗符篇亦云：「文帝之時玉棓見。」「棓」當作「桮」，即「杯」字也。（山海經海内北經：「蛇巫之山有人操柸。」郭注云：「柸或作棓，字同。」彼以「柸」爲「棓」，與此以「棓」爲「杯」同。）文帝十六得玉杯，事見漢書文帝紀、郊祀志。暉按：玉海二百引作「玉桮」。武帝黄龍、麒麟、連木。元狩元年，獲白麟。連木，即終軍傳所云「衆枝内附」者。宣帝鳳皇五至，麒麟、神雀、甘露、醴泉、黄龍、神光。并見宣漢篇。平帝白雉、黑雉。元始元年，越裳重譯，獻白雉一，黑雉二。孝明麒麟、神雀、甘露、醴泉、白雉、黑雉、芝草、連木、嘉禾，與宣帝同，奇有神鼎、黄金之怪。並注宣漢篇。一代之瑞，累仍不絶，此則漢德豐茂，故瑞祐多也。孝明天崩，今上嗣位，元二之間，嘉德布流。「元二」謂建初元年二年。後漢書鄧騭傳：「時遭元二之災，人士荒饑，死者相望。」陳忠傳：「自帝即位以後，頻遭元二之戹。」楊孟文碑：「中遭元二，西戎虐殘。」孔耽碑：「遭元二轗軻，人民相食。」并謂元年二年也。鄧騭傳注謂

「元二即元元」，失之。建初元年二年，兖、豫、徐三州牛疫大旱，詔書數下，免三州租芻。以見穀，賑給貧民。其各實覈尤貧者，計所貸并與之。又以上林池籞田賦與貧民。並見章帝紀。故曰：「元二之間，嘉德布流。」左暄三餘偶筆八曰：「元二乃指運數之災戹而言。章懷以爲元元固非，容齋以爲元年二年，亦恐不然。元二謂一元中，次二之戹也。」按此文，從容齋説爲妥。**三年，零陵生芝草五本。**章帝紀：「建初三年，零陵獻芝草。」餘見驗符篇。王本改「元二」爲「元年」，「三年」爲「二年」。崇文本因之，非也。朱校元本、程、何、錢、黄各本并與此本同。**四年，甘露降五縣。**章帝紀：「甘露降泉陵、洮陽二縣。」注：「二縣屬零陵郡。」驗符篇亦云：「降五縣。」**五年，芝復生六年（本），**吴曰：「六年」當作「六本」。「芝復生六本」爲句。三年生芝五本，五年復生六本，故下云「十一芝累生」也。驗符篇云：「建初三年，零陵生芝草五本，五年復生六本，並前凡十一本。」與此篇及後漢書章帝紀並相應。今作「六年」，沿譌之甚者。容齋隨筆卷五引論衡亦作「六年」，則宋本已誤矣。（王楙野客叢書卷十轉引容齋隨筆誤同。）**黄龍見，大小凡八。**孫曰：黄龍事，詳驗符篇。後漢書章帝紀：「建初五年，有八黄龍見於泉陵。」注引伏侯古今注云：「見零陵泉陵湘水中，相與戲，其二大如馬，有角。六枚，大如駒，無角。」**前世龍見不雙，芝生無二，甘露一降，而今八龍並出，十一芝累生，甘露流五縣，德惠盛熾，故瑞繁夥也。自古帝王，孰能致斯？**

儒者論曰：「王者推行道德，受命於天。」論衡初秉（稟）以爲王者生稟天命。「秉」，宋本作「稟」，朱校同，當據正。前初稟篇也。性命難審，且兩論之。酒食之賜，一則爲薄，再則爲厚。如儒者之言，五代皆一受命，唯漢獨再，此則天命於漢厚也。如審論衡之言，生稟自然，此亦漢家所稟厚也。絶而復屬，死而復生。世有死而復生之人，人必謂之神。漢統絶而復屬，光武存亡，可謂優矣。

武王伐紂，庸、蜀之夷，佐戰牧野。牧誓曰：「及庸、蜀、羌、髳、微、盧、彭、濮人。」馬曰：「武王所率，將伐紂也。」左文十六年傳：「庸人叛楚。」杜注：「庸，今上庸縣。」王鳴盛曰：「晉上庸，今爲湖北鄖陽府房縣，其地在江之北，漢之南。」華陽國志曰：「蜀世爲侯伯，歷夏、商、周，武王伐紂，蜀與焉。其地東接於巴，南接於越，北與秦分，西奄岷、嶓。」成王之時，越常獻雉，倭人貢暢。注異虚篇。幽、厲衰微，戎、狄攻周，平王東走，以避其難。至漢，四夷朝貢。孝平元始元年，越常重譯，獻白雉一，黑雉二。夫以成王之賢，輔以周公，越常獻一，平帝得三。後至四年，金城塞外，羌良橋橋種良願等，獻其魚鹽之地，願内屬漢，遂得西王母石室，因爲西海郡。孫曰：「羌良橋橋種良願等」句，文有譌衍。據王莽傳校之，「羌良」之「良」，疑涉「良願」而衍。「橋」蓋「豪」字之誤，「豪」誤爲「喬」，又改作「橋」耳。下一「橋」字衍。「種」字疑在「等」字之下。原文疑當作：「羌豪良願等種。」王莽傳云：「平憲奏言：羌豪良願等種，人口可萬二千人，願爲内臣，獻〔一〕鮮水海、允谷鹽池。莽奏請受良願等所獻地爲西海郡。」又地理志：金城郡臨羌注：「西北至塞外，有西王母石室、僊海、鹽池。」暉按：書鈔三一引此文「羌」下有「人」字，「橋橋」作「橋橋」，義亦難通。疑當從孫校。地理志金城郡注：「昭帝始元六年置，莽曰西海。」臨羌縣，師古注：闞駰曰：「西有卑和羌，即獻王莽地爲西海郡者。」平帝紀元始四年冬置西海郡，與此同。莽傳在五年。周時戎、狄攻王，至漢内屬，獻其寶地。西王母國在絶極之外，而漢屬之。德孰大？壤孰廣？方今哀牢、鄯善、諾（婼）降附歸德。吴曰：「諾」當作「婼」。西域傳：「出陽關自近者始曰婼羌。」師古曰：音而遮反。盼遂案：西域傳：「婼羌。」孟康曰：「婼音兒。」又案：婼羌，後漢時無單稱「婼」者，疑此下仍當有「羌」字。匈奴時擾，遣將攘討，獲虜生口千萬數。夏禹倮入吴國。注問孔篇。太伯採藥，斷髮文身。注初稟、譴告篇。唐、虞國界，吴爲荒服，越在九夷，罽衣關頭，說文：「罽，西胡毳布也。」爾雅釋言：「氂，罽也。」禹貢疏引舍人注：「氂謂毛罽也。胡人續羊毛作衣。」「罽」通「罽」，一作「㓹」。今皆夏服，褎衣履舄。巴、蜀、越嶲、鬱林、日南、遼東、樂浪，郡國志：「巴郡，秦置，雒陽西三千七百里。蜀郡，秦置，雒陽西三千一百里。越嶲郡，雒陽西四千八百里。鬱林郡，雒陽南六千

〔一〕「獻」字原本脱，據漢書王莽傳補。

四百一十里。日南郡，雒陽南萬三千四百里。遼東郡，秦置，雒陽東北三千六百里。樂浪郡，雒陽東北五千里。」地理志：「越嶲郡，武帝元鼎六年開。鬱林郡，故秦桂林郡，屬尉佗，武帝元鼎六年開，更名。日南郡，故秦象郡，武帝元鼎六年開，更名。樂浪郡，武帝元封三年開。」應劭注：「故朝鮮國。」周時被髮椎髻，今戴皮弁；周時重譯，今吟詩、書。

春秋之義，君親無將，將而必誅。公羊莊三十二年、昭元年傳並有此文。將，將爲逆弑。「而」猶「則」。廣陵王荆迷於孽巫，楚王英惑於狹(俠)客，孫曰：「狹」當作「俠」。事見後漢書光武十王列傳。事情列見，孝明三宥，二王吞藥。周誅管、蔡，違斯遠矣！楚外家許氏與楚王謀議，孝明曰：「許民(氏)有屬於王，欲王尊貴，人情也。」孫曰：「許民」當作「許氏」，崇文本改作「氏」，是也。後漢書楚王英傳制詔許太后曰：「諸許願王富貴，人情也。」聖心原之，不繩於法。隱彊侯傅〔一〕懸書市里，誹謗聖政；今上海思(恩)，犯奪爵土。孫曰：後漢書樊陰傳：「永平元年詔，以汝南之鮦陽，封興子慶爲鮦陽侯，慶弟博爲灄彊侯，博弟員、丹並爲郎。」袁宏紀云：「建初元年三月丙午，博坐驕溢，免爲庶人。四月丙戌，詔復封興子員爲灄彊侯。」又按：「海思」無義，元本「思」作「恩」，是也。海恩，謂封員嗣祀陰氏也。暉按：朱校

〔一〕「傅」，原本作「傳」，形近而誤，今改。

元本亦作「海恩」。又「犯」作「免」，亦較今本義長。盼遂案：「思」當從元本作「恩」。「犯」疑爲「弗」，音近而誤。上文「聖心原之，不繩於法」，與此文一例。**惡其人者，憎其肙餘。**説苑貴德篇：「太公曰：憎其人，惡其餘胥。」「肙」即「胥」字。（累害篇：「取子肙之誅。」天啓本作「子胥」。）王本作「貴」，崇文本作「屋」，並非也。趙氏寶甓齋札記曰：「尚書大傳周傳牧誓篇云：（暉按：盧輯入武成。）『太公曰：臣聞之也，愛人者，兼其屋上之烏；不愛人者，及其肙餘。』鄭注：『肙餘，里落之壁。』董豐垣曰：杜詩箋引尚書大傳：『憎其人者，憎其儲胥。』丁小疋云：萬花谷前集才德引六韜作『余胥』。説苑作『餘胥』。坦案：作『儲胥』者近是。長安志圖中漢瓦有曰：『儲胥未央。』（當云「未央儲胥」。此漢未央宮瓦。）蓋士人謂瓦爲『儲胥』。鄭注以爲里落之壁，『壁』與『甓』古字通，甓爲瓴，亦得爲瓦。」**立二王之子，安楚、廣陵，**後漢書明帝紀：「永平十四年，封故廣陵王荆子元壽爲廣陵侯。」楚王英傳：「建初二年，封英子楚侯、种五弟皆爲列侯。」**彊弟員嗣祀陰氏。**孫曰：當作「隱彊弟員」。或即作「傅弟員」。「彊」字涉上下「隱彊」而誤。（又按：「傅」，袁、范書並作「博」，東觀記作「傳」，殊難正定。今但從本書。）**二王，帝族也，位爲王侯，與管、蔡同。管、蔡滅嗣，二王立後，恩已褒矣。隱彊，異姓也，尊重父祖，復存其祀。立武庚之義，繼禄父之恩，**尚書大傳曰：「武王殺紂，立武庚而繼公子禄父。」（據詩邶、鄘、衛譜疏引。豳風破斧疏、左定四年傳疏引，皆無「立武庚」三字。乃後人不知武庚、禄父爲二人而誤删之。）此以武庚、禄父爲兩人，用大傳之説。大傳周傳洪範篇鄭注：「武庚字禄父，紂子也。」鄭古文説，故不同。白虎通姓名篇：「禄甫元名武庚。」亦以爲一人。皮錫瑞曰：班氏蓋用夏侯説，與仲任用歐陽義不同。**方斯羸矣。**方，比也。**何則？並爲帝王，舉兵相征，貪天下之大，絶成湯之統，非聖君之義，失承天之意也。隱彊，臣子也，漢統自在，絶滅陰氏，無損於義，而猶存之，惠滂沛也。故夫雨露之施，内則注於骨肉，外則布於他族。唐之晏晏，**堯典：「欽明文思安安。」今文作：「欽明文塞晏晏。」後漢書馮衍傳顯志賦曰：「思唐、虞之晏晏。」崔瑗司隸校尉箴曰：「昔唐、虞晏晏。」馮衍傳注考靈耀曰：「放勛欽明文思（段玉裁曰：當作「塞」。）晏晏。」鄭注：「道德純備謂之塞，寬容覆載謂之晏。」説文日部：「晏，天清也。」爾雅釋訓：「晏晏，温和也。」釋名釋言語篇：「安，晏也，晏晏然和喜無動懼也。」江聲曰：「天地惟清晏和柔，故能覆載萬物，故寬容覆載謂之晏，言堯德之大，與天地同。」**舜之烝烝，**堯典：「父頑，母嚚，象傲克諧，（句。）以孝烝烝，（句。）艾不格姦。」（從王引之讀。）王引之曰：「烝烝，言孝德之厚美也。」僞孔以「烝烝艾」句，訓「烝」爲進，非。説詳經義述聞卷三、皮氏今文尚書考證。**豈能踰此？驩兜之行，靖言庸回，**盼遂案：尚書堯典作「静言」，史記釋作「善言」。「靖言」亦「善言」也。王氏廣雅疏證一：「諍〔一〕，善〔二〕也。」云：「韓詩曰：『東門之栗，有靖家室。』靜，善也。史記秦紀云：『賜謚爲諍公〔三〕。』襄公十年左傳云：『單靖公爲卿士。』諍、靖、靜並通。書盤庚『自作弗靖』，亦謂『弗善』也。」今書作「靜言庸違」，「違」亦「回」也。**共工私之，稱薦於堯。**堯典：「帝曰：『疇？咨！若予采？』驩兜曰：『都！共工方鳩僝功。』帝曰：『吁！靜言庸違。』」靜、靖同。漢書王尊傳，湖三老公乘興等上書曰：「靖言庸違。」皮錫瑞曰：「靖言，巧言也。」「回」、「違」古通。段玉裁曰：「左氏春秋云：『靖譖庸回。』即『靖言庸違』也。回，邪也。」庸，用也。史記五帝紀：「共工善言，其用僻。」善言即巧言。僻，謂其行邪僻。案：此文謂驩兜之行，與尚書適反。皮錫瑞曰：「驩兜、共工互易，乃不可通，蓋傳寫之誤。」**三苗巧佞之人，**注答佞篇。**或言有罪之國。**書舜典釋文馬、王云：「三苗，國名也。」左昭元年傳：「自古諸侯不用王命者，虞有三苗，夏有觀扈。」國策吴起對魏文侯曰：「三苗之國，左洞庭而右彭蠡。」并以爲國。**鯀不能治水，知力極盡。**洪範：「鯀陻洪水。」堯典：「九載績用弗成。」**罪皆在身，不加於上，唐、虞放流，死於不毛。**堯典：「流共工於幽州，放驩兜於崇山，竄三苗於三危，殛鯀於羽山。四罪而天下咸服。」楚辭天問王

〔一〕「諍」，原本作「靖」，據廣雅疏證改。
〔二〕「善」下原本有「言」字，據廣雅疏證删。
〔三〕「諍」，原本作「靖」，據廣雅疏證改。

注：「堯長放鯀於羽山，絶在不毛之地。」鄭玄曰：（舜典疏。）「舜不刑此四人者，以爲堯臣，不忍刑之。」又云：「流四凶者，卿爲伯子，大夫爲男，降其位耳，猶爲國君。」後漢書朱浮傳樊儵言於帝曰：「唐堯大聖，兆人獲所，尚優游四凶之獄，厭服海内之心，使天下咸知，然後殛罰。」此云「罪皆在身，不加於上」，謂雖不加刑，而放流至死。**怨惡謀上，懷挾叛逆，考事失實，誤國殺將，罪惡重於四子。**謂四凶。**孝明加恩，則論徙邊，**後漢書明帝紀：「永平八年，詔三公募郡國中都官死罪繫囚，減罪一等，勿笞，詣度遼將軍營，屯朔方、五原之邊縣，妻子自隨，便占著邊縣。」**今上寬惠，還歸州里。**章帝紀：「建初元年詔，流人欲歸本者，郡縣其實稟，令足還到，聽過止官亭，無雇舍宿。長吏親躬，無使貧弱遺脱。」又：「二年，詔還坐楚、淮陽事徙者四百餘家，令歸本郡。」**開闢以來，恩莫斯大？**

晏子曰：「鉤星在房、心之間，地其動乎？」注變虚篇。**夫地動，天時，非政所致。皇帝振畏，猶歸於治，廣徵賢良，訪求過闕。**後漢書章帝紀：「建初元年三月甲寅，山陽、東平地震，詔求賢良。」**高宗之側身，**見異虚篇。**周成之開匱，**成王感雷雨之變，開金縢。**勴（勵）能逮此。**吴曰：「勴」當作「勵」，即「僅」之異文。記射義：「蓋勴有存者。」釋文云：「音勤，又音覲，少也。」暉按：吴説是也。朱校元本正作「勵」。盼遂案：「勴」當爲「勵」，字形之誤。「勵」于説文作「廑」，在广部，云：「少劣之居也。」

穀登歲平，庸主因緣，以建德政；顛沛危殆，聖哲優者，盼遂案：「者」當爲「著」字之誤也。乃立功化。是故微病恒醫皆巧，篤劇扁鵲乃良。建初孟年，無妄氣至，無妄注寒温篇。歲之疾疫也，比旱不雨，牛死民流，可謂劇矣。章帝紀：「永平十八年牛疫，京師及兖、豫、徐三州大旱。建初元年詔曰：比年牛多疾疫，墾田減，穀價頗貴，人以流亡。」皇帝敦德，俊乂在官，尚書臯陶謨文。中候曰：「文命盛德，俊乂在官。」孫星衍曰：「俊乂，謂大臣耆老也。」皮錫瑞曰：「俊，賢。艾，治也。」第五司空，股肱國維，第五，第五倫也。章帝紀：「永平十八年八月即帝位，十一月第五倫爲司空。」盼遂案：後漢書第五倫傳：「肅宗初立，代牟融爲司空，奉公盡節，言事無所依違。吏人奏記及便宜者，亦並封上。性質慤，少文采。在位以貞白稱，時人方之前朝貢禹。」此其股肱國維之事也。轉穀振贍，「振」，救也。「贍」，足也。民不乏餓，賑穀注見前。天下慕德，雖危不亂。民饑於穀，飽於道德，身流在道，心回鄉内，「鄉」讀「嚮」。以故道路無盜賊之跡，深幽迴絶無劫奪之姦。盼遂案：「深幽」當是「迴絶」之傍注，後人因以誤入正文，遂致文意複沓，又與上句不對。以危爲寧，以困爲通，五帝三王，孰能堪斯哉？

驗符篇

永平十一年，盧江皖侯國民際有湖。湖，瀵湖也。孫曰：「民」字涉下句「皖民」而衍，太平廣記四百引無。皖民小男廣記引作「兒」。曰陳爵、陳挺，年皆十歲以上，相與釣於湖涯。挺先釣，爵後往。爵問挺曰：「釣寧得乎？」挺曰：「得！」爵即歸取竿綸。去挺四十步所，「四」，廣記作「三」。「所」讀「許」。見湖涯有酒罇，色正黃，没水中。爵以爲銅也，涉水取之，滑重不能舉。挺望見，號曰：「何取？」爵曰：「是有銅，不能舉也。」挺往助之，涉水未持，罇頓衍更爲盟盤，御覽八一一引作「樽更爲沉盤」。動行入深淵中，復不見。挺、爵留顧，見如錢等，正黃，數百千枝（枚），孫曰：錢不得言「枝」，「枝」當作「枚」，形近之誤。事類賦九、太平廣記引并作「枚」。暉按：御覽引亦作「枚」，朱説同。即共掇摝，孫曰：事類賦、太平廣記引并作「掇摭」，是也。當據正。暉按：御覽引正作「掇摝」。各得滿手，走歸示其家。爵父國，故免吏，字君賢，驚曰：「安所得此？」爵言其狀。君賢曰：「此黃金也！」即馳與爵俱往。到金處，水中尚多。賢自涉水掇取。爵、挺鄰伍並聞，俱競採之，合得十餘斤。賢自言於相，皖侯國相。相言太守。太守遣吏收取。遣門下掾程躬奉獻，孫曰：太平廣記作「裕躬」。具言得金狀。孫曰：後漢書明帝紀：「永平十一年，漅湖出黄金，廬江太守以獻。」即此事也。詔書曰：「如章則可。不如章，有正法。」躬奉詔書，歸示太守。太守以下，思省詔書，以爲疑隱，言之不實，苟飾美也，即復因却上得黄金實狀如前章。事寢。十二年，賢等上書曰：「賢等得金湖水中，郡牧獻，訖今不得直。」吴曰：「今」當作「金」。暉按：「今」字不誤。「獻」字句絶。獻金在去年，故云「訖今不得直」。詔書下廬江，上不畀賢等金直狀。郡上「賢等所採金，自官湖水，非賢等私瀆，故不與直」。十二年，詔書曰：盼遂案：「十二年」三字與上複，疑爲衍文。或「二」字爲「三」之誤。「視時金價，畀賢等金直。」漢瑞非一，金出奇怪，故獨紀之。金玉神寶，故出詭異。金物色□，先爲酒罇，後爲盟盤，動行入淵，豈不怪哉？「金物色」文不成義，「色」下疑脱「黄」字。此複述前事，上文「見湖涯有酒罇，色正黄」。

夏之方盛，遠方圖物，貢金九牧，禹謂之瑞，鑄以爲鼎。注儒增篇。周之九鼎，遠方之金也。謂禹鼎即周鼎，即九牧貢金。儒增篇云：「周鼎之金，遠方所貢，禹得鑄以爲鼎也。」人來貢之，自出於淵者，其實一也，皆起盛德，爲聖王瑞。禮斗威儀曰：「君乘金而王，其政平，則黄金見深山。」孫氏瑞應圖曰：「王者不藏金玉，則黄金見深山。」（並類聚八三引。）金玉

之世，故有金玉之應。文帝之時，玉棓（桮）見。注恢國篇。**金之與玉，瑞之最也。金聲玉色，人之奇也。永昌郡中亦有金焉，纖靡大如黍粟，**「如」，元本作「類」，朱校同。**在水涯沙中。**後漢書郡國志：「永昌郡博南縣南界出金。」華陽國志：「西山高三十里，越得蘭滄水，有金沙，洗取融爲金。」亦見水經若水注。纖靡如黍粟，正金沙狀也。**民採得，日重五銖之金，一色正黃。土生金，土色黃。漢，土德也，故金化出。金有三品，**禹貢：「揚州厥貢惟金三品。」疏引鄭曰：「三品者，銅三色也。」王肅、僞孔并云：「金、銀、銅也。」陳喬樅曰：「鄭以金三品爲銅色，當是今文家説。三色者，蓋青白赤也。」按此文，則謂黃金、白金、赤金，非如鄭説銅三色也。漢書食貨志曰：「金有三等：黃金爲上，白金爲中，赤金爲下。」注：孟康曰：「白金，銀也。赤金，丹陽銅也。」爾雅釋器亦以銀爲白金，與仲任説合。孟堅、仲任并習今文，王肅治古文，而其説相同，蓋王肅於鄭氏，有意求異，故襲今文説，而斥鄭義。陳氏以鄭氏爲今文説，書傳無證。**黃比見者，黃爲瑞也。圯橋老父遺張良書，**宋翔鳳過庭録十一曰：史記「圯上」本一作「汜上」。「圯」是橋，與從水之「汜」，音同叚藉。字雖從「水」，訓亦爲橋。故漢書張良傳「圯上」之「圯」從「土」，「汜下」之「汜」從「水」，音訓並同，故兩字互見。「汜」非水名。爾雅：「窮瀆汜。」説文：「汜，水別後入水也。一曰汜，窮瀆也。從水，巳聲。」又：「圯，南楚謂橋爲圯，從土，巳聲。」知「圯」是正字，「汜」爲叚藉。水經注：「沂水於下邳縣北西流分爲二水：一水於城北西南入泗水，一水逕城東屈從縣南，亦注泗，謂之小沂水，水上有橋，徐、泗間以爲圯。昔張子房遇黃石公於圯上，即此處。」按：橋之高處，謂之圯上；橋之低處，謂之圯下。「圯下」非水中也。圯訓橋，而此文言「圯橋」，猶他書言「宫室」也。紀妖篇云：「張良變姓名，亡匿下邳，常從步游下邳泗上，有一老父衣褐至良所，直墮其履泗下。」「泗」是水名，不可言「下」，當是「汜」之誤。（「圯橋」之圯，從辰巳之「巳」，讀頤，亦讀祀，與毁圮之「圮」，從人己之「己」，讀起者異。）暉按：「圯」字本書原從「水」，説見紀妖篇。汜橋，汜水上橋也。自然篇曰：「張良遊汜（今譌作「泗」。）水之上，遇黃石公授太公書。」是其義。宋謂「汜橋」猶他書言「宫室」，其説非也。**化爲黃石。黃石之精，出爲符也。**紀妖篇云：「高祖將起，張良爲輔之祥。」**夫石，金之類也，質異色鈞，皆土瑞也。**

建初三年，零陵泉陵女子傅寧宅，土中忽生芝草五本，御覽八七三引作「博寧」。司馬彪續漢書同。（御覽九八五。）又「宅」下有「内」字，無「土中忽」三字。類聚九八引同。司馬彪書亦云「宅内」。朱校元本「忽」作「内」。疑此文原作「宅内生芝草五木」。「土中」涉「宅」字譌衍，今本又改「内」爲「忽」。玉海一九七引無「忽」字。**長者尺四五寸，短者七八寸，莖葉紫色，**程、錢、黃、王本并誤作「也」。元本（朱校同。）作「色」。類聚、御覽、玉海引同。**蓋紫芝也。太守沈酆遣門下掾衍盛奉獻。皇帝悦懌，賜錢衣食。詔會公卿，郡國上計吏民皆在，**上計，計吏也。周禮地官大司徒疏：「漢時考吏謂之計吏，計吏，據其使人也。」**以芝告示天下。**孫曰：御覽九八五引續漢書：「建初五年，（疑「三年」之誤，范書亦作「三年」。）零陵女子傅寧宅内生紫芝五株，長者尺四寸，（類聚九八引論衡亦作「尺四寸」。）短者七八寸。太守沈豐使功曹齎芝以聞，帝告示天下。」暉按：東觀記二一：「沈豐字聖達，爲零陵太守。到官一年，甘露降，芝草生。」謝承後書：「吴郡沈豐爲零陵太守。」（類聚九八。）沈豐即沈酆。（左宣十五傳「酆舒」，古今人表、水經注并作「豐舒」。）天下並聞，吏民歡喜，咸知漢德豐雍，瑞應出也。四年，甘露下泉陵、零陵、洮陽、始安、冷道五縣，謝承書：「吴郡沈豐爲零陵太守。到官一年，甘露降泉陵、洮陽五縣，流被山表，膏潤草木。」（類聚九八。）後漢書章紀云：「二縣。」榆柏梅李，葉皆洽薄（溥），元本「薄」作「溥」，朱校同。當正。威委流漉，威委，流盛貌。文選文賦：「紛葳蕤以馺遝。」注：「葳蕤，盛貌。」威委、葳蕤聲義同。玉藻：「緌布冠繢緌。」注：「緌或爲蕤。」威夷、威遲、逶迆、遺蛇、葳蕤、威委并聲義同。盼遂案：「威委」，盛貌，與「威蕤」同。文選東京賦：「羽蓋威蕤。」景福殿賦：「流羽毛之威蕤。」民嗽吮之，甘如飴蜜。五年，芝草復生泉陵男子周服宅上，六本，盼遂案：「宅上」當是「宅土」之誤。上文「傅寧宅土中忽生芝草五本」，此「宅土」連文之證。「宅上」非芝草所生之地。色狀如三年芝，并前凡十一本。後書章帝紀：建初五年，零陵獻芝草。湘水去泉陵城七里，水上聚石曰燕室丘，臨水有俠山，其下巖淦（唫），水深不測。先孫曰：水經深水篇云：「過泉陵縣西北七里，至燕室，邪入于湘。」酈注云：「水上有燕室丘，亦因爲聚名也。其下水深不測，號曰龍淵。」即此。「淦」，元本作「唫」，是也。穀梁僖三十三年傳：「蹇叔子送其子而戒之曰：『女死，必於殽之巖唫之下。』」釋文云：「『唫』本或作『崟』。」「唫」即「崟」之借字。二黄龍見，長出十六丈，身大於馬，章帝紀注引伏侯古今注云：「大如馬有角。」舉頭顧望，狀如圖中畫龍。燕室丘民皆觀見之。去龍可數十步，又見狀如駒馬，大小凡六，古今注云：「小六枚，大如駒，無角。」出水遨戲陵上，蓋二龍之子也。并二龍爲八。出移一時乃入。

宣帝時，鳳皇下彭城，彭城以聞。宣帝詔侍中宋翁一。翁一曰：「鳳皇當下京師，集於天子之郊，乃遠下彭城，不可收，與無下等。」宣帝曰：「方今天下合爲一家，下彭城與京師等耳，何令可與無下等乎？」「令」，元本作「命」，朱校同。盼遂案：「令」字涉下句「令」而衍。本爲「何可與無下等乎」，或是「何可令與無下等乎」。令左右通經者，論難翁一。「論」舊作「語」，從朱校元本正。盼遂案：「語」當爲「詰」，形近之誤。翁一窮，免冠叩頭謝。宣帝之時，與今無異。鳳皇之集，黄龍之出，鈞也。彭城、零陵，遠近同也。帝宅長遠，四表爲界，零陵在内，猶爲近矣。

魯人公孫臣，孝文時言漢土德，其符黄龍當見。其後，黄龍見于成紀。見漢書文帝紀、郊祀志、任敖傳。成紀之遠，猶零陵也。孝武、孝宣時，黄龍皆出。宣帝時黄龍見新

豐。黄龍比出，於兹爲四，漢竟土德也。賈誼創議於文帝之朝云：「漢色當尚黄，數以五爲名。」「數以五爲名」，文不成義，疑當作：「數以五，爲官名。」今本脱「官」字。「數以五」，即郊祀志所云「官更印章以五字」也。「爲官名」，蓋即藝文志賈誼所條定五曹官制也。史記賈生傳：「賈生以爲漢興至孝文二十餘年，天下和洽而固，當改正朔，易服色，改制度，定官名，興禮樂，乃悉具其事儀法，色尚黄，數用五，爲官名，悉更秦之法。」漢書本傳略同。又贊曰：「誼以漢爲土德，色上黄，數用五。」武帝紀：「太初元年，色上黄，數用五，定官名，協音律。」張晏注：「漢據土德，土數五，故用五。謂印文也。若丞相，曰『丞相之印章』。諸卿及守相，印文不足五字者，以『之』足之。」宣漢篇：「誼以爲當改正朔、服色、制度，定官名，興禮樂。」並其證。**賈誼，智囊之臣，云色黄數五，土德審矣。**漢書郊祀志贊曰：「孝文時，張蒼據水德，公孫臣、賈誼更以爲土德。孝武世，兒寬、司馬遷猶從臣、誼之言，服色數度，遂順黄德。彼以五德之傳，從所不勝，秦在水德，故謂漢據土而克之。劉向父子以爲漢得火焉。」按：仲任然臣、誼之説。

芝生於土，土氣和，故芝生土。孫曰：證類本草卷六引論衡云：「芝生於土，土氣和，故芝草生。」義較今本爲長。暉按：廣韻七之芝字注、通鑑二一胡注引與證類本草同。瑞命記曰：「王者慈和，則芝草生。」（通鑑注。）盼遂案：「芝生」下一「土」字衍。「土氣和，故芝生」六字，即釋上文「芝生于土」句也。**土爰稼穡，稼穡作甘，**禹貢文。皮錫瑞曰：「論衡引經，『爰』作『曰』。」

按：各本作「爰」，皮說誤也。白虎通五行篇曰：「土味所以甘，何？中央者，中和也，故甘。猶五味以甘爲主也。」故甘露集。龍見，往世不雙，唯夏盛時，二龍在庭，奇怪、異虛篇並云「夏衰時」。此云「盛時」，殊違實矣。事見鄭語、史記周本紀。今龍雙出，應夏之數，治諧偶也。龍出往世，其子希出，今小龍六頭，並出遨戲，象乾坤六子，嗣後多也。吳曰：「嗣後」疑當作「後嗣」。易說卦曰：「乾，天也，故稱乎父；坤，地也，故稱乎母。震一索而得男，故謂之長男。巽一索而得女，故謂之長女。坎再索而得男，故謂之中男。離再索而得女，故謂之中女。艮三索而得男，故謂之少男。兌三索而得女，故謂之少女。」唐、虞之時，百獸率舞，堯典曰：「擊石拊石，百獸率舞。」（僞孔本見舜典。）皋陶謨曰：（僞孔本見益稷篇。）「簫韶九成，鳳皇來儀，百獸率舞。」（從孫星衍、皮錫瑞說。今文「百獸」上無「夔曰」八字。）今亦八龍遨戲良久。芝草延年，仙者所食，往世生出，不過一二，今并前後凡十一本，多獲壽考之徵，生育松、喬之糧也。赤松子，王子喬。甘露之降，往世一所，今流五縣，應土之數，德布濩也。

皇瑞比見，其出不空，必有象爲，隨德是應。孔子曰：「知者樂，仁者壽。」見論語雍也篇。中論夭壽篇云：「仁者壽，此行仁之壽也。孔子云，以仁者壽，利養萬物，萬物亦受利矣，故必壽也。」仲任義同。皇帝聖人（仁），故芝草壽徵生。「人」當作「仁」。下同。聲之誤也。此據「仁者壽」以明「芝草壽徵生」，爲應聖仁之德。下文據東方爲仁，龍屬東方，以明聖仁之應。

若作「聖人」，則與「仁者壽」、「東方曰仁」義不相屬矣。「聖」不能包「仁」。黄爲土色，位在中央，故軒轅德優，以黄爲號。史記五帝紀：「黄帝名軒轅，有土德之瑞，故號黄帝。」郊祀志云：「黄帝得土德，黄龍地螾見。」風俗通皇霸篇：「黄者，光之厚也，中和之色，德四季與地同功，故先黄以别之也。」白虎通號篇：「黄帝始作制度，得其中和，萬世常存，故稱黄帝也。」道虚篇讀「黄」作「皇」，謂「黄帝者，安民之謚」，説與此異。皇帝寬惠，德侔黄帝，故龍色黄，示德不異。東方曰仁，龍，東方之獸也，皇帝聖人（仁），故仁瑞見。仁（甘）者，養育之味也，「仁」不得言「味」。宋本作「甘」，朱校同，是也。當據正。皇帝仁惠愛黎民，故甘露降。龍，潛藏之物也，易乾卦初九爻：「潛龍勿用。」象曰：「潛龍勿用，陽在下也。」陽見於外，皇帝聖明，招拔巖穴也。瑞出必由嘉士，祐至必依吉人也。「也」猶「者」也。天道自然，厥應偶合。聖主獲瑞，亦出羣賢。君明臣良，庶事以康。尚書皋陶謨：「元首明哉，股肱良哉，庶事康哉。」文、武受命，力亦周、邵也。

論衡校釋卷第二十

須頌篇

盼遂案：本篇云：「頌四十篇，詩人所以嘉上也。由此言之，臣子當頌，明矣。」

古之帝王建鴻德者，須鴻筆之臣褒頌紀載，御覽七七、又五八八引「載」作「德也」。鴻德乃彰，萬世乃聞。問説書者：「『欽明文思』以下，誰所言也？」曰：「篇家也。」「篇家誰也？」「孔子也。」段玉裁、孫星衍并謂今文尚書「思」作「塞」。皮錫瑞曰：「今文亦作『文思』，或三家本異，不盡由後人改之。仲任以『欽明文思』以下爲孔子所言，蓋指書序言之，漢人皆以書序爲孔子作。今書序作『聰明文思』，而仲任云『欽明文思』者，或今文書序與古文書序之字不同也。」宋翔鳳書譜據此文謂「漢儒有以堯典爲孔子之言」，非也。然則孔子鴻筆之人也。「自衛反魯，然後樂正，雅、頌各得其所也。」論語子罕篇文。鴻筆之奮，蓋斯時也。白虎通五經篇：「孔子自衛反魯，自知不用，追定五經。」或説尚書曰：「尚者，上也；上所爲，下所書也。」注詳正説篇。「下者誰也？」曰：「臣子也。」然則臣子書上所爲矣。問儒者：「禮言制，樂言作，何也？」曰：「禮者上所制，故曰制；樂者下所作，故曰作。禮記明堂位云：「周公治天下六年，制禮作樂。」樂記云：「王者功成作樂，治定制禮。」是禮言「制」，樂言「作」也。白虎通禮樂篇曰：「樂言作，禮言制。樂者，陽也，動作倡始，故言作也。禮者，陰也，繫制於陽，故云制也。」（此據樂記疏引，與今本稍異。）與此義異。天下太平，頌聲作。」詩含神霧：「頌者，王道太平，功成治定而作也。」（據馬國翰輯。）公羊宣十五年傳：「什一行而頌聲作矣。」注：「頌聲者，太平歌頌之聲，帝王之高致也。」方今天下太平矣，頌詩樂聲可以作未？傳（儒）者不知也，盼遂案：「傳」當爲「儒」。隸書「儒」或作「傳」，故易訛爲「傳」。下句有「拘儒」之説，正斥此「儒者」也。故曰拘儒。「傳」當作「儒」，形誤，尋義自明。衛孔悝之鼎銘，見禮記祭統。衛莊公褒孔悝之祖也。周臣勸行。孝宣皇帝稱潁川太守黄霸有治狀，賜金百斤，神爵四年事。見漢書宣紀及霸傳。漢臣勉政。夫以人主頌稱臣子，臣子當褒君父，於義較矣。虞氏天下太平，夔歌舜德；史記夏紀：「舜德大明，於是夔行樂。」宣王惠周，詩頌其行；漢書董仲舒傳仲舒對曰：「周宣王思昔先王之德，興滯補弊，明文、武之功業。周道粲然復興，詩人美之而作。」毛詩序：「六月，宣王北伐也。采芑，宣王南征也。車攻，宣王復古也。宣王能内脩政事，外攘夷狄，復文、武之境土，脩車馬，備器械，復會諸侯於東都，因田獵而選車徒焉。吉日，美宣王田也。能慎微接下，無不自盡，以奉其上焉。鴻鴈，美宣王也。萬民離散，不安其居，而能勞來還定安集之，至於矜寡無不得其所焉。庭燎，美宣王也，因以箴之。斯干，宣王考室也。無羊，宣王考牧也。」又劉歆説六月篇曰：「周室既衰，四夷並侵，玁狁最彊，至宣王而伐之，詩人美而頌之。」（見漢書韋玄成傳。鄭箋義同。）又漢書劉向疏曰：「周德既衰而奢侈，宣王賢而中興，更爲儉宫室，小寢廟，詩人美之，斯干之詩是也。」**召伯述職，周歌棠樹。**孟子梁惠王篇：「諸侯朝於天子曰述職，述職者，述所職也。無非事者，春省耕而補不足，秋省斂而助不給。」詩下泉疏引服虔左傳注：「諸侯適天子曰述職，謂六年一會王官之伯，命事考績，述職之事也。」按：謂「召公述職」者，魯詩説也。説苑貴德篇引詩傳曰：「自陝以東者，周公主之；自陝以西者，召公主之。召公述職，當桑蠶之時，不欲變民事，故不入邑中，舍於甘棠之下，而聽斷焉。陝間之人皆得其所，是故後世思而歌詠之。」向治魯詩者，知據魯詩傳。説從陳氏魯詩遺説考。白虎通巡狩篇云：「召公述職，親説，舍於野樹之下。」鹽鐵論授時篇云：「古者春省耕以補不足，秋省斂以助不給，民勤於財則貢賦省，民勤於力則功業牢。（陳云：當作「築罕」。）爲民愛力，不奪須臾，召伯聽斷於甘棠樹下，爲妨農業之務也。」是亦謂「述職」。桓寬用齊詩，則齊、魯説同。韓詩外傳一：「召公在朝，有司請營召以居。召伯曰：嗟！以吾一身而勞百姓，此非吾先君文王之志也。於是出而就烝庶於阡陌隴畝之間而聽斷焉。召伯暴處遠野，廬於樹下。其後在位者不恤元元，於是詩人見召伯之所休息樹下，美而歌之。」是韓詩不言「述職」也。然王吉治韓詩，亦云「述職」，（見漢書本傳。）未得其審。**是故周頌三十一，殷頌五，魯頌四，凡頌四十篇，詩人所以嘉上也。**陸德明曰：「周頌三十一篇，皆是周室太平德洽，著成功之樂詞也。名之曰頌。頌者，誦也，容也，歌誦盛德也。」商頌那篇序云：「有正考父者，得商頌十二篇於周之太師。」鄭箋：「自正考甫至孔子之時，又無七篇。」魯頌駉篇序：「魯人尊僖公，於是季孫行父請命于周，而史克作是頌。」法言學行篇李軌注曰：「尹吉甫〔一〕，周宣王之臣也，吉甫作周頌。正考父，宋襄公之臣也，慕吉甫而作商頌。奚斯，魯僖公之臣也，慕正考父作魯頌。」或説正考父得殷頌，非作也。奚斯作閟宫一篇，史克作魯頌四篇，清儒多有辯證，今不具出。由此言之，臣子當頌，明矣。

儒者謂漢無聖帝，治化未太平。宣漢之篇，論漢已有聖帝，治已太平；恢國之篇，極論漢德非常（徒）實然，乃在百代之上。「常」，宋本作「徒」，朱校元本同，是也。今本淺人妄改。表德頌功，宣褒主上，詩之頌言，右臣之典也。宋本「右」作「古」。朱校元本無「之」字。吴曰：禮記玉藻：「動則左史書之，言則右史書之。」此云「右臣」，蓋即「右史」也。暉按：「頌言」連讀，非謂右史頌其言。下文「夫頌言，非徒畫文也」，可證。今本有誤，不可據以爲訓。舍其家而觀他人之室，忽其父而稱異人之翁，未爲德也。「德」讀作「得」。漢，今天下之家也；先帝、今上，今上，章帝。民臣之翁也。夫曉主德而頌其美，識國奇而恢其功，孰與疑暗不能也？

〔一〕「尹」，原本作「吉」，據法言改。

孔子稱：「大哉！堯之爲君也，唯天爲大，唯堯則之。蕩蕩乎民無能名焉！」見論語泰伯篇。或年五十擊壤於塗。或曰：「大哉！堯之德也。」擊壤者曰：「吾日出而作，日入而息，鑿井而飲，耕田而食，堯何等力？」亦見感虚篇。孔子乃(及)言「大哉！堯之德〔也〕」者，乃(皆)知堯者也。朱校元本「德」下有「也」字。下「乃」字，宋本作「皆」，朱校同。並是也。上「乃」字當作「及」。「大哉堯之德也」，是「或曰」，非孔子言也。仲任意，孔子及言「大哉堯之德也」之人，皆知堯者也。下文「孔子及唐人言『大哉』者知堯德」，義與此同。今本則由淺人妄改。涉聖世不知聖主，是則盲者不能別青黃也；知聖主不能頌，是則喑者不能言是非也。類要二十一引「喑」作「瘖」，下同，是也。説文：「瘖，不能言也，從疒，音聲。」然則方今盲喑之儒，與唐擊壤之民，同一才矣。夫孔子及唐人言大哉者，知堯德，蓋堯盛也；擊壤之民云「堯何等力」，是不知堯德也。夜舉燈燭，光曜所及，可得度也；日照天下，遠近廣狹，難得量也。浮於淮、濟，皆知曲折；入東海者，不曉南北。故夫廣大，從横難數；「大」下舊校曰：一又有「廣大」字。(「又」字脱，據宋本補。)極深，揭厲難測。「揭厲」，猶言深淺也。詩邶風匏有苦葉：「深則厲，淺則揭。」毛傳：「以衣涉水爲厲，謂由帶以上也。揭，褰衣也。如遇水深則厲，淺則揭也。」漢德酆廣，日光海外也。知者知之，不知者不知漢盛也。漢家著書，多上及殷、周，諸子並作，皆論他事，無褒頌之言，論衡有之。又詩頌國名周頌，「又」疑是「夫」。「頌國」當作「頌周」。頌周名周頌，與班固頌漢名漢頌相同，故云相依類。杜撫、〔班〕固所上漢頌，相依類也。先孫曰：「固」上脱「班」字。後文云：「班孟堅頌孝明。」（亦見後佚文篇。）暉按：宣漢篇云：「觀杜撫、班固等所上漢頌。」更可證。宣帝之時，畫圖漢列士，前漢紀四：「甘露元年冬十月，趙充國薨，謚曰壯武侯，以功德與霍光等，圖畫相次於未央宮。第一曰大司馬大將軍博陸侯霍光，次曰衛將軍富平侯張安世，次曰車騎將軍龍額侯韓增，次曰後將軍營平侯趙充國，次曰丞相高平侯魏相，次曰丞相博陸侯邴吉，次曰御史大夫建平侯杜延年，次曰宗正陽城侯劉德，次曰少傅梁丘賀，次曰太子太傅蕭望之，次曰典屬國蘇武。皆有功德，知名當世。」或不在於畫上者，子孫恥之。何則？父祖不賢，故不畫圖也。夫頌言非徒畫文也，如千世之後，讀經書不見漢美，後世怪之。故夫古之通經之臣，紀主令功，記於竹帛；頌上令德，刻於鼎銘。文人涉世，以此自勉。

漢德不及六代，論者不德之故也。「德」讀「得」。地有丘洿，故有高平，或以钁鍤平而夷之，爲平地矣。世見五帝、三王爲經書，漢事不載，則謂五、三優於漢矣。或以論爲當作「或論以爲」。钁鍤，損三、五，盼遂案：「三五」二字宜互倒，上下文皆作「五三」。五，五帝。三，三王也。少豐滿漢家之下，盼遂案：「漢家之下」疑當爲「漢家之土」，上下文皆以土地為喻故也。豈徒並為平哉？漢將為丘，五、三轉為洿矣。司馬相如難蜀父老曰：「上減五，下登三。」李奇注：「五帝之德，比漢為減；三王之德，漢出其上。」湖池非一，廣狹同也，樹竿測之，深淺可度。漢與百代，俱為主也，實而論之，優劣可見。孫曰：當作「而實論之」。本書多作「如實論之」，此作「而實論之」者，「而」、「如」通用，猶言「如實論之」也。（本書「而」、「如」互用。）此乃淺人不了「而」妄改也。暉按：下文亦見此句。故不樹長竿，不知深淺之度；無論衡之論，不知優劣之實。漢在百代之末，上與百代料德，湖池相與比也，無鴻筆之論，不免庸庸之名。論〔者〕好稱古而毁今，「論」下當有「者」字。齊世篇云：「述事者好高古而下今。」又本篇下文云：「俗儒好長古而短今。」句意與此並同。恐漢將在百代之下，豈徒同哉！

謚者，行之跡也。注福虛篇。謚之美者，成、宣也；惡者，靈、厲也。周書謚法解：「安民立政曰成，聖善周聞曰宣，亂而不損曰靈，殺戮無辜曰厲。」成湯遭旱，湯旱七年。周宣亦然，大旱五年。然而成湯加「成」，宣王言「宣」。白虎通謚篇云：「湯死後，世稱成湯，以兩言為謚也。」風俗通皇霸篇曰：「湯者，攘也，昌也，言其攘除不軌，改亳為商，成就王道，天下熾盛，文武皆以其所長。」詩商頌那篇疏曰：「殷本紀云：『主癸生天乙，是為成湯。』案：中候雒予命云：『天乙在亳。』注云：『天乙，湯名。』是鄭以湯之名為天乙也。則成湯非復名也。周書謚法者，周公所爲。禮記檀弓云：『死謚，周道也。』則殷以上，未有謚法。蓋生爲其號，死因爲謚耳。謚法：『安民立政曰成，除殘去虐曰湯。』蓋以天乙有此行，故號曰『成湯』也。長發稱『武王載旆』。又呼湯爲武王者，以其伐桀革命，成就武功，故武名之，非其號謚也。」僞孔傳仲虺之誥：「成湯放桀于南巢。」注：「湯伐桀，武功成，故以爲號。」是僞孔不取謚法「安民立政」之義。疏無明解，蓋仲達不然其說。湯誓序釋文引馬曰：「俗儒以湯爲謚，或爲號。號者似非其意，言謚近之。」然不在謚法，故無聞焉。」湯遭旱，注感虚篇；周宣王遭旱，注藝增篇。**無妄之災，不能虧政，**無妄注寒温篇。**臣子累謚，不失實也。**累謚注道虚篇。**由斯以論堯，堯亦美謚也。時亦有洪水，百姓不安，**堯典：「湯湯鴻水滔天，浩浩懷山襄陵。」（從皮錫瑞說，今文如是。）**猶言「堯」者，得實考也。**堯典疏曰：「譙周以堯爲號。案謚法：『翼善傳聖曰堯。』是堯，謚也。故馬融亦云謚也。檀弓曰：『死謚，周道也。』周書謚法，周公所作，而得有堯者，以周法死後乃追，故謂之謚。謚者，累也，累其行而號之，隨其行以名之，則死謚猶生號。因上世之生號，陳之爲死謚，明上代生死同稱。上世質，非至善至惡無號，故與周異。以此，堯、舜或云號，或云謚也。」白虎通謚篇曰：「以爲堯猶謚，顧上世質，直死後以其名爲號耳。所以謚之爲堯何？謚有七十二品，禮謚法曰：翼善傳聖曰堯。」書孔疏義同，并謂以生名爲死謚。班固用今文說，馬亦云謚，蓋古文説無別。又按：風俗通皇霸篇引大傳說：「堯者，高也，饒也，言其隆興焕炳，最高明也。」白虎通號篇：「謂之堯者何？堯猶嶢嶢也。至高之貌，清妙高遠，優游博衍，衆聖之主，百王之長也。」「得實考」，謂謚不失實。

夫一字之謚，尚猶明主，況千言之論，萬文之頌哉？

船車載人，類要二一引「船」作「舡」，下同。説日篇：「乘船江海之中。」宋本「船」作「舡」。疑論衡「船車」字有作「舡車」者。孰與其徒多也？吴曰：「徒多」當作「徒步」。孫曰：吴説非也。徒即徒步也。「徒」實「赴」之借字。説文：「赴，步行也。」若改「多」爲「步」，失其旨矣。暉按：孫説是也。類要引正作「孰與其徒多也」。焦氏易林賁之恒曰：「舍車而徒，亡其駮牛。」盼遂案：孫説「赴」字不合許書。素車朴船，孰與加漆采畫也？然則鴻筆之人，國之船車、采畫也。農無彊夫，「彊」誤「疆」，依王本、崇文本正。穀粟不登；國無彊文，德闇不彰。漢德不休，亂在百代之間，彊筆之儒不著載也。高祖以來，著書非（者）不講論漢。宋本「非」作「者」，朱校元本同，是也。上文：「漢家著書，多上及殷、周，諸子並作，皆論他事，無褒頌之言。」即此義。今本淺人妄改。「漢」字舊屬下讀，亦非。司馬長卿爲封禪書，文約不具。見史、漢本傳。司馬子長紀黄帝以至孝武。今史記。楊子雲録宣帝以至哀、平。困學紀聞十二曰：「今子雲書不傳。」案：史通正史篇紀續太史公書者，有劉向、劉歆、楊雄等十五人，并云：「相次撰續，迄於哀、平間，猶名史記。」陳平仲紀光武。孫曰：後漢書班固傳：「顯宗召固詣校書部，除蘭臺令史。與前睢陽令陳宗、長陵令尹敏、司隸從事孟冀，共成世祖本紀。」惠棟後漢書補注據論衡謂「宗字平仲」，其説是也。暉按：閻若璩亦云：「據班固傳推之，知平仲是陳宗字。」又按：史通覈才篇引傅玄云：「孟堅與陳宗、尹敏、杜撫、馬嚴撰中興紀傳，其文曾不足觀。」中興紀傳即此云「紀光武」者。班孟堅頌孝明。困學紀聞曰：「孟堅頌亡。」漢家功德，頗可觀見。今上即命，今上，章帝。未有褒載，論衡之人，爲此畢精，故有齊世、宣漢、恢國、驗符。

龍無雲雨，不能參天，鴻筆之人，國之雲雨也。載國德於傳書之上，宣昭名於萬世之後，厥高非徒參天也。城牆之土，平地之壤也，人加築蹈之力，樹立臨池。池，城邊池也。無水曰隍，有水曰池。國之功德，崇於城牆；文人之筆，勁於築蹈。聖主德盛功立，莫不褒頌紀載，盼遂案：「莫」當爲「若」之誤，方與下句「奚得」云云相應。奚得傳馳流去無疆乎？各本誤作「彊」。人有高行，或譽得其實，或欲稱之不能言，或謂不善，不肯陳一。「謂」當作「言」。此承「人有高行」言之，則「謂不善」於義無指。「言不善」，謂言不美善。下文「孰與不能言，言之不美善哉」，即與此文相應。盼遂案：「一」字疑爲衍文，「陳」字絕句。斷此三者，孰者爲賢？五、三之際，於斯爲盛。斯謂漢。若比於漢，漢爲盛。孝明之時，衆瑞並至，百官臣子，不爲少矣，唯班固之徒，稱頌國德，可謂譽得其實矣。頌文譎以奇，「譎奇」連文，「以」字屬下讀，今本誤倒。彰漢德於百代，使帝名如日月，「名」，錢、黃、王、崇文本作「明」，非。孰與不能言，言之不美善哉？秦始皇東南遊，升會稽山，李斯刻石，紀頌帝德。至瑯琊亦然。見史記始皇紀。秦，無道之國，刻石文世，文謂文飾其過。觀讀之者，見堯、舜之美。由此言之，須頌明矣。當今非無李斯之才也，無從升會稽、歷瑯琊之階也。

絃歌爲妙異之曲，坐者不曰善，絃歌之人，必怠不精。何則？妙異難爲，觀者不知善也。聖國揚妙異之政，衆臣不頌，將順其美，安得所施哉？今方板（技）之書「板」當作「技」，形近而誤。或謂「方板」即「不及百名書於方」之「方」。鄭注：「方，板也。」（儀禮聘禮記。）按：若此，則與下文「在竹帛」義複。在竹帛，盼遂案：「方板」當是「方技」之誤。漢時方技之書，包該醫經、經方、房中、神仙四種。下文云：「甲甲某子之方，若言已驗嘗試，人爭刻寫，以爲珍祕。」知此文爲「方技之書」。無主名所從生出，見者忽然，不卸（御）服也。「卸」，各本誤同。當從朱校元本改作「御」。盼遂案：「卸」爲「暇」字假借。卸、暇聲近而然。如題曰「甲甲某子之方」，盼遂案：當是「某甲某子之方」。漢書藝文志方技略中多言某氏之方。如泰始黃帝扁鵲俞拊方〔一〕二十三卷、黃帝三王養陽方二十卷、三家内房有子方十七卷等，皆是。「某甲某子」亦漢人常語。抱朴子鈞世篇：「弊方以僞題見寶。」與此文正同義也。若言「已驗嘗試」，人爭

〔一〕「泰」，原本作「秦」，形近而誤，據漢書藝文志改。

刻寫，盼遂案：藥方刻板，始見於此。然則謂板刻始於隋、唐，猶未爲探本之論也。以爲珍祕。上書於國，記奏〔記〕於郡，「上書於國，奏記於郡」對文。效力篇云：「上書白記。」對作篇云：「上書奏記。」今本「奏記」誤倒。譽薦士吏，稱術行能，「術」、「述」通。「能」猶「才」。盼遂案：「術」爲「述」之借字。漢人多通用。如漢修堯廟碑「歌術功稱」，韓勑後碑「共術韓君德政」，樊敏碑「臣子褒術」，靈臺碑陰「州里稱術」，皆借「術」爲「述」。章下記出，士吏賢妙。何則？章表其行，記明其才也。國德溢熾，莫有宣褒，使聖國大漢有庸庸之名，咎在俗儒不實論也。

古今聖王不絕，則其符瑞亦宜累屬。符瑞之出，不同於前，或時已有，世無以知，故有講瑞。俗儒好長古而短今，言瑞則渥前而薄後，是應實而定之，錢、黃、王、崇文本改「實」作「變」，妄也。朱校元本同此。漢不爲少。漢有實事，儒者不稱；古有虛美，誠心然之。信久遠之僞，忽近今之實，斯蓋三增、九虛所以成也，三增，謂語增以下三篇。九虛，謂書虛以下九篇。能聖、實聖所以興也。劉盼遂曰：能聖、實聖，論衡逸篇名也。儒者稱聖過實，稽合於漢，漢不能及。非不能及，儒者之說，使難及也。實而論之，盼遂案：孫人和曰：「當作『而實論之』。本書多作『如實論之』，此作『而實論之』者，而、如通用，猶言『如實論之』也。（本書而、如互用。）此乃淺人不了『而』妄改也。」漢更難及。穀熟歲平，聖王因緣以立功化，「聖王」疑當作「庸主」，校者嫌於義與頌漢相戾而妄改也。仲任意：庸主偶遭治世，故因緣以立德；聖王遭無妄之厄，則空受其惡。治期篇義正如是。然則聖王立功，乃其當然，不得言其因緣治世也。恢國篇云：「穀登歲平，庸主因緣以建德政；顛沛危殆，聖哲優者，乃立功化。」義與此文正同，是其切證。故治期之篇，爲漢激發。治有期，亂有時，能以亂爲治者優。優者有之。言漢有此優主。建初孟年，無妄氣至，指兗、豫、徐三州牛疫大旱。聖世之期也。皇帝執（敦）德，「執」爲「敦」形誤。恢國篇亦見此文。救備其災，故順鼓、明雩，爲漢應變。是故災變之至，或在聖世，時旱禍湛，盼遂案：「禍」疑爲「偶」之誤。「偶」與「時」與「或」同意。四諱篇「父母禍死」，太平御覽引作「偶」，亦其證也。爲漢論災。「時旱禍湛」文不成義，以句倒求之，當亦舉論衡篇名，今本脱。是故春秋爲漢制法，注正説篇。論衡爲漢平説。

從門應庭，聽堂室之言，什而失九；如升堂闚室，百不失一。論衡之人，在古荒流之地，時仲任已歸會稽。其遠非徒門庭也。日刻（刺）徑重千里，先孫曰：「重」字衍。談天篇云：「日刺徑千里。」説日篇云：「數家度日之光，數日之質，刺徑千里。」此「刻」疑亦「刺」之誤。暉按：先孫説是也。朱校元本刻作「剌」。「剌」即「刺」字。人不謂之廣者，遠也。望夜甚雨，望，十五日。月光不暗，人不睹曜者，隱也。聖者垂日月之明，處在中州，朱校元本「處」作「遂」，疑是「遠」字誤。**隱於百里，遙聞傳授，不實。形耀不實，難論。得詔書到，**朱校元本「得」字在「論」字上，屬上讀，疑是。**計吏至，乃聞聖政。**後漢書百官志：「諸州常以八月巡行所部郡國，録囚徒，考殿最。初，歲盡，詣京都奏事，中興但因計吏。」**是以褒功失丘山之積，頌德遺膏腴之美。使至臺閣之下，**後漢書仲長統傳注：「臺閣謂尚書也。」王鳴盛十七史商榷曰：「漢世官府不見臺閣之號，所云臺閣者，猶言宮掖中祕云爾。據蔡邕傳，邕上封事，以『公府』與『臺』並稱，所謂宮中、府中也。黃瓊傳、黃香傳，香上疏，皆謂尚書爲臺閣。又袁紹傳，檄曹操云：『坐召三臺，專制朝政。』注云：『漢官：尚書爲中臺，御史爲憲臺，謁者爲外臺，是三臺。』據此，則知臺閣者，尚書也。」**蹈班、賈之跡，**班固、賈逵。**論功德之實，不失毫釐之微。武王封比干之墓，孔子顯三累之行。**春秋桓二年：「宋督弒其君與夷及其大夫孔父。」公羊傳：「及者何？累也。弒君多矣，舍此無累者乎？曰：有，仇牧、荀息是也。」注：「累，累從君而死。齊人語也。」仇牧事在莊十二年，荀息事在僖十年，公羊傳義並同。則「三累」者，孔父、仇牧、荀息也。晉書王接傳，蕩陰之役，侍中嵇紹爲亂兵所殺，接議曰：「依春秋褒三累之義，加紹致命之賞。」其説可與仲任相證。盼遂案：何休公羊傳注：「累，累從君而死。齊人語也。漢世謂罪臣曰累，故漢代稱屈平爲湘累。」荀子成相云：「比干見刳箕子累。」三累亦三罪臣之義也。又案：春秋公羊傳桓公二年：「宋督弒其君與夷及其大夫孔父。」莊公十二年：「宋萬弒其君接及其大夫仇牧。」僖公十年：「晉里克弒其君卓子及其大夫荀息。」傳皆曰：「及者何？累也。孔父、仇牧、荀息皆累也。何以書？賢也。何賢乎孔父？孔父可謂義形于色矣。何賢乎仇牧？仇牧可謂不畏强禦矣。何賢乎荀息？荀息可謂不食其言矣。」仲任所云「顯三累之行」，蓋綜公羊傳文而言。晉書五十一束晳傳王接曰：「春秋顯三累之誼。（嵇）紹宜加致命之賞。」知三累自成春秋學之專門術語，漢、晉間人習知之矣。**大漢之德，非直比干、三累也。道立國表，路出其下，望國表者，昭然知路。**周語中：「周制，列樹以表道。」**漢德明著，莫立邦表之言，**上文作「國表」，蓋此校者誤爲漢諱改回作「邦」。盼遂案：「邦表」本爲「國表」，淺人不知漢諱而改之也。上文兩言「國表」可證。又案：「國表」爲「邦表」之誤，「邦」又爲「郵」之誤。「邦表」即「郵表」之誤。人習見「邦」，改「郵」爲「邦」，又以王充應爲漢避諱，後改「邦」爲「國」，失之逾遠。説文木部：「桓，亭郵表也。」崔豹古今注：「今之華表木以橫木交柱，狀若花，形似桔槔，大路交衢悉施焉。亦以表識衢路也。秦乃除之，漢始復修焉。今西京謂之交午木。」崔氏説即東漢郵表之制。再詳求，則參之阮元揅經室一集卷一釋郵表畷之文。其要旨云：郵表畷之古義，皆以立木綴毛裘之物而垂之，分其間界行列遠近，使人可準視望，止行步，而命名者也。談天篇説：「二十八宿爲日月舍，猶地有郵亭爲長吏廨矣。郵亭著地，亦如星宿著天也。」郵亭當即郵表所在之亭。由是亦可知漢代亭表之制焉。**故浩廣之德，未光於世也。**

佚文篇

孝武皇帝封弟爲魯恭王。恭王壞孔子宅以爲宫，得佚尚書百篇、

漢志：「尚書古文經四十六卷。」班注：「爲五十七篇。」桓譚新論云：「古文尚書舊有四十五卷，爲五十八篇。」（御覽六百八。）劉向别録亦曰：「五十八篇。」（王應麟漢志考證。）劉歆曰：「得古文於壞壁之中，書十六篇。」（移太常博士書。）所説數有出入而實同。新論「四十五卷」者，於今文同者二十九篇，加古文多得十六篇。班志「四十六卷」者，於今文同者二十九篇中，分康王之誥於顧命成爲三十，加以十六篇。新論、别録所謂「五十八篇」者，十六篇中，九共爲九；三十篇中，盤庚、泰誓各爲三，是爲五十八。班志所謂「五十七篇」者，武成亡於建武，班據見存者。是班志所云古文尚書篇數可據。此云得尚書百篇，正説篇亦云：「得百篇尚書于壞壁中。」法言問神篇曰：「昔之説書者，序以百。」又曰：「書之不備過半矣。」李軌注曰：「本百篇，今五十九，故曰過半。」史通六家篇：「尚書家者，其先出于太古，至孔子觀于周室，得虞、夏、商、周四代之典，乃删其善者，定爲尚書百篇。」是孔壁尚書實有百篇。正説篇云：「按百篇之序，空造百兩之篇，獻之成帝，帝出祕百篇以校之，皆不相應。」豈百篇尚書遂祕於中，外不得見，而劉、班俱未得一睹，故云然歟？閻若璩古文尚書疏證曰：「成帝時校理祕書，正劉向、劉歆父子及東京班固亦典其職，豈有親見古文尚書百篇，而乃云

爾者乎？劉則云十六篇逸，班則云多得十六篇，確然可據。至王充則得於傳聞。傳聞之説，與親見固難并論也。」按：閻説近是。或曰：蓋有書序百篇，其篇不必實有百也。按：王充明云：「出祕百篇。」是謂其數實有百也。**禮三百、**漢志：「禮古經五十六卷。」班固曰：「禮古經者，出於魯淹中及孔氏，與十七篇文相似，多三十九篇。」（「與十七」誤作「學七十」，此依劉校改。）十七篇，指禮今文經十七篇也。漢志：「經十七篇。」（字亦誤作「七十」。）劉歆曰：（移太常博士書。）「魯共王壞孔子宅，得古文於壞壁之中，逸禮有三十九篇。」逸禮三十九，即班氏所謂多三十九也。禮古經本五十六，與今文同者十七，故曰多三十九篇，是劉、班説同。隋志：「古經出於淹中，河間獻王好古愛學，收集餘燼，得而獻之，合五十六篇，并威儀之事。」篇即卷也，與班志亦合。此云得禮三百，其説獨異，未知所據。**春秋三十篇、**錢、黄、王、崇文本作「三百」，非。朱校元本、程、何本同此。班志：「春秋古經十二篇。左氏傳三十卷。」然則此左氏傳也。許慎説文序謂張蒼所獻，而此系之孔壁，疑非。説詳案書篇。**論語二十一篇。**班志：「論語古二十一篇。」注：「出孔子壁中，兩子張。」如淳曰：「分堯曰篇後子張問『何如可以從政』以下爲篇，名曰從政。」**闓（聞）絃歌之聲，**吴曰：「闓」當作「聞」。下文「而有闓絃歌之聲」，「闓」亦當爲「聞」。「有」讀爲「又」。暉按：此「闓」字，宋本正作「聞」。「有」當讀如字。**懼復封塗。上言武帝。武帝遣吏發取，**班志云：「古文出魯淹中及孔氏。」鄭玄六藝論曰：「後得孔氏壁中河間獻王。」然則古文經乃孔安國及河間獻王所獻。各説并同。此云「武帝遣吏發取」，正説篇云「使使者取視」，其説又異。閻若璩曰：「不云安國獻之，而云武帝取視，此何據也？」古經、論語，盼遂案：「古」乃衍字。下文云「文當興於漢」，「文」上應有「古」字，而訛錯在此。此時皆出。經傳也，而有闓（聞）絃歌之聲，文當興於漢，喜樂得闓之祥也。當傳於漢，寢藏牆壁之中，恭王闓之，聖王感動絃歌之象，此則古文不當掩，漢俟以爲符也。

孝成皇帝讀百篇尚書，博士郎吏莫能曉知，徵天下能爲尚書者。東海張霸通左氏春秋，漢書儒林傳云：「東萊人。」此云「東海」，正説篇同。吴承仕經典釋文序録講疏云：「當作『東萊』。」案百篇序，以左氏訓詁，造作百二篇，書鈔九九兩引并作「百二十篇」，非是。具成奏上。成帝出祕尚書以考校之，盼遂案：孫人和曰：「書鈔九十九兩引此文，並重『成帝』二字。疑今本脱。」無一字相應者。陸氏尚書釋文序録云：「劉向校之。」成帝下霸於吏，吏當器辜大不謹敬。「器」爲「霸」之壞字。「辜」當作「罪」。「罪」或作「辠」，與「辜」形近而誤。史記蒙恬傳：「趙高有罪，蒙毅法治之。毅不敢阿法，當高罪死。」漢書楊惲傳：「廷尉當惲大逆無道。」師古曰：「當，謂處斷其罪。」賈誼傳如淳曰：「決罪曰當。」「吏當某以某罪」，乃漢律常語，史、漢諸傳中屢見。此作「吏當器」，文不成義矣。正説篇云：「下霸於吏，吏白霸罪當至死。」「吏白霸罪」，「吏當霸罪」，意正同。盼遂案：「器辜」疑當是「棄市」之誤。器、棄音近，辜、市形譌也。漢律凡當以大不敬者棄市。本論正説篇：「吏白霸罪當至死，成帝高其才而不誅。」即此事也。當者，漢書賈誼傳：「望夷之事，二世見當。」如淳曰：「決罪曰當。」成帝奇霸之才，赦其辜，亦不減（滅）其經，孫曰：「減」當作「滅」。下文云：「故不燒滅之。」正與此文相應。崇文局本校改作「滅」，是也。暉按：正説篇：「成帝高其才而不誅，亦惜其文而不滅。」字正作「滅」，足證成孫説。又案：「辜」當作「辠」。故百二尚書傳在民間。錢、黃、王、崇文本「尚」作「篇」，非。朱校元本、程、何本、書鈔九九引并同此。漢書儒林傳曰：世所傳百兩篇者，出東萊張霸，分析合二十九篇以爲數十，（王念孫讀書雜志曰：「『合』爲『今』字之誤，『今』謂伏生所傳之書也。」）又采左氏傳、書敍爲作首尾，凡百二篇。篇或數簡，文意淺陋。成帝時求其古文者，霸以能爲百兩徵。以中書校之，非是。霸辭受父，父有弟子尉氏樊並。時大中大夫平當、侍御史周敞勸上存之。後樊並謀反，迺黜其書。孔子曰：「才難。」見論語泰伯篇。能推精思，作經百篇，才高卓遹，説文：「遹，遠也。趫，狂走也。」卓遹、遹趫聲義同。希有之人也。成帝赦之，多其文也。雖姦非實，次序篇句，依倚事類，有似真是，故不燒滅之。疏一櫝，「櫝」當作「牘」。相遣（遺）以書，「遣」，宋本作「遺」，朱校同。書十數札，奏記長吏，文成可觀，讀之滿意，百不能一。張霸推精思至於百篇，漢世實（寡）類，成帝赦之，不亦宜乎？孫曰：「實」當作「寡」，字之誤也。此言張霸百兩篇雖姦非實，然依倚事類多至百篇，漢世諸儒，無可比也。成帝赦其辜而不滅其經，不亦宜乎？「寡類」猶言少比也。若作「實類」，不可通矣。楊子山楊終字子山，蜀郡成都人。見後漢書本傳。爲郡上記吏，禮記射義疏：「漢時謂郡國送文書之使爲計吏。」見三府爲哀牢傳不能成，後漢書承宮傳：「三府更辟皆不應。」注：「三府，謂太尉、司徒、司空府。」類要二一引「三府」下有「掾吏」二字。歸郡作上，孝明奇之，徵在蘭臺。本傳無作哀牢傳事。史通史官建置篇蓋本此文。夫以三府掾吏（史），「吏」當作「史」。百官志云：「太尉掾史屬二十四人。」叢積成才，不能成一篇。子山成之，上覽其文。子山之傳，豈必審是？傳聞依盼遂案：「依」下疑脱一「倚」字。上文「依倚事類，有似真是」，與此處同一文法。爲之有狀，會三府之士，終不能爲，子山爲之，斯須不難。成帝赦張霸，豈不有以哉？

孝武之時，詔百官對策，董仲舒策文最善。王莽時，使郎吏上奏，劉子駿章尤美。美善不空，才高知深之驗也。易曰：「聖人之情見於辭。」見易繫辭下〔二〕。文辭美惡，足以觀才。永平中，神雀羣集，孝明詔上（神）爵頌。孫曰：當作「神爵頌」。此脱「神」字，本因神雀羣集故詔上神爵頌，非爵頌也。書鈔一百二引有「神」字。劉先生曰：孫説是也。御覽五八八引亦作「神雀頌」。後漢書賈逵傳：「帝勑蘭臺給筆札，使作神雀頌。」皆其證。暉按：類要二一、玉海六十引亦作「神雀頌」。東觀漢記十八賈逵傳：「永平十七年，（范書作「永平

〔二〕「易繫辭下」，原本作「易下繫辭」，今乙。

中」。）公卿以神雀五采，翔集京師，奉觴上壽。上召逵，敕蘭臺給筆札，使作神雀頌。」司馬彪續漢書、華嶠後漢書（據汪文臺輯。）並見此事。百官頌上，文皆比瓦石，唯班固、賈逵、傅毅、楊終、侯諷五頌金玉，孝明覽焉。夫以百官之衆，郎吏非一，唯五人文善，非奇而何？

孝武善子虚之賦，徵司馬長卿。漢書本傳：相如客游梁，著子虚賦。上讀子虚賦而善之，曰：「朕獨不與此人同時哉！」楊得意曰：「臣邑人司馬相如自言爲此賦。」上驚，乃召問相如。相如曰：「有是。」孝成玩弄衆書之多，善楊子雲，出入遊獵，子雲乘從。文選甘泉賦注引雄答劉歆書曰：「雄作成都城四隅銘，蜀人有楊莊者爲郎，誦之於成帝，以爲似相如，雄遂以此得見。」羽獵賦序曰：「孝成帝時羽獵，雄從。」七略曰：「永始三年十二月上羽獵賦。」使長卿、桓君山、子雲作吏，齊曰：「桓君山」三字衍。此承上文武帝徵長卿、成帝善子雲爲言，與桓君山無涉，淺者蓋誤據下文而妄增之。書所不能盈牘，文所不能成句，則武帝何貪？成帝何欲？故曰：「玩楊子雲之篇，樂於居千石之官；百官志：「三府長史秩千石，奉月八十斛。」挾桓君山之書，富於積猗頓之財。」淮南氾論訓高注：「猗頓，魯之富人，能知玉理。」尸子曰：「相玉而借猗頓。」路史國名記：「河東猗氏縣南二十里有猗氏故城。魯人因陶朱興富於猗氏，故曰猗頓。」韓非之書，傳在秦庭，始皇歎曰：「獨不得與此人同時！」史記韓非傳：「人或傳其書至秦，秦王見孤憤、五蠹之書，曰：『嗟乎！寡人得見此人，與之游，死不恨矣。』」亦見自紀篇。陸賈新語，每奏一篇，高祖左右，稱曰萬歲。注超奇篇。夫嘆思其人，與喜稱萬歲，豈可空爲哉？誠見其美，懽氣發於内也。

候氣變者，於天不於地，天文明也。衣裳在身，文着於衣，不在於裳，衣法天也。易繫辭下云：「黄帝、堯、舜垂衣裳而天下治，蓋取諸乾坤。」詩豳風七月正義引鄭注：「乾爲天，坤爲地，天色玄，地色黄，故玄以爲衣，黄以爲裳，象天在上，地在下。」又御覽六八九引易注（鄭氏周易注補遺認爲鄭注。）云：「上衣下裳，乾坤之象。」察掌理者，〔在〕左不觀右，左文明也。以下文例之，「左」上脱「在」字。宋本、朱校元本作「左右不觀」，亦誤。占在右，不觀左，右文明也。「占」下「者」字，省見上文。舜典僞孔傳：「在，察也。」易曰：「大人虎變其文炳，君子豹變其文蔚。」易革卦象辭。又曰：「觀乎天文，觀乎人文。」賁卦彖辭。此言天人以文爲觀，大人君子以文爲操也。高祖在母身之時，息於澤陂，蛟龍在上，龍觩炫燿；説文：「觓，角貌，从角，丩聲。」觓、觩同。王本、崇文本誤从「舟」。按：此事出史、漢高紀，謂遇龍而妊。奇怪篇、雷虚篇同。此文則謂先有身而後遇龍，不知仲任意在頌漢，抑誤違史實？及起，楚望漢軍，氣成五采；注吉驗篇。將入咸陽，五星聚東井，星有五色。説日篇：「星有五，五行之精，金木水火土，各異光色。」歲星屬春，屬東方木，青色。熒惑屬夏，屬南方火，赤色。鎮星屬季夏，屬中央土，黄色。太白屬秋，屬西方金，白色。辰星屬冬，屬北方水，黑色。故云五色。餘注恢國篇。天或者憎秦，滅其文章；欲漢興之，故先受命，以文爲瑞也。

惡人操意，前後乖違。始皇前歎韓非之書，後惑李斯之議，燔五經之文，設挾書之律。詳語增篇。應劭曰：「挾，藏也。」張晏曰：「秦律，敢有挾書者族。」五經之儒，抱經隱匿；伏生之徒，竄藏土（山）中。「竄藏土中」義未妥，「土」當作「山」，形誤。正説篇云：「濟南伏生抱百篇藏於山中。景帝時，伏生已出山中。」是其證。漢書儒林傳張晏曰：「伏生名勝。」殄賢聖之文，厥辜深重，嗣不及孫。及二世而亡。李斯創議，身伏五刑。注禍虛篇。漢興，易亡秦之軌，削李斯之跡。高祖始令陸賈造書，書解篇云：「陸賈造新語，高祖粗納采。」未興五經。惠、景以至元、成，經書並修。漢書惠帝紀：「四年，除挾書律。」藝文志：「孝武建藏書之策，置寫書之官。成帝時，使謁者陳農求遺書於天下。」正説篇：「景帝始存尚書。」實乃文帝，説詳彼篇。此云景帝修經書，蓋仲任意與彼同。漢朝郁郁，厥語所聞，孰與亡秦？王莽無道，漢軍雲起，臺閣廢頓，文書棄散。光武中興，修存未詳。詳，悉也。後漢書儒林傳序：「光武中興，愛好經術，採求闕文，補綴漏逸。先是四方學士多懷挾圖書，遁逃林藪。自是莫不抱負墳策，雲會京師。范升、陳元、鄭興、杜林、衛宏、劉昆、桓榮之徒，繼踵而集，於是立五經博士，各以家法教授。易有施孟、梁丘、京氏。尚書歐陽、大小夏侯。詩齊、魯、韓、毛。禮大小戴。春秋嚴、顏。凡十四博士。」漢官儀文同。（徐防傳注。）章帝紀，建初四年詔亦云：「建武中，置顏氏、嚴氏春秋，大小戴禮博士，扶進微學，尊廣道蓺。中元元年詔書五經章句煩多，議欲減省。」翟酺傳，酺上言：「光武初興，愍其荒廢，起太學博士舍内外講堂，諸生横卷，爲海内所集。」孝明世好文人，並徵蘭臺之官，文雄會聚。文選别賦李注：「蘭臺，臺名也。傅毅、班固等爲蘭臺令史是也。」東觀漢記明帝紀：「帝尤重意經學，每饗射禮畢，正坐自講，諸儒并聽，四方欣欣，是時學者尤盛，冠帶搢紳，遊辟雍而觀化者以億萬計。」餘注别通篇。今上即令（命），盼遂案：「即令」當爲「即命」。宣漢篇、須頌篇皆有「今上即命」之文。雖銅器中「王命」皆作「王令」，然非此處所施也。詔求亡失，購募以金，劉先生曰：「『令』當作『命』。作『令』者，疑後人不解『即命』二字之誼，誤以『命詔』爲連文而妄改之也。宣漢篇、須頌篇並作『今上即命』。暉按：書鈔一〇一引作『令詔求亡失』，則虞世南所見本已誤矣。安得不有好文之聲？唐、虞既遠，所在書散；殷、周頗近，諸子存焉。漢興以來，傳文未遠，以所聞見，伍唐、虞而什殷、周，煥炳郁郁，莫盛於斯！天晏暘者，星辰曉爛；人性奇者，掌文藻炳。漢今爲盛，故文繁湊也。孔子曰：「文王既殁，文不在兹乎！」見論語子罕篇。兹，孔子自謂。文王之文，傳在孔子。孔子爲漢制文，注正説篇。傳在漢也。受天之文。四字於義無屬，疑涉下文「文人」譌衍，「受」字後人妄加。

文人宜遵五經六藝爲文，諸子傳書爲文，造論著説爲文，上書奏記爲文，文德之操爲文。「文德」之説，亦見書解篇。立五文在世，皆當賢也。造論著説之文，尤宜勞焉。造論著説者，書解篇謂之「文儒」。賢、勞義同。何則？發胸中之思，論世俗之事，非徒諷古經、續故文也。論發胸臆，文成手中，非説經藝之人所能爲也。周、秦之際，諸子並作，皆論他事，不頌主上，無益於國，無補於化。造論之人，仲任自謂。頌上恢國，國業傳在千載，主德參貳日月，非適諸子書傳所能並也。朱校元本「並」作「立」。上書陳便宜，奏記薦吏士，一則爲身，二則爲人，繁文麗辭，無上書文德之操，治身完行，徇利爲私，無爲主者。夫如是，五文之中，論者之文多矣，則可尊明矣。「論者」疑當作「論著」，承上「造論著説之文」爲言。

孔子稱周曰：「唐、虞之際，於斯爲盛。周之德，其可謂至德已矣！」見論語泰伯篇。「於斯爲盛」，言比於周，周爲最盛。孔子，周之文人也，設生漢世，亦稱漢之至德矣。趙他王南越，倍主滅使，不從漢制，箕踞椎髻，沉溺夷俗。陸賈説以漢德，「説」，元本作「動」，朱校同。按率性篇正作「説」，今本不誤。懼以帝威，心覺醒悟，蹶然起坐。注率性篇。世儒之愚，有趙他之惑，鴻文之人，陳陸賈之説，觀見之者，將有蹶然起坐，趙他之悟。漢氏浩爛，不有殊卓之聲。吳曰：「不」字疑衍。或「不」讀爲「丕」，亦通。孫曰：吳説非也。「不」爲發聲之詞，「不有」即有也。書西伯戡黎：「我生不有命在天。」不有命在天者，即有命在天也。漢書王尋傳：「不有洪水將出，災火且起。」「不有洪水將出，災火且起」者，即有洪水將出，災火且起也。此云「不有殊卓之聲」者，即有殊卓之聲也。若去「不」字，或讀「不」爲「丕」，大失古人用文之意矣。

文人之休，國之符也。望豐屋知名家，睹喬木知舊都。鴻文在國，聖世之驗也。「驗」，元本作「徵」，朱校同。御覽一八一、類要二一引並作「驗」，今本不誤。孟子相人以眸子焉，心清則眸子瞭。瞭者，目文瞭也。注本性篇。夫候國占人，同一實也。國君聖而文人聚，人心惠而目多采。「而」猶「則」也。「惠」讀「慧」。蹂蹈文錦於泥塗之中，聞見之者，莫不痛心。知文錦之可惜，不知文人之當尊，不通類也。

天（夫）文人文文（章），豈徒調墨弄筆，爲美麗之觀哉？此文當作「夫文人文章，豈徒調墨弄筆，爲美麗之觀哉」。「夫」形誤爲「天」，校者又妄改「章」爲「文」，以屬下讀。意林引作「文章載人之行，傳人之美，豈徒調弄筆墨」，御覽八三六引作「夫文章豈徒調墨弄筆，爲美麗哉」，並作「文章」，是其證。宋本、朱校元本正作「夫文人文章」，是其切證。載人之行，傳人之名也。善人願載，思勉爲善；邪人惡載，力自禁裁。然則文人之筆，勸善懲惡也。謚法所以章善，即以著惡也。加一字之謚，人猶勸懲，聞知之者，莫不自勉。況極筆墨之力，定善惡之實，言行畢載，文以千數，傳流於世，成爲丹青，朱校元本「世成」二字作「萬歲」。故可尊也。楊子雲作法言，蜀富〔賈〕人賫錢千（十）萬，願載於書。子雲不聽，〔曰〕：「夫富無仁義之行，〔猶〕圈中之鹿，欄中之牛也，安得妄載？」孫曰：初學記十八、御覽四七二引此文「富」下並有「賈」字，「千萬」作「十萬」，「聽」下有「曰」字，「之行」二字作「猶」，皆是也。今本脱誤，當據補正。暉按：孫校補「賈」字、「曰」字，改「千」作「十」，是也。御覽八二九、又八三六引亦有「賈」字，「千」作「十」。又朱校元本、事文類聚別集二引亦作「十」。孫謂「之行」二字當作「猶」，非也。御覽八二九引「之行」下有「正如」二字，又八三六引「之行」下有「猶」字。事文類聚引同。則「之行」二字不誤，當據補「猶」字。盼遂案：「夫」字是「云」之誤。班叔皮續太史公書，載鄉里人以爲惡戒。邪人枉道，繩墨所彈，安得避諱？是故子雲不爲財勸，叔皮不爲恩撓。文人之筆，朱校元本作「文筆之人」。獨已公矣！賢聖定意於筆，筆集成文，文具情顯，後人觀之，見以正邪，盼遂案：「見以」二字宜互倒。安宜妄記？足蹈於地，跡有好醜；文集於禮（札），吳曰：「禮」當作「札」。「札」譌爲「礼」，傳寫者又改作「禮」，遂不可通。書解篇：「出口爲言，集札爲文。」其明驗也。謝短篇云：「詩獨無餘禮。」孫詒讓校改作「札」，是也。此文誤與彼同。暉按：吳説是也。宋本正作「札」。志有善惡。故夫占跡以睹足，觀文以知情。詩三百，一言以蔽之，曰：「思無邪。」論衡篇以十數，劉盼遂曰：「十數」當作「百數」，各本皆誤。百數者，百許也，百所也，今山東言千之左右曰千數，百之左右曰百數，其遺語也。此本由後人誤認八十四篇爲足本，故妄改「百數」爲「十數」，而不顧其欠通也。其實論衡篇數應在一百以外，至今佚失實多，說詳論衡篇數殘佚考。盼遂案：「十數」二字疑誤。論衡今存八十四篇，合諸闕佚當近百篇，則此「十數」疑當爲「百數」二字。「百數」者，一百內外也，今山東猶行此語法。自紀篇云：「吾書亦纔出百，而云泰多。」此亦論衡百篇之證。**亦一言也，曰：「疾虛妄。」**宋本「妄」作「矣」，朱校元本同。

論死篇

對作篇云：「論死、訂鬼，所以使俗薄喪葬也。」又云：「今著論死及死僞之篇，明人死無知，不能爲鬼，冀觀覽者將一曉解約葬，更爲節儉。」

世謂[死]人〔死〕爲鬼，有知，能害人。試以物類驗之，[死]人〔死〕不爲鬼，無知，不能害人。孫曰：「世謂死人爲鬼」，當作「世謂人死爲鬼」。「死人不爲鬼」，當作「人死不爲鬼」。文誤倒也。下文云：「物死不爲鬼，人死何故獨能爲鬼。」又云：「人死血脈竭，竭而精氣滅，滅而形體朽，朽而成灰土，何用爲鬼。」又云：「人死精神升天，骸骨歸土，故謂之鬼。鬼者，歸也。」是此文當作「人死」，明矣。世說新語方正篇注引並作「人死」，尤其切證。何以驗之？驗之以物。人，物也；物，亦物也。物死不爲鬼，人死何故獨能爲鬼？世能別人物不能爲鬼，則爲鬼不爲鬼尚難分明。如不能別，則亦無以知其能爲鬼也。人之所以生者，精氣也，死而精氣滅。「而」猶「則」也。下諸「而」字同。能爲精氣者，血脈也。人死血脈竭，竭而精氣滅，滅而形體朽，朽而成灰土，何用爲鬼？人無耳目，則無所知，故聾盲之人，比於草木。夫精氣去人，豈徒與無耳目同哉？朽則消亡，荒忽不見，故謂之鬼神。人見鬼神之形，故非死人之精也。何則？鬼神，荒忽不見之名也。人死

精神升天，骸骨歸土，故謂之鬼〔神〕。「神」字捝。上下文並以「鬼神」並言。「神」承「精神升天」爲義。**鬼者，歸也；神者，荒忽無形者也。**家語哀公問政篇：「宰我問鬼神，孔子曰：『人生有氣有魄。氣者，神之盛也。衆生必死，死必歸土，此謂鬼。魂氣歸天，此謂神。』」漢書楊王孫傳：「精神者，天之有也。形骸者，地之有也。精神離形，各歸其真，故謂之鬼。鬼之爲言歸也。」韓詩外傳曰：（御覽八八三引。）」人死曰鬼，鬼者歸也。精氣歸於天，肉歸於土，血歸於水，脉歸於澤，聲歸於雷，動則歸於風，眠歸於日月，骨歸於木，筋歸於山，齒歸於石，膏歸於露，髮歸於草，呼吸之氣，復歸於人。」**或說：鬼神，陰陽之名也。陰氣逆物而歸，故謂之鬼；陽氣導物而生，故謂之神。**大戴禮曾子天圓篇：「陽之精氣曰神，陰之精氣曰靈。」盧注：「神爲魂，靈爲魄，魂魄陰陽之精，有生之本也。及其死也，魂氣上升於天，爲神；體魄下降於地，爲鬼。」五行大義論配藏府：「氣之清者曰神，即陽魂也；氣之濁者曰鬼，即陰魄也。」魄陰，魂陽，存亡既異，則改生魂曰神，生魄曰鬼。白虎通情性篇：「神者，慌惚太陽之氣也。」洪範五行傳：「陽曰神。」易睽卦上九爻曰：「載鬼一車。」虞注：「坤爲鬼。」說文：「鬼，从『人』，『甶』，象鬼頭，从『厶』，鬼陰气賊害，故从『厶』。」是並爲神陽而鬼陰之說也。**神者，伸也，**「伸」當作「申」。下文正作「申復」。（日鈔作「伸復」，非。）五行大義論諸神：「神，申也。萬物皆有質礙，屈而不申；神是清虚之氣，無所擁滯，故曰申也。」禮運鄭注：「神者引物而出。」風俗通怪神篇：「神者，申也。」說文：「神，天神引出萬物者也。」又云：「申，神也。」廣雅釋詁：「神，引也。」引亦「申」也。申有引申之義者，說文云：「七月陰氣成，體自申束，從臼自持也。」段注：「臼，叉手也。」方以智曰：「臼、□總從申束，以形會意。體自臼束，从『臼』，象人身之申，『臼』象腰脊也。『申』本形作『□』，象草木萌芽。古文作『□』，作『□』，作『□』，俱如『申』之形。許强从『臼』，會意，其說自拙。」按：方以臼象脊形，是也。寅古文作□，正象脊形，故寅訓演。演，引也，申也。又按：「神」古直用「申」字。克鼎：「顯孝子□。」杜伯簋：「亯孝于皇□且考。」並以「申」作「神」。申復無已，終而復始。人用神氣生，其死復歸神氣。陰陽稱鬼神，人死亦稱鬼神。氣之生人，猶水之爲冰也。水凝爲冰，氣凝爲人；冰釋爲水，人死復神。其名爲神也，猶冰釋更名水也。人見名異，則謂有知，能爲形而害人，無據以論之也。

人見鬼若生人之形。以其見若生人之形，故知非死人之精也。何以效之？以囊橐盈粟米。米在囊中，若粟在橐中，「若」猶「或」也。滿盈堅彊，立樹可見，人瞻望之，則知其爲粟米囊橐。何則？囊橐之形，若其容可察也。朱校元本無「若」字，是。如囊穿米出，橐敗粟棄，則囊橐委辟，「委」讀「萎」，耎弱也。「辟」讀「襞」，卷疊不申也。人瞻望之，弗復見矣。人之精神，藏於形體之内，猶粟米在囊橐之中也。死而形體朽，精氣散，猶囊橐穿敗，粟米棄出也。粟米棄出，囊橐無復有形，精氣散亡，何能復有體，而人得見之乎！禽獸之死也，其肉盡索，皮毛尚在，制以爲裘，人望見之，似禽獸之形。故世有衣狗裘爲狗盜者，人不覺知，假狗之皮毛，故人不意疑也。今人死，皮毛朽敗，雖精氣尚在，神安能復假此形而以行見乎？夫死人不能假生人之形以見，猶生人不能假死人之魂以亡矣。六畜能變化象人之形者，其形尚生，精氣尚在也。如死，其形腐朽，雖虎光勇猂，「光」古「兕」字。不能復化。魯公牛哀病化爲虎，注無形篇。亦以未死也。世有以生形轉爲生類者矣，未有以死身化爲生象者也。舊本段。

天地開闢，人皇以來，注談天篇。隨壽而死，若中年夭亡，以億萬數。「若」猶「及」也。計今人之數，不若死者多。如人死輒爲鬼，則道路之上，一步一鬼也。人且死見鬼，宜見數百千萬，滿堂盈廷，錢、黄、王、崇文本作「庭」，是。填塞巷路，不宜徒見一兩人也。人之兵死也，世言其血爲燐。寇死曰兵。燐，説文作「粦」，云：「兵死及牛馬血爲粦。粦，鬼火也。」淮南氾論訓：「久血爲燐。」注：「血精在地，暴露百日則爲燐，遥望炯炯若燃火也。」博物志雜説篇：「鬭戰死亡之地，其人馬血積年化爲燐。」血者，生時之精氣也。人夜行見燐，不象人形，渾沌積聚，若火光之狀。燐，死人之血也，其形不類生人之血（形）也。「血」當作「形」。此承上「人夜行見燐，不象人形」爲文。下文「其形不類生人之形」，即複述此語，是其證。朱校元本、錢、黄本誤同。王本、崇文本校改作「形」，是也。盼遂案：「生人之血」下，當有「鬼死人之形」五字，今脱。其形不類生人之形，精氣去人，何故象人之體？人見鬼也，皆象死人之形，則可疑死人爲鬼，或反象生人之形。病者見鬼，云甲來，甲時不死，氣象甲形。如死人爲鬼，病者何故見生人之體乎？舊本段。

天地之性，能更生火，不能使滅火復燃；能更生人，不能令死人復見。〔不〕能使滅灰更爲燃火，吾乃頗疑死人能復爲形。上「能」字上脱「不」字。上下文並言火滅不能復燃。因滅灰不能更爲燃火，故頗疑於死人能復爲形。若謂死灰能復爲火，則不得疑於死人能復爲形矣。案火滅不能復燃以況之，死人不能復爲鬼，明矣。夫爲鬼者，人謂死人之精神。如審鬼者死人之精神，則人見之，宜徒見裸袒之形，無爲見衣帶被服也。何則？衣服無精神，人死，與形體俱朽，衣與人體同朽。何以得貫穿之乎？精神本以血氣爲主，血氣常附形體。形體雖朽，精神尚在，能爲鬼可也。今衣服，絲絮布帛也，生時血氣不附着，而亦自無血氣，敗朽遂已，與形體等，衣服敗朽與人形體等。安能自若爲衣服之形？由此言之，見鬼衣服象之（人），則形體亦象之（人）矣。象之（人），則知非死人之精神也。孫曰：此文「象之」並當作「象人」，字之誤也。上文云：「六畜能變化象人之形者，其形尚生，精氣尚在也。」又云：「其形不類生人之形，精氣去人，何故象人之體？人見鬼也，皆象死人之形，則可疑死人爲鬼，或反象生人之形。病者見鬼，云甲來，甲時不死，氣象甲形。如死人爲鬼，病者何故見生人之體乎？」世説新語注引此文云：「見衣服象人，則形體亦象人矣。象人知非死人之精神也。」並其切證。暉按：唐釋湛然輔行記曰：「阮咸有從子修亦執無鬼。有論者云：『人死爲鬼，君何獨言無？』曰：『今有見鬼者，言著生時衣。若人有鬼，衣亦有鬼耶？』論者伏焉。」即襲仲任此論。舊本段。

夫死人不能爲鬼，則亦無所知矣。何以驗之？以未生之時無所知也。人未生，在元氣之中；元氣，天氣。既死，復歸元氣。元氣荒忽，人氣在其中。人未生無所知，其死歸無知之本，何能有知乎？人之所以聰明智惠者，以含五常之氣也；五常之氣所以在人者，以五藏在形中也。五藏不傷，則人智惠；五藏有病，則人荒忽，荒忽則愚癡矣。人死，五藏腐朽，腐朽則五常無所託矣，所用藏智者已敗矣，所用爲智者已去矣。下「用」字，朱校元本、程本同。錢、黄、王、崇文本改作「謂」，非。形須氣而成，氣須形而知。天下無獨燃之火，世間安得有無體獨知之精？

人之死也，其猶夢也。夢者，殄之次也；殄者，死之比也。人殄不悟則死矣。案人殄復悟，死從(復)來者，吴曰：「從來」當作「復來」，形近而誤。與夢相似，然則夢、殄、死，一實也。人夢不能知覺時所作，猶死不能識生時所爲矣。人言談有所作於卧人之旁，卧人不能知，猶對死人之〔一〕棺，「對」，王本作「發」，非。爲善惡之事，死人不能復知也。夫卧，精氣尚在，形體尚全，猶無所知，況死人精神消亡，形體朽敗乎？

人爲人所毆傷，朱校元本、程本亦作「毆」，錢、黄、何、崇文本作「歐」，王本作「毆」。朱曰：説文：「毆，捶擊物也。」何作「歐」，亦通。「毆」，古「驅」字。詣吏告苦以語人，有知之故也。或爲人所殺，則不知何人殺也，或家不知其尸所在。使死人有知，必恚人之殺己也，當能言於吏旁，告以賊主名；若能歸語其家，若，或也。告以尸之所在。今則不能，無知之效也。世間死者，今（令）生人殄，而用其言，吴曰：「今」當作「令」，猶云鬼馮人以言也。錢、黄、王、崇文本「其」作「之」，非。朱校元本同此。盼遂案：上文云：「殄者，死之比也。」猶今人所謂假死矣。應劭風俗通卷九有「世間多有亡人魄持其家語聲氣，所説良是」一目，並引「陳國張漢直出行，有鬼物持其女弟，言我痛死，葬在陌上，父母諸弟衰絰迎喪」云云，正與論衡符合矣。及巫叩元絃，下死人魂，「巫叩元絃」，義不可通，疑當作「及巫袀袨下死人魂」。「袀」壞作「扣」，傳寫作「叩」。「絃」爲「袨」之形譌。「元」爲「袨」之殘體而復譌衍。淮南齊俗篇：「尸巫袀袨，大夫端冕，以送迎之。」注：「袀，純服。袨，墨齋衣也。」因巫口談，皆誇誕之言也。如不

〔一〕「之」，原本作「不」，據通津草堂本改。

誇誕，物之精神爲之象也。或曰：不能言也。夫不能言，則亦不能知矣。知用氣，言亦用氣焉。人之未死(病)也，智惠精神定矣，宋本「死」作「病」，是也。「未病」與下文「病」正反相承，當據正。盼遂案：「夫」上應有一「曰」字，此後爲仲任駁前者之說也。餘十三章皆有「曰」字，不應此章獨闕。又案：「矣」字誤，當是「也」字。下句「病則惛亂，精神擾也」，皆申明之辭，可據以訂正。病則惛亂，精神擾也。夫死，病之甚者也。病，死之微，猶惛亂，況其甚乎！精神擾，自無所知，況其散也！況人死精神散。

人之死，文選恨賦注、御覽五四八引並有「也」字，疑是。猶火之滅也。火滅而燿不照，人死而知不惠，二者宜同一實。朱曰：御覽引作「二者下齊」四字。疑有誤。論者猶謂死〔者〕有知，惑也。下「者」字據御覽引補。人病且死，與火之且滅何以異？火滅光消而燭在，人死精亡而形存，謂人死有知，是謂火滅復有光也。楊泉物理論云：「人含氣而生，精盡而死。死猶澌也，滅也。譬火焉，薪盡而火滅，則無光矣。故滅火之餘，無遺炎矣；人死之後，無遺魂矣。」(初學記十四。)隆冬之月，寒氣用事，水凝爲冰。踰春氣温，冰釋爲水。人生於天地之間，其猶冰也。陰陽之氣，凝而爲人，年終壽盡，死還爲氣。夫春水不能復爲冰，死魂安能復爲形？

妬夫娼妻，說文：「妬，婦妬夫也。娼，夫妬婦也。」按：此「娼」義與「妬」同。同室而處，淫亂失行，忿怒鬬訟。夫死，妻更嫁，妻死，夫更娶，以有知驗之，宜大忿怒。今夫妻死者，寂莫無聲，更嫁娶者，平忽無禍，無知之驗也。舊本段。今不從。孔子葬母於防，既而雨甚至，防墓崩。孔子聞之，泫然流涕曰：「古者不修墓。」見檀弓上。遂不復修。俞曰：禮記鄭注於「防墓崩」下注云：「言所以遲者，脩之而來。」是謂門人已脩訖也。正義引庾蔚之説，解「防墓崩」爲「防守其墓，備擬其崩」，則是墓並不崩。而如論衡之言，則又崩而不脩。三説乖異，自以鄭義爲安。暉按：漢書劉向傳向上疏云：「遇雨而崩，弟子修之，以告孔子，孔子云云，蓋非之也。」潛夫論浮侈篇云：「仲尼喪母，冢高四尺，遇雨而墮，弟子請治之。」家語子貢問亦云：「墓崩脩之。」並與鄭玄義同。又按：仲任云：「遂不復脩。」謂此後不再脩也。非釋「防墓崩」爲「崩而不脩」。俞説失之。使死有知，必恚人不脩也。孔子知之，宜輒修墓，以喜魂神，然而不修，聖人明審，曉其無知也。以上説鬼無知，以下説鬼不能言。今段。舊本連下。

枯骨在野，時鳴呼有聲，錢、黄、王、崇文本作「嗚呼」。盼遂案：「呼」爲「呻」誤，又與「鳴」字誤倒。下文屢見「呻鳴」二字連文，決此爲誤。若夜聞哭聲，朱校元本作「者」。謂之死人之音，非也。何以驗之？生人所以言語吁呼者，朱校元本作「吁呵」。氣括口喉之中，動摇其舌，張歙其口，故能成言。譬猶吹簫笙，簫笙折破，氣越不括，手無所弄，則不成音。夫簫笙之管，猶人之口喉也；手弄其孔，猶人之動舌也。人死口喉腐敗，舌不復動，何能成言？然而枯骨時呻鳴者，人骨自有能呻鳴者焉。或以爲秋（妖）也，孫曰：「秋」下脱「氣」字。下文「秋氣爲呻鳴之變，自有所爲」。暉按：「秋」當作「妖」，説見下。是與夜鬼哭無以異也。秋（妖）氣爲呻鳴之變，自有所爲，「秋」當作「妖」。「妖」一作「祅」，與「秋」形近而誤。奇怪篇：「簡子當昌之妖也。」「妖」今譌作「秋」，正其比。感虚篇云：「鬼哭，自有所爲。」紀妖篇云：「鬼之類人，則妖祥之氣也。」此文謂鬼爲妖，謂鬼哭自有所爲，義正相合，非謂别有秋氣鳴也。訂鬼篇云：「世稱紂之時，夜郊鬼哭，及蒼頡作書，鬼夜哭。氣能象人聲而哭，則亦能象人形而見，則人以爲鬼矣。鬼之見也，人之妖也。」據此，則知仲任以鬼哭爲妖氣變也。依倚死骨之側，人則謂之骨尚有知，呻鳴於野。草澤暴體以千萬數，呻鳴之聲，宜步屬焉。

夫有能使不言者言，朱校元本「不」作「未」。未有言者死能復使之言，言者亦不能復使之言。盼遂案：此文舛譌特甚，幾不可讀。當是「夫有言者能使不言。（句。）未有言者死，（讀。）能復使之言。（句。）言者死不能復使之言（句。）」也。猶物生以青爲氣，盼遂案：「氣」當爲「色」，涉下文多「氣」字而誤。青者物之色，非其氣也。下文云「青青之色」，又云「死物之色不能復青」，則此「氣」爲「色」誤，益足徵矣。或予之也；物死青者去，或奪之也。予之物青，奪之青去，去後不能復予之青，物亦不能復自青。聲色俱通，並禀於天。青青之色，猶梟梟之聲也，死物之色不能復青，獨爲死人之聲能復自言，惑也。「爲」讀「謂」。

人之所以能言語者，以有氣力也；氣力之盛，以能飲食也。飲食損減，則氣力衰，衰則聲音嘶。嘶，聲沙也。困不能食，則口不能復言。夫死，困之甚，何能復言？或曰：「死人歆肴食氣，故能言。」夫死人之精，生人之精也。使生人不飲食，而徒以口歆肴食[之]氣，孫曰：「之」字涉上下文而衍。此乃答或人之問也。上云：「或曰死人歆肴食氣，故能言。」是其切證。不過三日，則餓死矣。或曰：「死人之精，神於生人之精，故能歆氣爲音。」夫生人之精，在於身中，死則在於身外。死之與生何以殊？身中身外何以異？取水實於大盎中，盎破水流地，地水能異於盎中之水乎？地水不異於盎中之水，身外之精何故殊於身中之精？

人死不爲鬼，無知，不能語言，則不能害人矣。何以驗之？夫人之怒也用氣，其害人用力，用力須筋骨而彊，「而」通「能」。彊則能害人。忿怒之人，呴呼於人之旁，下文作「呴吁」。口氣喘射人之面，雖勇如賁、育，氣不害人。使舒手而擊，舉足而蹶，則所擊蹶無不破折。夫死，骨朽筋力絶，手足不舉，雖精氣尚在，猶呴吁之時無嗣助也，何以能害人也？凡人與物所以能害人者，手臂把刃，爪牙堅利之故也。今人死，手臂朽敗，不能復持刃；爪牙隳落，不能復噛噬，安能害人？兒之始生也，手足具成，手不能搏，足不能蹶者，「蹶」下舊校曰：一有「蹶」字。氣適凝成，未能堅彊也。由此言之，精氣不能堅彊，審矣。氣爲形體，形體微弱，猶未能害人，況死，氣去精神絶微弱猶(乎)？未(安)能害人？「微弱」二字涉上文衍。人死則精氣消亡，不得言「微弱」也。上文云：「死則形體朽，精氣散。」又云：「死人精神消亡，形體朽敗。」故此云：「死，氣去精神絶。」今衍「微弱」二字，則以「精神絶微弱」爲句，文不成義。宋本、朱校元本「猶」作「乎」，（宋本作「手」。）「未」作「安」，是，當據正。

寒骨謂能害人者邪？死人之氣不去邪？何能害人？鷄卵之未字也，朱校元本「字」作「乎」，義長。澒溶於鷇中，潰而視之，若水之形。良雌傴伏，禮記樂記曰：「羽者嫗伏。」體方就成；就成之後，能啄蹶之。夫人之死，猶澒溶之時，宋本、朱校元本「猶」作「歸」，疑是。澒溶猶澒濛，自然未分之象。上文云：「人死復歸元氣。」即此義也。澒溶之氣，安能害人？人之所以勇猛能害人者，以飲食也，飲食飽足則彊壯勇猛，彊壯勇猛則能害人矣。人病不能飲食，則身嬴弱，嬴弱困甚，故至於死。吴曰：「嬴」當作「羸」，形近之譌。崇文本校改作「羸」，後文並作「羸」，是也。暉按：錢、黄、王本並作「羸」。病困之時，仇在其旁，不能咄叱，人盜其物，不能禁奪，羸弱困劣之故也。夫死，羸弱困劣之甚者也，何能害人？有雞犬之畜，爲人所盜竊，雖怯無勢之人，莫不忿怒，忿怒之極，至相賊滅。敗亂之時，人相啖食者，使其神有知，宜能害人。身貴於雞犬，己死重於見盜，忿怒於雞犬，無怨於食己，不能害人之驗也。蟬之未蜕也，爲復育；注無形篇。已蜕也，去復育之體，更爲蟬之形。使死人精神去形體，若蟬之去復育乎？則夫爲蟬者，不能害爲復育者。夫蟬不能害復育，死人之精神，何能害生人之身？夢者之義疑。惑（或）言：「夢者，精神自止身中，爲吉凶之象。」吴曰：「夢者之義疑」爲句，句有脱誤。「惑」當作「或」，爲下句首。蓋「夢者之義」句，籠括下文，次分二説，均以「或言」爲句首，次依二説而破之。或言：「精神行，與人物相更。」今其審止身中，死之精神，亦將復然。今其審行，孫曰：二「今」字並當作「令」。暉按：「今」猶「若」也。義可通。人夢殺傷人，夢殺傷人，盼遂案：「夢殺傷人」四字誤重書。「若」者，「及」也，「或」也。若爲人所復殺，若猶或也。明日視彼之身，察己之體，無兵刃創傷之驗。夫夢用精神，精神，死之精神也。盼遂案：「用」爲「由」之訛字，而又誤重「精神」字。此文當是「夫夢之精神，由（論衡中由、猶互用。）死之精神也」。下文「夫人之精神，猶物之精神也」，與此同一文例。夢之精神不能害人，死之精神安能爲害？火熾而釜沸，沸止而氣歇，以火爲主也。精神之怒也，乃能害人；不怒，不能害人。火猛竈中，釜湧氣蒸；精怒胸中，力盛身熱。今人之將死，身體清涼，涼益清甚，朱校元本作「身體涼，涼益清，清甚」，義並通。遂以死亡。當死之時，精神不怒；身亡之後，猶湯之離釜也，安能害人。

物與人通，人有癡狂之病。如知其物然而理之，理，治也。言若識其所爲物，如是則治之。病則愈矣。夫物未死，精神依倚形體，故能變化，與人交通；已死，形體壞爛，精神散亡，無所復依，不能變化。夫人之精神，猶物之精神也。物生，精神爲病；其精神能病害人。其死，精神消亡。孫曰：「爲病其死」，「其」疑「且」字之誤。暉按：孫讀誤也。「爲病」屬上讀，「其」字不誤。人與物同，死而精神亦滅，「而」猶「則」也。安能爲害禍？設謂人貴，精神有異，成事，物能變化，人則不能，是反人精神不若物，物精〔神〕奇於人也。孫曰：以上下文校之，「物精」下當有「神」字。盼遂案：「精」下宜有「神」字，今脱。上句「是反人精神不若物」，其證也。本篇「精神」二字例連用。

水火燒溺，凡能害人者，皆五行之物。金傷人，木毆人，錢、黃、王、崇文本作「毆人」。程本同此。土壓人，水溺人，火燒人。使人死，精神爲五行之物乎，害人；不爲乎，不能害人。不爲物，則爲氣矣。氣之害人者，太陽之氣爲毒者也。義見言毒篇。使人死，其氣爲毒乎，害人；不爲乎，不能害人。夫論死不爲鬼，無知，不能害人，則夫所見鬼者，非死人之精，其害人者，非其精所爲，明矣。孫曰：「精」下並脱「神」字。上文云：「夫人之精神，猶物之精神也，物生精神爲病，其死精神消亡。人與物同，死而精神亦滅，安能爲害禍。」世説方正篇注節引此文云：「凡天地之間有鬼，非人死之精神也。」並其證。暉按：孫説非。此文不誤。死僞篇：「信所見之鬼，以爲死人之精。此人物之精未可定。」紀妖篇：「人謂鬼者死人之精。」譏日篇：「鬼者死人之精也。」案書篇：「使鬼非死人之精。」並其證。

論衡校釋卷第二十一

死僞篇

傳曰：盼遂案：係引墨子明鬼篇文。其小異處，當兼采他書。「周宣王殺其臣杜伯而不辜，宣王將田於囿(圃)，杜伯起於道左，執彤弓而射宣王，宣王伏韔而死。「囿」當作「圃」。爾雅釋地：「鄭有圃田。」釋文：「本或作囿，字同。」囿、圃形近而誤。墨子明鬼篇曰：「周宣王殺其臣杜伯而不辜，杜伯曰：『吾君殺我而不辜，若以死者爲無知則止矣；若死而有知，不出三年，必使吾君知之。』其後三年，(「後」字依俞樾校增。)周宣王合諸侯而田於圃，(句。)田車數百乘。日中，杜伯乘白馬素車，朱衣冠，執朱弓，挾朱矢，追周宣王，射之車上，中心折脊，殪車中，伏弢而死。」又國語周語韋注、史記周本紀正義引周春秋云：「宣王殺杜伯而無辜。後三年，宣王會諸侯田于圃。日中，杜伯起於道左，衣朱衣冠，操朱弓矢，射宣王，中心折脊而死。」並作「田於圃」，是其證。周語韋注：「杜國，伯爵，陶唐氏之後。」又晉語曰：「范宣子曰：昔匄之祖在周爲唐杜氏。」韋注：「周成王滅唐，而封弟唐叔虞。遷唐于杜，謂之杜伯。」封禪書曰：「杜主，故周之右將軍。」地理志京兆尹杜陵縣注：「故杜伯國，有周右將軍杜祠四所。」顏介寃魂志引周春秋：「周杜國之伯名恒，爲宣王大夫。宣王之妾曰女鳩，欲通之。杜伯不可，女鳩訴之于王，曰：『恒竊與妾交。』宣王信之，囚杜伯于焦。友左儒爭之。王不許，曰：『女別君而異友也。』儒曰：『君道友逆，則順君以誅友；友道君逆，則師友以違君。』王怒曰：『易而言則生，不易則死。』儒曰：『士不可枉義以從死，不易言以求生。臣能明君之過以正杜伯之無罪。』九諫而王不聽，王使薛甫司工錡殺杜伯。左儒死之。（説苑立節篇文略同。）杜伯既死，即爲人，見王曰：『恒之罪，何哉？』召祝而以杜伯語告之。祝曰：『始殺杜伯，誰與王謀之？』王曰：『司工錡也。』祝曰：『何不殺錡以謝之？』宣王乃殺錡，使祝以謝杜伯。錡又爲人而至曰：『臣何罪之有？』宣王告皇甫曰：『祝也與我謀而殺人，吾所殺者，又皆爲人而見，奈何？』皇甫曰：『殺祝以兼謝焉。』又無益也，皆爲人而至。祝亦曰：『我焉知之，奈何以爲罪而殺臣也？』後三年，遊於圃田，從人滿野。杜伯乘白馬素車，司工錡爲左，祝爲右，朱衣朱冠」云云。下與墨子略同。「圃」，楚詞九歎惜賢：「覽芷圃之蠡蠡。」注：「圃，野也。」周語：「杜伯射王於鄗。」韋注：「鄗，鄗京也。」風俗通怪神篇引董無心曰：「杜伯死，親射宣王於鎬京。」圃蓋謂鄗京之野。俞樾讀墨子以「圃田」爲句，云：「圃田，地名。詩車攻篇：『東有甫草，駕言行狩。』鄭箋以『鄭有甫田』説之。爾雅釋地作『鄭有圃田』，即其地也。」孫詒讓曰：周語云：「杜伯射王於鄗。」韋注云：「鄗，鄗京也。」史記周本紀集解引徐廣云：「豐在京兆鄠縣東，鎬在上林昆明北，有鎬池，去豐二十五里，皆在長安南數十里。」周禮職方氏鄭注云：「圃田在中牟。」以周地理言之，鄗在西都，圃田在東都，相去甚遠。又漢、唐舊讀並於「圃」字斷句，皆不以圃爲「圃田」。（按：郊祀志師古注引墨子以「圃田」句絶。）荀子王霸篇楊注引隨巢子云：「杜伯射宣王於畝田。」「畝」與「牧」聲轉字通，疑即鄗京遠郊之牧田，亦與圃田異。但隨巢子以「圃田」爲「畝田」，似可爲俞讀左證。近胡承珙亦謂此即圃田，而謂國語「鄗」即敖鄗，庰韋以爲鄗京之誤，其説亦可通。説文云：「韔，弓衣也。」趙（燕）簡公殺其臣莊子義而不辜，「趙」當從墨子作「燕」。訂鬼篇不誤。書虚篇作「趙簡子」，誤同。「義」，墨子作「儀」，古通。簡公將入於桓門，莊子義起於道左，執彤杖而捶之，斃於車下。」墨子明鬼篇云：「燕簡公殺其臣莊子儀而不辜，莊子儀曰：『吾君王殺我而不辜，死人毋知亦已；死人有知，不出三年，必使吾君知之。』期年，燕將馳祖。日中，燕簡公方將馳於祖塗。莊子儀荷朱杖而擊之，殪之車上。」孫詒讓曰：論衡文與此小異，疑兼采它書。「桓」與「和」通。桓門當即周禮大司馬中冬狩日之和門，與此云「馳於祖塗」不同也。二者，死人爲鬼之驗，鬼之有知、能害人之效也。無之，奈何？

曰：人生萬物之中，物死不能爲鬼，人死何故獨能爲鬼？如以人貴能爲鬼，則死者皆當爲鬼，盼遂案：「死者」當作「貴者」，方與上句相應。杜伯、莊子義何獨爲鬼也？如以被非辜者能爲鬼，世間臣子被非辜者多矣，比干、子胥之輩不爲鬼。夫杜伯、莊子義無道忿恨，報殺其君，罪莫大於弑君，則夫死爲鬼之尊者，當復誅之，非杜伯、莊子義所敢爲也。凡人相傷，憎其生，惡見其身，故殺而亡之。見殺之家，詣吏訟其仇，仇人亦惡見之。生死異路，人鬼殊處。如杜伯、莊子義怨宣王、簡公，不宜殺也，當復爲鬼，謂宣王、簡公。與己合會。人君之威，固嚴人臣，「嚴」下舊校曰：一本作「壓」。按：作「壓」是。營衛卒使固多衆，盼遂案：「多衆」二字誤倒。兩臣殺二君，二君之死，亦當報之，非有知之深計，憎惡之所爲也。如兩臣神，宜知二君死當報己；如不知也，則亦不神。不神胡能害人？世多似是而非，虛僞類真，故杜伯、莊子義之語，往往而存。舊本段。

晉惠公改葬太子申生。晉語三注：「獻公時，申生葬不如禮，故改葬之。」秋，其僕狐突適下國，服虔曰：「晉所滅國，以爲下邑。一曰：曲沃有宗廟，故謂之國；在絳下，故曰下國也。」洪亮吉曰：說苑立節篇：「獻公卒，突即辭歸自殺。」蓋屬虛語。遇太子。水經涑水注：「于涑水側。」太子趨（使）登僕車而告之，俞曰：左傳曰：「太子使登僕。」杜注曰：「狐突本申生御，故復使登車爲僕。」是狐突登太子之車也。此文所云，則是太子登狐突之車也。下云：「許之，遂不見。」則似以太子登狐突之車爲是。若狐突登太子之車。則其象既没，突將焉在乎？疑左傳之文有誤。王仲任所見，與今本殊也。吴曰：元本論衡作「太子使登僕車」，左氏僖十年傳作「太子使登僕」，蓋狐突見太子而下，太子使之登車爲僕。語自可通。杜注亦未誤。古文簡質，論衡引之，自有增省，此例甚多，不必所見異本也。苟如俞氏所言，須申生御鬼車而後可，説更難了。要之，鬼事荒忽難知，俞氏據誤本論衡，乃以左傳爲疑，迂而無當。暉按：吴説是也。趋，（鄭、錢、黄、王本并作「趨」。洪亮吉左傳詁引作「超」。）宋本亦作「使」，朱校元本同。曰：「夷吾無禮，賈逵曰：「烝於獻公夫人賈君，故曰無禮。」馬融曰：「申生不自明而死，夷吾改葬之，章父之過，故曰無禮。」下文云：「恨惠公之改葬。」則仲任義與馬同。余得請於帝矣，服虔曰：「帝，天帝。謂罰有罪。」（史記集解。）將以晉畀秦，秦將祀余。」狐突對曰：「臣聞之，神不歆非類，民不祀非族，君祀無乃殄乎？杜曰：「歆，饗也。殄，絶也。」且民何罪？失刑乏祀，左傳足利本注：「乏祀，無主祭也。」（山井鼎七經孟字考文。）君其圖之！」太子曰：「諾，吾將復請。七日，新城西偏，將有巫者，而見我焉。」許之，遂不見。及期，狐突之新城西偏巫者之舍，復與申生相見。申生告之曰：「帝許罰有罪矣！左傳「許」下有「我」字。此與史記晉世家合。斃之於韓。」左傳「斃」作「敝」。日庫本作「弊」，與晉世家同。賈逵曰：「弊，敗也。韓，晉韓原。」按：韓之戰，秦敗晉師，獲晉侯以歸，未斃於韓。下文亦云：「爲穆公所獲，竟如其言。」又訂鬼篇云：「晉惠公身當獲，命未死，故妖直見而毒不射。」則「斃」非其義，字當作「弊」，形誤，非異文也。其後四年，惠公與秦穆公戰於韓地，爲穆公所獲，竟如其言。事見左僖十五年傳。非神而何？

曰：此亦杜伯、莊子義之類。何以明之？夫改葬，私怨也；上帝，公神也。以私怨爭於公神，何肯聽之？帝許以晉畀秦，狐突以爲不可，申生從狐突之言，是則上帝許申生非也。神爲上帝，不若狐突，必非上帝，明矣。且臣不敢求私於君者，君尊臣卑，不敢以非干也。申生比於上帝，豈徒臣之與君哉？恨惠公之改葬，干上帝之尊命，錢、王、黃、崇文本「干」并誤「於」。非所得爲也。驪姬譖殺其身，事見左僖四年傳。惠公改葬其尸。改葬之惡，微於殺人；惠公之罪，輕於驪姬。請罰惠公，不請殺驪姬，是則申生憎改葬，不怨見殺也。秦始皇用李斯之議，燔燒詩、書，後又坑儒。宋本「後」字下，有「一有曰字」四字校語。博士之怨，不下申生；坑儒之惡，痛於改葬。然則秦之死儒，不請於帝，見形爲鬼，諸生會告以始皇無道，李斯無狀。舊本段。盼遂案：「諸生」與「會告」四字宜互倒。「會告諸生」云云者，正承上文「秦之死儒」而言也。

周武王有疾不豫，注福虛篇。周公請命，設三壇同一墠，禮記祭法注：「除地曰墠。封土曰壇。」植璧秉圭，段玉裁曰：「今文尚書作『戴璧秉珪』。史記魯世家、漢書王莽傳、太玄挩皆作『戴』，可證。易林无妄之繇曰：『戴璧秉珪。』載、戴古通用也。此文作『植璧』，恐是後人改之。」陳喬樅曰：「古者以玉禮神，皆有幣以薦之，璧加於幣之上，故曰『戴璧』，亦作『載璧』，讀如『束牲載書』之『載』。今文家說當如是也。」乃告于太王、王季、文王。史乃策祝，史記魯世家亦作「策祝」，今文也。集解引鄭玄曰：「策，周公所作，謂簡書也。祝者讀此簡書，以告三王。」武億曰：「鄭以『史乃册』爲句，『祝』字下屬『曰』字讀。」按：魯世家後文云：「周公已令史策告大王、王季、文王。」則史公謂令史告祝，（孔傳亦云：「告謂祝辭。」）非别有「祝者」。蓋今文讀也。本書下文云：「史策告祝，祝畢辭已。」實知篇云：「策祝已畢。」則謂令史告祝，與史公義同。**辭曰：「予仁若考，多才多藝，能事鬼神。乃元孫某，不若旦多才多藝，不能事鬼神。」**經義述聞曰：「『巧』、『考』古字通，『若』、『而』語之轉。『予仁若考』者，予仁而巧也。」戴均衡書傳補商曰：「薛季宣書古文訓凡『考』皆作『丂』。説文丂部云：『丂，古文以爲亏字，又以爲巧字。』禮記表記云：『辭欲考。』鄭注：『考，巧也。』是考、巧古通用。」孫星衍曰：「史公作『巧能』，知『考』字當爲『巧』。『仁若考能』，言仁順巧能也。」江聲曰：「『仁若』衍字。薛季宣書古文訓，『考』字作『丂』。『丂』，古文『巧』，俗讀『丂』爲『考』。或且改作『考』字，非也。『耐』屬『巧』讀，『巧能』故多材藝也。魯世家：『旦巧能，多材多藝。』無『仁若』字。」皮錫瑞曰：「今文『予仁若考』作『旦巧』，『元孫』作『王發』，『若』作『如』。史記魯世家曰：『旦巧，能多材多藝，能事鬼神，乃王發不如旦多材多藝，不能事鬼神。』江聲説『仁若』衍字，是也。論衡引經，與今本尚書同。仲任習歐陽尚書，其所引經，與史公所引歐陽尚書異者，乃後人以古文尚書改之。如『植璧』不作『戴璧』，此後人改之之證也。」按：皮氏定史公爲今文，而謂此文爲後人所改。他書無證，疑非定論，故具録諸説以俟考。**鬼神者，謂三王也。**知實篇謂天，與此文異。戴均衡曰：「三王之精爽常在天，詩所謂『在帝左右』。告三王，即陰寓請命於天之意。」仲任意若是歟？**即死人無知，**「即」猶「若」也。**不能爲鬼神，**

周公，聖人也，聖人之言審，則得幽冥之實，得幽冥之實，則三王爲鬼神，明矣。曰：實〔聖〕人能神乎？不能神也？「人」上脱「聖」字。此承上「聖人之言審」爲文。下文：「如不能知，謂三王爲鬼，猶世俗之人也。」「世俗之人」，即承此「聖人」爲義。今脱「聖」字，則「世俗之人」於義失所較矣。如神，宜知三王之心，不宜徒審其爲鬼也。周公請命，史策告祝，祝畢辭已，不知三王所以與不，孫曰：「所以與不」，義不可通。「所以」當作「許己」。己、以形聲並近。「己」改爲「以」，後人不達，復改「許」爲「所」，（所、許聲亦相近。）不可解矣。下文云：「能知三王有知爲鬼，不能知三王許己與不。」是其證。暉按：陳喬樅今文尚書經説曰：「『所以』即許己也。古所、許，以、己通用。下文云『許己』，是其驗也。」按：下文「許己」二字兩見，知實篇亦作「許己」。似當從孫説，後人所改，非通用也。盼遂案：「所以」二字爲「許己」之誤。所、許聲近，以、己形近也。後文：「不能知三王許己與不。」又云：「能知三王之必許己。」正與此文一貫。乃卜三龜，孫星衍曰：三王之前，各置一龜。三龜皆吉，然後乃喜。能知三王有知爲鬼，不能知三王許己與不，須卜三龜，乃知其實。定其爲鬼，須有所問，然後知之。死人有知無知，與其許人不許人，一實也。能知三王之必許己，錢、黄、王、崇文本「必」作「不」。朱校元本同此。則其謂三王爲鬼，可信也；如不能知，謂三王爲鬼，猶世俗之人也；與世俗同知，則死人之實，未可定也。且周公之請命，用何得之？以至誠得之乎？以辭正得之也？如以至誠，則其請〔命〕之說，盼遂案：「請」下宜有「命」字，今脱。上文屢言周公請命可證。精誠致鬼，不顧辭之是非也。「請之說」無義，疑當作「請命之說」。金縢曰：「王啓金縢之書，乃得周公所自以爲功，代武王之說。」說，即周公請命之策。策辭云：「事鬼神。」故仲任以其不足據，乃精誠致鬼，不顧辭之是非。董仲舒請雨之法，設土龍以感氣。夫土龍非實，不能致雨，仲舒用之致精誠，不顧物之僞真也。然則周公之請命，猶仲舒之請雨也；三王之非鬼，猶聚土之非龍也。舊本段。

晉荀偃伐齊，不卒事而還。中行獻子名偃，字伯游。伐齊，見左襄十八年傳。癉疽生，瘍於頭，說文：「癉，勞病也。疽，癰也。癰，腫也。瘍，頭創也。」服虔通俗文：「頭創曰瘍。」（衆經音義。）玉篇：「疸，黄病也。多但切。左氏傳曰：『荀偃疸疽生瘍于頭。』疸疽，惡創也。疸一作癉。」及著雍之地，病，目出，左通補釋汪瑜曰：「靈樞經寒熱病篇云：『足太陽有通項入于腦者，正屬目，本名眼系。』頭瘍傷其經絡，目無所系，而突出矣。」卒而視，不可唅。杜注：「目開口噤。」公羊文五年傳：「含者何？口實也。」注：「孝子所以實親口也。緣生以事死，不忍虛其口。天子以珠，諸侯以玉，大夫以碧，士以貝〔二〕，春秋之制也。文家加飯以稻米。」含、唅同，說文作

〔二〕「貝」，原本作「具」，據公羊傳注改。

「琀」。范宣子浣而撫之，傳「浣」作「盥」。宣子，士匄也。士燮之子，士會之孫。曰：「事吳敢不如事主。」世本曰：「偃生穆伯吳。」（趙世家索隱。）姚範曰：春秋多稱大夫爲主。猶視。以上左襄十九年傳文。宣子睹其不瞑，以爲恨其子吳也。人情所恨，莫不恨子，故言吳以撫之。猶視者，不得所恨也。欒懷子曰：「其爲未卒事於齊故也乎？」杜曰：「懷子，欒盈。」日知録四：「晉人殺欒盈，安得有謚？傳言懷子好施，士多歸之。豈其家臣爲之謚，而遂傳於史策耳？」盼遂案：論例以「也」代「邪」。「乎」字出淺人誤沾。乃復撫之，據後漢書袁譚傳注引傳，謂士匄撫之。據下文，仲任以爲懷子。曰：「主苟死，所不嗣事于齊者，有如河！」乃瞑受含。欒懷子以下，左傳文。伐齊不卒，未卒事。荀偃所恨也，懷子得之，故目〔一〕瞑受含；宣子失之，目張口噤。

曰：荀偃之病卒，苦目出，目出則口噤，口噤則不可含。新死氣盛，本病苦目出，宣子撫之早，故目不瞑，口不闓。少久氣衰，懷子撫之，故目瞑口受含。此自荀偃之病，非死精神見恨於口目也。桓譚以爲荀偃病而目出，初死，其目未合，尸冷乃合。非其有所知也，傳因其異而記之耳。（見釋文。）義與仲任同。凡人之死，皆有所恨。志士則恨

〔一〕「目」，原本作「自」，據通津草堂本改。

義事未立，學士則恨問多不及，農夫則恨耕未畜穀，商人則恨貨財未殖，仕者則恨官位未極，勇者則恨材未優。天下各有所欲乎，然而各有所恨，有所欲，如是則各有所恨。必有（以）目不瞑者爲有所恨，吴曰：「必有」當作「必以」。「有」、「以」草書形近，又涉上下文諸「有」字而誤。夫天下之人，死皆不瞑也。且死者精魂消索，不復聞人之言。不能聞人之言，是謂死也。離形更自爲鬼，立於人傍，雖（聞）人之言，已與形絶，安能復入身中，瞑目闔口乎？孫曰：「雖人之言」，文不成義。「雖」下蓋脱「聞」字。上文云：「且死者精魂消索，不復聞人之言，不能聞人之言，是謂死也。」故此云「雖聞人之言」云云，義正一貫。能入身中以尸示恨，則能不免，與形相守。言精神不離形爲鬼。錢大昕、李賡芸並云：漢人讀「免」爲「脱」。盼遂案：「免」當爲「死」，形近之誤。案世人論死，謂其精神有（自）若，能更以精魂立形見面，使尸若生人者，誤矣。劉先生曰：「精神」下當有脱文，元本此下空一字。暉按：「有」疑「自」字形譌。論死篇：「夫爲鬼者，人謂死人之精神。」即其義。

楚成王廢太子商臣，欲立王子職。賈逵曰：「職，商臣庶弟。」（史記楚世家集解。）商臣聞之，以宮甲圍王。宮甲，韓非子内儲説下云：「起宿營之甲。」史公説「以宮衛兵」。杜曰：「太子宮甲。」王請食熊蹯而死，説文：「熊獸似豕，山居冬蟄。」爾雅釋獸：「其足蹯。」鄭玄周禮注：「蹯，掌也。」説文：「獸足謂之番，从釆田，象其掌。」宣二年傳服虔注：「膰，熊掌，其肉難熟。」

（史晉世家集解。）弗聽。王縊而死。謚之曰「靈」，不瞑；曰「成」，乃瞑。事見左文元年傳。謚法：亂而不損曰靈，安民立政曰成。夫爲「靈」不瞑，爲「成」乃瞑，成王有知之效也。謚之曰「靈」，心恨，故目不瞑；更謚曰「成」，舊校曰：一有「人」字。心喜乃瞑。精神聞人之議，見人變易其謚，故喜目瞑。本不病目，人不撫慰，目自翕張，非神而何？

曰：此復苟偃類也。雖不病目，亦不空張。成王於時縊死，氣尚盛，新絶，目尚開，因謚曰「靈」。少久氣衰，目適欲瞑，連更曰「成」。目之視瞑，與謚之爲「靈」，偶應也。盼遂案：當是「謚爲靈、成，偶應也」。今本脱一「成」字，文義不完。又案：左傳文公元年正義引桓譚説，與論衡推斷全同。仲任蓋本君山。時人見其應「成」乃瞑，則謂成王之魂有所知。桓譚以爲自縊而死，其目未合，尸冷乃瞑，非由謚之善惡也。（正義。）與仲任説同。□□□□□□□，則宜終不瞑也。劉先生曰：此文不可通。「則謂成王之魂有所知」下，疑當有「成王之魂有所知」七字。盼遂案：「有所知」三字宜重。何則？太子殺己，大惡也；加謚爲「靈」，小過也。不爲大惡懷忿，反爲小過有恨，非有神之效，見示告人之驗也。夫惡謚非「靈」則「厲」也，紀於竹帛，爲「靈」、「厲」者多矣，其尸未斂之時，未皆不瞑也。孫經世曰：「未皆不瞑」，目不皆不瞑也。二字義同互用。豈世之死君不惡，而獨成王憎之哉？何其爲「靈」者衆，不瞑者寡也？舊本段。

鄭伯有貪愎而多欲，子晳好在人上，二子不相得。子晳攻伯有，伯有出奔。伯有，良霄字。子晳，公孫黑字。並鄭大夫。愎，恨也。子晳以駟氏之甲伐伯有，奔雍梁。駟帶率國人以伐之，伯有死。死於羊肆。杜曰：「駟帶，子西之子，子晳之宗主。」事見左襄三十年傳。其後九年，鄭人相驚以伯有，曰：「伯有至矣。」則皆走，不知所往。後歲，人或夢見伯有介而行，傳云：「鑄刑書之歲二月。」按：在魯昭六年。此云「後歲」，承上「後九年」爲文，則若魯昭八年矣。失之。杜曰：「介，甲也。」曰：「壬子，余將殺帶也。杜曰：「昭六年三月三日。」明年壬寅，余又將殺段也。」杜曰：「公孫段，駟氏黨。壬寅，七年正月二十八日。」及壬子之日，駟帶卒，國人益懼。後至壬寅日，公孫段又卒，國人愈懼。子產爲之立後以撫之，乃止矣。立伯有子良止爲大夫，使有宗廟。伯有見夢曰：壬子，余將殺帶。壬寅，又將殺段。及至壬子日，駟帶卒，至壬寅，公孫段死。孫曰：伯有、子晳、帶、段事見左氏襄三十年傳，及昭公七年傳。此七句，與前節語意並複，且文意亦不銜結，不當有也。疑此爲前節舊注而竄入正文者。或即兩本字句微異，校者不慎，誤合爲一耳。盼遂案：此五語本在子產對趙景子語所云「而彊死，不亦宜乎」後，與「伯有殺駟帶、公孫段不失日期，神審之驗也」二語相接爲一氣。考本篇舉死僞故事十四則，皆先臚列其事實，加以申明，而後予以辨駁。獨此文五語爲敘事未畢，忽闌入申說，使事實成兩橜，文義爲複出，蓋淺人之失也。孫人和舉正疑此文爲前節舊注而竄入正文，或即兩本字句微異，校者不慎，誤合爲一。亦非也。其後子產適晉，趙景子問曰：杜曰：「景子，晉中軍佐趙成。」「伯有猶能爲鬼乎？」子產曰：「能。人生始化曰魄，既生魄，陽曰魂。說文：「魄，陰神也。魂，陽神也。」用物精多，則魂魄彊，孔疏曰：「物謂奉養之物，衣食所資之總名。」是以有精爽至於神明。疋夫疋婦彊死，其魂魄猶能憑依人以爲淫厲，杜曰：「强死，不病也。」鄭玄曰：「厲者，陰陽之氣相乘不和之名，尚書五行傳六厲是也。人死體魄則降，和氣在上。有尚德者，附和氣而興利。爲厲者，因害氣而施災，故謂之厲鬼。」（孔疏。）況伯有，我先君穆公之胄，子良之孫，子耳之子，弊邑之卿，從政三世矣。鄭雖無腆，小爾雅：「腆，厚也。」抑諺曰：『蕞爾小國。』杜曰：「蕞，小貌。」洪亮吉曰：「說文：『撮，兩指撮。』今本『蕞』當作『撮』。」而三世執其政柄，其用物弘矣，取精多矣。其族又大，所憑厚矣。而彊死，能爲鬼，不亦宜乎？」見左昭七年傳。伯有殺駟帶、公孫段不失日期，神審之驗也。子產立其後而止，知鬼神之操也。知其操，則知其實矣。實有不空，故對問不疑。子產，智人也，知物審矣。如死者無知，何以能殺帶與段？如不能爲鬼，子產何以不疑？

曰：與伯有爲怨者，子晳也。子晳攻之，伯有奔，駟帶乃率國人遂伐伯有。公孫段隨駟帶，不造本辯，盼遂案：「不造本辯」，語難索解。疑「辯」爲「讎」之壞字。伯有之本讎，自爲子晳，若公孫段、駟帶非伯有之本讎，故其惡微小也。其惡微小。殺駟帶不報子晳，公孫段惡微，與帶俱死，是則伯有之魂無知，爲鬼報仇，輕重失宜也。且子産言曰：「彊死者能爲鬼。」何謂彊死？謂伯有命未當死而人殺之邪？將謂伯有無罪而人冤之也？「將」猶「抑」也。如謂命未當死而人殺之，未當死而死者多；如謂無罪人冤之，被冤者亦非一。伯有彊死能爲鬼，比干、子胥不爲鬼。春秋之時，弒君三十六。隱公四年，衛州吁弒其君完。十一年，羽父使賊弒公于寪氏。桓二年，宋督弒其君與夷。七年，曲沃伯誘晉小子侯殺之。十七年，鄭高渠彌弒昭公。莊八年，齊無知弒其君諸兒。十二年，宋萬弒其君捷。十四年，傅瑕弒其君鄭子。三十二年，共仲使圉人犖賊子般。閔二年，共仲使卜齮賊公于武闈。僖十年，晉里克弒其君卓。二十四年，晉弒懷公于高粱。文元年，楚太子商臣弒其君頵。十四年，齊公子商人弒其君舍。十六年，宋人弒其君杵臼。十八年，齊人弒其君商人。魯襄仲殺子惡。莒弒其君庶其。宣二年，晉趙盾弒其君夷皋。四年，鄭公子歸生弒其君夷。十年，陳夏徵舒弒其君平國。成十八年，晉弒其君州蒲。襄七年，鄭子駟使賊夜弒僖公。二十五年，齊崔杼弒其君光。二十六年，衛甯喜弒其君剽。二十九年，閽弒吴子餘祭。三十年，蔡太子般弒其君固。三十一年，莒人弒其君密州。昭元年，楚公子圍問王疾，縊而弒之。十三年，楚公子比弒其君虔于乾谿。十九年，許太子止弑其君買。二十七年，吴弑其君僚。定十三年，薛弑其君比。哀四年，盜殺蔡侯。十六年，齊陳乞弑其君荼。十年，齊人弑悼公。凡三十六。君爲所弑，可謂彊死矣。典長一國，用物之精可謂多矣。繼體有土，非直三世也。貴爲人君，非與卿位同也。始封之祖，必有穆公、子良之類也。以至尊之國君，受亂臣之弑禍，其魂魄爲鬼，必明於伯有；報仇殺讎，禍繁於帶、段。三十六君無爲鬼者，三十六臣無見報者。如以伯有無道，其神有知，世間無道莫如桀、紂，桀、紂誅死，魄不能爲鬼。然則子産之説，因成事者也。見伯有彊死，則謂彊死之人能爲鬼。如有不彊死爲鬼者，則將云不彊死之人能爲鬼。子皙在鄭，與伯有何異？死與伯有何殊？俱以無道爲國所殺，見左昭二年傳。伯有能爲鬼，子皙不能。彊死之説，通於伯有，塞於子皙。然則伯有之説，杜伯之語也，杜伯未可然，伯有亦未可是也。舊本段。

秦桓公伐晉，次于輔氏。高士奇春秋地名考略四：「今朝邑縣（屬陝西同州府。）西北十三里有輔氏城。」晉侯治兵于稷，郡國志：「河東郡聞喜邑有稷山亭。」酈道元云：「汾水又逕稷山，山上有稷祠，山下稷津，晉侯治兵于稷是也。」春秋大事表七之三：「今山西絳州稷山縣南五十里有稷神山，山下有稷亭，即晉侯治兵處。」以略翟土，廣雅：「略，取也。」立黎侯而還。及〔雒〕，魏顆敗秦師于輔氏，孫曰：左氏宣十五年傳作「及雒」。此蓋脱「雒」字。獲杜回。杜回，秦之力人也。朱校元本「力」上有「有」字。按：今本正與傳合。傳不重「杜回」二字。洪亮吉云：「張衡傳注引左傳同此。」初，魏武子有嬖妾無子。武子疾，命顆曰：「必嫁是妾。」傳無「妾」字。張衡傳注同此。盼遂案：「妾」字疑後人傍注之誤入正文者也。「是」字正承上文「嬖妾」而言。下句「必以是爲殉」，「是」者，是妾也，亦省妾字。左宣十五年傳作「必嫁是」，無「妾」字，可證。病困，則更曰：「必以是爲殉。」及武子卒，顆不殉妾。人或難之，顆曰：「疾病則亂，吾從其治也。」及輔氏之役，魏顆見老人結草以亢杜回。杜曰：「亢，禦也。」洪曰：「廣雅：『亢，遮也。』詳此傳文義，當從廣雅訓爲是。」杜回躓而顛，說文：「躓，跆也。」詩毛傳：「顛，仆也。」故獲之。夜夢見老父曰：「余是所嫁婦人之父也。爾用先人之治命，「用」下石經有「而」字。而，汝也。疑此文「而」字，校者妄删。是以報汝。」事見左宣十五年傳。夫嬖妾之父知魏顆之德，故見體爲鬼，結草助戰，神曉有知之效驗也。

曰：夫婦人之父能知魏顆之德，爲鬼見形以助其戰，必能報其生時所善，殺其生時所惡矣。凡人交遊，必有厚薄，厚薄當報，猶婦人之當謝也。吴曰：「婦人」上疑脱一「嫁」字。今不能報其生時所厚，獨能報其死後所善，非有知之驗，能爲鬼之效也。張良行泗水上，老父授書；見紀妖篇。光武困厄河北，老人教誨，孫曰：後漢書光武紀：「更始二年，光武至呼沱河，無船，適遇冰合，得過。未畢，數車而陷。進至下博城西，遑惑不知所之。有白衣老父在道旁指曰：『努力！信都郡爲長安守，去此八十里。』光武即馳赴之。」章懷注：「老父，蓋神人也。今下博縣西猶有祠堂。」命貴時吉，當遇福喜之應驗也。魏顆當獲杜回，戰當有功，故老人妖象結草於路人者也。舊本段。盼遂案：「路人」之「人」衍字。

王季葬於滑山之尾，孫曰：滑山，魏策作「楚山」，呂氏春秋開春論作「渦山」。疑「渦」即「滑」字之譌。楚山其別名也。吴師道魏策補注引皇甫謐云：「楚山一云潏山。」潏、滑音近。暉按：類聚二引孟子亦見此事。「滑山」亦作「渦山」。欒（灓）水擊其墓，孫曰：「灓水」當從魏策作「灓水」。「擊」，魏策及呂氏春秋並作「齧」，義並得通。暉按：孟子（見周氏孟子四考。）亦作「灓水齧其墓」。說文：「灓，漏流也。」廣雅釋詁：「漬也。」見棺之前和。呂覽高注：「棺題曰和。」章炳麟新方言六曰：「今浙江猶謂棺之前端曰前和頭，音如華。淮南謂題字於棺前端曰題和，音如壺。」文王曰：「嘻！先君必欲一見羣臣百姓也夫！故使灓水見之。」孫曰：呂氏春秋「夫」作「天」，屬下爲句，義亦得通。暉按：國策作「夫」。呂覽高注：「見猶出也。」於是也（出）而爲之張朝，孫曰：「也」字當從國策及呂氏春秋改作「出」。劉先生曰：孫改是也。下文「知其精神欲見百姓，故出而見之」，即承此而言。而百姓皆見之。三日而後更葬。文王，聖人也，知道事之實。見王季棺見，知其精神欲見百姓，故出而見之。

曰：古今帝王死，葬諸地中，有以千萬數，盼遂案：「有」字爲「者」之誤，屬上句讀。

無欲復出見百姓者，王季何爲獨然？河、泗之濱，立（丘）家（冢）非一，吴曰：「立家」當作「丘冢」，并形近之譌。（程榮本與通津本同誤作「立家」。崇文局本作「立冢」。）暉按：吴校是也。朱校元本「立」正作「丘」。王本「家」亦作「冢」。水湍崩壞，棺椁露見，不可勝數，皆欲復見百姓者乎？欒水擊滑山之尾，猶河、泗之流湍濱圻也。文王見棺和露，惻然悲恨，當先君欲復出乎？慈孝者之心，盼遂案：「者」字蓋涉「孝」字之形誤而衍。此「慈孝之心」，與下句「幸冀之意」爲儷語也。幸冀之意，賢聖惻怛，不暇思論，推生況死，故復改葬。世俗信賢聖之言，則謂王季欲見百姓者也。各本并段。崇文本誤合下節。

齊景公將伐宋，師過太山，公夢二丈人立而怒甚盛。公告晏子，晏子曰：「是宋之先，湯與伊尹也。」公疑以爲泰山神。晏子曰：「公疑之，則嬰請言湯、伊尹之狀。湯晳，以（而）長頤（頭）以髯，此文當作：「湯晳，（句。）而長頭以髯。」説文：「顄，𦣞也。」𦣞、頤古今字。又云：「顄，頤也。」方言作「頜」。公羊傳何注：「頜，口也。」則「頤以髯」猶「口以髯」也，文不成義。晏子春秋内篇諫上：「湯質晳，（句。）而長頭以髯。」（「頭」今誤作「顔」。藝文類聚十七引作「湯長頭而髯鬢」。御覽三六四引作「湯長頭而寡髮」。又三七四引作「長頭而髯」。並作「長頭」。今據正。）則「長」謂頭長，非謂其質白而長也。此文即本晏子，當不能背戾其義。蓋「頭」字形譌作「頤」，淺者則據下文「伊尹黑而短，蓬而髯」句例，妄以「長」字屬上讀，又改「而」爲「以」。銳上而豐下，据（倨）身而揚聲。」先孫曰：此文見晏子春秋諫上篇，「据」彼作「倨」，是也。當據校正。暉按：類聚十二引帝王世紀亦作「倨」。公曰：「然！是已！」「伊尹黑而短，蓬〔頭〕而髯，當作「蓬頭而髯」。若脱「頭」字，「蓬」字無所狀矣。晏子内篇諫上今本亦脱「頭」字。御覽三七四、又三九九引晏子正作「蓬頭而髯」。此文蓋後人據誤本晏子妄删之。豐上而鋭下，僂身而下聲。」公曰：「然！是已！今奈何？」晏子曰：「夫湯、太甲、武丁、祖乙，天下之盛君也，「祖乙」舊作「祖己」，朱校元本、程本同。今據錢、黄、王、崇文本正。晏子正作「祖乙」。孫星衍晏子春秋音義曰：「太甲，湯孫。武丁，小乙子。祖乙，河亶甲子。」不宜無後。今唯宋耳，而公伐之，故湯、伊尹怒。請散師和於宋。」公不用，終伐宋，軍果敗。晏子春秋曰：「景公不用，終伐宋。晏子曰：『伐無罪之國，以怒神明。不易行以續蓄，進師以近過，非嬰所聞也。師若果進，軍必有殃。』軍進再合，鼓毁將殪。公乃辭乎晏子，散師，不果伐宋。」夫湯、伊尹有知，惡景公之伐宋，故見夢盛怒以禁止之。景公不止，軍果不吉。

曰：夫景公亦曾夢見彗星，其時彗星不出，果不吉。曰夫五字涉上文衍也，不當有。彗爲妖星，淮南覽冥訓注：「彗星爲變異，人之害也。」此文既明言「彗星不出」，則無災變，而此云「果不吉」，理不可通。其證一也。晏子外篇七：「景公夢見彗星，明日召晏子而問焉。『寡人聞之，有彗星者，必有亡國。夜者寡人夢見彗星，吾欲召占夢者使占之。』晏子對曰：『君居處無節，衣食無度，不聽正諫，興事無已，賦斂無厭，使民如將不勝，萬民懟怨，茀星又將夢見，奚獨彗星乎？』」即此文所指。然未言果有不吉之事。（內篇諫上云：「景公日暮西望彗星。」即左昭二十六年傳所云「陳氏之祥」者。與此夢見者爲兩事。）此云「果不吉」，於事不合。其證二也。此篇文例，「曰」字以上，援引史實，以設人死爲鬼有知之説；「曰」字以下，仲任意旨所在。則「曰」字猶五經異義、風俗通之「謹案」，非問答之「曰」，則此重出「曰」字，於全例不合。其證三也。**然而夢見之者，**盼遂案：「果不吉曰夫」五字衍文，「見彗星」三字亦衍文。上文「景公不止，軍果不吉。曰：夫景公亦曾夢見彗星，其時彗星不出」云云，玆涉之而衍也。**見彗星其實非。夢見湯、伊尹，實亦非也。或時景公軍敗不吉之象也。晏子信夢，明言湯、伊尹之形，景公順晏子之言，然而是之。秦并天下，絶伊尹之後，**「絶」下當有「湯」字。**遂至於今，湯、伊尹不祀，何以不怒乎？**舊本段。盼遂案：漢書成帝紀：「綏和元年，詔封孔吉爲殷紹嘉侯。三月，進爵爲公，地百里。」司馬彪續漢書百官志：「光武建武五年，封殷後孔安爲殷紹嘉公。十三年，改安爲宋公，以爲漢賓，在三公上。」是成湯之靈在兩漢未嘗放而不祀也。仲任此言，殆失考矣。

鄭子產聘於晉。晉侯有疾，晉平公。**韓宣子逆客，私焉，**説苑辨物篇云：「宣子贊授館客，客問君疾。」**曰：「寡君寢疾，於今三月矣，並走羣望，**杜曰：「晉所望祀山川，皆往祈禱。」**有加而無瘳。今夢黃熊入於寢門，**黃熊注無形篇。**其何厲鬼也？」**説文：「魅，厲鬼也。」段注：「厲之言烈也。厲鬼謂虐厲之鬼。」對曰：「以君之明，子爲大政，國語晉語八注：「大政，美大之政。」其何厲之有？昔堯殛鯀于羽山，其神爲黃熊，以入于羽淵，晉語八注：「殛，放殛而殺之。羽淵，羽山之淵。鯀既死而神化也。」餘注無形篇。實爲夏郊，三代祀之。晉爲盟主，其或者未之祀乎？」杜曰：「鯀，禹父，夏家郊祭之。歷殷、周二代，又通在羣神之數，并見祀。言周衰，晉爲盟主，得佐天子祀羣神。」韓子祀夏郊，晉侯有間。杜曰：「祀鯀。間，差也。」疏曰：言祀夏家所郊者，故云「祀鯀」。說苑曰：「祀夏郊，董伯爲尸，五日瘳。」以上見左宣七年傳。黃熊，鯀之精神，晉侯不祀，故入寢門。晉知而祀之，故疾有間。非死人有知之驗乎？盼遂案：「乎」下應有一「曰」字。

〔曰〕：夫鯀殛於羽山，人知也；神爲黃熊，入于羽淵，人何以得知之？「夫」字上脱「曰」字。本篇文例，「曰」字以上，刺取史實，以設人死有知之說；「曰」字以下，申明己意，以駁其妄。此「曰」字，蓋寫者脱耳。使若魯公牛哀病化爲虎，注無形篇。在，故可實也。在，謂有生形在。盼遂案：「虎」字宜重。「虎在」與下「鯀遠殛於羽山，人不與之處」爲對文。今鯀遠殛於羽山，人不與之處，何能知之？且文曰：「其神爲〔黃〕熊。」是死也。此複述傳語，當有「黃」字。下文云「死而神魂爲黃熊」，即承此爲文。又云：「審鯀死，其神爲黃熊。」又云：「信黃熊謂之鯀神。」又云：「黃熊爲鯀之神未可審。」又云：「使鯀死，其神審爲黃熊。」并作「黃熊」，可證。死而魂神爲黃熊，非人所得知也。路史餘論九引「人」下有「之」字。人死世謂鬼，鬼象生人之形，見之與人無異，然猶非死人之神，況熊非人之形，不與人相似乎！審鯀死，其神爲黃熊，則熊之死，其神亦或時爲人，人夢見之，何以知非死禽獸之神也？信黃熊謂之鯀神，又信所見之鬼以爲死人精也，此人物之精未可定，黃熊爲鯀之神未可審也。且夢，象也，吉凶且至，神明示象，熊羆之占，自有所爲。使鯀死，其神審爲黃熊，夢見黃熊，必鯀之神乎？言所夢見者，未必即鯀所化者。諸侯祭山川，設晉侯夢見山川，何復不以祀山川，山川自見乎？據下文例，「何復」當作「可復以」。今本「可」譌作「何」，「以不」二字誤倒。盼遂案：「何復不以祀山川」句，當爲「可復以不祀山川」之譌倒。下文「可復謂先祖死人求食，故來見形乎」，與此同一文法。人病，多或夢見先祖死人來立其側，可復謂先祖死人求食，故來見形乎？人夢所見，更爲他占，未必以所見爲實也。何以驗之？夢見生人，明日〔問〕所夢見之人，不與己相見。宋本「所」上有「問」字，無「夢」字，朱校元本同，是也，當據正。紀妖篇曰：「夢見甲，夢見君。明日見甲與君，如問甲與君，甲與君則不見也。」是其義。今本蓋校者不審而妄删改。夫所夢見之人不與己相見，則知鯀之黃熊不入寢門。不入，則鯀不求食。不求食，則晉侯之疾非廢夏郊之禍。非廢夏郊之禍，則晉侯有間，非祀夏郊之福也。無福之實，則無有知之驗矣。

亦猶淮南王劉安坐謀反而死，世傳以爲仙而升天。注道虛篇。本傳之虛，子產聞之，亦不能實。偶晉侯之疾適當自衰，盼遂案：「衰」爲「㾐」之借字。說文：「㾐，減也。」謂病減也，轉注爲一切消退之稱，經傳通以「衰」爲之。下節「田蚡病不衰」，同此。子產遭言黃熊之占，則信黃熊鯀之神矣。舊本段。

高皇帝以趙王如意爲似我而欲立之，呂后恚恨，後酖殺趙王。其後，呂后出，見蒼犬，祓霸上，還過軹道，見之。噬其左腋。史記呂后紀云：「據高后掖。」集解徐廣曰：「據音戟。」按：五行志作「橶」。師古曰：「橶謂拘持之也。」此文與史、漢微異。怪而卜之，趙王如意爲祟，遂病腋傷，不愈而死。蓋以如意精神爲蒼犬，見變以報其仇也。

曰：勇士忿怒，交刃而戰，負者被創，仆地而死。目見彼之中己，死後其神尚不能報。呂后酖如意時，身不自往，使人飲之，不知其爲酖毒，憒不知殺己者爲誰，盼遂案：「憒」字衍文。蓋學者習見後節「毒憒」連文，而加此字於「毒」字下，不知其不辭也。安能爲祟以報呂后？使死人有知，恨者莫過高祖。高祖愛如意，而呂后殺之，高祖魂怒，宜如雷霆，呂后之死，宜不旋日。豈高祖之精，不若如意之神？將死後憎如意，善呂后之殺也？「將」猶「抑」也。舊本段。

丞相武安侯田蚡與故大將軍灌夫杯酒之恨，事至上聞。灌夫繫獄，竇嬰救之，勢不能免。灌夫坐法，竇嬰亦死。其後，田蚡病甚，號曰：「諾諾！」漢書灌夫傳：「蚡疾，一身盡痛，若有擊者，譁服謝罪。上使視鬼者瞻之，曰：魏其侯與灌夫共守，笞欲殺之。」晉灼曰：「服音匐。關西俗謂得杖呼及小兒啼爲呼匐。或言蚡號呼謝服罪也。」按：此文「號曰諾諾」，則謂號呼謝服罪也。使人視之，見灌夫、竇嬰俱坐其側，蚡病不衰，遂至死。

曰：相殺不一人也，殺者後病，不見所殺，田蚡見所殺。田蚡獨然者，心負憤（懷）恨，宋本「憒」作「懷」。朱校元本作「性」。按：作「懷」，是也。今本作「憒」，當爲「懷」字之譌。灌夫、竇嬰已被誅戮，田蚡私恨已逞，不得言其尚有憒恨也。「恨」讀李廣傳「豈嘗有恨者乎」之「恨」。師古曰：「恨，悔也。」是其義。病亂妄見也。或時見他鬼，而占鬼之人，聞其往時與夫、嬰爭，欲見神審之名，見其狂「諾諾」，則言夫、嬰坐其側矣。舊本段。

淮陽都尉尹齊，爲吏酷虐，及死，怨家欲燒其尸，（尸）亡去歸葬。孫曰：史記重「尸」字，漢書作「妻亡去歸葬」，「尸」下有「妻」字。論衡定脱「尸」字。仲任言史事，多本太史公。此一證也。果作「妻亡去歸葬」，則是妻竊尸而去。竊尸而去，事何足異？則仲任之所辯論，爲無據矣。此二證也。論衡原文與史記同，毫無可疑。班氏蓋以己意改之也。劉先生曰：史記酷吏傳集解徐廣曰：「尹齊死，未及斂，恐怨家欲燒之，屍亦飛去。」明屍自亡，非其妻竊之也。御覽五百四十九引此文作「怨家欲取其屍，屍亡歸」。孫謂「尸」字當重，此其確證矣。風俗通怪神篇同。

夫有知，故人且燒之也；「故」下疑脱「知」字。神，故能亡去。

曰：尹齊亡，神也，有所應。秦時三山亡，周末九鼎淪，并注儒增篇。必以亡者爲神，三山、九鼎有知也。或時吏知怨家之謀，竊舉持亡，懼怨家怨己，云自去。黄震曰：「漢注謂鬼有知而亡去。每疑棺尸無亡去之理。如論衡之説，近之矣。」楊慎曰：「尸亡去者，謂齊死而遺命其家潛逃歸葬耳。」按：如楊説，則史文當作「遺命亡去歸葬」，不得云「尸」也。至以「尸亡去」爲事涉神怪，當以仲任此説解之。凡人能亡，足能步行也。今死，血脈斷絶，足不能復動，何用亡去？吴烹伍子胥，漢菹彭越。並注書虚篇。燒、菹，一僇也；胥、越，一勇也。子胥、彭越不能避烹亡菹，獨謂尹齊能歸葬，失實之言，不驗之語也。舊本段。

亡新改葬元帝傅后，發其棺錢、王、黃、崇文本「發」誤「廢」。取玉柙印璽，送定陶，以民禮葬之。發棺時，臭憧于天，「憧」下舊校曰：一本作「燻」。（「燻」各本誤作「爐」，今據宋、元本正。）洛陽丞臨棺，聞臭而死。又改葬定陶共王丁后，火從藏中出，燒殺吏士數百人。漢書外戚傳：「孝元傅昭儀，哀帝祖母，葬渭陵，稱孝元傅皇后。定陶丁姬，哀帝母，葬于定陶。王莽奏貶傅太后號爲定陶共王母，丁太后號曰丁姬。復言共王母、丁姬前不臣妾，至葬渭陵，冢高與元帝山齊，懷帝太后、皇太太后璽以葬，不應禮。禮有改葬，請發共王母及丁姬冢，取其璽消滅，徙共王母及丁姬歸定陶，葬共王冢次，而葬丁姬復其故。謁者護既發傅太后冢，崩壓殺數百人。開丁姬椁户，火出炎四五丈，吏卒以水沃滅，迺得入，燒燔椁中器物。」水經渭水注引潘岳關中記：「王莽奏毁傅太后冢，冢崩，壓殺數百人，開棺，臭聞數里。」又濟水注：「今丁姬墳冢，巍然尚秀，隅阿相承，列郭數周，面開重門，南門内夾道有崩碑二所，世尚謂之丁昭儀墓，又謂之長隧陵。蓋所毁者，傅太后陵耳。丁姬墳墓，事與書違，不甚過毁，未必一如史説也。」夫改葬禮卑，又損奪珍物，二恨怨，「二」下疑有「后」字。故爲臭、出火，以中傷人。

曰：臭聞於天，多藏食物，腐朽猥發，人不能堪毒憤，而未爲怪也。火出於藏中者，怪也，非丁后之神也。何以驗之？改葬之恨，孰與掘墓盜財物也？歲凶之時，「凶」，朱校元本作「亂」。掘丘墓取衣物者以千萬數，死人必有知，盼遂案：「必」疑爲「亡」之誤。「亡」讀若「無」。若作「必」，則與仲任所立之無鬼論義違矣。人奪其衣物，倮其尸骸，時不能禁，後亦不能報。此尚微賤，未足以言。秦始皇葬於驪山，二世末，天下盜賊掘其墓，漢書劉向傳向上疏曰：「秦始皇葬於驪山之阿。其高五十餘丈，周回五里有餘。天下苦其役而反之。驪山之作未成，而周章百萬之師至其下矣。項籍燔其宫室營宇。往者咸見發掘。其後牧兒亡羊，羊入其鑿，牧者持火照求羊，失火，燒其臧椁。」不能出臭、爲火，以殺一人。貴爲天子，不能爲神，丁、傅婦人，安能爲怪？變神非一，發起殊處，見火聞臭，則謂丁、傅之神，誤矣。